[Wissen für die Praxis]

W0171777

WALHALLA Kurzkommentare
Alle Sozialgesetzbücher SGB I bis SGB XII

SGB I
Allgemeiner Teil des
Sozialgesetzbuches
ISBN 978-3-8029-7290-4

SGB II
Grundsicherung für Arbeitsuchende
ISBN 978-3-8029-7274-4

SGB III
Arbeitsförderung – Arbeitslosengeld I
ISBN 978-3-8029-7272-0

SGB IV
Gemeinsame Vorschriften für die
Sozialversicherung
ISBN 978-3-8029-7271-3

SGB V
Gesetzliche Krankenversicherung
ISBN 978-3-8029-7270-6

SGB VI
Gesetzliche Rentenversicherung
ISBN 978-3-8029-7264-5

SGB VII
Gesetzliche Unfallversicherung
ISBN 978-3-8029-7269-0

SGB VIII
Kinder- und Jugendhilfe
ISBN 978-3-8029-7268-3

SGB IX
Rehabilitation und Teilhabe
von Menschen mit Behinderungen
ISBN 978-3-8029-7293-5

SGB X
Verwaltungsverfahren und Datenschutz
ISBN 978-3-8029-7267-6

SGB XI
Soziale Pflegeversicherung
ISBN 978-3-8029-7266-9

SGB XII – Sozialhilfe
Grundsicherung im Alter und
bei Erwerbsminderung
ISBN 978-3-8029-7265-2

Wir freuen uns über Ihr Interesse an diesem Buch. Gerne stellen wir Ihnen zusätzliche
Informationen zu diesem Programmsegment zur Verfügung.
Bitte sprechen Sie uns an:
E-Mail: WALHALLA@WALHALLA.de
http://www.WALHALLA.de
Walhalla Fachverlag · Haus an der Eisernen Brücke · 93042 Regensburg
Telefon 09 41 · 56 84-0 · Telefax 09 41 · 56 84-1 11

Horst Marburger

SGB XI

Soziale Pflege-

versicherung

Textausgabe mit praxisorientierter
Einführung

10., aktualisierte Auflage

WALHALLA Rechtshilfen

Bibliografische Information der Deutschen Nationalbibliothek
Die Deutsche Nationalbibliothek verzeichnet diese Publikation in der Deutschen National-
bibliografie; detaillierte bibliografische Daten sind im Internet über http://dnb.dnb.de
abrufbar.

Zitiervorschlag:
Horst Marburger, SGB XI – Soziale Pflegeversicherung
Walhalla Fachverlag, Regensburg 2019

Hinweis: Unsere Werke sind stets bemüht, Sie nach bestem Wissen zu informieren.
Alle Angaben in diesem Buch sind sorgfältig zusammengetragen und geprüft.
Durch Neuerungen in der Gesetzgebung, Rechtsprechung sowie durch den Zeitablauf
ergeben sich zwangsläufig Änderungen. Bitte haben Sie deshalb Verständnis dafür,
dass wir für die Vollständigkeit und Richtigkeit des Inhalts keine Haftung übernehmen.
Bearbeitungsstand: Juni 2019

10., aktualisierte Auflage

© Walhalla u. Praetoria Verlag GmbH & Co. KG, Regensburg
Alle Rechte, insbesondere das Recht der Vervielfältigung und Verbreitung
sowie der Übersetzung, vorbehalten. Kein Teil des Werkes darf in irgendeiner Form
(durch Fotokopie, Datenübertragung oder ein anderes Verfahren) ohne schriftliche
Genehmigung des Verlages reproduziert oder unter Verwendung elektronischer
Systeme gespeichert, verarbeitet, vervielfältigt oder verbreitet werden.
Produktion: Walhalla Fachverlag, 93042 Regensburg
Umschlaggestaltung: grubergrafik, Augsburg
Druck und Bindung: SDK Systemdruck Köln + Medien GmbH & Co. KG
Printed in Germany
ISBN 978-3-8029-7266-9

3WP-SDK-0719-6745-POD

Schnellübersicht

Die soziale Pflegeversicherung im Wandel

Die Pflegeversicherung ist der jüngste Zweig der Sozialversicherung. Sie wurde zum 1. 1. 1995 eingeführt. Seitdem hat sie maßgeblich zu einer Verbesserung der Versorgung pflegebedürftiger Menschen und zur Unterstützung pflegender Angehöriger beigetragen. Pflegebedürftigen und ihren Familien hilft sie, die finanziellen Aufwendungen und Belastungen zu tragen, die mit der Krankheit oder der Behinderung einhergehen. Ihre Leistungen tragen auch dazu bei, dass Pflegebedürftige ihrem persönlichen Wunsch entsprechend zu Hause versorgt werden können.

Um die vielfältigen demografischen und finanziellen Herausforderungen zu meistern, wurde die Pflegeversicherung in den letzten Jahren stufenweise reformiert:

- Das Pflege-Weiterentwicklungsgesetz brachte ab Juli 2008 Leistungsverbesserungen, führte sogenannte Pflegestützpunkte ein und schuf Freistellungsansprüche von Arbeitnehmern gegenüber ihrem Arbeitgeber zur Pflege von Angehörigen.
- Mit dem Gesetz zur Neuausrichtung der Pflegeversicherung (Pflege-Neuausrichtungs-Gesetz – PNG) erfolgten ab Januar 2012 erneut Leistungserhöhungen, für Personen mit erheblich eingeschränkter Alltagskompetenz – insbesondere für Demenzkranke – wurden erstmals Verbesserungen eingeführt.
- Eine Leistungsanhebung erfolgte durch das Pflegestärkungsgesetz I (PSG I) zum Januar 2015. Zudem wurden flexiblere Kombinationsmöglichkeiten bei der Leistungsinanspruchnahme eingeführt. Um künftige Beitragserhöhungen zu vermeiden, wurde zudem ein Pflegevorsorgefonds geschaffen.
- Mit dem Pflegestärkungsgesetz II (PSG II) fand das Reformvorhaben mit der Schaffung eines neuen Pflegebedürftigkeitsbegriffs und damit einhergehend eines neuen Begutachtungsverfahrens seinen Abschluss. Insbesondere die Pflegewissenschaft kritisierte den bestehenden Pflegebedürftigkeitsbegriff seit Schaffung der sozialen Pflegeversicherung bzw. seiner Rechtsgrundlage in Form des Elften Buches Sozialgesetzbuch (SGB XI) als zu defizitorientiert und verrichtungsbezogen. Mit den vorgeschalteten Reformgesetzen wurden bereits einige „Schieflagen" mithilfe von Übergangsregelungen beseitigt.

Mit den seit 1. 1. 2017 geltenden Neuerungen durch das PSG II wird den pflegewissenschaftlichen Erkenntnissen und von einem Expertenbeirat entwickelten Konzepten gefolgt und der neue Pflegebedürftigkeitsbegriff sowie damit einhergehend die neue Begutachtungsmethode und Einstufung in Pflegegrade in das SGB XI implementiert und der Paradigmenwechsel im Recht der sozialen Pflegeversicherung vollzogen.

Das PSG II war vom Inkrafttreten zweigeteilt: Die Änderungen zum 1. 1. 2016 waren überwiegend vorbereitender Natur. Seit 1. 1. 2017 gilt das „neue" SGB XI mit dem neuen Pflegebedürftigkeitsbegriff und den fünf Pflegegraden vollumfänglich.

Das ebenfalls zum 1. 1. 2017 in Kraft getretene Pflegestärkungsgesetz III (PSG III) enthält weitere Änderungen des SGB XI, insbesondere in Bezug auf die Einbeziehung der Kommunen in Pflegeplanung und Pflegeberatung.

- Mehrere Vorschriften des SGB XI wurden zum 1. 1. 2019 durch das Pflegepersonal-Stärkungsgesetz (PpSG) geändert, ebenso verschiedene leistungsrechtliche Regelungen, insbesondere zur Beratung, sowie Regelungen aus dem Recht der Leistungserbringer.

Weitere Änderungen sind durch das Terminservice- und Versorgungsgesetz (TSVG) eingetreten.

Die vorliegende Einführung erläutert die Grundlagen der sozialen Pflegeversicherung auf dem geltenden Rechtsstand vom April 2019.

In Kapitel 8 steht der Wortlaut des Elften Buches Sozialgesetzbuch (SGB XI) zum Nachlesen der gesetzlichen Grundlagen zur Verfügung.

Horst Marburger

Abkürzungen

Abs.	Absatz
BAföG	Bundesausbildungsförderungsgesetz
BAnz.	Bundesanzeiger
BGB	Bürgerliches Gesetzbuch
BVA	Bundesversicherungsamt
BVG	Bundesversorgungsgesetz
EU	Europäische Union
EuGH	Europäischer Gerichtshof
FPfZG	Familienpflegezeitgesetz
GdB	Grad der Behinderung
GKV	Gesetzliche Krankenversicherung
JAE	Jahresarbeitsentgelt
KSchG	Kündigungsschutzgesetz
MdE	Minderung der Erwerbsfähigkeit
MDK	Medizinischer Dienst der Krankenversicherung
MDS	Medizinischer Dienst des Spitzenverbandes Bund der Krankenkassen
Nr.	Nummer
PflegeZG	Pflegezeitgesetz
PflvDV	Pflegevorsorgezulage-Durchführungsverordnung
PNG	Pflege-Neuausrichtungsgesetz
PpSG	Pflegepersonal-Stärkungsgesetz
PSG I	Pflegestärkungsgesetz I
PSG II	Pflegestärkungsgesetz II
PSG III	Pflegestärkungsgesetz III
SGB	Sozialgesetzbuch
SGB I	Sozialgesetzbuch – Erstes Buch (Allgemeiner Teil)
SGB III	Sozialgesetzbuch – Drittes Buch (Arbeitsförderung)
SGB IV	Sozialgesetzbuch – Viertes Buch (Gemeinsame Vorschriften für die Sozialversicherung)
SGB V	Sozialgesetzbuch – Fünftes Buch (Gesetzliche Krankenversicherung)
SGB VI	Sozialgesetzbuch – Sechstes Buch (Gesetzliche Rentenversicherung)
SGB VII	Sozialgesetzbuch – Siebtes Buch (Gesetzliche Unfallversicherung)
SGB VIII	Sozialgesetzbuch – Achtes Buch (Kinder- und Jugendhilfe)
SGB XI	Sozialgesetzbuch – Elftes Buch (Soziale Pflegeversicherung)
SGB XII	Sozialgesetzbuch – Zwölftes Buch (Sozialhilfe)
TSVG	Terminservice- und Versorgungsgesetz

2 Wer ist pflegebedürftig?

2

Wer ist pflegebedürftig?

Pflegebedürftigkeitsbegriff

Der durch das PSG II neu begründete Pflegebedürftigkeitsbegriff ist in § 14 SGB XI enthalten. Nach der in der Gesetzesbegründung vertretenen Ansicht ist er auf dem aktuellen Stand, berücksichtigt alle relevanten Aspekte von Pflegebedürftigkeit umfassend und ist an den (verbleibenden) Ressourcen und Fähigkeiten des Pflegebedürftigen und nicht vorrangig an seinen Defiziten orientiert. Damit wird – so die Gesetzesbegründung – der neue Pflegebedürftigkeitsbegriff Grundlage und Impuls für moderne und pflegefachlich noch besser fundierte Leistungen und eine entsprechende Leistungserbringung in der Pflegeversicherung.

Als pflegebedürftig werden seit 1. 1. 2017 Personen definiert, die aufgrund gesundheitlich bedingter Beeinträchtigungen ihrer Selbstständigkeit oder ihrer Fähigkeiten nach Maßgabe der im Gesetz abschließend festgelegten Kriterien in den festgelegten Bereichen der Hilfe durch andere bedürfen. Der Hilfebedarf muss auf den in den Kriterien beschriebenen, gesundheitlich bedingten Beeinträchtigungen der Selbstständigkeit oder der Fähigkeiten beruhen. Andere Ursachen für einen Hilfebedarf bleiben außer Betracht.

Die Beeinträchtigungen der Selbstständigkeit oder der Fähigkeiten werden personenbezogen und unabhängig vom jeweiligen (Wohn-)Umfeld ermittelt.

Der Pflegebedürftigkeitsbegriff und damit auch seine Legaldefinition wurden deutlich erweitert. Er bezieht seit 1. 1. 2017 unter anderem solche Personen mit ein, deren erheblich eingeschränkte Alltagskompetenz nach § 45a SGB XI in der Fassung bis zum 31. 12. 2016 in einem gesonderten Verfahren festgestellt wurde. Pflegebedürftig sind künftig alle Menschen, die aufgrund der Begutachtung einen Pflegegrad erhalten (zu den Pflegegraden vgl. ab Seite 16), unabhängig davon, ob der Schwerpunkt ihrer gesundheitlich bedingten Beeinträchtigungen im körperlichen, kognitiven oder psychischen Bereich liegt.

Zusammenfassend ist festzustellen, dass nur solche Personen pflegebedürftig sind, die körperliche, kognitive oder psychische Beeinträchtigungen sowie gesundheitlich bedingte Belastungen oder Anforderungen nicht selbstständig kompensieren oder bewältigen können.

Pflegebedürftigkeit soll weiterhin immer dann solidarisch abgesichert werden, wenn sie längerfristig und nicht nur gelegentlich besteht.

Eine zeitliche Untergrenze bilden Beeinträchtigungen der Selbstständigkeit oder der Fähigkeiten mit daraus resultierendem Bedarf an Hilfe durch andere, die voraussichtlich für mindestens sechs Monate vorliegen. Die Entscheidung über das Bestehen einer voraussichtlichen längerfristigen Pflegebedürftigkeit kann bereits vor Ablauf von sechs Monaten getroffen werden. Voraussetzung ist, dass die Dauerhaftigkeit vorhersehbar ist. Dauerhaftigkeit ist auch dann gegeben, wenn die verbleibende Lebensspanne möglicherweise weniger als sechs Monate beträgt.

2

Die in § 14 Abs. 4 SGB XI aufgelisteten sechs Bereiche, in denen der Schweregrad der individuellen Beeinträchtigung der Selbstständigkeit oder Fähigkeiten ermittelt wird, umfassen jeweils eine Gruppe artverwandter Kriterien oder einen Lebensbereich. Sie stellen einen abschließenden Katalog der zu berücksichtigenden Kriterien dar, anhand derer Beeinträchtigungen der Selbstständigkeit oder der Fähigkeiten festgestellt werden sollen.

Es handelt sich dabei um die nachfolgenden Kriterien:

- Mobilität
- kognitive und kommunikative Fähigkeiten
- Verhaltensweisen und psychische Problemlagen
- Selbstversorgung
- Bewältigung und selbstständiger Umgang mit krankheits- oder therapiebedingten Anforderungen und Belastungen
- Gestaltung des Alltagslebens und sozialer Kontakte

Beeinträchtigungen der Selbstständigkeit oder der Fähigkeiten, die dazu führen, dass die Haushaltsführung nicht mehr ohne Hilfe bewältigt werden kann, werden bei den Kriterien der vorstehend aufgeführten Bereiche berücksichtigt (§ 14 Abs. 3 SGB XI).

§ 14 Abs. 2 SGB XI beschäftigt sich näher mit den sechs Bereichen (sog. Module). Danach sind für das Vorliegen von gesundheitlich bedingten Beeinträchtigungen der Selbstständigkeit oder der Fähigkeiten die in den folgenden sechs Bereichen genannten pflegefachlich begründeten Kriterien ausschlaggebend:

1. Mobilität: Positionswechsel im Bett, Halten einer stabilen Sitzposition, Umsetzen, Fortbewegen innerhalb des Wohnbereichs, Treppensteigen
2. Kognitive und kommunikative Fähigkeiten: Erkennen von Personen aus dem näheren Umfeld, örtliche Orientierung, zeitliche Orientierung, Erinnern an wesentliche Ereignisse oder Beobachtungen, Steuern von mehrschrittigen Alltagshandlungen, Treffen von Entscheidungen im Alltagsleben, Verstehen von Sachverhalten und Informationen, Erkennen von Risiken und Gefahren, Mitteilen von elementaren Bedürfnissen, Verstehen von Aufforderungen, Beteiligen an einem Gespräch
3. Verhaltensweisen und psychische Problemlagen: motorisch geprägte Verhaltensauffälligkeiten, nächtliche Unruhe, selbstschädigendes und autoaggressives Verhalten, Beschädigen von Gegenständen, physisch aggressives Verhalten gegenüber anderen Personen, verbale Aggressionen, andere pflegerelevante vokale Auffälligkeiten, Abwehr pflegerischer und anderer unterstützender Maßnahmen, Wahnvorstellungen, Ängste,

Antriebslosigkeit bei depressiver Stimmungslage, sozial inadäquate Verhaltensweisen, sonstige pflegerelevante inadäquate Handlungen

4. Selbstversorgung: Waschen des vorderen Oberkörpers, Körperpflege im Bereich des Kopfes, Waschen des Intimbereichs, Duschen und Baden einschließlich Waschen der Haare, An- und Auskleiden des Oberkörpers, An- und Auskleiden des Unterkörpers, mundgerechtes Zubereiten der Nahrung und Eingießen von Getränken, Essen, Trinken, Benutzen einer Toilette oder eines Toilettenstuhls, Bewältigen der Folgen einer Harninkontinenz und Umgang mit Dauerkatheter und Urostoma, Bewältigen der Folgen einer Stuhlinkontinenz und Umgang mit Stoma, Ernährung parental oder über Sonde, Bestehen gravierender Probleme bei Sonde, Bestehen gravierender Probleme bei der Nahrungsaufnahme bei Kindern bis zu 18 Monaten, die einen außergewöhnlich pflegeintensiven Hilfebedarf auslösen

5. Bewältigung von und selbstständiger Umgang mit krankheits- oder therapiebedingten Anforderungen und Belastungen in Bezug auf:
   a) Medikation, Injektionen, Versorgung intravenöser Zugänge, Absaugen und Sauerstoffgabe, Einreibungen sowie Kälte- und Wärmeanwendungen, Messung und Deutung von Körperzuständen, körpernahe Hilfsmittel
   b) Verbandswechsel und Wundversorgung, Versorgung mit Stoma, regelmäßige Einmalkatheterisierung und Nutzung von Abführmethoden, Therapiemaßnahmen in häuslicher Umgebung
   c) zeit- und technikintensive Maßnahmen in häuslicher Umgebung, Arztbesuche, Besuche anderer medizinischer oder therapeutischer Einrichtungen, zeitlich ausgedehnte Besuche medizinischer oder therapeutischer Einrichtungen, Besuch von Einrichtungen zur Frühförderung bei Kindern sowie
   d) das Einhalten einer Diät oder anderer krankheits- oder therapiebedingter Verhaltensvorschriften

6. Gestaltung des Alltagslebens und sozialer Kontakte: Gestaltung des Tagesablaufs und Anpassung an Veränderungen, Ruhen und Schlafen, Sichbeschäftigen, Vornehmen von in die Zukunft gerichteten Planungen, Interaktion mit Personen im direkten Kontakt, Kontaktpflege zu Personen außerhalb des direkten Umfelds.

Beeinträchtigungen der Selbstständigkeit oder der Fähigkeiten, die dazu führen, dass die Haushaltsführung nicht mehr ohne Hilfe bewältigt werden kann, werden bei den Kriterien der vorstehend genannten Art berücksichtigt.

Der GKV-Spitzenverband, der hier als Spitzenverband Bund der Pflegekassen agiert, sowie die Verbände der Pflegekassen auf Bundesebene haben ein Gemeinsames Rundschreiben zu den leistungsrechtlichen Vorschriften des SGB XI herausgegeben, das vom 13. 2. 2018 datiert. Darin beschäftigen sie sich unter anderem mit dem Begriff der Pflegebedürftigkeit.

Ermittlung des Pflegegrads

Pflegebedürftige erhalten nach der Schwere der Beeinträchtigungen der Selbstständigkeit oder der Fähigkeiten einen Grad der Pflegebedürftigkeit (§ 15 Abs. 1 SGB XI). Es wird hier vom Pflegegrad gesprochen.

2 Der Pflegegrad wird mithilfe eines pflegefachlich begründeten Begutachtungsinstruments ermittelt. Das Begutachtungsinstrument ist in sechs Module gegliedert, die den oben aufgezählten sechs Bereichen des § 14 Abs. 2 SGB XI entsprechen. In jedem Modul sind für die in den Bereichen genannten Kriterien die in Anlage 1 zum SGB XI dargestellten Kategorien vorgesehen. Diese Kategorien stellen die in ihnen zum Ausdruck kommenden verschiedenen Schweregrade der Beeinträchtigungen der Selbstständigkeit oder der Fähigkeiten dar.

Innerhalb der sechs Module werden Einzelpunkte vergeben.

In der Anlage 1 zu § 15 SGB XI geht es um die Ermittlung der Einzelpunkte der Module 1 bis 6. Diese werden für jedes Modul ermittelt und daraus dann eine Summe der Einzelpunkte in jedem Modul gebildet.

Modul 1: Einzelpunkte im Bereich der Mobilität

Das Modul umfasst fünf Kriterien, deren Ausprägungen in den folgenden Kategorien mit den nachstehenden Einzelpunkten gewertet werden:

Ziffer	Kriterien	selbstständig	überwiegend selbstständig	überwiegend unselbstständig	unselbstständig
1.1	Positionswechsel im Bett	0	1	2	3
1.2	Halten einer stabilen Sitzposition	0	1	2	3
1.3	Umsetzen	0	1	2	3
1.4	Fortbewegen innerhalb des Wohnbereichs	0	1	2	3
1.5	Treppensteigen	0	1	2	3

Modul 2: Einzelpunkte im Bereich der kognitiven und kommunikativen Fähigkeiten

Das Modul umfasst elf Kriterien, deren Ausprägungen in den folgenden Kategorien mit den nachstehenden Einzelpunkten gewertet werden:

Ziffer	Kriterien	Fähigkeit vorhanden/ unbeeinträchtigt	Fähigkeit größtenteils vorhanden	Fähigkeit in geringem Maße vorhanden	Fähigkeit nicht vorhanden
2.1	Erkennen von Personen aus dem näheren Umfeld	0	1	2	3
2.2	Örtliche Orientierung	0	1	2	3
2.3	Zeitliche Orientierung	0	1	2	3

Ziffer	Kriterien	Fähigkeit vorhanden/ unbeeinträchtigt	Fähigkeit größtenteils vorhanden	Fähigkeit in geringem Maße vorhanden	Fähigkeit nicht vorhanden
2.4	Erinnern an wesentliche Ereignisse oder Beobachtungen	0	1	2	3
2.5	Steuern von mehrschrittigen Alltagshandlungen	0	1	2	3
2.6	Treffen von Entscheidungen im Alltag	0	1	2	3
2.7	Verstehen von Sachverhalten und Informationen	0	1	2	3
2.8	Erkennen von Risiken und Gefahren	0	1	2	3
2.9	Mitteilen von elementaren Bedürfnissen	0	1	2	3
2.10	Verstehen von Aufforderungen	0	1	2	3
2.11	Beteiligen an einem Gespräch	0	1	2	3

Modul 3: Einzelpunkte im Bereich der Verhaltensweisen und psychischen Probleme

Das Modul umfasst 13 Kriterien, deren Häufigkeit des Auftretens in den folgenden Kategorien mit den nachstehenden Einzelpunkten gewertet wird:

Ziffer	Kriterien	nie oder sehr selten	selten (ein- bis dreimal innerhalb von zwei Wochen)	häufig (zweimal bis mehrmals wöchentlich, aber nicht täglich)	täglich
3.1	Motorisch geprägte Verhaltensauffälligkeiten	0	1	3	5
3.2	Nächtliche Unruhe	0	1	3	5
3.3	Selbstschädigendes und autoaggressives Verhalten	0	1	3	5
3.4	Beschädigen von Gegenständen	0	1	3	5
3.5	Physisch aggressives Verhalten gegenüber anderen Personen	0	1	3	5
3.6	Verbale Aggression	0	1	3	5
3.7	Andere pflegerelevante vokale Auffälligkeiten	0	1	3	5

2

Ziffer	Kriterien	nie oder sehr selten	selten (ein- bis dreimal innerhalb von zwei Wochen)	häufig (zweimal bis mehrmals wöchentlich, aber nicht täglich)	täglich
3.8	Abwehr pflegerischer und anderer unterstützender Maßnahmen	0	1	3	5
3.9	Wahnvorstellungen	0	1	3	5
3.10	Ängste	0	1	3	5
3.11	Antriebslosigkeit bei depressiver Stimmungslage	0	1	3	5
3.12	Sozial inadäquate Verhaltensweisen	0	1	3	5
3.13	Sonstige pflegerelevante inadäquate Handlungen	0	1	3	5

Modul 4: Einzelpunkte im Bereich der Selbstversorgung

Das Modul umfasst 13 Kriterien.

Einzelpunkte für die Kriterien der Ziffern 4.1 bis 4.12

Die Ausprägungen der Kriterien 4.1 bis 4.12 werden in den folgenden Kategorien mit den nachstehenden Einzelpunkten gewertet:

Ziffer	Kriterien	selbstständig	überwiegend selbstständig	überwiegend unselbstständig	unselbstständig
4.1	Waschen des vorderen Oberkörpers	0	1	2	3
4.2	Körperpflege im Bereich des Kopfes (Kämmen, Zahnpflege/Prothesenreinigung, Rasieren)	0	1	2	3
4.3	Waschen des Intimbereichs	0	1	2	3
4.4	Duschen und Baden einschließlich Waschen der Haare	0	1	2	3
4.5	An- und Auskleiden des Oberkörpers	0	1	2	3
4.6	An- und Auskleiden des Unterkörpers	0	1	2	3
4.7	Mundgerechtes Zubereiten der Nahrung und Eingießen von Getränken	0	1	2	3
4.8	Essen	0	3	6	9
4.9	Trinken	0	2	4	6
4.10	Benutzen einer Toilette oder eines Toilettenstuhls	0	2	4	6

Ziffer	Kriterien	selbstständig	überwiegend selbstständig	überwiegend unselbstständig	unselbstständig
4.11	Bewältigen der Folgen einer Harninkontinenz und Umgang mit Dauerkatheter und Urostoma	0	1	2	3
4.12	Bewältigen der Folgen einer Stuhlinkontinenz und Umgang mit Stoma	0	1	2	3

2

Einzelpunkte für das Kriterium der Ziffer 4.13

Die Ausprägungen des Kriteriums der Ziffer 4.13 werden in den folgenden Kategorien mit den nachstehenden Einzelpunkten gewertet:

Ziffer	Kriterium	entfällt	teilweise	vollständig
4.13	Ernährung parenteral oder über Sonde	0	6	3

Einzelpunkte für das Kriterium der Ziffer 4.K

Bei Kindern im Alter bis 18 Monate werden die Kriterien der Ziffern 4.1 bis 4.13 durch das Kriterium 4.K ersetzt und wie folgt gewertet:

Ziffer	Kriterium	Einzelpunkte
4.K	Bestehen gravierender Probleme bei der Nahrungsaufnahme bei Kindern bis zu 18 Monaten, die einen außergewöhnlich pflegeintensiven Hilfebedarf auslösen	20

Modul 5: Einzelpunkte im Bereich der Bewältigung von und des selbstständigen Umgangs mit krankheits- oder therapiebedingten Anforderungen und Belastungen

Das Modul umfasst 16 Kriterien.

Einzelpunkte für die Kriterien der Ziffern 5.1 bis 5.7

Die durchschnittliche Häufigkeit der Maßnahmen pro Tag bei den Kriterien der Ziffern 5.1 bis 5.7 wird in den folgenden Kategorien mit den nachstehenden Einzelpunkten gewertet:

Ziffer	Kriterien in Bezug auf	entfällt oder selbstständig	Anzahl der Maßnahmen		
			pro Tag	pro Woche	pro Monat
5.1	Medikation	0			
5.2	Injektionen	0			
5.3		0			
5.4		0			

2

Ziffer	Kriterien in Bezug auf	entfällt oder selbstständig	Anzahl der Maßnahmen		
			pro Tag	pro Woche	pro Monat
5.5		0			
5.6		0			
5.7		0			
Summe der Maßnahmen aus 5.1 bis 5.7		0			
Umrechnung in Maßnahmen pro Tag		0			

Einzelpunkte für die Kriterien der Ziffern 5.1 bis 5.7

Maßnahme pro Tag	keine oder seltener als einmal täglich	mindestens einmal bis maximal dreimal täglich	mehr als dreimal bis maximal achtmal täglich	mehr als achtmal täglich
Einzelpunkte	0	1	2	3

Einzelpunkte für die Kriterien der Ziffern 5.8 bis 5.11

Die durchschnittliche Häufigkeit der Maßnahmen pro Tag bei den Kriterien der Ziffern 5.8 bis 5.11 wird in den folgenden Kategorien mit den nachstehenden Einzelpunkten gewertet:

Ziffer	Kriterien in Bezug auf	entfällt oder selbstständig	Anzahl der Maßnahmen		
			pro Tag	pro Woche	pro Monat
5.8	Verbandswechsel und Wundversorgung	0			
5.9	Versorgung mit Stoma	0			
5.10	Regelmäßige Einmalkatheterisierung und Nutzung von Abführmethoden	0			
5.11	Therapiemaßnahmen in häuslicher Umgebung	0			
Summe der Maßnahmen aus 5.8 bis 5.11		0			
Umrechnung in Maßnahmen pro Tag		0			

Einzelpunkte für die Kriterien der Ziffern 5.8 bis 5.11

Maßnahme pro Tag	keine oder seltener als einmal wöchentlich	ein- bis mehrmals wöchentlich	ein- bis zweimal täglich	mindestens dreimal täglich
Einzelpunkte	0	1	2	3

Einzelpunkte für die Kriterien der Ziffern 5.12 bis 5.K

Die durchschnittliche wöchentliche oder monatliche Häufigkeit von zeit- und technikintensiven Maßnahmen in häuslicher Umgebung, die auf Dauer, voraussichtlich für mindestens sechs Monate, vorkommen, wird in den folgenden Kategorien mit den nachstehenden Einzelpunkten gewertet:

Ziffer	Kriterium in Bezug auf	entfällt oder selbstständig	täglich	wöchentliche Häufigkeit multipliziert mit	monatliche Häufigkeit multipliziert mit
5.12	Zeit- und technikintensive Maßnahmen in häuslicher Umgebung	0	60	8,6	2

Die durchschnittliche wöchentliche oder monatliche Häufigkeit der Kriterien der Ziffern 5.13 bis 5.K wird wie folgt erhoben und mit den nachstehenden Punkten gewertet:

Ziffer	Kriterien	entfällt oder selbstständig	wöchentliche Häufigkeit multipliziert mit	monatliche Häufigkeit multipliziert mit
5.13	Arztbesuche	0	4,3	1
5.14	Besuch anderer medizinischer oder therapeutischer Einrichtungen (bis zu drei Stunden)	0	4,3	1
5.15	Zeitlich ausgedehnte Besuche anderer medizinischer oder therapeutischer Einrichtungen (länger als drei Stunden)	0	8,6	2
5.K	Besuche von Einrichtungen zur Frühförderung bei Kindern	0	4,3	1

Summe	Einzelpunkte
0 bis unter 4,3	0
4,3 bis unter 8,6	1
8,6 bis unter 12,9	2
12,9 bis unter 60	3
60 und mehr	6

Einzelpunkte für das Kriterium der Ziffer 5.16

Die Ausprägungen des Kriteriums der Ziffer 5.16 werden in den folgenden Kategorien mit den nachstehenden Einzelpunkten gewertet:

Ziffer	Kriterien	entfällt oder selbstständig	überwiegend selbstständig	überwiegend unselbstständig	unselbstständig
5.16	Einhaltung einer Diät und anderer krankheits- oder therapiebedingter Verhaltensvorschriften	0	1	2	3

Modul 6: Einzelpunkte im Bereich der Gestaltung des Alltagslebens und sozialer Kontakte

Das Modul umfasst sechs Kriterien, deren Ausprägungen in den folgenden Kategorien mit den nachstehenden Punkten gewertet werden:

Ziffer	Kriterien	selbstständig	überwiegend selbstständig	überwiegend unselbstständig	unselbstständig
6.1	Gestaltung des Tagesablaufs und Anpassung an Veränderungen	0	1	2	3
6.2	Ruhen und Schlafen	0	1	2	3
6.3	Sich beschäftigen	0	1	2	3
6.4	Vornehmen von in die Zukunft gerichteten Planungen	0	1	2	3
6.5	Interaktion mit Personen im direkten Kontakt	0	1	2	3
6.6	Kontaktpflege zu Personen außerhalb des direkten Umfelds	0	1	2	3

Auf die zusätzlichen Erläuterungen in der Anlage 1 zu § 15 SGB XI wird verwiesen.

Bewertungssystematik: Summe der Punkte und gewichtete Punkte

Nachfolgend wird die Anlage 2 zu § 15 SGB XI wiedergegeben, die sich mit der Bewertungssystematik (Summe der Punkte und gewichtete Punkte) beschäftigt:

Schweregrad der Beeinträchtigungen der Selbstständigkeit oder der Fähigkeiten im Modul						
Module	Gewicht	0	1	2	3	4
	ung	keine	Geringe	Erhebliche	Schwere	Schwerste

Module	Gewicht	Schweregrad der Beeinträchtigungen der Selbstständigkeit oder der Fähigkeiten im Modul					
		0	1	2	3	4	
	ung	keine	Geringe	Erhebliche	Schwere	Schwerste	
1 Mobilität	10 %	0–1	2–3	4–5	6–9	10–15	Summe der Einzelpunkte im Modul 1
		0	2,5	5	7,5	10	Gewichtete Punkte im Modul 1
2 Kognitive und kommunikative Fähigkeiten	15 %	0–1	2–5	6–10	11–16	17–33	Summe der Einzelpunkte im Modul 2
3 Verhaltensweisen und psychische Problemlagen		0	1–2	3–4	5–6	7–65	Summe der Einzelpunkte im Modul 3
Höchster Wert aus Modul 2 oder Modul 3		0	3,75	7,5	11,25	15	Gewichtete Punkte für die Module 2 und 3
4 Selbstversorgung	40 %	0–2	3–7	8–18	19–36	37–54	Summe der Einzelpunkte im Modul 4
		0	10	20	30	40	Gewichtete Punkte im Modul 4
5 Bewältigung von und selbstständiger Umgang mit krankheits- oder therapiebedingten Anforderungen und Belastungen	20 %	0	1	2–3	4,5	6,15	Summe der Einzelpunkte im Modul 5
		0	5	10	15	20	Gewichtete Punkte im Modul 5
6 Gestaltung des Alltagslebens und sozialer Kontakte	15 %	0	1–3	4–6	7–11	12–18	Summe der Einzelpunkte im Modul 6
		0	3,75	7,5	11,25	15	Gewichtete Punkte im Modul 6
7 Außerhäusliche Aktivitäten 8 Haushaltsführung		Die Berechnung einer Modulbewertung ist entbehrlich, da die Darstellung der qualitativen Ausprägungen bei den einzelnen Kriterien ausreichend ist, um Anhaltspunkte für eine Versorgungs- und Pflegeplanung ableiten zu können.					

Die Summen der Punkte werden nach den in ihnen zum Ausdruck kommenden Schweregraden der Beeinträchtigungen der Selbstständigkeit oder der Fähigkeiten wie folgt bezeichnet:

- Punktbereich 0: keine Beeinträchtigungen der Selbstständigkeit oder der Fähigkeiten
- Punktbereich 1: geringe Beeinträchtigungen der Selbstständigkeit oder der Fähigkeiten
- Punktbereich 2: erhebliche Beeinträchtigungen der Selbstständigkeit oder der Fähigkeiten
- Punktbereich 3: schwere Beeinträchtigungen
- Punktbereich 4: schwerste Beeinträchtigungen der Selbstständigkeit oder Fähigkeiten

Jedem Punktbereich in einem Modul werden die in Anlage 2 zum SGB XI gewichteten Punkte zugeordnet. Dabei werden die Module des Begutachtungsinstruments wie folgt gewichtet:

- Mobilität mit 10 Prozent
- Kognitive und kommunikative Fähigkeiten sowie Verhaltensweisen und psychische Problemlagen zusammen mit 15 Prozent
- Selbstversorgung mit 40 Prozent
- Bewältigung von und selbstständiger Umgang mit krankheits- oder therapiebedingten Anforderungen und Belastungen mit 20 Prozent
- Gestaltung des Alltagslebens und sozialer Kontakte mit 15 Prozent

Zur Ermittlung des Pflegegrads sind die bei der Begutachtung festgestellten Einzelpunkte in jedem Modul zu addieren und dem in Anlage 1 zum SGB XI festgelegten Punktbereich sowie den sich daraus ergebenden gewichteten Punkten zuzuordnen. Aus den gewichteten Punkten aller Module sind durch Addition die Gesamtpunkte zu bilden.

Erreichter Pflegegrad

Auf der Basis der erreichten Gesamtpunkte sind pflegebedürftige Personen in einen der nachfolgenden Pflegegrade einzuordnen:

- Pflegegrad 1: geringe Beeinträchtigungen der Selbstständigkeit oder der Fähigkeiten – ab 12,5 bis unter 27 Gesamtpunkten
- Pflegegrad 2: erhebliche Beeinträchtigungen – ab 27 bis unter 47,5 Gesamtpunkten
- Pflegegrad 3: schwere Beeinträchtigungen – ab 47,5 bis unter 70 Gesamtpunkten
- Pflegegrad 4: schwerste Beeinträchtigungen – ab 70 bis unter 90 Gesamtpunkten
- Pflegegrad 5: schwerste Beeinträchtigungen mit besonderen Anforderungen an die pflegerische Versorgung – ab 90 bis 100 Gesamtpunkten

Ein Vergleich zwischen den bisherigen Pflegestufen und den neuen Pflegegraden ergibt folgendes Bild:

Pflegestufe	Pflegegrad
Pflegestufe „0" mit erheblich eingeschränkter Alltagskompetenz	2
Pflegestufe I	2
Pflegestufe I mit erheblich eingeschränkter Alltagskompetenz	3
Pflegestufe II	3
Pflegestufe II mit erheblich eingeschränkter Alltagskompetenz	4
Pflegestufe III	4
Pflegestufe III mit erheblich eingeschränkter Alltagskompetenz	5
Pflegestufe III + Härtefall	5
Pflegestufe III + Härtefall mit erheblich eingeschränkter Alltagskompetenz	5

Wichtig: Der Pflegegrad 1 entspricht nicht der früheren Pflegestufe 0. Ihm werden seit 1. 1. 2017 Personen zugeordnet, für die die Verbesserungen der Wohnsituation sowie Angebote allgemeiner Betreuung und gutes Eingebundensein in das Umfeld die wichtigste Hilfe in ihrem Alltag sind.

Sonderfall: Kinder

Bei pflegebedürftigen Kindern wird der Pflegegrad durch einen Vergleich der Beeinträchtigungen ihrer Selbstständigkeit und ihrer Fähigkeiten mit altersentsprechend entwickelten Kindern ermittelt. Im Übrigen gelten die obigen Regeln.

Pflegebedürftige Kinder im Alter bis zu 18 Monaten werden abweichend von Vorstehendem wie folgt eingestuft:

- in Pflegegrad 2 ab 12,5 bis unter 27 Gesamtpunkten
- in Pflegegrad 3 ab 27 bis unter 47,5 Gesamtpunkten
- in Pflegegrad 4 ab 47,5 bis unter 70 Gesamtpunkten
- in Pflegegrad 5 ab 70 bis 100 Gesamtpunkten

Feststellung der Pflegebedürftigkeit

Die Leistungen bei Pflegebedürftigkeit sind bei der Pflegeversicherung zu beantragen. Beachten Sie zur Zuständigkeit der Pflegeversicherung auch die Ausführungen ab Seite 13.

In Zusammenhang mit dem Leistungsantrag ist die Vorlage einer ärztlichen Bescheinigung über die Pflegebedürftigkeit oder die Notwendigkeit bestimmter Leistungen nicht erforderlich. Häufig ist aus den Unterlagen der Krankenkasse ersichtlich, dass eine Pflegebedürftigkeit oder die Notwendigkeit zur Erbringung bestimmter diesbezüglicher Leistungen besteht.

In vielen Fällen wird die Pflegekasse auf Initiative der Krankenkasse tätig. Ausreichend ist auch die mit Einwilligung des Versicherten erfolgte Unterrichtung der Pflegekasse durch Dritte, zum Beispiel Familienangehörige oder Nachbarn.

Die Pflegekasse trifft die Entscheidung über den Antrag. Dabei berücksichtigt sie das in Auftrag gegebene Gutachten.

Die Pflegekasse hat nämlich aufgrund ausdrücklicher gesetzlicher Regelung (§ 18 SGB XI) gutachterlich prüfen zu lassen, ob

- die Voraussetzungen der Pflegebedürftigkeit erfüllt sind und
- welcher Grad der Pflegebedürftigkeit vorliegt.

Soweit unabhängige Gutachter mit der Prüfung beauftragt werden, sind dem Antragsteller von der Pflegekasse in der Regel drei Gutachter zur Auswahl zu benennen. Auf die Qualifikation und Unabhängigkeit des Gutachters ist der Versicherte hinzuweisen. Hat sich der Antragsteller für einen der benannten Gutachter entschieden, wird diesem Wunsch Rech-

2

nung getragen. Der Antragsteller hat der Pflegekasse seine Entscheidung innerhalb einer Woche nach Kenntnis der Namen der Gutachter mitzuteilen. Geschieht dies nicht, bestimmt die Pflegekasse einen Gutachter aus der übersandten Liste. Die Gutachter sind bei der Wahrnehmung ihrer Aufgaben nur ihrem Gewissen unterworfen.

Erteilt die Pflegekasse den schriftlichen Bescheid über den Antrag nicht innerhalb von 25 Arbeitstagen nach Eingang des Antrags, hat sie nach Fristablauf für jede begonnene Woche der Fristüberschreitung unverzüglich 70 Euro an den Antragsteller zu zahlen. Allerdings gilt dies nicht, wenn die Pflegekasse die Verzögerung nicht zu vertreten hat oder beim Antragsteller mindestens erhebliche Beeinträchtigungen der Selbstständigkeit oder der Fähigkeiten (mindestens Pflegegrad 2) festgestellt werden. Entsprechendes gilt für die privaten Versicherungsunternehmen, die die private Pflege-Pflichtversicherung durchführen.

Die Feststellung, ob und ggf. in welchem Umfang Pflegebedürftigkeit vorliegt, ist in angemessenen Abständen zu überprüfen (sog. Wiederholungsbegutachtung).

Liegt ein Antrag auf Leistungen der Pflegeversicherung vor, überprüft die Pflegeversicherung die versicherungsrechtlichen Voraussetzungen. Dazu gehört die Frage, ob

■ der Pflegebedürftige pflegeversichert ist und
■ er die erforderliche Vorversicherungszeit erfüllt hat.

Beachten Sie zur Versicherungszeit die Ausführungen ab Seite 100.

Mitwirkungspflichten des Pflegebedürftigen

Die Mitwirkungspflichten des Sozialgesetzbuchs gelten auch in der Pflegeversicherung. Wer Sozialleistungen beantragt oder erhält, soll sich auf Verlangen des zuständigen Leistungsträgers insbesondere ärztlichen Untersuchungsmaßnahmen unterziehen, soweit diese für die Entscheidung über die Leistung erforderlich sind.

Achtung: Kommt der Pflegebedürftige seinen Mitwirkungspflichten nicht nach und wird hierdurch die Aufklärung des Sachverhalts erheblich erschwert, kann der Leistungsträger (hier: Pflegekasse) ohne weitere Ermittlungen die Leistung bis zur Nachholung der Mitwirkung ganz oder teilweise versagen oder entziehen, soweit die Voraussetzungen der Leistung nicht nachgewiesen sind. Dies gilt entsprechend, wenn der Antragsteller oder Leistungsberechtigte in anderer Weise absichtlich die Aufklärung des Sachverhalts erheblich erschwert.

Wichtig: Sozialleistungen dürfen wegen fehlender Mitwirkung nur versagt oder entzogen werden, nachdem der Leistungsberechtigte auf diese Folge schriftlich hingewiesen worden ist und seiner Mitwirkungspflicht nicht innerhalb einer ihm gesetzten angemessenen Frist nachgekommen ist.

Wird die Mitwirkung nachgeholt und liegen die Leistungsvoraussetzungen vor, kann der Leistungsträger Sozialleistungen, die er versagt oder entzogen hat, nachträglich ganz oder teilweise erbringen.

Nach den von den Spitzenverbänden der Pflegekassen aufgestellten Pflegebedürftigkeits-Richtlinien hat die Pflegekasse den Antragsteller auf Leistungen der Pflegeversicherung, über die Mitwirkungspflichten sowie die Folgen fehlender Mitwirkung aufzuklären.

Gleichzeitig fordert sie den Antragsteller auf, dem MDK oder dem beauftragten Gutachter eine Einwilligung zur Einholung von Auskünften bei seinen behandelnden Ärzten, den ihn betreuenden Pflegepersonen und den Pflegeeinrichtungen zu erteilen.

Eine solche Einwilligung zählt auch zu den oben besprochenen Mitwirkungspflichten.

Wer Sozialleistungen beantragt oder erhält, hat

- alle Tatsachen anzugeben, die für die Leistung erheblich sind, und auf Verlangen des zuständigen Leistungsträgers der Erteilung der erforderlichen Auskünfte durch Dritte zuzustimmen,
- Änderungen in den Verhältnissen, die für die Leistung erheblich sind oder über die im Zusammenhang mit der Leistung Erklärungen abgegeben worden sind, unverzüglich mitzuteilen,
- Beweismittel zu bezeichnen und auf Verlangen des zuständigen Leistungsträgers Beweisurkunden vorzulegen oder ihrer Vorlage zuzustimmen.

Soweit für die vorstehend genannten Angaben Vordrucke vorgesehen sind, sollen diese benutzt werden.

Aus den Richtlinien der Spitzenverbände der Pflegekassen zur Begutachtung von Pflegebedürftigkeit (Begutachtungs-Richtlinien) ergibt sich, dass dann, wenn eine Untersuchung verweigert wird, der MDK bzw. der beauftragte Gutachter die Unterlagen mit einem entsprechenden Vermerk an die Pflegekasse zurückreicht. Die Verweigerung kann durch den Antragsteller, seinen Bevollmächtigten oder seinen Betreuer erfolgen.

Die Pflegekasse entscheidet anschließend, welche Maßnahmen zu treffen sind.

Aufgaben des Medizinischen Dienstes oder beauftragten Gutachters

Es wurde bereits erwähnt, dass der MDK oder der beauftragte Gutachter zu prüfen hat, ob die Voraussetzungen der Pflegebedürftigkeit erfüllt sind und welcher Grad der Pflegebedürftigkeit vorliegt. Für die Begutachtung sind die seit 1. 1. 2017 geltenden Begutachtungs-Richtlinien des Spitzenverbands Bund der Krankenkassen vom 15. 4. 2016 zu berücksichtigen.

Im Rahmen dieser Prüfungen hat der MDK oder der beauftragte Gutachter auch Feststellungen darüber zu treffen, ob und in welchem Umfang Maßnahmen zur Beseitigung, Minderung oder Verhütung einer Verschlimmerung der Pflegebedürftigkeit einschließlich der medizinischen Rehabilitation geeignet, notwendig und zumutbar sind.

Wichtig: Insoweit haben Versicherte einen Anspruch gegen den zuständigen Träger auf Leistungen zur medizinischen Rehabilitation.

Spätestens mit der Mitteilung der Entscheidung über die Pflegebedürftigkeit leitet die Pflegekasse dem Antragsteller die gesonderte Rehabilitationsempfehlung des MDK oder des beauftragten Gutachters zu. Die Pflegekasse nimmt umfassend und begründet dazu Stellung, inwieweit auf der Grundlage der Empfehlung die Durchführung einer Maßnahme zur medizinischen Rehabilitation angezeigt ist. Zusätzlich hat die Pflegekasse den Antragsteller darüber zu informieren, dass eine Mitteilung über den Rehabilitationsbedarf an den zuständigen Rehabilitationsträger ein Antragsverfahren auf Leistungen zur medizinischen Rehabilitation auslöst. Voraussetzung ist, dass der Antragsteller zu diesem Verfahren einwilligt.

Die Pflegekassen berichten für die Geschäftsjahre 2013 bis 2018 jährlich über die Anwendung eines bundeseinheitlichen, strukturierten Verfahrens zur Erkennung rehabilitativer Bedarfe in der Pflegebegutachtung sowie über die Erfahrungen mit der Umsetzung der Empfehlungen des MDK oder der beauftragten Gutachter zur medizinischen Rehabilitation.

Um die Dienstleistungsorientierung für die Versicherten im Begutachtungsverfahren zu stärken, hat der Spitzenverband Bund der Pflegekassen für alle MDK verbindliche Richtlinien erlassen.

Der MDK oder der beauftragte Gutachter soll – soweit der Versicherte einwilligt – die behandelnden Ärzte des Versicherten, insbesondere die Hausärzte, in die Begutachtung einbeziehen. Er soll ärztliche Auskünfte und Unterlagen über die für die Begutachtung der Pflegebedürftigkeit wichtigen Vorerkrankungen sowie Art, Umfang und Dauer der Hilfebedürftigkeit einholen.

Die Pflege- und Krankenkassen sowie die Leistungserbringer (z. B. die Ärzte oder Lieferanten von Hilfsmitteln) sind verpflichtet, dem MDK oder dem beauftragten Gutachter die erforderlichen Unterlagen vorzulegen und Auskünfte zu erteilen.

Die Erstbegutachtung hat in der Regel im Wohnbereich des Antragstellers zu erfolgen. Dies gilt für Anträge auf häusliche und vollstationäre Pflege gleichermaßen. Erteilt der Versicherte zur Untersuchung in seinem Wohnbereich nicht sein Einverständnis, kann die Pflegekasse die beantragten Leistungen verweigern.

Wichtig: Die Untersuchung im Wohnbereich des Pflegebedürftigen kann ausnahmsweise unterbleiben, wenn aufgrund einer eindeutigen Aktenlage das Ergebnis der medizinischen Untersuchung bereits feststeht.

Die Untersuchung ist in angemessenen Zeitabständen zu wiederholen (Wiederholungsbegutachtung). Dies erfolgt wiederum im Wohnbereich des Pflegebedürftigen.

Der Besuch wird rechtzeitig angekündigt oder vereinbart. Mit dieser Ankündigung wird der Antragsteller gleichzeitig gebeten, eventuell vorhandene Berichte von betreuenden Diensten, Pflegetagebücher, ärztliche Unterlagen, derzeitige Medikamente sowie Gutachten und Bescheide anderer Sozialleistungsträger – soweit sie für die Begutachtung erforderlich sind – bereitzulegen. Die Pflegeperson sollte beim Hausbesuch zugegen sein.

2

> **Praxis-Tipp:**
>
> Wird der Besuch eines Mitarbeiters des MDK oder eines beauftragten Gutachters angekündigt, scheuen Sie sich nicht, um eine Verlegung des Termins zu bitten, wenn beispielsweise Ihre Pflegeperson zu dem betreffenden Zeitpunkt nicht anwesend sein kann.

In stationären Einrichtungen (z. B. Pflegeheim) sollte die Pflegefachkraft, die am besten mit der Pflegesituation des Antragstellers vertraut ist, beim Besuch zugegen sein, um die im Zusammenhang mit der Begutachtung erforderlichen Auskünfte zu erteilen.

> **Praxis-Tipp:**
>
> Manche Pflegebedürftige, besonders ältere Menschen, sind oftmals der Auffassung, sie müssten dem untersuchenden Arzt beweisen, wie gut sie mit ihrer Lage fertig werden. Sie stellen das, was sie noch tun können, in den Vordergrund und lassen das, was die Pflegeperson für sie tut, manchmal ganz oder teilweise außer Betracht. Grundlage dieses Handelns ist die Auffassung, dass es zur Erlangung des Pflegegelds darauf ankommt, selbst so viel wie möglich zu tun. Das Gegenteil ist allerdings der Fall! Mithilfe der Untersuchung soll nämlich in erster Linie festgestellt werden, welche Beeinträchtigungen der Selbstständigkeit oder der Fähigkeiten vorliegen. Selbstverständlich darf der Pflegebedürftige keine falschen Angaben machen, aber er sollte wissen, welche Priorität die Untersuchung des Arztes hat.

Die Pflegekasse leitet die Anträge zur Feststellung von Pflegebedürftigkeit unverzüglich an den MDK oder den beauftragten Gutachter weiter. Innerhalb von 25 Arbeitstagen nach Eingang des Antrags bei der zuständigen Pflegekasse hat diese ihre Entscheidung schriftlich mitzuteilen.

Befindet sich der Antragsteller in einem Krankenhaus oder in einer stationären Rehabilitationseinrichtung, ist die Begutachtung dort unverzüglich, spätestens innerhalb einer Woche nach Eingang des Antrags bei der zuständigen Pflegekasse durchzuführen. Die Frist kann durch regionale Vereinbarungen verkürzt werden.

2

Voraussetzung ist allerdings das Vorliegen von Hinweisen, wonach zur Sicherstellung der ambulanten oder stationären Weiterversorgung und Betreuung eine Begutachtung in der Einrichtung erforderlich ist. Die Voraussetzung für die Anwendung der verkürzten Begutachtungsfrist ist auch dann erfüllt, wenn die Inanspruchnahme von Pflegezeit nach dem Pflegezeitgesetz oder von Familienpflegezeit gegenüber dem Arbeitgeber der pflegenden Person angekündigt wurde.

Die verkürzte Begutachtungsfrist gilt auch, wenn der Antragsteller sich in einem Hospiz befindet oder ambulant palliativ versorgt wird.

Der MDK oder der beauftragte Gutachter hat der Pflegekasse das Ergebnis seiner Prüfung zur Feststellung der Pflegebedürftigkeit unverzüglich zu übermitteln. In seiner Stellungnahme hat der MDK oder der beauftragte Gutachter auch das Ergebnis der Prüfung, ob und ggf. welche Maßnahmen der Prävention und der medizinischen Rehabilitation geeignet, notwendig und zumutbar sind, mitzuteilen. Er hat Art und Umfang von Pflegeleistungen sowie einen individuellen Pflege- bzw. Versorgungsplan zu empfehlen.

Die Feststellungen zur medizinischen Rehabilitation sind in einer gesonderten Rehabilitationsempfehlung zu dokumentieren. Spätestens mit der Mitteilung der Entscheidung über die Pflegebedürftigkeit leitet die Pflegekasse dem Antragsteller die gesonderte Rehabilitationsempfehlung zu. Die Pflegekasse nimmt umfassend und begründet dazu Stellung, inwieweit auf der Grundlage der Empfehlung die Durchführung einer Maßnahme zur medizinischen Rehabilitation angezeigt ist. Die Pflegekasse hat den Antragsteller hierüber zu informieren. Ob Maßnahmen durchgeführt werden, hängt von seiner Einwilligung ab.

Beantragt der Pflegebedürftige Pflegegeld (vgl. ab Seite 42), hat sich die Stellungnahme auch darauf zu erstrecken, ob die häusliche Pflege in geeigneter Weise sichergestellt ist.

Das Pflegegutachten

Der MDK oder der beauftragte Gutachter bedient sich zur Erstellung seines Gutachtens eines amtlichen Formulars. Um dieses ausfüllen zu können, richtet er natürlich auch Fragen an den Pflegebedürftigen und dessen Pfleger. Beide sind verpflichtet, diese Fragen wahrheitsgemäß zu beantworten.

Zur gutachterlichen Prüfung der Voraussetzungen der Pflegebedürftigkeit und der Zuordnung zu einem Pflegegrad übermittelt die Pflegekasse dem MDK die Antragsinformationen und – soweit vorhanden – weitere für die Begutachtung erforderliche Unterlagen bzw. Informationen, nämlich zu:

- Vorerkrankungen
- Klinikaufenthalten und Leistungen zur medizinischen Rehabilitation
- Heilmittelversorgung

- Hilfsmittel- und Pflegehilfsmittelversorgung
- behandelnden Ärzten
- häuslicher Krankenpflege
- einer bevollmächtigten Person oder einem Betreuer mit entsprechendem Aufgabenkreis

2

Im Hinblick auf ggf. verkürzte Bearbeitungs- und Begutachtungsfristen informiert die Pflegekasse den MDK darüber hinaus über weitere Sachverhalte, sofern solche bekannt sind. Zunächst geht es dabei um den aktuellen Aufenthalt der antragstellenden Person im Krankenhaus oder in einer Rehabilitationseinrichtung sowie um vorliegende Hinweise auf Dringlichkeit der Begutachtung zur Sicherstellung der ambulanten oder stationären Weiterversorgung. Angesprochen ist auch der aktuelle Aufenthalt der antragstellenden Person in einem stationären Hospiz oder um die ambulante, palliative Versorgung. Ferner geht es um die Ankündigung der Inanspruchnahme von Pflegezeit nach dem Pflegezeitgesetz (PflegeZG) gegenüber dem Arbeitgeber der pflegenden Person, die Vereinbarkeit einer Familienzeit im Sinne des entsprechenden Gesetzes mit dem Arbeitgeber der pflegenden Person.

In diesem Zusammenhang ist auch die erneute Beauftragung zu erwähnen. Darunter fallen Höherstufungs- und Rückstufungsanträge (höherer oder niedrigerer Pflegegrad), Widerspruchsgutachten und Wiederholungsbegutachtungen.

Bei einer solchen erneuten Beantragung gibt die Pflegekasse außerdem Hinweise auf vorhergehende Begutachtungen, zum Pflegegrad sowie zu den Ergebnissen der Beratungseinsätze (bei Pflegegeld für selbst beschaffte Pflegehilfen), sofern sich daraus Hinweise ergeben, dass die Pflege nicht sichergestellt ist.

Die Pflegekasse klärt die antragstellende bzw. bevollmächtigte Person oder den Betreuer über die Mitwirkungspflichten sowie die Folgen fehlender Mitwirkung auf und fordert ihn auf, dem zuständigen MDK eine Einwilligung zur Einholung von Auskünften – soweit diese für die Begutachtung erforderlich sind – beim behandelnden Arzt, der Pflegeperson und (z. B.) den Pflegekräften zu erteilen.

Zudem informiert die Pflegekasse die antragstellende Person darüber, dass im Rahmen der Begutachtung von Pflegebedürftigkeit auch geprüft wird, ob und ggf. welche Maßnahmen der Prävention und medizinischen Rehabilitation geeignet, notwendig und zumutbar sind. In diesem Kontext sollte die antragstellende Person gebeten werden, ihre vorliegenden Befunde und Entlassungsberichte aus Krankenhäusern oder Rehabilitationseinrichtungen für die Begutachtung bereitzuhalten.

Die Pflege- und Krankenkassen sowie die Leistungserbringer sind verpflichtet, dem MDK oder den von den Pflegekassen beauftragten Gutachern die für die Begutachtung erforderlichen Unterlagen vorzulegen und Auskünfte zu erteilen (§ 18 Abs. 5 SGB XI).

Für die Begutachtung werden nicht immer Mitarbeiter des MDK oder des beauftragten Gutachters eingesetzt. Sie kann von einem Arzt, aber auch von einer Pflegefachkraft oder von beiden durchgeführt werden. Die betreffenden Personen werden aber im Auftrag des MDK oder des beauftragten Gutachters tätig.

Wichtig: Ergibt sich bei der Begutachtung durch eine Pflegefachkraft eine nicht abschließend abklärbare, rein ärztliche Fragestellung (z. B. therapeutische Defizite), ist ein zusätzlicher Besuch eines Arztes erforderlich. Dies gilt analog, wenn sich in der aktuellen Begutachtungssituation durch einen Arzt eine nicht abschließend abklärbare, rein pflegerische Fragestellung ergibt (z. B. nicht sichergestellte Pflege).

Der MDK kündigt seinen Besuch rechtzeitig an und vereinbart einen Termin. Der antragstellenden Person sind das vorgesehene Datum der Begutachtung mit einem Zeitfenster von maximal zwei Stunden, die voraussichtliche Dauer der Begutachtung, der Name und die berufliche Qualifikation des Gutachters sowie Grund und Art der Begutachtung mitzuteilen.

Mit dieser Ankündigung bzw. Vereinbarung wird die antragstellende Person gleichzeitig gebeten, eventuell vorhandene Berichte von betreuenden Diensten, Pflegetagebüchern und vergleichbare eigene Aufzeichnungen, ärztliche Unterlagen, derzeitige Medikamente sowie Gutachten und Bescheide anderer Sozialleistungsträger – soweit sie für die Begutachtung erforderlich sind – bereitzulegen. Das erwähnte Pflegetagebuch dient insbesondere der Aufzeichnung häuslicher Pflegeleistungen, die für eine pflegebedürftige Person erbracht werden.

Der MDK hat die antragstellende Person vorab zu informieren, dass sie sich bei Verständigungsschwierigkeiten in der Amtssprache (deutsch) Unterstützung durch Angehörige, Bekannte mit ausreichenden Sprachkenntnissen oder durch einen Übersetzer für den Zeitraum der Begutachtung heranziehen sollte. Beispielsweise kann dies im Rahmen der Terminankündigung durch Übersendung eines Flyers mit Informationen zur Begutachtung erfolgen.

Die antragstellende Person hat – nach den Ausführungen in den Begutachtungs-Richtlinien – sicherzustellen, dass eine Verständigung in der Amtssprache möglich ist. Dessen ungeachtet ist das Recht der antragstellenden Person auf barrierefreie Kommunikation zu gewährleisten. Die Pflegeperson sollte beim Hausbesuch zugegen sein.

Falls eine bevollmächtigte Person oder ein Betreuer bekannt ist, muss auch diese Person benachrichtigt werden. Die Übermittlung der Daten einer bevollmächtigten Person oder eines Betreuers an den MDK ist Aufgabe der Pflegekasse.

Stellt sich bei der Ankündigung des Besuchs heraus, dass eine Krankenhausbehandlung oder stationäre Rehabilitationsmaßnahme kurzfristig terminiert ist, sollte eine Begutachtung im Einvernehmen mit dem Antragsteller und der Pflegekasse bis zum Abschluss dieser Maßnahme zurückgestellt werden.

2

Achtung: Wird beim Besuch eine defizitäre, das heißt nicht ausreichende Pflege- und Versorgungssituation des Antragstellers festgestellt, ist die Situation – soweit möglich – sowohl mit ihm als auch mit der Pflegeperson, der leitenden Pflegefachkraft und dem Heimleiter der vollstationären Pflegeeinrichtung bzw. Einrichtung der Behindertenhilfe – unter der Voraussetzung, dass der Pflegebedürftige in einer solchen Einrichtung untergebracht ist – eingehend zu erörtern. Die Situation ist exakt zu dokumentieren.

Der Pflegekasse sind konkrete Vorschläge zur Verbesserung der Pflege und Versorgung des Antragstellers zu unterbreiten. Bei nicht sichergestellter Pflege ist der Gutachter gehalten, die Einleitung von Sofortmaßnahmen zu empfehlen.

Die an der Begutachtung beteiligten Ärzte und Pflegefachkräfte werten gemeinsam die beim Besuch erhobenen Befunde und die sonstigen Informationen aus.

Sollte ausnahmsweise im Rahmen dieser Auswertung keine abschließende Beurteilung möglich sein, muss der Sachverhalt weiter aufgeklärt werden. Dazu ist zu entscheiden, ob ein zusätzlicher Besuch oder das Hinzuziehen von weiteren sachdienlichen Informationen erforderlich ist. Auch dieser Besuch muss schriftlich oder mündlich angekündigt oder vereinbart werden – unter Hinweis darauf, dass es sinnvoll sein kann, die an der Versorgung Beteiligten hinzuzuziehen.

Bei der Auswertung des Besuchs, insbesondere bei der Beurteilung von behinderten oder psychisch kranken Menschen und deren Hilfebedarf, können andere Fachkräfte, zum Beispiel aus dem Bereich der Behindertenhilfe oder der Psychiatrie, hinzugezogen werden.

Beim Gutachtenabschluss, das heißt bei der Ermittlung des Ergebnisses der Untersuchung, müssen Arzt und Pflegefachkraft des MDK eng zusammenarbeiten. Dabei ist es Aufgabe des Arztes, alle für die Beurteilung erforderlichen medizinischen Feststellungen zu treffen, insbesondere

- den ursächlichen Zusammenhang des individuellen Hilfebedarfs mit Krankheit oder Behinderung zu prüfen sowie
- geeignete therapeutische bzw. rehabilitative Maßnahmen aufzuzeigen.

Aufgabe der Pflegefachkraft ist es, alle für die Beurteilung der Pflege erforderlichen Feststellungen zu treffen. Insbesondere

2

- ermittelt sie den individuellen Hilfebedarf auf der Grundlage der Verrichtungen des täglichen Lebens (beachten Sie hierzu die obigen Ausführungen),
- beurteilt sie die individuelle Pflegesituation und entwirft den individuellen Pflegeplan.

Bei der Begutachtung sind auch die Beeinträchtigungen der Selbstständigkeit oder der Fähigkeiten in den Bereichen außerhäusliche Aktivitäten und Haushaltsführung festzustellen. Mit diesen Informationen sollen eine umfassende Beratung und das Erstellen eines individuellen Versorgungsplans, das Versorgungsmanagement und eine individuelle Pflegeplanung sowie eine sachgerechte Erbringung von Hilfen bei der Haushaltsführung ermöglicht werden. Hier ist im Einzelnen auf die nachfolgenden Kriterien abzustellen:

1. Außerhäusliche Aktivitäten: Verlassen des Bereichs der Wohnung oder der Einrichtung, Fortbewegen außerhalb der Wohnung oder der Einrichtung, Nutzung öffentlicher Verkehrsmittel im Nahverkehr, Mitfahren in einem Kraftfahrzeug, Teilnahme an kulturellen, religiösen oder sportlichen Veranstaltungen, Besuch von Schule, Kindergarten, Arbeitsplatz, einer Werkstatt für behinderte Menschen oder Besuch einer Einrichtung der Tages- oder Nachtpflege oder eines Tagesbetreuungsangebots, Teilnahme an sonstigen Aktivitäten mit anderen Menschen

2. Haushaltsführung: Einkaufen für den täglichen Bedarf, Zubereitung einfacher Mahlzeiten, einfache Aufräum- und Reinigungsarbeiten, aufwändige Aufräum- und Reinigungsarbeiten einschließlich Wäschepflege, Nutzung von Dienstleistungen, Umgang mit finanziellen Angelegenheiten, Umgang mit Behördenangelegenheiten

Einzelheiten werden in Richtlinien des Spitzenverbandes Bund der Pflegekassen geregelt.

In dem Gutachten zur Feststellung der Pflegebedürftigkeit sind konkrete Empfehlungen zur Hilfsmittel- und Pflegehilfsmittelversorgung abzugeben. Die Empfehlungen gelten hinsichtlich Hilfsmitteln und Pflegehilfsmitteln, die den Zielen von § 40 SGB XI dienen, jeweils als Antrag auf Leistungsgewährung. Voraussetzung ist, dass der Versicherte zustimmt. Die Zustimmung erfolgt gegenüber dem Gutachter im Rahmen der Begutachtung und wird im Begutachtungsformular schriftlich dokumentiert. Bis zum 31. 12. 2020 wird die Erforderlichkeit von Hilfsmitteln, deren Kosten die Krankenkasse (also nicht die Pflegekasse) zu tragen hat, vermutet. Dazu bedarf es keiner ärztlichen Verordnung. Welche Hilfsmittel und Pflegehilfsmittel hier infrage kommen, wird in den Begutachtungs-Richtlinien definiert.

Die Pflegekasse übermittelt dem Antragsteller unverzüglich die Entscheidung über die empfohlenen Hilfsmittel und Pflegehilfsmittel.

Der MDK teilt der Pflegekasse das Ergebnis seiner Prüfung durch Übersendung des Gutachtens und der gesonderten Präventions- und Rehabilitationsempfehlung mit. Die Pflegekassee entscheidet unter maßgeblicher Berücksichtigung des Gutachtens über das Vorliegen von Pflegebedürftigkeit sowie den Pflegegrad und übersendet – soweit der Versicherte nicht widersprochen hat – dem Versicherten das Gutachten.

2

Zur Stärkung der Souveränität der Versicherten ist das Ergebnis des Gutachtens dem Versicherten transparent darzustellen und verständlich zu erläutern (§ 18 Abs. 3 Satz 10 SGB XI).

Die Begutachtungs-Richtlinien schreiben ausdrücklich Kriterien für eine transparente, verständliche Darstellung des Gutachtens für die Versicherten vor. Dazu gehören zunächst die Verwendung allgemeinverständlicher Begriffe und die Erläuterung von Fachbegriffen. Außerdem wird in den Begutachtungs-Richtlinie die Verwendung einer einfachen Sprache mit kurzen Sätzen vorgeschrieben. Gleiches gilt für die Verwendung einer übersichtlichen Strukturierung der Information. Außerdem wird die adressatengerechte und barrierefreie Gestaltung (z. B. Schriftgröße und Layout) der Information vorgeschrieben. Darüber hinaus sind Hinweise auf Ansprechpartner für weitergehende Fragen zu geben.

3 Leistungen bei häuslicher Pflege

3

Leistungen bei häuslicher Pflege

Pflegesachleistung

Unter Pflegesachleistung versteht man die Hilfe durch ambulante Pflegedienste, bei Pflege in einem häuslichen Umfeld (§ 36 SGB XI).

Leistungen der häuslichen Pflege sind auch zulässig, wenn Pflegebedürftige nicht in ihrem eigenen Haushalt gepflegt werden, sondern beispielsweise in einer Wohngruppe.

Achtung: Sie sind nicht zulässig, wenn Pflegebedürftige in einer stationären Pflegeeinrichtung oder in einer Einrichtung gepflegt werden, in der die medizinische Vorsorge oder Rehabilitation, die berufliche oder soziale Eingliederung, die schulische Ausbildung oder die Erziehung Kranker oder Behinderter im Vordergrund des Zwecks dieser Einrichtung steht. In diesen Fällen sind andere Leistungsträger (z. B. die Kranken- oder die Rentenversicherungsträger) zuständig.

Krankenhäuser sind keine Pflegeeinrichtungen in diesem Sinne.

Aktivierung des Pflegebedürftigen ist das Ziel

Pflege soll als aktivierende Pflege erbracht werden. Das bedeutet, dass die Pflege auch die Aktivierung des Pflegebedürftigen zum Ziel haben soll, um vorhandene Fähigkeiten zu erhalten und – soweit dies möglich ist – vorhandene Fähigkeiten zurückzugewinnen.

Die Pflege fördert und sichert vorhandene sowie wieder erlernbare Fähigkeiten des pflegebedürftigen Menschen. Sie unterstützt seine Selbstständigkeit und Selbsthilfetätigkeit und leitet den Pflegebedürftigen an, bei der Ausführung aller Pflegeleistungen mitzuhelfen.

Aktivierende Maßnahmen sollen alle körpernahen Verrichtungen einbeziehen, aber auch die hauswirtschaftliche Versorgung, die Organisation des Tagesablaufs und die Gestaltung der Wohnung oder des Pflegeheims. Die Angehörigen sollen sich an der aktivierenden Pflege beteiligen.

Pflegesachleistung nur durch Profis

Häusliche Pflegehilfe wird durch geeignete Pflegekräfte erbracht, die entweder von der Pflegekasse oder bei ambulanten Pflegeeinrichtungen, mit denen die Pflegekasse einen Versorgungsvertrag abgeschlossen hat, angestellt sind.

Auch Einzelpersonen, mit denen die Pflegekasse einen Vertrag abgeschlossen hat, können häusliche Pflegehilfe als Sachleistung erbringen.

Betreuungsleistungen als Sachleistungen dürfen allerdings nicht zulasten der Pflegeversicherung in Anspruch genommen werden, wenn diese Leistungen im Rahmen der Eingliederungshilfe für behinderte Menschen nach dem Sozialgesetzbuch – Zwölftes Buch (SGB XII – Sozialhilfe) finanziert werden. Das Gleiche gilt, wenn die Leistungen durch den zuständigen Träger der Eingliederungshilfe nach dem Sozialgesetzbuch – Achtes Buch (SGB VIII – Kinder- und Jugendhilfe) oder nach dem Bundesversorgungsgesetz (BVG) finanziert werden.

Mehrere Pflegebedürftige können Pflege- und Betreuungsleistungen sowie hauswirtschaftliche Versorgung gemeinsam als Sachleistung in Anspruch nehmen. Der Anspruch auf Betreuungsleistungen als Sachleistung setzt allerdings voraus, dass die Grundpflege und die hauswirtschaftliche Versorgung im Einzelfall sichergestellt sind.

3 Die Regelungen über die gemeinsame Inanspruchnahme durch mehrere Personen ermöglichen das „Poolen" von Leistungsansprüchen. Die Leistungen können von mehreren Leistungsberechtigten gemeinsam abgerufen werden. Wenn mehrere Pflegebedürftige in einer Wohngemeinschaft, einem Gebäude oder in der Umgebung, etwa in einer Straße, „gepoolte" Leistungen in Anspruch nehmen, können nach Ansicht des Gesetzgebers Wirtschaftlichkeitsreserven erschlossen werden.

Die hierdurch insbesondere entstehenden Zeit- und Kosteneinsparungen sind ausschließlich im Interesse der Pflegebedürftigen zu nutzen. Die frei werdende Zeit soll der ambulante Pflegedienst auch für Betreuung der am „Pool" beteiligten Pflegebedürftigen nutzen.

Unter Betreuungsleistungen sind solche Leistungen zu verstehen, wie sie für Personen mit eingeschränkter Alltagskompetenz (vgl. ab Seite 67) als „besondere Angebote der allgemeinen Anleitung und Betreuung" von ambulanten Pflegediensten oder wie sie von Pflegeheimen als „soziale Betreuung" erbracht werden. Hierzu können in den Pflegeverträgen des jeweiligen ambulanten Pflegedienstes mit den am „Pool" beteiligten Pflegebedürftigen konkrete Aussagen getroffen werden.

Der einzelne Pflegebedürftige entscheidet selbst, ob er sich an einem „Pool" beteiligt. Die Initiative zur Bildung eines „Pools" kann von Dritten, insbesondere vom Pflegestützpunkt, ausgehen.

Höhe der Beträge der häuslichen Pflegehilfe

Der Anspruch umfasst pflegerische Maßnahmen in den Bereichen Mobilität, kognitive und kommunikative Fähigkeiten, Verhaltensweisen und psychische Problemlagen, Selbstversorgung, Bewältigung von und selbstständiger Umgang mit krankheits- oder therapiebedingten Anforderungen und Belastungen sowie Gestaltung des Alltagslebens und sozialer Kontakte.

Nach § 36 Abs. 2 SGB XI wird häusliche Pflegehilfe für Pflegebedürftige der Pflegegrade 2 bis 5 erbracht, um Beeinträchtigungen der Selbstständigkeit oder der Fähigkeiten des Pflegebedürftigen soweit wie möglich durch pflegerische Maßnahmen zu beseitigen oder zu mindern und eine Verschlimmerung der Pflegebedürftigkeit zu verhindern. Bestandteil der häuslichen Pflegehilfe ist zudem die pflegefachliche Anleitung von

Pflegebedürftigen und Pflegepersonen. Pflegerische Betreuungsmaßnahmen umfassen Unterstützungsleistungen zur Bewältigung und Gestaltung des alltäglichen Lebens im häuslichen Umfeld, insbesondere

- bei der Bewältigung psychosozialer Problemlagen oder von Gefährdungen,
- bei der Orientierung, bei der Tagesstrukturierung, bei der Kommunikation, bei der Aufrechterhaltung sozialer Kontakte und bei bedürfnisgerechten Beschäftigungen im Alltag sowie
- durch Maßnahmen zur kognitiven Aktivierung.

3

Mehrere Pflegebedürftige können häusliche Pflegehilfe gemeinsam in Anspruch nehmen.

Der Anspruch auf häusliche Pflegehilfe umfasst je Kalendermonat:

- für Pflegebedürftige des Pflegegrads 2: Leistungen bis zu einem Gesamtwert von 689 Euro
- für Pflegebedürftige des Pflegegrads 3: Leistungen bis zu einem Gesamtwert von 1.298 Euro
- für Pflegebedürftige des Pflegegrads 4: Leistungen bis zu einem Gesamtwert von 1.612 Euro
- für Pflegebedürftige des Pflegegrads 5: Leistungen bis zu einem Gesamtwert von 1.995 Euro

Soweit ein höherer Pflegebedarf besteht, der vom Pflegebedürftigen nicht finanziert werden kann, sind die Aufwendungen dafür vom Sozialhilfeträger unter den Voraussetzungen des SGB XII ergänzend zu übernehmen. Ferner bleibt bei pflegebedürftigen Behinderten der Anspruch der auch für sie sehr wesentlichen Eingliederungshilfe des Sozialhilfe- oder Jugendhilfeträgers ungeschmälert erhalten.

Im Übrigen müssen die Pflegebedürftigen ihre Versorgung durch familiäre, nachbarschaftliche oder sonstige ehrenamtliche Pflege und Betreuung ergänzen.

Wichtig: Fahrtkosten, die bei den Einsätzen der Pflegekräfte notwendig werden, sind nicht gesondert zu erstatten, sondern sind Bestandteil des Vertragspreises.

Praxis-Tipp:

Die Pflegesachleistung kann neben der häuslichen Pflege bei Verhinderung der Pflegeperson und neben einer teilstationären Pflege in Anspruch genommen werden.

In diesem Fall spricht man von Kombinationsleistungen.

Beachten Sie bitte in Zusammenhang mit der Verhinderung der Pflegeperson die Ausführungen ab Seite 47, mit der teilstationären Pflege ab Seite 71 und der Kombinationspflege ab Seite 46.

Besteht der Anspruch auf die häusliche Pflegehilfe nicht für einen vollen Kalendermonat, wird der Monatsbetrag entsprechend gekürzt.

Pflegegeld für selbst beschaffte Pflegehilfen

Anstelle der oben behandelten häuslichen Pflegehilfe durch Sachleistungen können Pflegebedürftige ein Pflegegeld beantragen (§ 37 SGB XI). Die Pflege kann dann von Angehörigen oder ehrenamtlichen Personen übernommen werden.

Wichtig: Voraussetzung für den Anspruch auf Pflegegeld ist, dass der Pflegebedürftige mit dem Pflegegeld die erforderlichen, körperbezogenen Pflegemaßnahmen durch eine geeignete Pflegeperson selbst sicherstellt.

Die Höhe des Pflegegelds ist abhängig vom Grad der Pflegebedürftigkeit. Je Kalendermonat beträgt es für:

- Pflegegrad 2
  seit 1. 1. 2017: 316 Euro
- Pflegegrad 3
  seit 1. 1. 2017: 545 Euro
- Pflegegrad 4
  seit 1. 1. 2017: 728 Euro
- Pflegegrad 5
  seit 1. 1. 2017: 901 Euro

Besteht der Anspruch auf das Pflegegeld bei Beginn nicht für einen vollen Kalendermonat (z. B. bei Eintritt von Pflegebedürftigkeit im Laufe des Kalendermonats), wird das Pflegegeld anteilig gekürzt.

Nach einer Entscheidung des Europäischen Gerichtshofs (EuGH) haben Personen, die in Deutschland der Pflegeversicherung angeschlossen sind, auch dann Anspruch auf Zahlung von Pflegegeld, wenn sie in einem anderen Mitgliedstaat der Europäischen Union wohnen.

Pflegegeldkürzung bei Kurzzeitpflege

In Fällen der Kurzzeitpflege (vgl. ab Seite 72) wird die Hälfte des bisher bezogenen Pflegegelds während einer Kurzzeitpflege bis zu acht Wochen je Kalenderjahr fortgewährt. Bei Verhinderungspflege erfolgt die Weitergewährung bis zu sechs Wochen.

Der Aufnahme- und Entlassungstag werden jeweils berücksichtigt.

In Fällen der Ersatzpflege (zur häuslichen Pflege bei Verhinderung der Pflegeperson vgl. ab Seite 47) kommt im Übrigen eine Kürzung des Pflegegelds nur im Rahmen der gesetzlich vorgesehenen Höchstdauer infrage. Allerdings bleibt auch hier dem Pflegebedürftigen das Pflegegeld für den ersten und letzten Tag der Ersatzpflege erhalten.

Wichtig: Wird die Ersatzpflege nicht im Zusammenhang in Anspruch genommen, sondern auf das Kalenderjahr verteilt, ist nur insgesamt für den ersten und letzten Tag der Ersatzpflege das Pflegegeld ungekürzt zu zahlen.

3

Die Spitzenverbände der Pflegekassen sind der Auffassung, dass bei Zahlung des Pflegegelds für Teilmonate der 31. eines Monats zu berücksichtigen ist.

Beispiel:

- Pflegegeld bei Pflegegrad 4 ab 21. 2. 2019:
  Pflegegeld für März 2019: 728 Euro × 11/30   = 266,93 Euro
- Pflegegeld bei Pflegegrad 3 ab 31. 3. 2019:
  Pflegegeld für März 2019: 545 Euro × 1/30   = 18,17 Euro

Entsprechend ist zu verfahren, wenn der Anspruch auf Pflegegeld während des Monats unterbrochen wird oder ruht.

Beispiel:

Pflegegeld vom 1. 7.–15. 7. =	15 Tage
Geldleistung vom 25. 7.–31. 7. =	7 Tage
Pflegegeld insgesamt für	22 Tage

Die häusliche Pflege und damit der Anspruch auf Pflegegeld wird nicht dadurch ausgeschlossen, dass der Pflegebedürftige in einem Altenheim oder in einer Altenwohnung lebt.

Hierbei ist es unerheblich, ob der Pflegebedürftige die Haushaltsführung eigenverantwortlich regeln kann oder nicht.

Der Anspruch auf das Pflegegeld besteht auch für pflegebedürftige Schüler, die von Montag bis Freitag in einem Internat untergebracht sind. Für diese Zeit kann unterstellt werden, dass der Schwerpunkt der häuslichen Pflege erhalten bleibt.

Demgegenüber ist bei einer dauerhaften Internatsunterbringung der Lebensmittelpunkt innerhalb des Internats anzunehmen.

Gleiches gilt, wenn der pflegebedürftige Schüler während der Ferienzeiten im häuslichen Bereich gepflegt wird. Eine Zahlung des Pflegegelds kommt hier nicht in Betracht. In den Fällen, in denen der Pflegebedürftige bei einer internatsmäßigen Unterbringung nicht regelmäßig jedes Wochenende in den Haushalt der Familie zurückkehrt, ist ein anteiliges Pflegegeld für die Zeiträume zu zahlen, in denen sich der Pflegebedürftige im Haushalt der Familie aufhält.

Wichtig: Das Pflegegeld wird in der Regel dazu verwandt, den Einsatz der Pflegeperson zu „entlohnen". Das bedeutet, dass der Pflegebedürftige das Pflegegeld meist ganz oder teilweise an den Pfleger weitergibt.

3

Stellt der MDK oder der beauftragte Gutachter fest, dass die erforderliche Grundpflege und hauswirtschaftliche Versorgung durch das Pflegegeld nicht sichergestellt wird, kann das Pflegegeld nicht gezahlt werden. Gegebenenfalls muss die Pflegekasse darauf hinwirken, dass der Pflegebedürftige eine wirksame und wirtschaftliche Pflegeleistung erhält.

Die Leistung „Pflegegeld" wird im Übrigen monatlich im Voraus bezahlt.

Wichtig: Für den Leistungsbeginn mit Höherstufung, die aufgrund einer von Amts wegen veranlassten Nachuntersuchung festgestellt wird, ist zu beachten, dass die Höherstufung mit Wirkung vom Zeitpunkt der Änderung der Verhältnisse an erfolgt.

Das Pflegegeld ist bis zum Ende des Kalendermonats zu zahlen, in dem der Pflegebedürftige gestorben ist.

Kontrolle des professionellen Pflegeeinsatzes

Pflegebedürftige, die Pflegegeld für eine professionelle Pflegeperson beziehen, sind verpflichtet,

- bei den Pflegegraden 2 und 3 einmal halbjährlich,
- bei den Pflegegraden 4 und 5 einmal vierteljährlich

eine Beratung in der eigenen Häuslichkeit durch einen zugelassenen Pflegedienst abzurufen (sog. Beratungseinsatz, § 37 Abs. 3 SGB XI). Dies kann auch durch eine von den Landesverbänden der Pflegekassen anerkannte Beratungsstelle mit nachgewiesener pflegefachlicher Kompetenz geschehen. Sofern dies durch eine der vorstehend genannten Stellen nicht gewährleistet werden kann, kann auch eine von der Pflegekasse beauftragte, jedoch nicht bei ihr beschäftigten Pflegefachkraft herangezogen werden.

Die Vergütung des Pflegeeinsatzes ist von der zuständigen Pflegekasse, bei privat Pflegeversicherten von dem zuständigen Versicherungsunternehmen zu tragen.

Im Fall der Beihilfeberechtigung ist die Beihilfefestsetzungsstelle zuständig.

Die Höhe der Vergütung für die Beratung vereinbaren die Pflegekassen oder deren Arbeitsgemeinschaften mit dem Träger des zugelassenen Pflegedienstes oder der beauftragten Pflegekraft.

Die Pflegedienste und die anerkannten Beratungsstellen haben mit Einverständnis des Pflegebedürftigen der zuständigen Pflegekasse die bei dem Pflegeeinsatz gewonnenen Erkenntnisse zur Qualität der Pflegesituation und zur Notwendigkeit einer Verbesserung mitzuteilen. Der Spitzenverband Bund der Pflegekassen und die privaten Versicherungsunternehmen stellen ihnen für diese Mitteilung ein einheitliches Formular zur Verfügung.

3

Nach § 37 Abs. 5a SGB XI beschließen der Spitzenverband Bund der Pflegekassen und der Verband der privaten Krankenversicherung e. V. bis zum 1. 1. 2020 Richtlinien zur Aufbereitung, Bewertung und standardisierten Dokumentation der Erkenntnisse aus dem jeweiligen Beratungsbesuch durch die Pflegekasse oder das private Versicherungsunternehmen.

Die bereits erwähnten neutralen und unabhängigen Beratungsstellen sind von den Landesverbänden der Pflegekassen anzuerkennen. Hier ist ein Nachweis über die erforderliche pflegefachliche Kompetenz der Beratungsstelle und ein Konzept zur Qualitätssicherung des Beratungsangebots erforderlich.

Der Pflegeberater (§ 7a SGB XI – vgl. Seite 85) kann die vorgeschriebenen Beratungseinsätze ebenfalls durchführen und bescheinigen.

Wichtig: Der beauftragte Pflegedienst bzw. die anerkannte Beratungsstelle haben dafür Sorge zu tragen, dass für einen Beratungsbesuch im häuslichen Bereich besonders qualifizierte Pflegekräfte eingesetzt werden. Diese müssen nämlich spezifisches Wissen zu dem Krankheits- und Behinderungsbild sowie dem sich daraus ergebenden Hilfebedarf des Pflegebedürftigen mitbringen und über besondere Beratungskompetenz verfügen.

Außerdem soll bei der Planung der Beratungsbesuche weitgehend sichergestellt werden, dass diese möglichst auf Dauer von derselben Pflegekraft durchgeführt werden. In Zusammenhang mit diesen Pflegeeinsätzen wird allgemein vom „professionellen Pflegeeinsatz" gesprochen.

Ruft der Pflegebedürftige den Pflegeeinsatz nicht ab oder verweigert er den Besuch, hat die Pflegekasse das Pflegegeld angemessen zu kürzen und im Wiederholungsfall zu entziehen.

Der bei dem Einsatz zu erstellende Nachweis sollte vom Pflegebedürftigen mit den Pflegekräften des professionellen Dienstes abgesprochen werden und spätestens nach Ablauf von sieben Monaten (einschließlich einem Monat „Karenzzeit") nach Leistungsbeginn bzw. dem letzten professionellen Einsatz der Pflegekasse vorliegen. Hierauf sollte die

Pflegekasse bereits im Bewilligungsbescheid aufmerksam machen. Bei bestehender Krankenhausbehandlung bzw. stationärer Rehabilitationsmaßnahme kann eine längere Frist akzeptiert werden.

Die Spitzenverbände der Pflegekassen, die Bundesarbeitsgemeinschaft der überörtlichen Sozialhilfeträger und die Vereinigungen der Träger der Pflegeeinrichtungen haben gemeinsame Grundsätze und Maßstäbe zur Qualität und Qualitätssicherung erlassen. Geregelt wurde auch das Verfahren zur Durchführung von Qualitätsprüfungen in der ambulanten Pflege.

3 Kombinationsleistung

Nimmt der Pflegebedürftige die ihm zustehende Pflegesachleistung (vgl. ab Seite 39) nur teilweise in Anspruch, erhält er daneben ein anteiliges Pflegegeld (§ 38 SGB XI).

Das Pflegegeld wird um den Prozentsatz vermindert, in dem der Pflegebedürftige Sachleistungen in Anspruch genommen hat.

Wichtig: An die Entscheidung, in welchem Verhältnis er Geld- und Sachleistungen in Anspruch nehmen will, ist der Pflegebedürftige für die Dauer von sechs Monaten gebunden.

Die 6-Monats-Frist bleibt unberücksichtigt, wenn

- der Pflegebedürftige nur noch die Pflegesachleistung oder nur noch das Pflegegeld in Anspruch nehmen will,
- Pflegegeld und Pflegesachleistung neben der teilstationären Pflege (vgl. ab Seite 71) bezogen werden.

Vorstehendes gilt auch, wenn eine private Pflegeversicherung Leistungsträger ist.

Beispiele:

- Ein Pflegebedürftiger des Pflegegrads 2 nimmt Sachleistungen im Wert von 350 Euro in Anspruch. Der ihm zustehende Höchstbetrag beläuft sich auf 689 Euro. Er hat somit die Sachleistung zu 50,80 Prozent ausgeschöpft. Vom Pflegegeld in Höhe von 316 Euro stehen ihm noch 49,20 Prozent, also 155,47 Euro zu.

- Ein Pflegebedürftiger des Pflegegrads 3 hat Sachleistungen in Höhe von 450 Euro in Anspruch genommen, der Höchstbetrag beläuft sich auf 1.298 Euro. Er hat somit 34,67 Prozent der Sachleistung in Anspruch genommen, so dass ihm vom Pflegegeld in Höhe von 545 Euro noch 65,33 Prozent, also 356,05 Euro zustehen.

- Ein Pflegebedürftiger des Pflegegrads 4 hat Sachleistungen im Wert von 900 Euro in Anspruch genommen. Der Höchstbetrag beläuft sich auf 1.612 Euro. Er hat somit 55,83 Prozent der Sachleistung in Anspruch genommen, so dass ihm vom Pflegegeld in Höhe von 728 Euro noch 44,17 Prozent, also 321,56 Euro zustehen.

> ■ Ein Pflegebedürftiger des Pflegegrads 5 hat Sachleistungen im Wert von 1.460 Euro in Anspruch genommen, der Höchstbetrag beläuft sich auf 1.995 Euro. Er hat somit 73,18 Prozent der Sachleistung in Anspruch genommen, so dass ihm vom Pflegegeld in Höhe von 901 Euro noch 26,82 Prozent, also 241,65 Euro zustehen.

Bei der Berechnung der fiktiven Höchstgrenze der Pflegesachleistungen bei Teilmonaten sind die tatsächlichen Kalendertage des jeweiligen Monats zugrunde zu legen. Zwischenergebnisse sind kaufmännisch auf zwei Stellen nach dem Komma zu runden.

Pflegebedürftige haben Anspruch auf einen pauschalen Zuschlag in Höhe von 214 Euro monatlich, wenn sie in ambulant betreuten Wohngruppen in einer gemeinsamen Wohnung mit gemeinschaftlich organisierter, pflegerischer Versorgung leben (§ 38a SGB XI). Außerdem müssen sie eine Pflegesachleistung oder Pflegegeld oder eine Kombination von Geldleistung und Sachleistung beziehen. Ferner muss in der ambulant betreuten Wohngruppe eine Pflegekraft tätig sein, die organisatorische, verwaltende oder pflegerische Leistungen verrichtet. Des Weiteren muss es sich um ein gemeinschaftliches Wohnen von regelmäßig mindestens drei Pflegebedürftigen handeln. Die freie Wählbarkeit der Pflege- und Betreuungsleistungen darf in rechtlicher oder tatsächlicher Hinsicht nicht eingeschränkt sein.

Die Hälfte des bisher bezogenen Pflegegelds wird während einer Kurzzeitpflege nach § 42 SGB VI (vgl. ab Seite 72) und einer Verhinderungspflege nach § 39 SGB XI fortgewährt. In Zusammenhang mit einer Kurzzeitpflege geschieht dies bis zu acht Wochen und bei einer Verhinderungspflege bis zu sechs Wochen.

Pflegebedürftige in vollstationären Einrichtungen der Hilfe für behinderte Menschen haben Anspruch auf ungekürztes Pflegegeld anteilig für die Tage, an denen sie sich in häuslicher Pflege befinden.

Häusliche Pflege bei Verhinderung der Pflegeperson

Die Voraussetzungen für die Verhinderungspflege, auch Ersatzpflege genannt, sind in § 39 SGB XI geregelt; beachten Sie dazu auch nachfolgendes Schaubild.

Der Betrag für Ersatzpflege beläuft sich seit 1. 1. 2015 auf 1.612 Euro.

Es geht hier im Übrigen nicht um Pauschalbeträge. Das bedeutet, dass die entstandenen Aufwendungen nachzuweisen sind.

Bei Pflegebedürftigen in vollstationären Pflegeeinrichtungen kommt für die Zeit der Pflege im häuslichen Bereich (z. B. an Wochenenden) die Gewährung der Pflegesachleistung und/oder die Zahlung des Pflegegelds für die tatsächlichen Pflegetage in der Familie in Betracht. Das bedeutet,

3

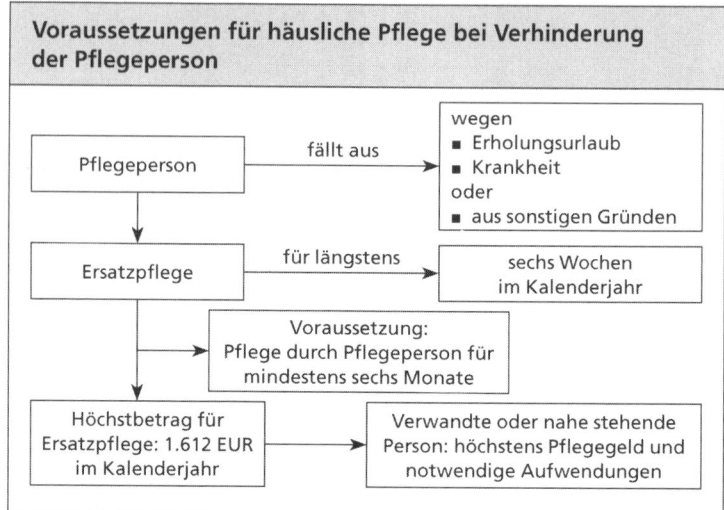

dass die Höchstbeträge für die Pflegesachleistung (je nach Pflegegrad – vgl. ab Seite 16) nicht überschritten werden dürfen. Hinsichtlich der Zahlung des Pflegegelds ist entsprechend den ab Seite 46 geschilderten Regelungen zur Kombinationsleistung zu verfahren.

Beispiel:

Pflegegrad 3
Pflege in häuslicher Umgebung vom 20. 8. bis 25. 8.
Vermindertes Heimentgelt unter Berücksichtigung der Abwesenheits-zeiten: 1.100 EUR
Pflegegeld = 545 EUR × 6 Tage/30 Tage = 109 EUR
zusammen: 1.209 EUR

Ergebnis: Da der Betrag von 1.209 Euro unter dem Sachleistungs-höchstbetrag von zurzeit 1.298 Euro liegt, kann kein Pflegegeld mehr gezahlt werden.

Wichtig: Bei einer Ersatzpflege durch Pflegepersonen, die mit dem Pflegebedürftigen bis zum zweiten Grad verwandt oder verschwägert sind oder mit ihm in häuslicher Gemeinschaft leben, dürfen die Aufwendungen der Pflegekassen bis zu sechs Wochen den Betrag des Pflegegelds des festgestellten Pflegegrads nicht überschreiten. Ausnahmen bestehen, wenn die Pflege durch eine dieser Pflegepersonen erwerbsmä-ßig ausgeübt wird.

Bei Bezug der Leistung in Höhe des Pflegegelds für eine Ersatzpflege durch Pflegepersonen, die mit dem Pflegebedürftigen bis zum zweiten Grad verwandt oder verschwägert sind oder mit ihm in häuslicher Gemeinschaft leben, können von der Pflegekasse auf Nachweis notwendige Aufwendungen, die der Pflegeperson im Zusammenhang mit der Ersatzpflege entstanden sind, übernommen werden. Die Aufwendungen der Pflegekasse dürfen zusammen den Betrag von 1.612 Euro nicht übersteigen.

Zu beachten ist auch die Vorschrift des § 39 Abs. 2 SGB XI. Danach kann der Betrag von 1.612 Euro um bis zu 806 Euro aus noch nicht in Anspruch genommenen Mitteln der Kurzzeitpflege auf insgesamt bis zu 2.418 Euro im Kalenderjahr erhöht werden. Der für die Verhinderungspflege in Anspruch genommene Erhöhungsbetrag wird auf den Leistungsbetrag für eine Kurzzeitpflege angerechnet.

3

Der Anspruch auf eine Ersatzpflegekraft endet mit jedem Kalenderjahr. Das bedeutet, dass ein am 31. 12. eines Jahres bestehender oder an diesem Tag – wegen Ablaufs der 6-Wochen-Frist – endender oder vor dem 31. 12. eines Jahres abgelaufener Leistungsanspruch ab 1. 1. des Folgejahres für sechs Wochen weitergeht oder wieder auflebt.

Die Erbringung dieser Leistung ist nicht auf den Haushalt des Pflegebedürftigen beschränkt. Vielmehr gilt ein erweiterter Häuslichkeitsbegriff. Die Ersatzpflege kann daher insbesondere durchgeführt werden in:

- einem Wohnheim für behinderte Menschen
- einem Internat
- einer Krankenwohnung
- einem Kindergarten
- einer Schule
- einer Vorsorge- oder Rehabilitationseinrichtung
- einem Krankenhaus
- einer Pflegeeinrichtung (unabhängig von einer Zulassung)

Bei der Kostenübernahme für diese oder vergleichbare Einrichtungen achten die Pflegekassen jedoch darauf, dass nur die pflegebedingten Aufwendungen berücksichtigt werden können. So können insbesondere nicht übernommen werden:

- Investitionskosten
- Kosten für Unterkunft
- Kosten für Verpflegung

Wichtig: Die Dauer des Anspruchs auf Verhinderungspflege für längstens sechs Wochen je Kalenderjahr ist unabhängig vom Auszahlungsmodus des Pflegegelds zu bewerten. Insoweit finden auch der erste und letzte Tag der Verhinderungspflege Berücksichtigung.

Wird die Verhinderungspflege von sechs Wochen je Kalenderjahr nicht auf einmal in Anspruch genommen, sondern auf das Kalenderjahr verteilt, ist nur insgesamt für den ersten und letzten Tag der Verhinderungspflege das Pflegegeld zu zahlen.

Beispiel:

Pflegegeldbezieher – Pflegegrad 4 seit dem 15. 5. Verhinderungspflege: vom 1. 8. bis 14. 8. und vom 1. 11. bis 14. 11.

3

Ergebnis: Das Pflegegeld ist bis zum 1. 8. sowie ab 14. 8. wieder laufend zu zahlen. Für den 1. 11. und 14. 11. besteht kein Anspruch auf Pflegegeld. Ab 15. 11. wird das Pflegegeld wieder laufend gewährt.

Erfolgt die Verhinderungspflege erstmalig in einem Kalenderjahr über den Zeitraum von sechs Wochen hinaus, werden für die ersten 42 Tage die Kosten von der Pflegekasse übernommen. Für den ersten Tag der Verhinderungspflege ist das Pflegegeld noch zu zahlen. Ab dem 42. Tag kann das Pflegegeld in der bisherigen Höhe weitergezahlt werden, da die Ersatzpflegekraft als Pflegeperson angesehen werden kann.

Wichtig: Die Pflegeperson muss den Pflegebedürftigen vor der erstmaligen Verhinderung mindestens sechs Monate in seiner häuslichen Umgebung gepflegt haben. Allerdings muss dies nicht ununterbrochen erfolgt sein.

Unterbrechungstatbestände, die eine Verhinderung im Sinne des Gesetzes darstellen und für die eben wegen Nichterfüllung der Vorversicherungszeit die Verhinderungspflege (noch) nicht gewährt werden kann, sind für die Erfüllung dieser Wartezeit unschädlich.

Hat die Unterbrechung allerdings länger als vier Wochen gedauert, verlängert sich die Frist um diese Zeit. Nicht erforderlich ist, dass die Pflegeperson den Pflegebedürftigen vor jeder neuen Unterbrechung der Pflegetätigkeit wiederum sechs Monate gepflegt haben muss.

Hilfsmittelversorgung

Die Pflegekasse gewährt Hilfsmittel nach § 40 SGB XI nur, soweit diese nicht wegen Krankheit oder Behinderung von

- der Krankenversicherung oder
- einem anderen zuständigen Leistungsträger

zu leisten sind.

Die Pflegekasse überprüft die Notwendigkeit der Versorgung mit den beantragten Pflegehilfsmitteln unter Beteiligung einer Pflegefachkraft oder des MDK.

Pflegehilfsmittel und wohnumfeldverbessernde Maßnahmen

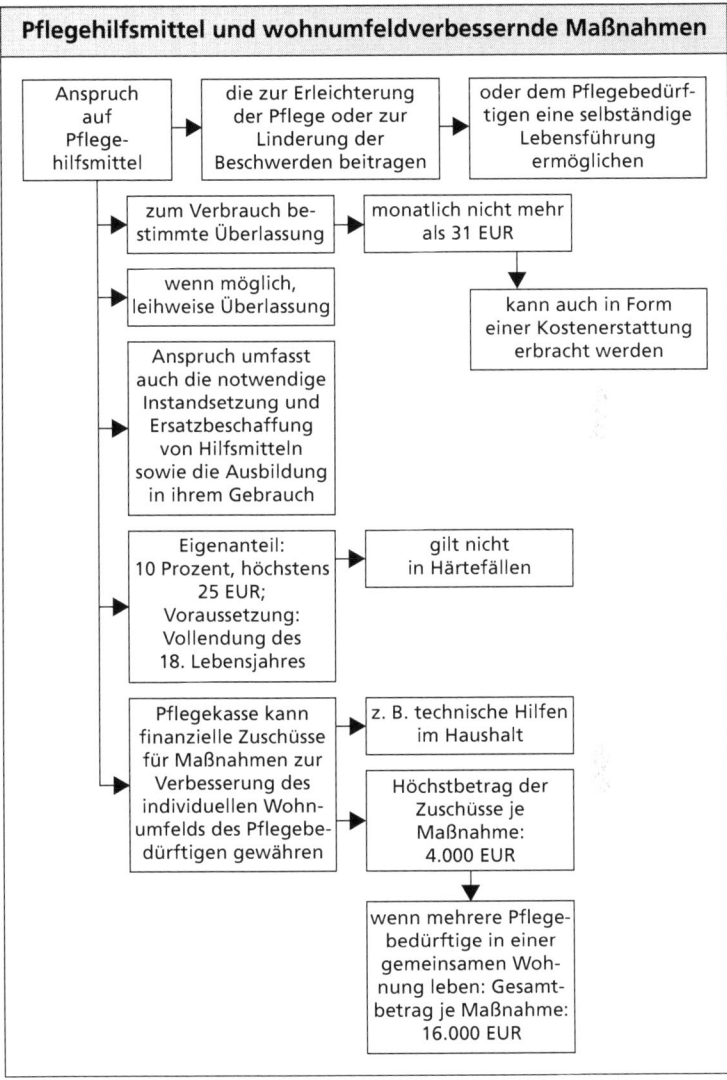

Anspruch auf Pflegehilfsmittel ▸ die zur Erleichterung der Pflege oder zur Linderung der Beschwerden beitragen ▸ oder dem Pflegebedürftigen eine selbständige Lebensführung ermöglichen

▸ zum Verbrauch bestimmte Überlassung ▸ monatlich nicht mehr als 31 EUR

▸ wenn möglich, leihweise Überlassung

kann auch in Form einer Kostenerstattung erbracht werden

▸ Anspruch umfasst auch die notwendige Instandsetzung und Ersatzbeschaffung von Hilfsmitteln sowie die Ausbildung in ihrem Gebrauch

▸ Eigenanteil: 10 Prozent, höchstens 25 EUR; Voraussetzung: Vollendung des 18. Lebensjahres ▸ gilt nicht in Härtefällen

▸ Pflegekasse kann finanzielle Zuschüsse für Maßnahmen zur Verbesserung des individuellen Wohnumfelds des Pflegebedürftigen gewähren ▸ z. B. technische Hilfen im Haushalt

▸ Höchstbetrag der Zuschüsse je Maßnahme: 4.000 EUR

wenn mehrere Pflegebedürftige in einer gemeinsamen Wohnung leben: Gesamtbetrag je Maßnahme: 16.000 EUR

3

Zum Verbrauch bestimmte Pflegehilfsmittel sind Produkte, die wegen

- der Beschaffenheit ihres Materials oder
- aus hygienischen Gründen

nur einmal benutzt werden können und in der Regel für den Wiedereinsatz nicht geeignet sind.

Dabei ist die Nutzungsdauer des einzelnen Artikels unerheblich.

3

Zum Verbrauch bestimmte, am Pflegebedürftigen anzuwendende Pflegehilfsmittel sind zum Beispiel:

- Desinfektionsmittel
- Einmalhandschuhe
- Körperpflegeartikel
- Krankenunterlagen
- gleichartige, nicht wieder verwendbare Produkte

Sofern aus Gutachten oder anderen Unterlagen hervorgeht, dass die anfallenden Aufwendungen generell 40 Euro im Monat übersteigen, kann die Pflegekasse aus Vereinfachungsgründen ohne weiteren Nachweis diesen Betrag auszahlen.

Aufwendungen über 40 Euro im Monat fallen in den Eigenverantwortungsbereich des Pflegebedürftigen. Bei größeren Mengen ist die voraussichtliche Verbrauchsdauer der Pflegehilfsmittel anzugeben. Für diese Pflegehilfsmittel erhält der Pflegebedürftige monatlich 40 Euro.

Wichtig: Der Anspruch auf diesen Betrag ist unabhängig vom Pflegegrad, es muss aber einer festgestellt worden sein. Härtefallregelungen gibt es nicht.

Sofern dem Pflegebedürftigen ohne weitere Nachweise monatlich 40 Euro ausgezahlt werden, ist der Betrag während einer vollstationären Krankenhausbehandlung oder einer stationären medizinischen Rehabilitationsmaßnahme weiterzuzahlen. Die Pflegekassen orientieren sich hier an der Regelung bei Krankenhausbehandlung oder stationärer Rehabilitationsmaßnahme, wonach das Pflegegeld für die ersten vier Wochen einer solchen Maßnahme weiterzuzahlen ist.

Endet der Zeitraum von vier Wochen im Rahmen einer vollstationären Krankenhausbehandlung bzw. stationären medizinischen Rehabilitationsmaßnahme im Verlauf eines Kalendermonats, ist anteilig für diesen Monat der Pauschalbetrag von 40 Euro auszuzahlen. Gleiches gilt, wenn erst im Verlauf eines Monats der Leistungsanspruch festgestellt wird.

Wichtig: Weist der Pflegebedürftige für einen Teilmonat Aufwendungen für zum Verbrauch bestimmte Hilfsmittel in Höhe von mindestens 40 Euro nach, erfolgt keine anteilige Kürzung des Betrags.

Pflegekassen, Leistungserbringer und Pflegebedürftige sind verpflichtet, alle infrage kommenden Einsparmöglichkeiten zu nutzen.

Beispiele:

- Direktbezug vom Hersteller
- Aushandeln von Rabatten

Bei Pflegehilfsmitteln, die nicht zum Verbrauch bestimmt sind, handelt es sich in der Regel um technische Hilfsmittel. Dazu zählen Pflegehilfsmittel zur:

3

- Erleichterung der Pflege
- Körperpflege/Hygiene
- selbstständigen Lebensführung/Mobilität
- Linderung von Beschwerden

Die Pflegekassen sollen Hilfsmittel in allen geeigneten Fällen vorrangig leihweise überlassen. Sie können die Bewilligung davon abhängig machen, dass die Pflegebedürftigen sich das Pflegehilfsmittel anpassen oder sich selbst oder die Pflegeperson in seinem Gebrauch ausbilden lassen.

Der Anspruch umfasst auch die notwendige:

- Änderung
- Instandsetzung
- Ersatzbeschaffung von Hilfsmitteln
- Ausbildung in ihrem Gebrauch

Grundausstattung

Grundsätzlich haben die Pflegekassen Pflegehilfsmittel in einfacher Stückzahl zu gewähren. Eine Mehrfachausstattung kommt jedoch infrage, wenn das Pflegehilfsmittel aus hygienischen Gründen ständig oder häufiger gewechselt werden muss. Ferner kann eine Mehrfachausstattung mit einem typengleichen Pflegehilfsmittel angezeigt sein, wenn sich dies wegen der besonderen Beanspruchung durch den Pflegebedürftigen als zweckmäßig und wirtschaftlich erweist.

So kann eine Ausstattung mit einem weiteren Pflegehilfsmittel derselben Art (z. B. wieder verwendbare Krankenunterlagen) dann vorzunehmen sein, wenn den Bedürfnissen des Betroffenen mit einem Pflegehilfsmittel nicht ausreichend Rechnung getragen werden kann.

Achtung: Die Pflegekasse muss das Pflegehilfsmittel in einem gebrauchsfertigen Zustand zur Verfügung stellen und ggf. die Montagekosten übernehmen.

Zubehör

Zubehörteile, ohne die das Pflegehilfsmittel nicht oder nicht zweckentsprechend betrieben werden kann, fallen ebenfalls in die Leistungspflicht der Pflegekasse. Betriebs- und Pflegekosten von Pflegehilfsmitteln sind dem Bereich der allgemeinen Lebenshaltung des Pflegebedürftigen zuzuordnen; sie werden nicht von der Pflegekasse übernommen.

Anpassung

Eine Reihe von Pflegehilfsmitteln kann nur dann sachgerecht genutzt werden, wenn eine ordnungsgemäße Anpassung vorgenommen und der Benutzer im Gebrauch eingewiesen wurde. Der Anspruch auf Ausstattung mit Pflegehilfsmitteln schließt deshalb die Anpassung und Ausbildung im Gebrauch ein.

Ausbildung

Die Schulung im Gebrauch des Pflegehilfsmittels bezieht sich auf den Pflegebedürftigen sowie auf die Personen, ohne deren Hilfe das Pflegehilfsmittel nicht sachgerecht benutzt werden könnte (Pflegekräfte).

Der Pflegebedürftige bzw. die Pflegefachkraft ist verpflichtet, sich mit dem Gebrauch von Pflegehilfsmitteln vertraut zu machen und sich der erforderlichen Ausbildung durch qualifizierte Personen zu unterziehen. Die Pflegekasse kann die Ausstattung von der Erfüllung der vorstehenden Verpflichtung abhängig machen.

Änderung

Der Anspruch des Pflegebedürftigen umfasst nicht nur die Erstausstattung mit Pflegehilfsmitteln, sondern auch deren Änderung, Instandsetzung und Ersatzbeschaffung.

Zu den notwendigen Änderungen gehören insbesondere Erweiterungen und Ergänzungen, die ihre Ursache in der Person des Versicherten haben oder in der fortschreitenden technischen Entwicklung begründet sind, wenn mit dem geänderten Pflegehilfsmittel eine notwendige Verbesserung der Pflegesituation erreicht wird.

Instandsetzung oder Ersatzbeschaffung

Die Instandsetzung umfasst die Reparaturen bei Verschleiß, wenn die Instandsetzung technisch möglich und wirtschaftlicher als eine Ersatzbeschaffung ist. Bei Unbrauchbarkeit oder Verlust ist das Pflegehilfsmittel zu ersetzen.

Die Gebrauchsdauer eines Pflegehilfsmittels kann von einer Vielzahl von Faktoren beeinflusst werden. Art und Beschaffenheit des Pflegehilfsmittels, Körperkonstitution sowie die individuellen Lebensumstände des Pflegebedürftigen sind hierbei von Bedeutung. Ferner kommt es darauf an, ob dem Pflegehilfsmittel die erforderliche und sorgfältige Behandlung zuteil wird. Für eine Ersatzbeschaffung ist daher eine individuelle Entscheidung der Pflegekasse notwendig.

Wichtig: Die Instandsetzung oder der Ersatz kann ganz oder teilweise verweigert werden, wenn der Pflegebedürftige die Unbrauchbarkeit oder den Verlust des Pflegehilfsmittels durch Missbrauch vorsätzlich oder grob fahrlässig herbeigeführt hat.

Wird ein Pflegehilfsmittel benötigt, überprüft in der Praxis zuerst die Krankenkasse ihre Zuständigkeit. Wird dies verneint, kommt ggf. eine Leistungspflicht der Pflegekasse in Betracht. Die Unterlagen sind an diese weiterzuleiten. Da die Pflegekassen bei den Krankenkassen eingerichtet sind, stellt dies für die Pflegebedürftigen selbst einen mehr internen Vorgang der Versicherung dar.

3

Als Anlage zum Hilfsmittelverzeichnis der gesetzlichen Krankenversicherung erstellte der Spitzenverband Bund der Pflegekassen ein Verzeichnis der von der Leistungspflicht der Pflegeversicherung umfassten Pflegehilfsmittel, soweit diese nicht bereits im Hilfsmittelverzeichnis der Krankenversicherung enthalten sind. Es wird vom Spitzenverband Bund der Pflegekassen fortgeschrieben.

Gesondert müssen ausgewiesen werden:

- durch Festbeträge vergütete Hilfsmittel
- Hilfsmittel, die für eine leihweise Überlassung an die Versicherten geeignet sind

Das Pflegehilfsmittelverzeichnis und seine Änderungen sind im Bundesanzeiger (BAnz.) bekannt zu geben und ist auf der Webseite des GKV-Spitzenverbands einzusehen (www.gkv-spitzenverband.de).

Bei vollstationärer Pflege hat allerdings der Träger des Pflegeheims für die im Rahmen des üblichen Pflegebetriebs notwendigen Hilfsmittel zu sorgen, weil er aufgrund des mit den Pflegekassen geschlossenen Versorgungsvertrags verpflichtet ist, die Pflegebedürftigen nach dem allgemein anerkannten Stand medizinisch-pflegerischer Erkenntnisse zu pflegen, sozial zu betreuen und mit medizinischer Behandlungspflege zu versorgen. Art und Umfang der Ausstattung der einzelnen stationären Pflegeeinrichtung mit Hilfsmitteln bzw. Pflegehilfsmitteln richten sich nach der Bewohnerstruktur und dem zu erwartenden Versorgungsbedarf.

Die gesetzliche Krankenversicherung hat nur solche medizinisch notwendigen Hilfsmittel zur Verfügung zu stellen, die nicht der „Sphäre" der vollstationären Pflege zuzurechnen sind. Das sind im Wesentlichen:

- individuell angepasste Hilfsmittel, die ihrer Natur nach nur für den einzelnen Versicherten bestimmt und grundsätzlich nur für ihn verwendbar sind (z. B. Hörgeräte, sonstige Prothesen)

- Hilfsmittel, die der Befriedigung eines allgemeinen Grundbedürfnisses (z. B. Kommunikation oder Mobilität) außerhalb des Pflegeheims dienen

Der Spitzenverband Bund der Krankenkassen hat einen Katalog herausgegeben, in dem sich eine Abgrenzung zwischen der Leistungspflicht der Krankenkassen und der der Pflegeheime findet.

Wählt der Versicherte ein aufwendigeres Hilfsmittel als notwendig, hat er die Mehrkosten selbst zu tragen. In diesem Zusammenhang hat das Bundessozialgericht festgestellt, dass auch in der privaten Pflegeversicherung nur solche Mittel als Pflegehilfsmittel zu gewähren sind, die für die Lebensführung im häuslichen Umfeld erforderlich sind. Hilfsmittel, die der Erreichung des Arbeitsplatzes dienen, fallen nicht darunter. Das Bundessozialgericht hat in diesem Zusammenhang festgestellt, dass sich im Übrigen aus dem den Versicherungsbedingungen angefügten Hilfsmittelverzeichnis ergibt, welche Hilfsmittel die private Pflegeversicherung zu leisten hat.

Zuzahlungen

Versicherte, die das 18. Lebensjahr vollendet haben, müssen zu den Kosten der Hilfsmittel eine Zuzahlung erbringen. Das gilt allerdings nicht für zum Verbrauch bestimmte Hilfsmittel.

Die Zuzahlung beträgt 10 Prozent, höchstens jedoch 25 Euro pro Hilfsmittel. Die Zuzahlung ist an die abgebende Stelle zu entrichten.

Zur Vermeidung von Härten kann die Pflegekasse den Pflegebedürftigen in entsprechender Anwendung bestimmter Vorschriften der gesetzlichen Krankenversicherung von der Zuzahlung befreien.

Der Hinweis auf die Krankenversicherung bedeutet, dass Zuzahlungen nur bis zur sogenannten Belastungsgrenze zu entrichten sind. Wird die Belastungsgrenze bereits innerhalb eines Kalenderjahres erreicht, hat die Krankenkasse eine Bescheinigung darüber zu erteilen, dass für den Rest des Kalenderjahres keine Zuzahlungen mehr zu leisten sind.

Hier bestimmt § 40 Abs. 3 SGB XI ausdrücklich, dass die Zuzahlungen der gesetzlichen Krankenversicherung und der Pflegeversicherung zusammenzurechnen sind. Wurde die Belastungsgrenze der Krankenversicherung dort nämlich bereits erreicht, ist der Betreffende in der Pflegeversicherung von der Zuzahlung befreit. Das gilt auch, wenn die Belastungsgrenze unter Berücksichtigung der Zuzahlungen zur Pflegeversicherung überschritten wird.

Zuzahlungen der Versicherten in der Krankenversicherung

Die Versicherten der gesetzlichen Krankenkassen müssen zu den ihnen zustehenden Leistungen in zahlreichen Fällen Zuzahlungen leisten:

Kassenleistung	Zuzahlungen	Ausnahmen
Arznei- und Verbandmittel	10 % des Preises, jedoch mindestens 5 Euro und maximal 10 Euro pro Arzneimittel. In jedem Fall sind nicht mehr als die Kosten des Mittels zu zahlen.	18. Lebensjahr noch nicht vollendet
Fahrkosten (bei ambulanten Fahrten werden sie nur noch in besonderen Ausnahmefällen übernommen, vorherige Genehmigung der Krankenkasse erforderlich)	10 % des Fahrpreises, mindestens 5 Euro und höchstens 10 Euro; zu zahlen sind nicht mehr als die Kosten des Fahrpreises	keine (auch nicht für Kinder und Jugendliche)
Häusliche Krankenpflege	10 % der Kosten des Mittels zuzüglich 10 Euro je Verordnung	18. Lebensjahr noch nicht vollendet
Haushaltshilfe	10 % der kalendertäglichen Kosten, jedoch höchstens 10 Euro und mindestens 5 Euro	keine
Heilmittel	10 % der Kosten des Mittels zuzüglich 10 Euro je Verordnung	18. Lebensjahr noch nicht vollendet
Hilfsmittel	10 % für jedes Hilfsmittel (z. B. Hörgerät), jedoch mindestens 5 Euro und maximal 10 Euro.	■ Hilfsmittel, die zum Verbrauch bestimmt sind (z. B. Windeln bei Inkontinenz): Zuzahlung von 10 % je Verbrauchseinheit, aber maximal 10 Euro pro Monat ■ 18. Lebensjahr noch nicht vollendet
Krankenhausbehandlung	10 Euro pro Tag	■ begrenzt auf 28 Tage im Kalenderjahr ■ 18. Lebensjahr noch nicht vollendet
Mütter- bzw. Väterkuren	10 Euro pro Tag	18. Lebensjahr noch nicht vollendet
Soziotherapie	10 % der kalendertäglichen Kosten, jedoch höchstens 10 Euro und mindestens 5 Euro	18. Lebensjahr noch nicht vollendet

3

Kassenleistung	Zuzahlungen	Ausnahmen
Stationäre Vorsorge und Re-habilitation	10 Euro pro Tag	■ bei Anschlussheilbehandlungen: Begrenzung auf 28 Tage im Kalenderjahr ■ 18. Lebensjahr noch nicht vollendet

3

Belastungsgrenze

Die Belastungsgrenze beträgt für Versicherte und ihre im gemeinsamen Haushalt lebenden Angehörigen 2 Prozent der jährlichen Bruttoeinnahmen zum Lebensunterhalt.

Für chronisch kranke Versicherte, die wegen derselben schwerwiegenden Krankheit in Dauerbehandlung sind, beträgt die Belastungsgrenze 1 Prozent der jährlichen Bruttoeinnahmen zum Lebensunterhalt. Nach Ansicht der Spitzenverbände der Krankenkassen in ihrem Gemeinsamen Rundschreiben vom 26.11.2003 gilt diese Absenkung der Belastungsgrenze für den gesamten Familienhaushalt, wenn mindestens eine Person wegen derselben schwerwiegenden Erkrankung in Dauerbehandlung ist.

Die Feststellung, wonach Versicherte an einer schwerwiegenden chronischen Krankheit leiden, wird durch die Krankenkasse getroffen. Eine Krankheit ist dann schwerwiegend chronisch, wenn sie wenigstens ein Jahr lang mindestens einmal pro Quartal (Vierteljahr) ärztlich behandelt wurde (Dauerbehandlung).

Außerdem muss eines der folgenden Merkmale vorhanden sein:

■ Es liegt eine Pflegebedürftigkeit der Pflegegrade 2 bis 5 nach dem SGB XI vor (vgl. ab Seite 16).

■ Es liegt ein Grad der Behinderung (GdB) von mindestens 60 oder eine Minderung der Erwerbsfähigkeit (MdE) von mindestens 60 Prozent vor, wobei der GdB bzw. die MdE zumindest auch durch die obige Krankheit (Dauerbehandlung) begründet sein muss.

■ Es ist eine kontinuierliche Behandlung erforderlich (ärztliche oder psychotherapeutische Behandlung, Arzneimitteltherapie, Versorgung mit Heil- und Hilfsmitteln), ohne die nach ärztlicher Einschätzung eine lebensbedrohliche Verschlimmerung, eine Verminderung der Lebenserwartung oder eine dauerhafte Beeinträchtigung der Lebensqualität durch die aufgrund der die Dauerbehandlung verursachten Gesundheitsstörung zu erwarten ist.

Die Dauerbehandlung wird durch eine ärztliche Bescheinigung nachgewiesen. In dieser ist die dauerbehandelte Krankheit anzugeben. Das Vorliegen der kontinuierlichen Behandlungserfordernis wird durch eine ärztliche Bescheinigung nachgewiesen. Hier existiert ein Vordruck des

„Bundesmantelvertrages – Ärzte" auf Bundesebene. Die entsprechenden Formulare stellen die Krankenkassen zur Verfügung.

Für die Verminderung der 2-Prozent-Zuzahlung auf 1 Prozent werden besondere Voraussetzungen gefordert: Notwendig ist die Teilnahme an den gesetzlich vorgesehenen Vorsorgemaßnahmen. Das gilt sowohl für den sogenannten Gesundheits-Check-up als auch für Krebsvorsorgemaßnahmen.

Die Krankenkasse hat für den Rest des Jahres eine Befreiung auszusprechen, wenn die Belastungsgrenze vor Ablauf des Kalenderjahres erreicht wird. Eine Befreiung aufgrund einer Vorauszahlung des Versicherten in Höhe der voraussichtlichen Belastungsgrenze ohne den Nachweis tatsächlich entstandener Zuzahlungen ist im Einzelfall möglich. Dies gilt insbesondere, wenn innerhalb kurzer Zeiträume die Belastungsgrenze erreicht werden würde.

Nach Ansicht des Spitzenverbands Bund der Krankenkassen können solche Zuzahlungsbelege akzeptiert werden, aus denen der Vor- und Zuname des Versicherten, die Art der Leistung (z. B. Arzneimittel/Hilfsmittel), der Zuzahlungsbetrag, das Datum der Abgabe und die abgebende Stelle hervorgehen.

Der Nachweis kann in Form eines Quittungshefts erbracht werden. Sonstige Beträge, zum Beispiel Mehrkosten oder auch Selbstmedikation, sind nicht einzutragen.

Zur Dokumentation der Befreiung händigen die Krankenkassen einen Ausweis aus, der mindestens folgende Bestandteile enthält:

- Name der ausstellenden Krankenkasse
- Name des Versicherten
- Geburtsdatum und/oder Krankenversicherungsnummer
- Datum der Ausstellung
- Gültigkeitsdauer

Berücksichtigung von Familienangehörigen und Einnahmen

Bei der Ermittlung der Belastungsgrenze werden die Zuzahlungen sowie die Bruttoeinnahmen zum Lebensunterhalt der mit dem Versicherten im gemeinsamen Haushalt lebenden Angehörigen bzw. seines gleichgeschlechtlichen Lebenspartners zusammengerechnet.

Seit 1. 1. 2019 bestimmt in diesem Zusammenhang der durch das Pflegepersonal-Stärkungsgesetz geschaffene § 1 Abs. 7 SGB XI, dass ein Lebenspartner einer eingetragenen Lebenspartnerschaft im Sinne des SGB XI als Familienangehöriger des anderen Lebenspartners gilt, sofern nicht ausdrücklich etwas anderes bestimmt ist.

Kinder in diesem Sinne sind solche, denen Anspruch aus der Familienversicherung zusteht (vgl. ab Seite 110).

Vor der Ermittlung der Belastungsgrenze wird von den jährlichen Bruttoeinnahmen zum Lebensunterhalt abgezogen:

3

- für den ersten im gemeinsamen Haushalt lebenden Angehörigen ein Betrag in Höhe von 15 Prozent der jährlichen Bezugsgröße (2019: 5.607 Euro)
- für jeden weiteren im gemeinsamen Haushalt lebenden Angehörigen ein Betrag in Höhe von 10 Prozent der jährlichen Bezugsgröße (2019: 3.738 Euro), allerdings
- für jedes familienversicherte Kind ein Betrag von 7.428 Euro (der Betrag stammt aus dem Steuerrecht).

Der Träger der Sozialhilfe für volljährige Bezieher des notwendigen Lebensunterhalts in Einrichtungen erbringt die zu leistenden Zuzahlungen, sofern der Leistungsberechtigte nicht widerspricht. Die Leistung erfolgt in Form eines ergänzenden Darlehens.

Die Auszahlung der für das ganze Kalenderjahr zu leistenden Zuzahlungen erfolgt unmittelbar an die zuständige Krankenkasse zum 1. 1. oder bei Aufnahme in eine stationäre Einrichtung.

Der Sozialhilfeträger teilt der zuständigen Krankenkasse spätestens bis zum 1. 11. des Vorjahres die betroffenen Leistungsberechtigten mit, soweit diese der Darlehensgewährung für das laufende oder ein vorangegangenes Kalenderjahr nicht widersprochen haben.

Ausnahmen von der Leistungspflicht

Mittel des täglichen Lebensbedarfs sind keine Pflegehilfsmittel. Dazu gehören Alltagshilfen, wie zum Beispiel:

- Küchenhilfen
- Elektromesser
- Dosenöffner

Der Leistungsausschluss gilt auch, wenn sie die Pflege des Pflegebedürftigen erleichtern. Dazu zählen Mittel, die allgemein Verwendung finden und üblicherweise von mehreren Personen benutzt werden bzw. in einem Haushalt vorhanden sind (z. B. verlängerter Schuhlöffel).

Achtung: Die Umrüstung eines Rollladens und einer Markise auf Elektroantrieb ist weder ein Hilfsmittel der Pflegeversicherung noch eine zuschussfähige Umbaumaßnahme. Sie dient nicht der Erleichterung der Pflege oder der Aufrechterhaltung einer möglichst selbstständigen Lebensführung.

Verbesserung des Wohnumfelds

Die Pflegekassen können nach § 40 Abs. 4 SGB XI finanzielle Zuschüsse für Maßnahmen zur Verbesserung des individuellen Wohnumfelds des Pflegebedürftigen gewähren (z. B. für technische Hilfen im Haushalt), wenn dadurch im Einzelfall die häusliche Pflege ermöglicht oder erheblich erleichtert oder eine möglichst selbstständige Lebensführung des Pflegebedürftigen wiederhergestellt wird.

> **Wichtig:**
>
> Der Leistungsanspruch ist subsidiär, das heißt nachrangig. Wenn und soweit andere Stellen zur Leistung verpflichtet sind, besteht kein Anspruch gegen die Pflegekasse.

3

Die Zuschüsse dürfen einen Betrag in Höhe von 4.000 Euro je Maßnahme nicht übersteigen. Der bisher vorgesehene Eigenanteil wurde durch das Pflege-Neuausrichtungsgesetz beseitigt.

Solche Zuschüsse können gewährt werden, wenn dadurch im Einzelfall

- die häusliche Pflege überhaupt erst möglich wird,
- die häusliche Pflege erheblich erleichtert und damit eine Überforderung der Leistungskraft des Pflegebedürftigen und der Pflegekraft verhindert wird oder
- eine möglichst selbstständige Lebensführung des Pflegebedürftigen wiederhergestellt, das heißt die Abhängigkeit von der Pflegekraft verhindert wird.

Bezuschusste Maßnahmen

Folgende Maßnahmen können bezuschusst werden:

- Maßnahmen, die mit wesentlichen Eingriffen in die Bausubstanz verbunden sind (z. B. Türverbreiterung, festinstallierte Rahmen und Treppenlifter, Herstellung von hygienischen Einrichtungen wie Erstellung von Wasseranschlüssen)
- Ein- und Umbau von Mobiliar, das entsprechend den Erfordernissen der Pflegesituation individuell hergestellt oder umgestaltet wird (z. B. motorisch betriebene Absenkung von Küchenhängeschränken, Austausch der Badewanne durch eine Dusche)

Wichtig: Eine Maßnahme zur Verbesserung des individuellen Wohnumfelds des Pflegebedürftigen liegt auch vor, wenn den Besonderheiten des Einzelfalls durch einen Umzug in eine den Anforderungen des Pflegebedürftigen entsprechende Wohnung (z. B. Umzug aus einer Obergeschoss- in eine Parterrewohnung) Rechnung getragen werden kann. In diesem Fall kann die Pflegekasse die Umzugskosten bezuschussen.

Leben mehrere Pflegebedürftige in einer gemeinsamen Wohnung, sind die Zuschüsse für Maßnahmen zur Verbesserung des gemeinsamen Wohnumfelds auf einen Betrag in Höhe von 4.000 Euro je Pflegebedürftigen begrenzt. Höchstens können je Maßnahme 16.000 Euro beantragt werden; bei mehr als vier Anspruchsberechtigten wird der Betrag anteilig auf die Versicherungsträger der Anspruchsberechtigten aufgeteilt.

Da es sich bei den Maßnahmen zur Verbesserung des individuellen Wohnumfelds um eine Zuschussleistung handelt, wird der Antragsteller mit der Bewilligung darauf hingewiesen, dass die sich im Zusammenhang mit dieser Maßnahme ergebenden mietrechtlichen Fragen in eigener Verantwortlichkeit zu regeln sind (z. B. höhere Kaution an Vermieter). Im Rahmen ihrer Aufklärungs- und Beratungspflicht sollten hier die Pflegeversicherungen tätig werden (z. B. durch Verweisung an soziale Dienste).

Beachten Sie in Zusammenhang mit der Aufklärungs- und Beratungspflicht die Ausführungen ab Seite 85.

Zusätzliche Leistungen

Die §§ 45a bis 45d SGB XI behandelten bis 31. 12. 2016 Leistungen für Versicherte mit erheblichem allgemeinen Betreuungsbedarf sowie zusätzliche Betreuungs- und Entlastungsleistungen und die Weiterentwicklung der Versorgungsstrukturen. Durch die Einbindung der hier betroffenen Versicherten in die „allgemeine" Pflegeversicherung, das heißt durch die Weiterentwicklung des Pflegebedürftigkeitsbegriffs, sind diese Leistungen für die Zeit nach dem 1. 1. 2017 nicht mehr notwendig. Seit dem genannten Zeitpunkt behandeln die angesprochenen Vorschriften Angebote zur Unterstützung im Alltag, einen Entlastungsbetrag, die Förderung der Weiterentwicklung der Versorgungsstrukturen und des Ehrenamts sowie der Selbsthilfe.

Angebote zur Unterstützung im Alltag sollen dazu beitragen, Pflegepersonen zu entlasten. Sie helfen Pflegebedürftigen, möglichst lange in ihrer häuslichen Umgebung zu bleiben, soziale Kontakte aufrechtzuerhalten und ihren Alltag weiterhin möglichst selbstständig bewältigen zu können.

Zu diesen Angeboten zur Unterstützung im Alltag gehören Angebote,

- in denen insbesondere ehrenamtliche Helfer unter pflegefachlicher Anleitung die Betreuung von Pflegebedürftigen mit allgemeinem oder besonderem Betreuungsbedarf in Gruppen oder im häuslichen Bereich übernehmen (Betreuungsangebote),
- die der gezielten Entlastung und beratenden Unterstützung von pflegenden Angehörigen und vergleichbar nahestehenden Pflegepersonen in ihrer Eigenschaft als Pflegende dienen (Angebote zur Entlastung von Pflegenden),
- die dazu dienen, die Pflegebedürftigen bei der Bewältigung von allgemeinen oder pflegebedingten Anforderungen des Alltags oder im

Haushalt, insbesondere bei der Haushaltsführung oder bei der eigenverantwortlichen Organisation individuell benötigter Hilfeleistungen zu unterstützen (Angebote zur Entlastung im Haushalt).

Die Angebote benötigen eine Anerkennung durch die zuständige Behörde nach Maßgabe des Landesrechts. Durch ein Angebot zur Unterstützung im Alltag können auch mehrere der vorstehend genannten Bereiche abgedeckt werden.

Als Angebote zur Unterstützung im Alltag kommen insbesondere in Betracht:

3

- Betreuungsgruppen für an Demenz erkrankte Menschen
- Helferkreise zur stundenweisen Entlastung pflegender Angehöriger oder vergleichbar nahestehender Pflegepersonen im häuslichen Bereich
- Tagesbetreuung in Kleingruppen
- Einzelbetreuung durch anerkannte Helfer
- Agenturen zur Vermittlung von Betreuungs- und Entlastungsleistungen für Pflegebedürftige und pflegende Angehörige sowie vergleichbar nahestehende Pflegepersonen
- Familienentlastende Dienste
- Alltagsbegleiter
- Pflegebegleiter
- Serviceangebote für haushaltsnahe Dienstleistungen

Angebote zur Unterstützung im Alltag beinhalten die Übernahme von Betreuung und allgemeiner Beaufsichtigung. Dazu gehören auch eine die vorhandenen Ressourcen und Fähigkeiten stärkende oder stabilisierende Alltagsbegleitung, ferner Unterstützungsleistungen für Angehörige und vergleichbar Nahestehende in ihrer Eigenschaft als Pflegende zur besseren Bewältigung des Pflegealltags. Außerdem werden die Erbringung von Dienstleistungen, organisatorische Hilfestellungen oder andere geeignete Maßnahmen angesprochen.

Die Angebote verfügen über ein Konzept, das Angaben zur Qualitätssicherung des Angebots sowie eine Übersicht über die Leistungen, die angeboten werden sollen, und die Höhe der den Pflegebedürftigen hierfür in Rechnung gestellten Kosten enthält.

Das Konzept umfasst ferner Angaben zur zielgruppen- und tätigkeitsgerechten Qualifikation der Helfenden und zu dem Vorhandensein von Grund- und Notfallwissen im Umgang mit Pflegebedürftigen sowie dazu, wie eine angemessene Schulung und Fortbildung der Helfenden sowie eine kontinuierliche fachliche Begleitung und Unterstützung, insbesondere von ehrenamtlich Helfenden in ihrer Arbeit gesichert werden.

Bei wesentlichen Änderungen hinsichtlich der angebotenen Leistungen ist das Konzept entsprechend fortzuschreiben. Bei Änderung der hierfür in Rechnung gestellten Kosten sind die entsprechenden Angaben zu aktualisieren.

Nach § 45a Abs. 3 SGB XI sind die Landesregierungen ermächtigt, durch Rechtsverordnung das Nähere über die Anerkennung der Angebote zur Unterstützung im Alltag zu bestimmen. Das gilt auch hinsichtlich der Vorgaben zur regelmäßigen Qualitätssicherung der Angebote und zur regelmäßigen Übermittlung einer Übersicht über die aktuell angebotenen Leistungen und die Höhe der hierfür erhobenen Kosten.

Pflegebedürftige in häuslicher Pflege mit mindestens Pflegegrad 2 können eine Kostenerstattung zum Ersatz von Aufwendungen für Leistungen der nach Landesrecht anerkannten Angebote zur Unterstützung im Alltag und Anrechnung auf ihren Anspruch auf ambulante Pflegesachleistungen nach § 36 SGB XI erhalten. Das gilt allerdings nur, soweit für den entsprechenden Leistungsbetrag nach § 36 SGB XI in dem jeweiligen Kalendermonat keine ambulanten Pflegesachleistungen bezogen werden.

Der hierfür verwendete Betrag darf je Kalendermonat 40 Prozent des nach § 36 SGB XI für den jeweiligen Pflegegrad vorgesehenen Höchstleistungsbetrags nicht überschreiten.

Maßgebend sind hier:

- bei Pflegegrad 2 bis zu 275,60 Euro
- bei Pflegegrad 3 bis zu 519,20 Euro
- bei Pflegegrad 4 bis zu 644,80 Euro
- bei Pflegegrad 5 bis zu 798 Euro

Die Anspruchsberechtigten erhalten die Kostenerstattung auf Antrag von der zuständigen Pflegekasse oder dem zuständigen privaten Versicherungsunternehmen sowie im Fall der Beihilfeberechtigung anteilig von der Beihilfefestsetzungsstelle. Die Erstattung erfolgt gegen Vorlage entsprechender Belege über Eigenbelastungen, die ihnen im Zusammenhang mit der Inanspruchnahme der Erstattungsleistungen entstanden sind.

Dabei sind die Vergütungen für ambulante Pflegesachleistungen vorrangig abzurechnen.

Im Rahmen der Kombinationsleistung nach § 38 SGB XI (vgl. ab Seite 46) gilt die Erstattung der Aufwendungen als Inanspruchnahme der dem Anspruchsberechtigten zustehenden häuslichen Pflegehilfe.

§ 45b SGB XI sieht einen Entlastungsbetrag für Pflegebedürftige in häuslicher Pflege vor. Dieser beläuft sich auf bis zu 125 Euro monatlich. Der Betrag ist zweckgebunden einzusetzen für qualitätsgesicherte Leistungen zur Entlastung pflegender Angehöriger und vergleichbar Nahestehender in ihrer Eigenschaft als Pflegende sowie zu Förderung der

Selbstständigkeit und Selbstbestimmtheit der Pflegebedürftigen bei der Gestaltung ihres Alltags. Er dient der Erstattung von Aufwendungen, die Versicherten entstehen in Zusammenhang mit der Inanspruchnahme von Leistungen der

- Tages- und Nachtpflege,
- Kurzzeitpflege,
- ambulanten Pflegedienste im Sinne des § 36 SGB XI in den Pflegegraden 2 bis 5 jedoch nicht von Leistungen im Bereich der Selbstversorgung,
- nach Landesrecht anerkannten Angebote zur Unterstützung im Alltag im Sinne des § 45a SGB XI (vgl. oben).

3

Die Erstattung der Aufwendungen erfolgt auch, wenn für die Finanzierung der vorstehend genannten Leistungen Mittel der Verhinderungspflege nach § 39 SGB XI eingesetzt werden.

Der Entlastungsbetrag kann innerhalb des jeweiligen Kalenderjahres in Anspruch genommen werden. Wird die Leistung in einem Kalenderjahr nicht ausgeschöpft, kann der nicht verbrauchte Betrag in das folgende Kalenderhalbjahr übertragen werden.

Die Pflegebedürftigen erhalten nach § 45b Abs. 2 SGB XI die Kostenerstattung in Höhe des Entlastungsbetrags auf Antrag von der zuständigen Pflegekasse, dem zuständigen privaten Versicherungsunternehmen sowie im Fall der Beihilfeberechtigung anteilig von der Beihilfefestsetzungsstelle. Entsprechende Belege sind vorzulegen.

Der Entlastungsbetrag in Höhe von bis zu 125 Euro monatlich kann innerhalb des jeweiligen Kalenderjahres in Anspruch genommen werden. Wird die Leistung in einem Kalenderjahr nicht ausgeschöpft, kann der nicht verbrauchte Betrag in das folgende Kalenderhalbjahr übertragen werden.

§ 45c SGB XI beschäftigt sich mit der Förderung der Weiterentwicklung der Versorgungsstrukturen und des Ehrenamts.

Der Spitzenverband Bund der Pflegekassen fördert hier im Wege der Anteilsfinanzierung aus Mitteln des Ausgleichfonds mit 25 Millionen Euro je Kalenderjahr

- den Auf- und Ausbau von Angeboten zur Unterstützung im Alltag im Sinne des § 45a SGB XI (vgl. oben),
- den Auf- und Ausbau und die Unterstützung von Gruppen ehrenamtlich Tätiger sowie sonstiger zum bürgerschaftlichen Engagement bereiter Personen und entsprechender ehrenamtlicher Strukturen sowie
- Modellvorhaben zur Erprobung neuer Versorgungskonzepte und Versorgungsstrukturen, insbesondere für an Demenz erkrankte Pflegebe-

dürftige sowie andere Gruppen von Pflegebedürftigen, deren Versorgung in besonderem Maße der strukturellen Weiterentwicklung bedarf.

Die privaten Versicherungsunternehmen, die die private Pflege-Pflichtversicherung durchführen, beteiligen sich an dieser Förderung mit insgesamt 10 Prozent der oben aufgeführten 25 Millionen Euro je Kalenderjahr (also mit 2,5 Millionen Euro).

3

§ 45c Abs. 2 SGB XI sieht die Zahlung eines Zuschusses vor. Dieser Zuschuss aus Mitteln der sozialen und privaten Pflegeversicherung ergänzt eine Förderung der vorstehend aufgeführten Zwecke durch das jeweilige Land oder die jeweilige kommunale Körperschaft. Der Zuschuss wird jeweils in gleicher Höhe gewährt wie der Zuschuss, der vom Land oder von der kommunalen Gebietskörperschaft für die einzelne Fördermaßnahme geleistet wird, so dass insgesamt ein Fördervolumen von 50 Millionen Euro im Kalenderjahr erreicht wird. Soweit Mittel der Arbeitsförderung bei einem Projekt eingesetzt werden, sind diese einem vom Land oder von der Kommune geleisteten Zuschuss gleichgestellt.

Die Förderung des Auf- und Ausbaus von Angeboten zur Unterstützung im Alltag (vgl. die obigen Ausführungen) erfolgt nach § 45c Abs. 3 SGB XI als Projektförderung und dient insbesondere dazu, Aufwandsentschädigungen für die ehrenamtlich tätigen Helfenden zu finanzieren sowie für notwendige Personal- und Sachkosten. Letztere müssen mit der Koordination und Organisation der Hilfen und der fachlichen Anleitung und Schulung der Helfenden durch Fachkräfte verbunden sein.

Dem Antrag auf Förderung ist ein Konzept zur Qualitätssicherung des Angebots beizufügen. Aus dem Konzept muss sich ergeben, dass eine angemessene Schulung und Fortbildung der Helfenden sowie eine kontinuierlich fachliche Begleitung und Unterstützung der ehrenamtlich Helfenden in ihrer Arbeit gesichert sind.

Die Förderung des Auf- und Ausbaus und der Unterstützung von Gruppen ehrenamtlich Tätiger sowie sonstiger zum körperschaftlichen Engagement bereiter Personen und entsprechender ehrenamtlicher Strukturen erfolgt zur Förderung von Initiativen, die sich die Unterstützung, allgemeine Betreuung und Entlastung von Pflegebedürftigen und deren Angehörigen sowie vergleichbar nahestehenden Pflegepersonen zum Ziel gesetzt haben (§ 45c Abs. 4 SGB XI).

Die Mittel können auch für die Beteiligung von Pflegekassen an regionalen Netzwerken verwendet werden (§ 45c Abs. 9 SGB XI). Es muss sich um solche Netzwerke handeln, die der strukturierten Zusammenarbeit von Akteuren dienen, die an der Versorgung Pflegebedürftiger beteiligt sind und die sich im Rahmen einer freiwilligen Vereinbarung vernetzen.

Die Förderung der strukturierten regionalen Zusammenarbeit erfolgt, indem sich die Pflegekassen einzeln oder gemeinsam im Wege einer

Anteilsfinanzierung an den netzwerkbedingten Kosten beteiligen. Je Kreis oder kreisfreier Stadt darf der Förderbetrag dabei 20.000 Euro je Kalenderjahr nicht überschreiten.

Mit der Förderung der Selbsthilfe beschäftigt sich § 45d SGB XI. Danach werden je Versicherten 0,10 Euro im Kalenderjahr verwendet. Dies erfolgt zur Förderung und zum Auf- und Ausbau von Selbsthilfegruppen, -organisationen und -kontaktstellen, die sich die Unterstützung von Pflegebedürftigen sowie von deren Angehörigen und vergleichbar Nahestehenden zum Ziel gesetzt haben. Dabei werden bereits beschriebene Vorgaben des § 45c SGB XI und das dortige Verfahren entsprechend angewendet.

3

§ 45d SGB XI bezeichnet Selbsthilfegruppen als freiwillige, neutrale, unabhängige und nicht gewinnorientierte Zusammenschlüsse von Personen, die entweder aufgrund eigener Betroffenheit oder als Angehöriger oder vergleichbar Nahestehender das Ziel verfolgen, die Lebenssituation von Pflegebedürftigen sowie von deren Angehörigen und vergleichbar Nahestehenden zu verbessern. Dies muss durch persönliche, wechselseitige Unterstützung, auch unter Zuhilfenahme von Angeboten ehrenamtlicher und sonstiger zum bürgerschaftlichen Engagement bereiter Personen erfolgen.

Selbsthilfeorganisationen sind die Zusammenschlüsse von Selbsthilfegruppen in Verbänden. Selbsthilfekontaktstellen sind örtlich oder regional arbeitende professionelle Beratungseinrichtungen mit hauptamtlichem Personal. Sie verfolgen das gleiche Ziel wie die Selbsthilfegruppen.

Übergangsregelungen

Die Übergangsregelungen des PSG II regelt § 140 ff. SGB XI.

Insbesondere geht es dabei um die Überleitung von den Pflegestufen in die Pflegegrade. Versicherte der sozialen Pflegeversicherung und der privaten Pflege-Pflichtversicherung, denen eine Pflegestufe zugeordnet ist, werden mit Wirkung zum 1. 1. 2017 ohne erneute Antragstellung und ohne erneute Begutachtung einem Pflegegrad zugeordnet. Die Zuordnung ist dem Versicherten schriftlich mitzuteilen. Sie werden von Pflegestufe I dem Pflegegrad 2, von Pflegestufe II dem Pflegegrad 3, von Pflegestufe III dem Pflegegrad 4 oder von Pflegestufe III mit Härtefall dem Pflegegrad 5 zugewiesen, soweit ein besonderer Ausnahmefall im Sinne des § 36 Abs. 4 oder § 43 Abs. 3 SGB XI vorliegt.

Versicherte, bei denen eine erheblich eingeschränkte Alltagskompetenz vorliegt, werden in den Pflegegrad 2 übernommen, wenn keine Pflegestufe vorliegt, ansonsten in Pflegegrad 3 (Pflegestufe I), Pflegegrad 4 (Pflegestufe II) oder in Pflegegrad 5, wenn bisher Pflegestufe III vorliegt.

4 Leistungen bei stationärer Pflege

4

Leistungen bei stationärer Pflege

Leistungsarten bei stationärer Pflege

Die Leistungsarten der stationären Pflege differenzieren sich wie folgt:

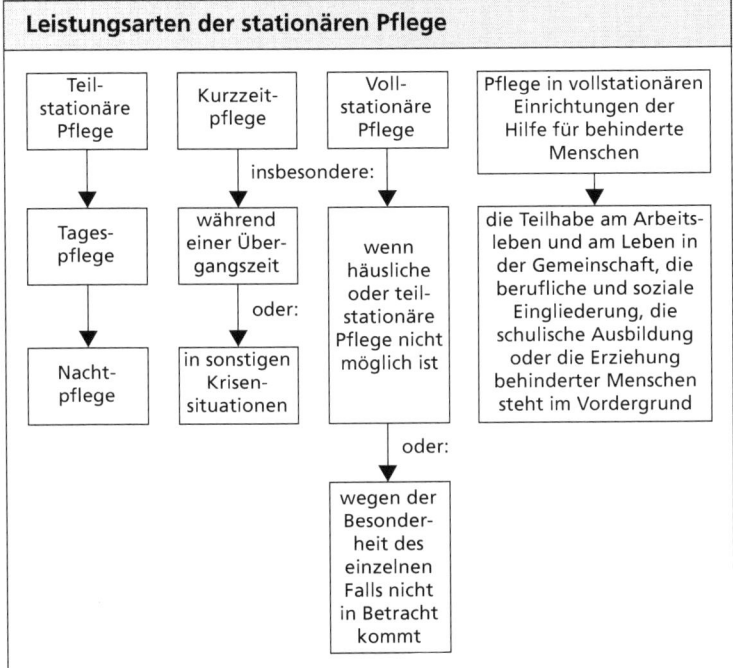

Leistungsarten der stationären Pflege

Teil-stationäre Pflege	Kurzzeit-pflege	Voll-stationäre Pflege	Pflege in vollstationären Einrichtungen der Hilfe für behinderte Menschen
Tages-pflege	insbesondere: während einer Über-gangszeit oder:	wenn häusliche oder teil-stationäre Pflege nicht möglich ist	die Teilhabe am Arbeits-leben und am Leben in der Gemeinschaft, die berufliche und soziale Eingliederung, die schulische Ausbildung oder die Erziehung behinderter Menschen steht im Vordergrund
Nacht-pflege	in sonstigen Krisen-situationen		

oder:

wegen der Besonder-heit des einzelnen Falls nicht in Betracht kommt

4

Teilstationäre Pflege

Pflegebedürftige der Pflegegrade 2 bis 5 haben nach § 41 SGB XI Anspruch auf teilstationäre Pflege in Einrichtungen der Tages- oder Nachtpflege, insbesondere in Fällen:

- einer kurzfristigen Verschlimmerung der Pflegebedürftigkeit
- der Ermöglichung einer (Teil-)Erwerbstätigkeit für die Pflegeperson
- einer nur für einige Stunden am Tag notwendigen ständigen Beaufsichtigung des Pflegebedürftigen

Wie aus dem obigen Schaubild hervorgeht, ist die Leistungshöhe nach dem Grad der Pflegebedürftigkeit gestaffelt.

Wichtig: Neben der Tages- und Nachtpflege kann für Pflegebedürftige der Pflegegrade 2 bis 5 die Pflegesachleistung, das Pflegegeld und eine Kombination von Tages- und Nachtpflege, Pflegesachleistung und Pflegegeld in Anspruch genommen werden (§ 41 Abs. 3 SGB XI).

Im Rahmen der im Schaubild bereits genannten Beträge werden übernommen:

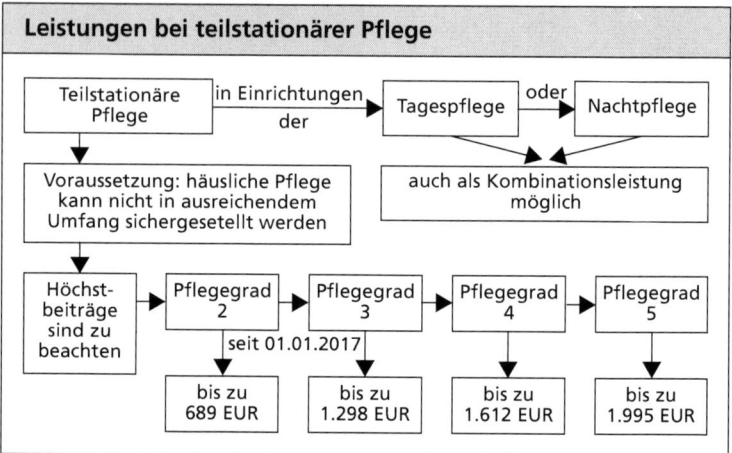

- die pflegebedingten Aufwendungen der teilstationären Pflege
- die Aufwendungen der Betreuung
- die Aufwendungen für die in der Einrichtung notwendigen Leistungen der medizinischen Behandlungspflege

Je nach Kombinationsart sind Höchstbeträge vorgesehen (§ 41 Abs. 4 bis 6 SGB XI).

Kurzzeitpflege

In begründeten Einzelfällen besteht der in § 42 SGB XI niedergelegte Anspruch auf Kurzzeitpflege für Pflegebedürftige auch in geeigneten Einrichtungen der Hilfe für behinderte Menschen und anderen geeigneten Einrichtungen. Voraussetzung ist, dass die Pflege in einer von den Pflegekassen zur Kurzzeitpflege zugelassenen Pflegeeinrichtung nicht möglich ist oder nicht zumutbar erscheint.

Der Leistungsbetrag von bis zu 1.612 Euro kann um bis zum gleichen Betrag aus noch nicht in Anspruch genommenen Mitteln der Verhinderungspflege (vgl. ab Seite 47) erhöht werden, auf insgesamt bis zu 3.224 Euro im Kalendermonat. Der für die Kurzzeitpflege in Anspruch

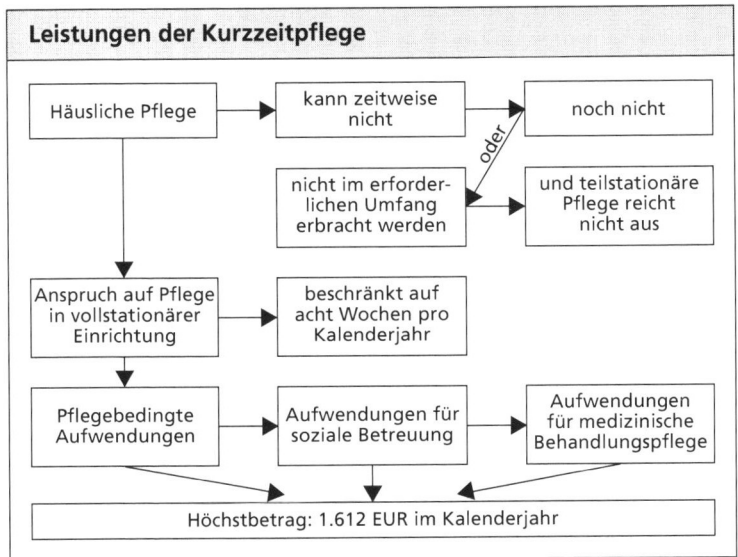

4

genommene Erhöhungsbetrag wird auf den Leistungsbetrag für die Verhinderungspflege angerechnet.

Die Hälfte des bisher bezogenen Pflegegelds für selbst beschaffte Pflegehilfen (§ 37 SGB XI; vgl. ab Seite 42) wird während einer Kurzzeitpflege jeweils für bis acht Wochen je Kalenderjahr fortgewährt.

Sind in dem Entgelt für die Einrichtungskosten, für Unterkunft und Verpflegung sowie Aufwendungen für Investitionen enthalten, ohne gesondert ausgewiesen zu sein, sind 60 Prozent des Entgelts zuschussfähig. In begründeten Einzelfällen kann die Pflegekasse in Ansehung der Kosten für Unterkunft und Verpflegung sowie der Aufwendungen für Investitionen pauschale Abschläge vornehmen.

Im Übrigen wird Kurzzeitpflege insbesondere gewährt:

- für eine Übergangszeit im Anschluss an eine stationäre Behandlung des Pflegebedürftigen oder
- in sonstigen Krisensituationen, in denen vorübergehend häusliche oder teilstationäre Pflege nicht möglich oder nicht ausreichend ist

Im ersten Fall muss ein vertretbarer Zeitraum – wie etwa eine Anschlussheilbehandlung – zwischen Entlassung aus der stationären Behandlung und der Aufnahme in die Kurzzeitpflegeeinrichtung liegen.

Im zweiten Fall besteht ein Anspruch auf Kurzzeitpflege auch dann, wenn bei der Aufnahme in die Kurzzeitpflegeeinrichtung feststeht, dass im Anschluss an die Kurzzeitpflege eine vollstationäre Pflege in einer Pflegeeinrichtung erfolgen soll.

Wichtig: Der Anspruch auf Kurzzeitpflege ist auf acht Wochen pro Kalenderjahr beschränkt. Er ist nicht davon abhängig, dass der Pflegebedürftige vorab eine bestimmte Zeit gepflegt werden musste.

Auf die Dauer dieses Leistungsanspruchs wird die Zeit der Gewährung häuslicher Pflege bei Verhinderung der Pflegeperson nicht angerechnet. Der Leistungsanspruch besteht in jedem Fall für acht Wochen.

Wichtig: Wird eine Sachleistung durch Kurzzeitpflege unterbrochen, können im Monat der Aufnahme und der Entlassung jeweils Sachleistungen bis zur jeweiligen Wertgrenze der Pflegesachleistung (vgl. dazu Seite 39) in Anspruch genommen werden.

Bei Empfängern von Pflegegeld (vgl. ab Seite 42) tritt an die Stelle des Pflegegelds die Kurzzeitpflege. Für den Aufnahme- und Entlassungstag wird Pflegegeld gezahlt.

Achtung: Wurde der Leistungsumfang für die Kurzzeitpflege ausgeschöpft, kommt eine darüber hinausgehende Zahlung von Pflegegeld für selbst beschaffte Pflegehilfen nicht in Betracht.

Vollstationäre Pflege

Die Pflegekasse übernimmt für Bewohner vollstationärer Einrichtungen nach § 43 SGB XI die pflegebedingten Aufwendungen, die Aufwendungen der medizinischen Behandlungspflege und die Kosten für Betreuung. Die Übernahme erfolgt pauschal, wie im obigen Schaubild dargestellt.

Pflegebedürftige in stationären Pflegeeinrichtungen haben Anspruch auf zusätzliche Betreuung und Aktivierung, die über die nach Art und Schwere der Pflegebedürftigkeit notwendige Versorgung hinausgeht

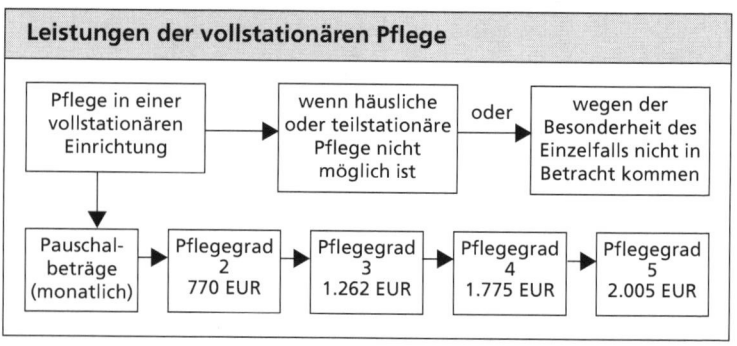

Leistungen der vollstationären Pflege

Pflege in einer vollstationären Einrichtung	→	wenn häusliche oder teilstationäre Pflege nicht möglich ist	oder →	wegen der Besonderheit des Einzelfalls nicht in Betracht kommen

| Pauschalbeträge (monatlich) | → | Pflegegrad 2 770 EUR | → | Pflegegrad 3 1.262 EUR | → | Pflegegrad 4 1.775 EUR | → | Pflegegrad 5 2.005 EUR |

(§ 43b SGB XI). Sie erhalten dafür Vergütungszuschläge von den Pflegekassen (§§ 84 Abs. 8, 85 Abs. 8 SGB XI).

§ 5 SGB XI schreibt vor, dass die Pflegekassen Leistungen zur Prävention in stationären Pflegeeinrichtungen erbringen. Das soll geschehen, indem sie unter Beteiligung der versicherten Pflegebedürftigen und der Pflegeeinrichtung Vorschläge zur Verbesserung der gesundheitlichen Situation und zur Stärkung der gesundheitlichen Ressourcen und Fähigkeiten entwickeln, sowie deren Umsetzung unterstützen. Der Spitzenverband Bund der Pflegekassen legt unter Einbeziehung unabhängiger Sachverständiger die Kriterien für diese Leistungen fest. Das gilt insbesondere hinsichtlich Inhalt, Methodik, Qualität, wissenschaftliche Evaluation und der Messung der Erreichung der mit den Leistungen verfolgten Ziele.

Wählen Pflegebedürftige des Pflegegrads 1 vollstationäre Pflege, erhalten sie für die vorstehend genannten Aufwendungen einen Zuschuss in Höhe von 125 Euro monatlich (§ 43 Abs. 3 SGB XI).

4

Bei vorübergehender Abwesenheit von Pflegebedürftigen aus dem Pflegeheim werden die Leistungen für vollstationäre Pflege erbracht, solange die Voraussetzungen des § 87a Abs. 1 Satz 5 und 6 SGB XI vorliegen. Danach ist der Pflegeplatz im Fall vorübergehender Abwesenheit vom Pflegeheim für einen Zeitraum von bis zu 42 Tagen im Kalenderjahr vom Pflegeheim freizuhalten. Abweichend hiervon verlängert sich der Abwesenheitszeitraum bei Krankenhausaufenthalten und bei Aufenthalten in Rehabilitationseinrichtungen für die Dauer der Aufenthalte. In den maßgebenden Rahmenverträgen sind für die vorstehend aufgeführten Abwesenheitszeiträume, soweit drei Kalendertage überschritten werden, Abschläge von mindestens 25 Prozent der Pflegevergütung, der Entgelte für Unterkunft und Verpflegung sowie der Zuschläge für die integrierte Versorgung (§ 92b SGB XI) vorzusehen.

§ 87a Abs. 2 SGB XI bestimmt in diesem Zusammenhang, dass dann, wenn Anhaltspunkte dafür bestehen, dass der pflegebedürftige Heimbewohner aufgrund der Entwicklung seines Zustand ein höherer Pflegegrad zuzuordnen ist, er auf schriftlicher Aufforderung des Heimträgers hin verpflichtet ist, bei seiner Pflegekasse die Zordnung zu einem höheren Pflegegrad zu beantragen. Die Aufforderung ist zu begründen und der Pflegekasse sowie bei Sozialhilfeempfängern dem zuständigen Sozialhilfeträger zuzuleiten.

Weigert sich der Heimbewohner, den Antrag zu stellen, kann der Heimträger ihm oder seinem Kostenträger ab dem ersten Tag des zweiten Monats nach der Aufforderung vorläufig den Pflegesatz nach dem nächst höheren Pflegegrad berechnen. Werden die Voraussetzungen für einen höheren Pflegegrad vom MDK nicht bestätigt und lehnt die Pflegekasse eine Höherstufung deswegen ab, hat das Pflegeheim dem Pflegebedürftigen den überzahlten Betrag unverzüglich zurückzuzahlen. Der Rückzahlungsbetrag ist rückwirkend ab dem ersten Tag des zweiten Monats nach der Aufforderung zur Stellung des Antrags mit wenigstens 5 Prozent zu verzinsen.

Die dem pflegebedürftigen Heimbewohner zustehenden Leistungsbeträge sind nach § 43 Abs. 3 SGB XI von seiner Pflegekasse mit befreiender Wirkung unmittelbar an das Pflegeheim zu zahlen. Maßgebend für die Höhe des zu zahlenden Leistungsbetrags ist der Leistungsbescheid der Pflegekasse, unabhängig davon, ob der Bescheid rechtskräftig ist oder nicht. Die von den Pflegekassen zu zahlenden Leistungsbeträge werden bei vollstationärer Pflege am 15. eines jeden Monats fällig.

Pflegeeinrichtungen, die Leistungen bei vollstationärer Pflege erbringen, erhalten von der Pflegekasse zuzätzlich den Betrag von 2.952 Euro, wenn der Pflegebedürftige nach der Durchführung aktivierender oder rehabilitativer Maßnahmen in einen niedrigeren Pflegegrad zurückgestuft wurde oder festgestellt worden ist, dass er nicht mehr pflegebedürftig ist (§ 87a Abs. 4 SGB XI). Der Betrag wird entsprechend § 30 SGB XI dynamisiert. Der von der Pflegekasse gezahlte Betrag ist von der Pflegeeinrichtung zurückzuzahlen, wenn der Pflegebedürftige innerhalb von sechs Monaten in einen höheren Pflegegrad oder wieder als pflegebedürftig eingestuft wird.

Neben den Leistungen der Pflegekassen darf das Pflegeheim mit dem Pflegebedürftigen über die im Versorgungsvertrag vereinbarten notwendigen Leistungen hinaus gesondert ausgewiesene Zuschläge für

- besondere Komfortleistungen bei Unterkunft und Verpflegung sowie
- zuätzlich-betreuende Leistungen

vereinbaren (Zusatzleistungen – § 88 SGB XI).

Der Inhalt der notwendigen Leistungen und deren Abgrenzung von den Zusatzleistungen werden in den Rahmenverträgen festgelegt.

Die Gewährung und Berechnung von Zusatzleistungen ist nur zulässig, wenn

- dadurch die notwendigen stationären und teilstationären Leistungen des Pflegeheims nicht beeinträchtigt werden,
- die angebotenen Zusatzleistungen nach Art, Umfang, Dauer und Zeitabfolge sowie die Höhe der Zuschläge und die Zahlungsbedigungen vorher schriftlich zwischen dem Pflegeheim und dem Pflegebedürftigen vereinbart worden sind,
- das Leistungsangebot und die Leistungsbedingungen den Landesverbänden der Pflegekassen und den überörtlichen Trägern der Sozialhilfe im Land vor Leistungsbeginn schriftlich mitgeteilt worden sind.

Wechsel zwischen häuslicher und vollstationärer Pflege

Bei einem Wechsel zwischen häuslicher und vollstationärer Pflege im Laufe des Monats besteht für die Zeit der häuslichen Pflege Anspruch auf volle Sachleistung.

Wichtig: Die Leistungen der häuslichen Pflege werden bis zu den festgelegten Höchstgrenzen – des einzelnen Pflegegrads – ausgeschöpft.

Bei Zahlung von Pflegegeld ist anteiliges Pflegegeld für die tatsächlichen Tage der häuslichen Pflege (einschließlich Aufnahme- und Entlassungstag) zu zahlen.

> **Praxis-Tipp:**
>
> Wenn Sie zu prüfen haben, welches Pflegeheim für Sie, einen Angehörigen oder einen Betreuten in Betracht kommt, fragen Sie vor Ihrer Entscheidung in allen Pflegeheimen nach, die örtlich infrage kommen.

4

Stellen Sie vor allen Dingen fest:

- Höhe der Pflegesätze insgesamt
- Höhe der nicht von der Pflegekasse zu übernehmenden Kosten
- Räumlichkeiten des Pflegeheims
- Zugänge (z. B. Treppen)
- Möglichkeiten, rechtzeitig einen Arzt hinzuzuziehen
- Zeitpunkt, ab wann eine Aufnahme erfolgen kann
- Möglichkeiten des Pflegebedürftigen, seinen Neigungen und Hobbys nachzugehen und Besuch zu empfangen
- Einzelheiten der praktischen Pflege in dem Pflegeheim und des Umgangs des Personals mit den Pflegebedürftigen (eventuell durch Befragung anderer Heimbewohner)
- Möglichkeiten der Pflegebedürftigen, Spaziergänge oder -fahrten (mit dem Rollstuhl) in Garten- oder Parkanlagen zu unternehmen
- Möglichkeiten des Pflegebedürftigen, das Heim für kurze Zeit zu verlassen (z. B. für Kinobesuche)
- Art der Verpflegung
- Sonstige Möglichkeiten der Freizeitgestaltung

Die Pflegekasse zahlt den dem pflegebedürftigen Heimbewohner zustehenden Leistungsbetrag mit befreiender Wirkung unmittelbar an das Pflegeheim. Maßgebend für die Höhe des zu zahlenden Leistungsbetrags ist der Leistungsbescheid der Pflegekasse.

Die von den Pflegekassen zu zahlenden Leistungsbeträge werden zum 15. des laufenden Monats fällig.

Achtung: Begeben sich Pflegebedürftige in nicht zugelassene vollstationäre Pflegeeinrichtungen, übernimmt die Pflegekasse keine Leistungen für die vollstationäre Pflege. Wird allerdings die Pflege durch einen zugelassenen Pflegedienst erbracht, besteht Anspruch auf die Pflegesachleistung. Dies gilt auch, wenn die stationäre Einrichtung selbst die Zulassung als ambulanter Pflegedienst erhalten hat und die Leistungen erbringt.

Im Übrigen besteht aufgrund der insoweit selbst sichergestellten Pflege ein Anspruch auf Pflegegeld (vgl. ab Seite 42).

Vollstationäre Einrichtungen der Hilfe für behinderte Menschen

4

Für Pflegebedürftige in einer vollstationären Einrichtung der Hilfe für behinderte Menschen, in der die Teilhabe am Arbeitsleben und am Leben in der Gemeinschaft, die schulische Ausbildung oder die Erziehung behinderter Menschen im Vordergrund steht, übernimmt die Pflegekasse einen Teil der Kosten (§ 43a SGB XI). Übernommen wird ein Teil der pflegebedingten Aufwendungen, der Aufwendungen für die soziale Betreuung sowie der Aufwendungen für Leistungen der medizinischen Behandlungspflege.

Achtung: Die Pflegekasse übernimmt 10 Prozent des vereinbarten Heimentgelts. Die Aufwendungen der Pflegekasse dürfen im Einzelfall je Kalendermonat 266 Euro nicht überschreiten.

Erfolgt die Betreuung durch Kooperation einzelner Träger (z. B. Wohnheim und Werkstatt für Behinderte), ist von einem Gesamtheimentgelt auszugehen.

Zum Teil sind auch in Einrichtungen der Hilfe für behinderte Menschen tagesgleiche Pflegesätze vereinbart. Auf dieser Basis werden die monatlichen Zahlbeträge anhand der tatsächlichen Kalendertage des jeweiligen Monats ermittelt. Für die Berechnung der 10-Prozent-Regelung würde das bedeuten, dass eine entsprechende Berechnung für jeden Monat zu erfolgen hat. Aus verwaltungsökonomischen Gründen wird meist ein vereinfachtes Verfahren auf regionaler Ebene vereinbart. Dadurch wird eine kontinuierliche Zahlung in jeweils gleicher Höhe sichergestellt.

Dabei wird nicht von der tatsächlichen Zahl der Kalendertage im Monat ausgegangen, sondern die jahresdurchschnittliche Zahl der Kalendertage je Monat (365 : 12 = 30,42) zugrunde gelegt.

Mit diesem Durchschnittswert ist das tägliche Heimentgelt zu multiplizieren, um die für die Berechnung der 10 Prozent maßgebliche Größe – bei vollen Kalendermonaten – zu erhalten.

Anspruchsvoraussetzung für die Zahlung des Pauschalbetrags ist die Feststellung des MDK oder des beauftragten Gutachters, dass die Bedingungen des Pflegegrads 2 erfüllt sind. Eine genaue Festlegung des einzelnen Pflegegrads ist nicht erforderlich.

5 Pflegekasse – was ist das?

5

Pflegekasse – was ist das?

Organisation der Pflegekassen

In der Praxis sind die Pflegekassen meist besondere Abteilungen der gesetzlichen Krankenkassen. Die Aufsicht über die Pflegekassen führen die gleichen Stellen, die auch für die Aufsicht über die Krankenkassen zuständig sind. In der Regel sind hier die Sozialministerien der Länder angesprochen.

Zuständig ist die Pflegekasse, die bei der Krankenkasse errichtet ist, bei der die Pflichtmitgliedschaft oder die freiwillige Mitgliedschaft besteht.

Für Familienversicherte ist die Pflegekasse des Mitglieds zuständig.

Praxis-Tipp:

Beachten Sie zur Familienversicherung die Ausführungen ab Seite 99.

5

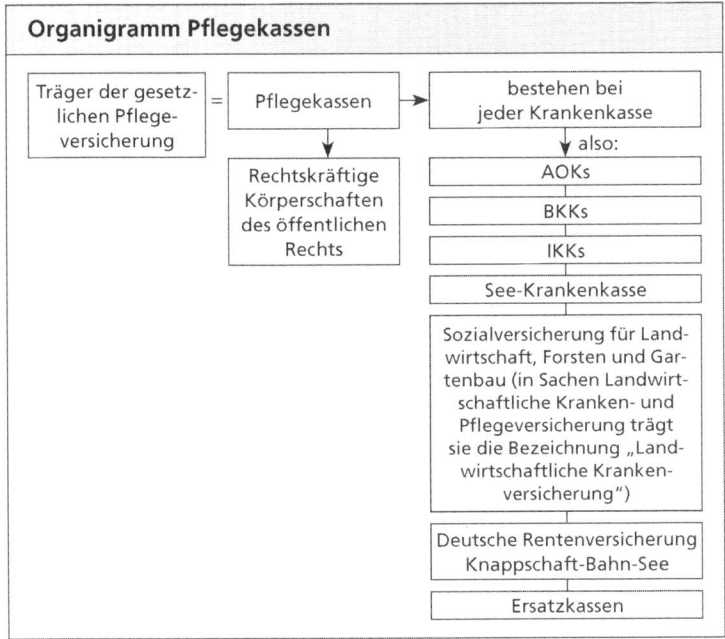

Organigramm Pflegekassen

| Träger der gesetzlichen Pflegeversicherung | = | Pflegekassen | → | bestehen bei jeder Krankenkasse |

also:
- AOKs
- BKKs
- IKKs
- See-Krankenkasse
- Sozialversicherung für Landwirtschaft, Forsten und Gartenbau (in Sachen Landwirtschaftliche Kranken- und Pflegeversicherung trägt sie die Bezeichnung „Landwirtschaftliche Krankenversicherung")
- Deutsche Rentenversicherung Knappschaft-Bahn-See
- Ersatzkassen

Rechtskräftige Körperschaften des öffentlichen Rechts

Die Pflegekassen sind für die Sicherstellung der pflegerischen Versorgung ihrer Versicherten verantwortlich. Sie arbeiten dabei mit allen an der

- pflegerischen,
- gesundheitlichen und
- sozialen

Versorgung Beteiligten eng zusammen.

Die Pflegekassen wirken darauf hin, dass Mängel der pflegerischen Versorgungsstruktur beseitigt werden. Außerdem sollen sie zur Durchführung der ihnen gesetzlich übertragenen Aufgaben örtliche und regionale Arbeitsgemeinschaften bilden.

Sie arbeiten mit den Trägern der ambulanten und der stationären gesundheitlichen und sozialen Versorgung partnerschaftlich zusammen, um die für den Pflegebedürftigen zur Verfügung stehenden Hilfen zu koordinieren.

5

Insbesondere stellen sie sicher, dass im Einzelfall

- ärztliche Behandlung,
- Behandlungspflege,
- rehabilitative Maßnahmen,
- Grundpflege und
- hauswirtschaftliche Versorgung

nahtlos und störungsfrei ineinander greifen.

Wichtig: Die Pflegekassen sind gesetzlich verpflichtet, im Rahmen ihrer Leistungsverpflichtung eine bedarfsgerechte und gleichmäßige, dem allgemein anerkannten Stand medizinisch-pflegerischer Erkenntnisse entsprechende pflegerische Versorgung der Versicherten zu gewährleisten.

Dazu schließen sie Versorgungsverträge und Vergütungsvereinbarungen mit den Trägern von Pflegeeinrichtungen und sonstigen Leistungserbringern.

Wichtig: Die Vielfalt, Unabhängigkeit und Selbstständigkeit sowie das Selbstverständnis der Träger von Pflegeeinrichtungen in Zielsetzung und Durchführung ihrer Aufgaben ist zu beachten.

In den Verträgen mit den Leistungserbringern über Art, Umfang und Vergütung der Leistungen stellen die Pflegekassen sicher, dass ihre Leistungsausgaben die Beitragseinnahmen nicht überschreiten. Das Gesetz spricht hier vom Grundsatz der Beitragssatzstabilität.

Wer pflegt?

Die Pflegekassen haben Verträge mit ambulanten Pflegeeinrichtungen (Pflegediensten) und stationären Pflegeeinrichtungen (Pflegeheimen) abzuschließen.

Pflegedienste sind selbstständig wirtschaftende Einrichtungen, die unter ständiger Verantwortung einer ausgebildeten Pflegefachkraft Pflegebedürftige in ihrer Wohnung pflegen und hauswirtschaftlich versorgen.

Pflegeheime sind selbstständig wirtschaftende Einrichtungen, in denen Pflegebedürftige

- unter ständiger Verantwortung einer ausgebildeten Pflegefachkraft gepflegt werden,
- ganztägig (vollstationär) oder nur tagsüber oder nur nachts (teilstationär) untergebracht und verpflegt werden können.

Für die Anerkennung als Pflegefachkraft im vorstehenden Sinne ist neben dem Abschluss einer Ausbildung als

- Gesundheits- und Krankenpfleger,
- Gesundheits- und Kinderkrankenpfleger,
- Altenpfleger

eine praktische Berufserfahrung in dem erlernten Ausbildungsberuf von zwei Jahren innerhalb der letzten fünf Jahre erforderlich.

Für die Anerkennung als verantwortliche Pflegefachkraft ist ferner Voraussetzung, dass eine Weiterbildungsmaßnahme für leitende Funktionen erfolgreich durchgeführt wurde. Die Maßnahme soll eine Mindeststundenzahl beinhalten, die 460 Stunden nicht unterschreiten soll.

Bei ambulanten Pflegeeinrichtungen, die überwiegend behinderte Menschen pflegen und betreuen, gelten auch nach Landesrecht ausgebildete Heilerziehungspfleger sowie Heilerzieher mit einer praktischen Berufserfahrung von zwei Jahren innerhalb der letzten fünf Jahre als ausgebildete Pflegekräfte.

Achtung: Die Pflegekassen dürfen ambulante und stationäre Pflege nur durch Pflegeeinrichtungen gewähren, mit denen ein Versorgungsvertrag besteht (zugelassene Pflegeeinrichtungen).

Für ehrenamtlich Pflegende (z. B. Angehörige oder Nachbarn) ist eine Zulassung natürlich nicht erforderlich.

Qualitätssicherung

Der Spitzenverband Bund der Pflegekassen sichert zusammen mit anderen Organisationen die Qualität im Bereich der Pflegeversicherung (§ 112 ff. SGB XI). Die entsprechenden Vereinbarungen sind im Bundesanzeiger zu veröffentlichen.

Die Vertragsparteien sind auch für Expertenstandards zur Sicherung und Weiterentwicklung der Qualität in der Pflege verantwortlich. Auch die Expertenstandards sind im Bundesanzeiger zu veröffentlichen. Sie sind für alle Pflegekassen und deren Verbände sowie für die zugelassenen

Pflegeeinrichtungen unmittelbar verbindlich. Die Vertragsparteien unterstützen die Einführung der Expertenstandards in die Praxis.

Die Vertragsparteien haben eine Schiedsstelle Qualitätssicherung zu errichten. Die Rechtsaufsicht über diese Schiedsstelle wird vom Bundesgesundheitsministerium geführt.

Wichtig: Das Gesetz (§ 114 SGB XI) sieht Qualitätsprüfungen vor. Zur Durchführung einer solchen Prüfung erteilen die Landesverbände der Pflegekassen dem MDK oder den von ihnen bestellten Sachverständigen einen Prüfauftrag.

Die Landesverbände der Pflegekassen veranlassen in zugelassenen Pflegeeinrichtungen seit dem Jahr 2011 regelmäßig im Abstand von höchstens einem Jahr eine Prüfung (sog. Regelprüfung).

Geprüft wird, ob die Qualitätsanforderungen nach dem SGB XI und nach den auf dieser Grundlage abgeschlossenen vertraglichen Vereinbarungen erfüllt sind.

Die Regelprüfung umfasst insbesondere:

- wesentliche Aspekte des Pflegezustands
- die Wirksamkeit der Pflege- und Betreuungsmaßnahmen (Ergebnisqualität)

Sie kann auch auf den Ablauf, die Durchführung und die Evaluation der Leistungserbringung (Prozessqualität) sowie die unmittelbaren Rahmenbedingungen der Leistungserbringung (Strukturqualität) erstreckt werden.

Wird eine Prüfung aus einem bestimmten Anlass (Beschwerden über mangelnde Qualität usw.) durchgeführt, bedarf es einer vollständigen Prüfung mit dem Schwerpunkt der Ergebnisqualität.

Prüfungen sind grundsätzlich unangemeldet durchzuführen. Der MDK oder der beauftragte Gutachter und die von den Landesverbänden der Pflegekassen bestellten Sachverständigen beraten im Rahmen der Qualitätsprüfungen die Pflegeeinrichtungen in Fragen der Qualitätssicherung.

Gibt es im Rahmen einer Anlass-, Regel- oder Wiederholungsprüfung sachlich begründete Hinweise auf eine nicht fachgerechte Pflege bei Pflegebedürftigen, auf die sich die Prüfung nicht erstreckt, sind die betroffenen Pflegebedürftigen unter Beachtung der datenschutzrechtlichen Bestimmungen in die Prüfung einzubeziehen. Die Prüfung ist insgesamt als Anlassprüfung durchzuführen. Bei solchen Anlassprüfungen bilden die Prüfungsergebnisse aller in der Prüfung einbezogenen Pflegebedürftigen die Grundlage für die Bewertung und Darstellung der Qualität. Im Übrigen ist bei der Darstellung der Qualität auf die Art der Prüfung als Anlass-, Regel- oder Wiederholungsprüfung hinzuweisen.

In Zusammenhang mit stationären Pflegeeinrichtungen haben die Landesverbände der Krankenkassen mit der Heimaufsicht zusammenzuarbeiten. Dies geschieht durch:

- gegenseitige Information und Beratung
- Terminabsprachen für eine gemeinsame oder arbeitsteilige Überprüfung von Heimen
- Verständigung über die im Einzelfall notwendigen Maßnahmen

Allgemeine Aufgaben der Pflegekasse

Die Pflegekassen haben bestimmte allgemeine Aufgaben und Zielsetzungen zu erfüllen.

Information, Aufklärung und Beratung

Die Pflegekassen haben die Eigenverantwortung der Versicherten durch Aufklärung und Auskunftserteilung über eine gesunde, der Pflegebedürftigkeit vorbeugende Lebensführung zu unterstützen und auf die Teilnahme an gesundheitsfördernden Maßnahmen hinzuwirken.

Geht ein Antrag auf Leistungen nach dem SGB XI ein, informiert die zuständige Pflegekasse den Versicherten unverzüglich nach Antragseingang, welche Leistungen zustehen können, insbesondere über den Anspruch auf unentgeltliche Pflegeberatung, den nächstgelegenen Pflegestützpunkt sowie über die Leistungs- und Preisvergleichsliste nach § 7 Abs. 3 SGB XI. Auch über die in ihren Verträgen zur Integrierten Versorgung (§ 92b Abs. 2 SGB XI) getroffenen Feststellungen ist Auskunft zu geben.

5

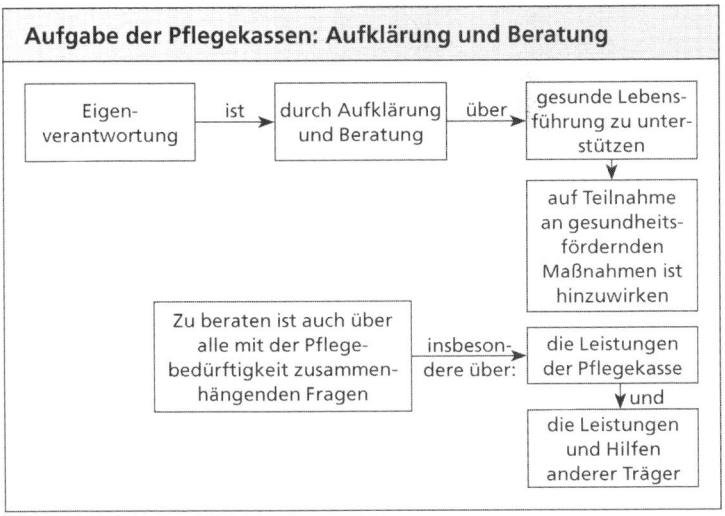

Pflegebedürftige können zwischen Einrichtungen und Diensten verschiedener Leistungsträger wählen (§ 2 Abs. 2 SGB XI). Zur Unterstützung der pflegebedürftigen Person bei der Ausübung ihres Wahlrechts sowie zur Förderung des Wettbewerbs und der Überschaubarkeit des vorhandenen Angebote muss die zuständige Pflegekasse der antragstellenden Person auf Antrag unverzüglich und in geeigneter Weise einen Leistungspreisvergleich übermitteln. Es handelt sich hier um eine Vergleichsliste über die Leistungen und Vergütungen der zugelassenen Pflegeeinrichtungen sowie der Angebote für niedrigschwellige Betreuung und Entlastung (§ 45c SGB XI), in deren Einzugsbereich die pflegerische Versorgung und Betreuung gewährleistet werden soll. Diese Leistungs- und Preisvergleichsliste erstellen und aktualisieren die Landesverbände der Pflegekassen und veröffentlichen sie auf einer eigenen Internetseite.

§ 7a SGB XI sieht bezüglich der Pflegeberatung ein umfassendes Angebot vor. Personen, die Leistungen nach dem SGB XI erhalten, haben Anspruch auf individuelle Beratung und Hilfestellung durch einen Pflegeberater (§ 7a SGB XI). Auf Wunsch erfolgt die Pflegeberatung auch gegenüber den Angehörigen oder weiteren Personen oder unter deren Einbeziehung.

Unter anderem ist es Aufgabe der Pflegeberatung, den Hilfebedarf unter Berücksichtigung der Feststellungen durch den MDK oder die beauftragten Gutachter systematisch zu erfassen und zu analysieren.

Ferner ist ein individueller Versorgungsplan zu erstellen. Auf die erforderlichen Maßnahmen ist hinzuwirken. Dazu gehört deren Genehmigung durch den jeweiligen Leistungsträger. Auch für diese Aufgaben ist die Pflegeberatung zuständig.

Die Pflegekasse kann die Zuordnung zu einem Pflegegrad, eine Anerkennung als Härtefall sowie die Bewilligung von Leistungen befristen. Die Befristung erfolgt, wenn eine Verringerung des Hilfebedarfs nach Einschätzung des MDK oder des beauftragten Gutachters erwartet werden kann.

Aufgrund von § 7b Abs. 1 SGB XI hat die Pflegekasse dem Antragsteller unmittelbar nach Eingang eines erstmaligen Antrags auf Leistungen nach dem SGB XI entweder

- unter Angabe einer Kontaktperson einen konkreten Beratungstermin anzubieten, der spätestens innerhalb von zwei Wochen nach Antragstellung durchzuführen ist, oder

- einen Beratungsgutschein auszustellen, in dem Beratungsstellen benannt sind, bei denen er zulasten der Pflegekasse innerhalb von zwei Wochen nach Antragseingang eingelöst werden kann.

Die Pflegekasse hat sicherzustellen, dass die Beratungsstellen die Anforderungen an die Beratung einhalten. Dazu schließt sie allein oder gemeinsam mit anderen Pflegekassen vertragliche Vereinbarungen mit unabhängigen und neutralen Beratungsstellen ab (§ 7b Abs. 2 SGB XI).

Pflegestützpunkte

§ 7c SGB XI sieht die Errichtung von Pflegestützpunkten vor. Sie werden zur wohnortnahen Beratung, Versorgung und Betreuung der Versicherten durch die Pflegekassen und Krankenkassen eingerichtet, sofern die zuständige oberste Landesbehörde dies bestimmt. Die Einrichtung muss innerhalb von sechs Monaten nach der Bestimmung durch die oberste Landesbehörde erfolgen.

Aufgaben der Pflegestützpunkte sind:

- umfassende sowie unabhängige Auskunft und Beratung zu den Rechten und Pflichten nach dem Sozialgesetzbuch und zur Auswahl und Inanspruchnahme der bundes- und landesrechtlich vorgesehenen Sozialleistungen und sonstigen Hilfsangebote,
- Koordinierung aller für die wohnortnahe Versorgung und Betreuung in Betracht kommenden gesundheitsfördernden, präventiven, kurativen, rehabilitativen und sonstigen medizinischen sowie pflegerischen und sozialen Hilfs- und Unterstützungsangebote einschließlich der Hilfestellung bei der Inanspruchnahme der Leistungen
- Vernetzung aufeinander abgestimmter pflegerischer und sozialer Versorgungs- und Betreuungsangebote

Auf vorhandene vernetzte Beratungsstrukturen ist zurückzugreifen.

Allgemeine Zielsetzungen

Mit Einwilligung des Versicherten haben der behandelnde Arzt, das Krankenhaus, die Rehabilitations- und Vorsorgeeinrichtungen sowie die Sozialleistungsträger unverzüglich (das heißt, ohne schuldhaftes Zögern) die zuständige Pflegekasse zu benachrichtigen, wenn sich der Eintritt von Pflegebedürftigkeit abzeichnet oder Pflegebedürftigkeit festgestellt wird.

Die Leistungen der Pflegekassen sollen den Pflegebedürftigen helfen, trotz ihres Hilfebedarfs ein möglichst selbstständiges und selbstbestimmtes Leben zu führen, das der Würde des Menschen entspricht.

Die Hilfen sind darauf auszurichten, die

- körperlichen,
- geistigen und
- seelischen

Kräfte der Pflegebedürftigen wiederzugewinnen oder zu erhalten.

Die Pflegebedürftigen können zwischen Einrichtungen und Diensten verschiedener Träger wählen (§ 2 Abs. 2 SGB XI). Ihren Wünschen zur Gestaltung der Hilfe soll, soweit sie angemessen sind, im Rahmen der leistungsrechtlichen Vorschriften entsprochen werden.

Wichtig: Auf die religiösen Bedürfnisse der Pflegebedürftigen ist Rücksicht zu nehmen. Auf ihren Wunsch hin sollen sie stationäre Leistungen in einer Einrichtung erhalten, in der sie durch Geistliche ihres Bekenntnisses betreut werden können.

Auf das Wahlrecht und die Rechte hinsichtlich der religiösen Bedürfnisse müssen die Pflegekassen hinweisen.

Wünsche der Pflegebedürftigen nach gleichgeschlechtlicher Pflege haben nach Möglichkeit Berücksichtigung zu finden.

Rangfolgen

Bezüglich der den Versicherten zustehenden Leistungen stellt das Gesetz in § 6 Rangfolgen auf:

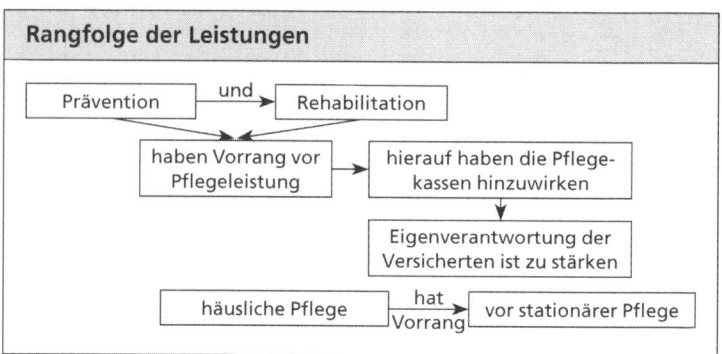

Die Versicherten sollen durch gesundheitsbewusste Lebensführung, durch frühzeitige Beteiligung an Vorsorgemaßnahmen und durch aktive Mitwirkung an Krankenbehandlung und medizinischer Rehabilitation dazu beitragen, Pflegebedürftigkeit zu vermeiden.

Das Gesetz bezeichnet die pflegerische Versorgung der Bevölkerung als eine gesamtgesellschaftliche Aufgabe.

Wichtig: Die Länder, die Kommunen, die Pflegeeinrichtungen und die Pflegekassen wirken unter Beteiligung des MDK und der beauftragten Gutachter eng zusammen, um eine leistungsfähige, regional gegliederte, ortsnahe und aufeinander abgestimmte ambulante und stationäre pflegerische Versorgung der Bevölkerung zu gewährleisten.

Die genannten Stellen tragen zum Ausbau und zur Weiterentwicklung der notwendigen pflegerischen Versorgungsstrukturen bei. Das gilt insbesondere für die Ergänzung des Angebots an häuslicher und stationärer Pflege durch neue Formen der teilstationären Pflege und Kurzzeitpflege sowie für die Vorhaltung eines Angebots von die Pflege ergänzenden Maßnahmen der medizinischen Rehabilitation.

Das Landesrecht kann auch bestimmen, ob und in welchem Umfang eine finanzielle Unterstützung der Pflegebedürftigen oder der Pflegeeinrichtungen als Förderung der Pflegeeinrichtungen gilt.

Verhältnis der Leistungen

Die Leistungen der Pflegeversicherung verhalten sich zu anderen Sozialleistungen folgendermaßen (§ 13 SGB XI):

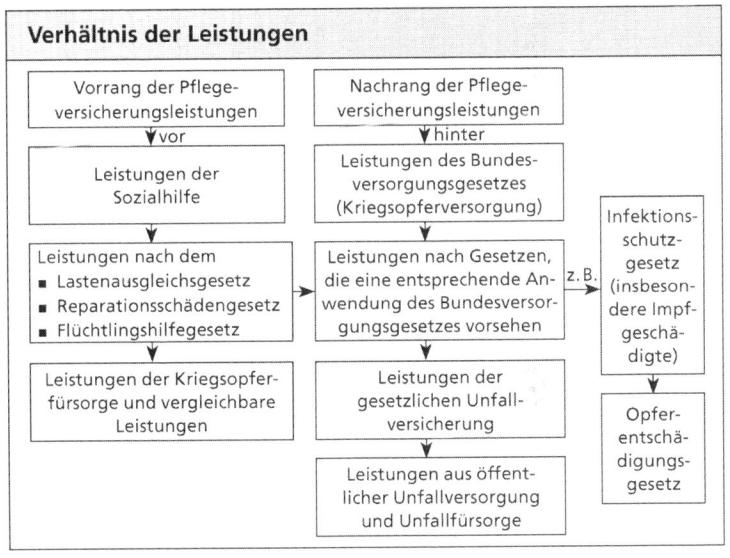

5

Leistungsvoraussetzungen für Pflegebedürftige

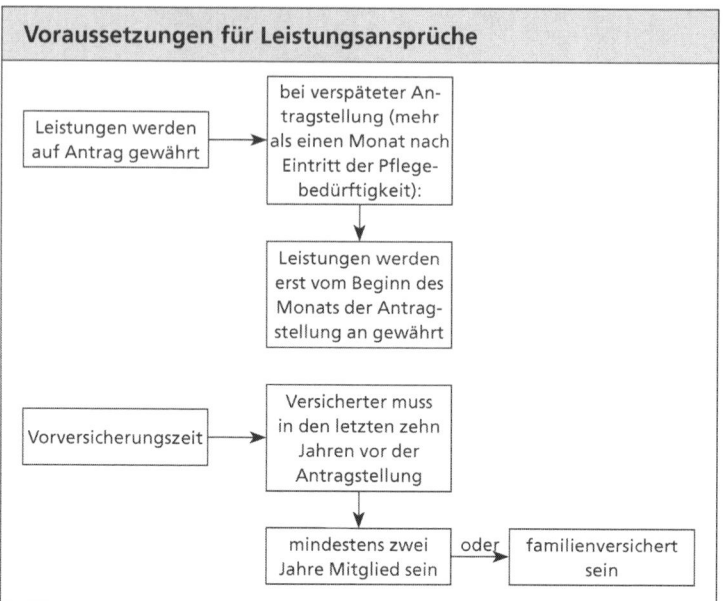

5

Ruhen der Leistungsansprüche

Solange sich Versicherte im außereuropäischen Ausland aufhalten, ruht nach dem Gesetz der Leistungsanspruch. Der Europäische Gerichtshof (EuGH) hat 2011 festgestellt, dass Leistungsansprüche im Bereich des Europäischen Wirtschaftsraums bestehen können.

Wichtig: Durch § 34 Abs. 1 SGB XI wird seitdem vorgeschrieben, dass bei vorübergehendem Auslandsaufenthalt von bis zu sechs Wochen im Kalenderjahr das Pflegegeld oder anteiliges Pflegegeld weiter zu gewähren ist. Für die Pflegesachleistung gilt dies nur, soweit die Pflegekraft, die ansonsten die Pflegesachleistung erbringt, den Pflegebedürftigen während des Auslandsaufenthalts begleitet.

Der Leistungsanspruch ruht aber,

- soweit Versicherte Entschädigungsleistungen wegen Pflegebedürftigkeit nach dem Bundesversorgungsgesetz oder nach den Gesetzen erhalten, die eine entsprechende Anwendung des Bundesversorgungsgesetzes vorsehen,

- wenn Ansprüche aus der gesetzlichen Unfallversicherung oder aus öffentlichen Kassen aufgrund gesetzlich geregelter Unfallversorgung oder Unfallfürsorge bestehen,

- wenn vergleichbare Leistungen aus dem Ausland oder von einer zwischenstaatlichen oder überstaatlichen Einrichtung bezogen werden,
- soweit im Rahmen des Anspruchs auf häusliche Krankenpflege auch Anspruch auf Grundpflege und hauswirtschaftliche Versorgung besteht.

Beihilfeansprüche

Personen, die nach beamtenrechtlichen Vorschriften oder Grundsätzen bei Krankheit und Pflege Anspruch auf Beihilfe oder Heilfürsorge haben, erhalten die jeweils zustehenden Leistungen zur Hälfte, soweit sie noch im Dienst sind. Im Ruhestand und für Ehepartner gibt es 70 Prozent, für Kinder 80 Prozent. Das gilt auch für den Wert von Sachleistungen.

Wichtig: Sofern die Ehefrau eines Beamten in der gesetzlichen Krankenversicherung versicherungspflichtig oder freiwillig versichert und deshalb in der sozialen Pflegeversicherung versicherungspflichtig ist, ist diese für die Pflegeleistungen zuständig. Das gilt auch für die familienversicherten Angehörigen dieser Frau.

5

6 Wer ist in der Pflegeversicherung versichert?

6

Wer ist in der Pflegeversicherung versichert?

Versicherungspflicht

Grundsatz: Wer gesetzlich krankenversichert ist, ist versicherungspflichtig in der gesetzlichen Pflegeversicherung (§ 20 SGB XI).

Auch Personen, die in der gesetzlichen Krankenversicherung freiwillig versichert sind, sind pflichtversichert in der Pflegeversicherung.

Versicherungspflichtige Mitglieder der gesetzlichen Krankenversicherung, die damit auch der Versicherungspflicht in der Pflegeversicherung unterliegen, sind:

- Arbeitnehmer und zu ihrer Berufsausbildung Beschäftigte, die gegen Arbeitsentgelt beschäftigt sind – der Bezug von Kurzarbeitergeld berührt die Versicherungspflicht nicht
- Personen in der Zeit, für die sie Arbeitslosengeld aus der Arbeitslosenversicherung beziehen – das gilt auch, wenn der betreffende Leistungsbescheid rückwirkend wieder aufgehoben oder die Leistung zurückgefordert oder zurückgezahlt worden ist – die Leistungen der Agentur für Arbeit gelten ab Beginn des zweiten Monats (im ersten Monat nach dem Ausscheiden aus der Beschäftigung bleibt der Leistungsanspruch in der Kranken- und Pflegeversicherung bestehen) bis zur zwölften Woche einer Sperrzeit oder ab Beginn des zweiten Monats der Ruhenszeit wegen einer Urlaubsabgeltung als bezogen
- Personen in der Zeit, für die sie Arbeitslosengeld II beziehen; es sei denn, dass die Leistung nur darlehensweise gewährt wird oder nur Leistungen für Erstausstattungen für die Wohnung einschließlich Haushaltsgeräten, Erstausstattungen für Bekleidung und Erstausstattungen bei Schwangerschaft und Geburt sowie mehrtägige Klassenfahrten im Rahmen der schulrechtlichen Bestimmungen gewährt werden
- Landwirte, ihre mitarbeitenden Familienangehörigen und Altenteiler nach näherer Vorschrift des Gesetzes über die Krankenversicherung der Landwirte
- selbstständige Künstler und Publizisten nach näherer Bestimmung des Künstlersozialversicherungsgesetzes
- Personen, die in Einrichtungen der Jugendhilfe, in Berufsbildungswerken oder in ähnlichen Einrichtungen für Behinderte für eine Erwerbstätigkeit befähigt werden sollen
- Teilnehmer an Leistungen zur Teilhabe am Arbeitsleben sowie an Berufsfindung oder Arbeitserprobung, es sei denn, die Leistungen werden nach den Vorschriften des Bundesversorgungsgesetzes erbracht
- behinderte Menschen, die in anerkannten Werkstätten für behinderte Menschen oder in Blindenwerkstätten oder für diese Einrichtungen in Heimarbeit tätig sind

6

- behinderte Menschen, die in Anstalten, Heimen oder gleichartigen Einrichtungen in gewisser Regelmäßigkeit eine Leistung erbringen, die einem Fünftel der Leistung eines voll erwerbsfähigen Beschäftigten in gleichartiger Beschäftigung entspricht; hierzu zählen auch Dienstleistungen für den Träger der Einrichtung
- Studenten, die an staatlichen oder staatlich anerkannten Hochschulen eingeschrieben sind, soweit sie der Krankenversicherungspflicht unterliegen
- Personen, die zu ihrer Berufsausbildung ohne Arbeitsentgelt beschäftigt sind oder die eine Fachschule oder Berufsfachschule besuchen oder eine in Studien oder Prüfungsordnungen vorgeschriebene berufspraktische Tätigkeit ohne Arbeitsentgelt verrichten (Praktikanten) – Auszubildende des zweiten Bildungswegs, die sich in einem nach dem Bundesausbildungsförderungsgesetz förderungsfähigen Teil eines Ausbildungsabschnitts befinden, sind Praktikanten gleichgestellt
- Personen, die die Voraussetzungen für den Anspruch auf eine Rente aus der gesetzlichen Rentenversicherung erfüllen und diese Rente beantragt haben, soweit sie der Krankenversicherungspflicht unterliegen
- Personen, die, weil sie sonst keinen Anspruch auf gesetzliche oder private Absicherung im Krankheitsfall hätten, der Krankenversicherungspflicht unterliegen

Als gegen Arbeitsentgelt beschäftigte Arbeitnehmer gelten Bezieher von Vorruhestandsgeld, wenn sie unmittelbar vor dem Bezug versicherungspflichtig waren. Ferner muss das Vorruhestandsgeld mindestens in Höhe von 65 Prozent des Bruttoarbeitsentgelts gezahlt werden.

Achtung: Das gilt nicht für Personen, die im Ausland ihren Wohnsitz oder gewöhnlichen Aufenthalt in einem Staat haben, mit dem für Arbeitnehmer mit Wohnsitz oder gewöhnlichem Aufenthalt in diesem Staat keine über- oder zwischenstaatlichen Regelungen über Sachleistungen bei Krankheiten bestehen.

Als zu ihrer Berufsausbildung Beschäftigte im obigen Sinne gelten auch Personen, die als nicht satzungsmäßige Mitglieder geistlicher Genossenschaften oder ähnlicher religiöser Gemeinschaften für den Dienst in einer solchen Genossenschaft oder ähnlichen religiösen Gemeinschaft außerschulisch ausgebildet werden. Hier werden Postulanten und Novizen angesprochen.

Das Gesetz schützt sich selbst davor, ausgenützt zu werden. So werden Personen angesprochen, die mindestens zehn Jahre nicht in der sozialen Pflegeversicherung oder der gesetzlichen Krankenversicherung versicherungspflichtig waren.

Nehmen solche Personen eine dem äußeren Anschein nach versicherungspflichtige Beschäftigung oder selbstständige Tätigkeit von untergeordneter wirtschaftlicher Bedeutung auf, dann besteht die widerlegbare Vermutung, dass eine versicherungspflichtige Beschäftigung oder Tätigkeit tatsächlich nicht ausgeübt wird. Insbesondere gilt dies bei Beschäftigung von Familienangehörigen und gleichgeschlechtlichen Lebenspartnern.

Das Gesetz (§ 21 SGB XI) kennt zudem die Versicherungspflicht in der sozialen Pflegeversicherung für sonstige Personen. Voraussetzung für die Versicherungspflicht dieser Personen ist, dass sie ihren Wohnsitz oder gewöhnlichen Aufenthalt im Inland haben. Es geht dabei um Menschen, die

- nach dem Bundesversorgungsgesetz oder nach Gesetzen, die eine entsprechende Anwendung des Bundesversorgungsgesetzes vorsehen, einen Anspruch auf Heilbehandlung oder Krankenbehandlung haben,
- Kriegsschadenrente oder vergleichbare Leistungen nach dem Lastenausgleichsgesetz oder dem Reparationsschädengesetz oder laufende Beihilfe nach dem Flüchtlingshilfegesetz beziehen,
- ergänzende Hilfe zum Lebensunterhalt im Rahmen der Kriegsopferfürsorge nach dem Bundesversorgungsgesetz oder nach Gesetzen beziehen, die eine entsprechende Anwendung des Bundesversorgungsgesetzes vorsehen,
- laufende Leistungen zum Unterhalt und Leistungen der Krankenhilfe aus der Kinder- und Jugendhilfe erhalten
- krankenversorgungsberechtigt nach dem Bundesentschädigungsgesetz sind
- in das Dienstverhältnis eines Soldaten auf Zeit berufen worden sind.

6

Voraussetzung für die Versicherungspflicht ist, dass die betreffenden Personen gegen das Risiko der Krankheit weder in der gesetzlichen Krankenversicherung noch bei einem privaten Krankenversicherungsunternehmen versichert sind.

Soweit sie nicht bereits nach den vorstehend geschilderten Grundsätzen oder wegen einer freiwilligen Krankenversicherung versicherungspflichtig in der Pflegeversicherung sind, unterliegen Abgeordnete der Versicherungspflicht.

Freiwillige Versicherung

Genau wie die gesetzliche Krankenversicherung kennt auch die Pflegeversicherung die freiwillige Versicherung (Weiterversicherung). Angesprochen sind Personen, die aus der Versicherungspflicht ausgeschieden sind.

Warum ein Ausscheiden aus der Versicherung erfolgt, ist gleichgültig. Voraussetzung für die Weiterversicherung in der Pflegeversicherung ist, dass die Betreffenden

- in den letzten fünf Jahren vor dem Ausscheiden mindestens 24 Monate oder
- unmittelbar vor dem Ausscheiden mindestens zwölf Monate

versichert waren.

Wer diese Voraussetzung erfüllt hat, kann sich auf Antrag in der sozialen Pflegeversicherung weiterversichern. Das gilt allerdings nur dann, wenn er nicht in der privaten Pflegeversicherung versicherungspflichtig wird.

Der Antrag ist innerhalb von drei Monaten nach Beendigung der Mitgliedschaft bei der zuständigen Pflegekasse zu stellen.

Wichtig: Weiterversichern können sich auch Personen, deren Familienversicherung erlischt oder nicht besteht.

Wird die Weiterversicherung nach einer Familienversicherung durchgeführt, ist der Antrag innerhalb von drei Monaten nach Beendigung der Familienversicherung oder nach Geburt des Kindes bei der zuständigen Pflegekasse zu stellen.

Achtung: Personen, die wegen der Verlegung ihres Wohnsitzes oder gewöhnlichen Aufenthalts ins Ausland aus der Versicherungspflicht ausscheiden, können sich auf Antrag weiterversichern.

Der Antrag ist hier spätestens einen Monat nach dem Ausscheiden aus der Versicherungspflicht bei der Pflegekasse zu stellen, bei der die Versicherung zuletzt bestand.

Die Weiterversicherung erstreckt sich auch auf die mitversicherten Familienangehörigen, die gemeinsam mit dem Mitglied ihren Wohnsitz oder gewöhnlichen Aufenthalt in das Ausland verlegen.

Für Familienangehörige, die im Inland verbleiben, endet die Familienversicherung mit dem Tag, an dem das Mitglied seinen Wohnsitz oder gewöhnlichen Aufenthalt ins Ausland verlegt.

§ 26a SGB XI sieht weitere Beitrittsrechte vor. So können nicht pflegeversicherte Personen, die als Zuwanderer oder Auslandsrückkehrer bei Wohnsitznahme im Inland den Tatbestand der Versicherungspflicht nach dem SGB XI nicht erfüllen, der Pflegeversicherung beitreten. Im Übrigen dürfen sie das 65. Lebensjahr noch nicht vollendet haben.

Das gilt auch für nichtversicherte Personen mit Wohnsitz im Inland, bei denen die laufende Hilfe zum Lebensunterhalt endet. Das gilt ferner für Menschen, die nicht in der Lage waren, die Beiträge zu zahlen und bei denen dieser Tatbestand entfällt.

Der Beitritt ist gegenüber der zuständigen Pflegekasse oder dem gewählten privaten Versicherungsunternehmen schriftlich innerhalb von drei Monaten nach Wohnsitznahme im Inland oder dem Wegfall der Hilfe zum Lebensunterhalt bzw. der Unfähigkeit, Beiträge zu zahlen, zu erklären.

Das Beitrittsrecht besteht allerdings nicht, wenn ohne zwingenden Grund von den zeitlich begrenzten Beitrittsmöglichkeiten nach den Absätzen 1 und 2 des § 26a SGB XI kein Gebrauch gemacht wurde.

Familienversicherung

Nach § 25 SGB XI sind familienversichert:

- der Ehegatte oder
- der gleichgeschlechtliche Lebenspartner
- die Kinder von Mitgliedern
- die Kinder von familienversicherten Kindern

Voraussetzung für den Anspruch aus der Familienversicherung ist, dass die betreffenden Personen

- ihren Wohnsitz oder gewöhnlichen Aufenthalt im Inland haben,
- nicht versicherungspflichtig sind (Ausnahme: Studenten und Auszubildende ohne Entgelt sowie Praktikanten),
- nicht von der Versicherungspflicht befreit oder in der privaten Pflegeversicherung pflichtversichert sind,
- nicht hauptberuflich selbstständig erwerbstätig sind und
- kein Gesamteinkommen haben, das regelmäßig im Monat ein Siebtel der monatlichen Bezugsgröße (2019: 445 Euro – alte und neue Bundesländer) überschreitet – bei Renten wird der Zahlbetrag des auf Entgeltpunkte für Kindererziehungszeiten entfallenden Teil berücksichtigt; für geringfügige und damit versicherungsfreie Beschäftigte (sog. 450-Euro-Jobber) beträgt das zulässige Gesamteinkommen 450 Euro.
  Bei einmaligen Zahlungen, die wegen Beendigung eines Arbeitsverhältnisses erbracht werden, wird das zuletzt erzielte monatliche Arbeitsentgelt für den der Auszahlung folgenden Zeitraum berücksichtigt, der sich aus der Teilung der Entschädigungssumme durch das zuletzt erzielte Arbeitsentgelt ergibt. Diese Regelung wurde durch das Terminservice- und Versorgungsgesetz (TSVG) eingeführt.

Besonderheiten gelten in der landwirtschaftlichen Pflegeversicherung.

Wichtig: Kinder sind nicht versichert, wenn der mit den Kindern verwandte Ehegatte oder (gleichgeschlechtliche) Lebenspartner des Mitglieds wegen Bestehens einer privaten Pflegeversicherung von der Versicherungspflicht in der sozialen Pflegeversicherung befreit ist. Das Gleiche gilt, wenn er in der privaten Pflegeversicherung versicherungspflichtig ist (vgl. ab Seite 95).

Außerdem muss das Gesamteinkommen des Ehegatten oder Lebenspartners regelmäßig im Monat ein Zwölftel der Jahresarbeitsentgeltgrenze (JAE-Grenze) der gesetzlichen Krankenversicherung übersteigen. Zudem muss es höher als das Gesamteinkommen des Mitglieds sein. Bei Renten wird der Zahlbetrag berücksichtigt.

Die Praxis verwendet zur Prüfung entsprechender Sachverhalte die Einkommensteuerbescheide der Ehegatten bzw. Lebenspartner, bei gemeinsamer Veranlagung die gemeinsamen Einkommensteuerbescheide.

6

Bei den JAE-Grenzen ist die „normale" von der „besonderen" JAE-Grenze zu unterscheiden. Bei der besonderen JAE-Grenze geht es um Arbeitnehmer, die am 31.12.2002 wegen Überschreitens der an diesem Tag geltenden JAE-Grenze versicherungsfrei und bei einem privaten Krankenversicherungsunternehmen in einer substitutiven Krankenversicherung versichert waren.

Es gelten in den alten und den neuen Bundesländern die gleichen Werte (Stand: 2019):

- Normale JAE-Grenze: 60.750 Euro (5.062,50 Euro monatlich)
- Besondere JAE-Grenze: 54.450 Euro (4.537,50 Euro im Monat)

Anspruch für Kinder aus der Familienversicherung

Bis zur Vollendung des 18. Lebensjahres	keine besonderen Voraussetzungen
Bis zur Vollendung des 23. Lebensjahres	keine Erwerbstätigkeit
Bis zur Vollendung des 25. Lebensjahres	Schul- oder Berufsausbildung oder freiwilliges soziales bzw. ökologisches Jahr oder Bundesfreiwilligendienst
Ohne Altersgrenze	Kind ist wegen körperlicher, geistiger oder seelischer Störung außerstande, sich selbst zu unterhalten – das gilt auch, wenn die Familienversicherung wegen anderweitiger Versicherung ausgeschlossen war

Wird die Schul- oder Berufsausbildung durch Erfüllung einer gesetzlichen Dienstpflicht unterbrochen oder verzögert, verlängert sich der Anspruch entsprechend. Das gilt auch bei einer Unterbrechung durch den freiwilligen Wehrdienst oder einen anderen Freiwilligendienst oder eine Tätigkeit als Entwicklungshelfer.

Bei behinderten Kindern ist zu beachten, dass die Behinderung bereits zu einem Zeitpunkt vorgelegen haben muss, in dem der Anspruch aus der Familienversicherung bestand.

Beispiel: ───────────────────────────────

Das Kind eines Mitglieds der Pflegekasse verunglückt am Tag seines 20. Geburtstags und zieht sich eine Querschnittslähmung zu. Befand sich das Kind zu diesem Zeitpunkt noch in Schul- oder Berufsausbildung oder war es nicht erwerbstätig, dann ist ein Anspruch aus der Familienversicherung auch über das 25. Lebensjahr hinaus gegeben. In der Pflegeversicherung entsprechen die Leistungen der Familienversicherten denen für Mitglieder (Hauptversicherte).

Wichtig: Die Dauer der Versicherung in der Pflegeversicherung kann bei einem Leistungsanspruch von besonderer Bedeutung sein, weil das Gesetz eine Vorversicherungszeit für den Anspruch auf Leistungen aus der Pflegeversicherung fordert.

Praxis-Tipp:

Damit es später nicht schwierig wird, die Dauer der Zugehörigkeit zur gesetzlichen Versicherung nachzuweisen, empfiehlt es sich, Unterlagen aufzuheben, aus denen sich der jeweils zuständige Versicherungsträger bzw. die Zugehörigkeit zur Versicherung ergibt. Dazu eignen sich besonders die Kopien der Meldungen, die Arbeitnehmer von ihrem Arbeitgeber erhalten.

Viele Versicherte sind im Laufe ihres Lebens bei verschiedenen Krankenkassen und damit auch bei verschiedenen Pflegekassen versichert.

Achtung: Eine besondere Meldung zur Pflegeversicherung durch den Arbeitgeber ist nicht erforderlich. Es reicht die übliche Meldung zur Sozialversicherung.

Private Pflegeversicherung

Es wurde bereits erwähnt, dass freiwillige Mitglieder der gesetzlichen Krankenversicherung in der sozialen Pflegeversicherung versicherungspflichtig sind. Wer hiernach versicherungspflichtig wird, kann auf Antrag von der Versicherungspflicht in der Pflegeversicherung befreit werden.

6

Voraussetzung ist, dass er nachweist, bei einem privaten Versicherungsunternehmen gegen Pflegebedürftigkeit versichert zu sein. Weitere Voraussetzung ist, dass er für sich und seine Angehörigen, die bei Versicherungspflicht familienversichert wären, Leistungen beanspruchen kann, die nach Art und Umfang den Leistungen der sozialen Pflichtversicherung gleichwertig sind.

Wichtig: Die befreiten Personen sind verpflichtet, den Versicherungsvertrag aufrechtzuerhalten, solange sie krankenversichert sind.

Der Antrag auf Befreiung von der Versicherungspflicht kann innerhalb von drei Monaten nach Beginn der Versicherungspflicht bei der Pflegekasse gestellt werden.

Die Befreiung wirkt vom Beginn der Versicherungspflicht an, wenn seit diesem Zeitpunkt noch keine Leistungen in Anspruch genommen wurden, sonst vom Beginn des Kalendermonats an, der auf die Antragstellung folgt.

Achtung: Die Befreiung kann nicht widerrufen werden.

Personen, die versicherungspflichtig werden und bei einem privaten Krankenversicherungsunternehmen gegen Pflegebedürftigkeit versichert sind, können ihren Versicherungsvertrag mit Wirkung vom Eintritt der Versicherungspflicht an kündigen.

Das Kündigungsrecht gilt auch für Familienangehörige, wenn für sie eine Familienversicherung im Rahmen der sozialen Pflegeversicherung eintritt.

Wichtig: Kündigt jemand die private Pflegeversicherung und kommt beispielsweise die geplante versicherungspflichtige Beschäftigung nicht zustande, ist das Versicherungsunternehmen zum erneuten Abschluss eines Versicherungsvertrags verpflichtet. Allerdings muss der vorherige Vertrag mindestens fünf Jahre bestanden haben.

Von besonderer Bedeutung ist § 23 SGB XI, der eine Versicherungspflicht für Versicherte der privaten Krankenversicherungsunternehmen vorsieht.

Achtung: Personen, die gegen das Risiko Krankheit bei einem privaten Krankenversicherungsunternehmen mit Anspruch auf allgemeine Krankenhausleistungen versichert sind, sind verpflichtet, bei diesem Unternehmen zur Absicherung des Risikos der Pflegebedürftigkeit einen Versicherungsvertrag abzuschließen und aufrechtzuerhalten. Allerdings ist es möglich, diesen Vertrag auch bei einem anderen Versicherungsunternehmen abzuschließen.

Der Vertrag muss ab dem Zeitpunkt des Eintritts der Versicherungspflicht für den Versicherten selbst und seine Angehörigen, für die in der sozialen Pflegeversicherung eine Familienversicherung bestünde, bestimmte Vertragsleistungen vorsehen. Diese müssen nach Art und Umfang den Leistungen der sozialen Versicherung gleichwertig sein. Dabei tritt an die Stelle der Sachleistungen eine der Höhe nach gleiche Kostenerstattung.

Wichtig: Das Wahlrecht ist innerhalb von sechs Monaten auszuüben. Die Frist beginnt mit dem Eintritt der individuellen Versicherungspflicht. Das Recht zur Kündigung des Vertrags wird durch den Ablauf der Frist nicht berührt.

Personen, die nach beamtenrechtlichen Vorschriften oder Grundsätzen bei Pflegebedürftigkeit Anspruch auf Beihilfe haben, sind zum Abschluss einer entsprechenden privaten Pflegepflichtversicherung verpflichtet. Für sie gelten altersabhängige Beiträge.

Die beihilfekonforme Versicherung ist so auszugestalten, dass ihre Vertragsleistungen zusammen mit den Beihilfeleistungen, die sich bei Anwendung der in den Beihilfevorschriften des Bundes festgelegten Bemessungssätzen ergeben, den oben erwähnten Versicherungsschutz gewährleisten.

Betroffen sind:

- Heilfürsorgeberechtigte, die nicht in der sozialen Pflegeversicherung versicherungspflichtig sind
- Mitglieder der Postbeamtenkrankenkasse
- Mitglieder der Krankenversorgung der Bundesbahnbeamten

Das private Krankenversicherungsunternehmen oder ein anderes die Pflegeversicherung betreibendes Versicherungsunternehmen ist verpflichtet,

- für die Feststellung der Pflegebedürftigkeit sowie für die Zuordnung zu einem Pflegegrad (vgl. ab Seite 16) dieselben Maßstäbe wie in der sozialen Pflegeversicherung anzulegen,

- die in der sozialen Pflegeversicherung zurückgelegte Versicherungszeit des Mitglieds und seiner familienversicherten Angehörigen bzw. seines Lebenspartners auf die Wartezeit anzurechnen,

- Altersrückstellungen zu bilden.

6

7 Beiträge zur sozialen Pflegeversicherung

7

Beiträge zur sozialen Pflegeversicherung

Grundsätze

Die Beitragsvorschriften der Pflegeversicherung entsprechen im Wesentlichen denen der übrigen Sozialversicherungszweige, das heißt der Kranken-, Renten- und Arbeitslosenversicherung.

Aber: § 55 Abs. 2 SGB XI sieht einen Beitragszuschlag für kinderlose Versicherte vor (vgl. ab Seite 108).

Beitragssatz

Der Beitragssatz zur Pflegeversicherung ist gesetzlich festgelegt. Seit 1. 1. 2019 beträgt er bundeseinheitlich 3,05 Prozent. Er wird zu gleichen Teilen von Arbeitnehmern und Arbeitgebern entrichtet.

Für Beihilfeberechtigte (einschließlich Pensionäre) beläuft sich der Beitragssatz auf die Hälfte, somit auf 1,525 Prozent.

Da die Arbeitgeber im Allgemeinen die Hälfte des Beitrags zur Pflegeversicherung zu zahlen haben, sieht das Gesetz vor, dass zum Ausgleich

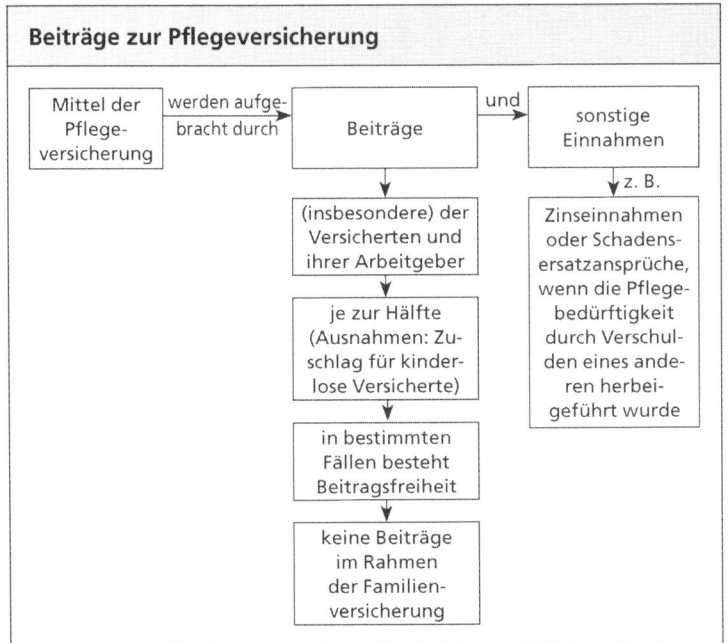

Beiträge zur Pflegeversicherung

| Mittel der Pflegeversicherung | werden aufgebracht durch → | Beiträge | und → | sonstige Einnahmen |

→ (insbesondere) der Versicherten und ihrer Arbeitgeber

↓ z. B.

je zur Hälfte (Ausnahmen: Zuschlag für kinderlose Versicherte)

Zinseinnahmen oder Schadensersatzansprüche, wenn die Pflegebedürftigkeit durch Verschulden eines anderen herbeigeführt wurde

in bestimmten Fällen besteht Beitragsfreiheit

keine Beiträge im Rahmen der Familienversicherung

7

der mit den Arbeitgeberbeiträgen verbundenen Belastungen der Wirtschaft die Länder einen gesetzlichen landesweiten Feiertag, der stets auf einen Werktag fällt, aufheben. Dies ist – mit Ausnahme von Sachsen – in allen Bundesländern geschehen. Aufgehoben als gesetzlicher Feiertag wurde der Buß- und Bettag.

Achtung: Die Beschäftigten tragen die Beiträge in Höhe von 1 Prozent allein, wenn der Beschäftigungsort im Freistaat Sachsen liegt.

In Sachsen beträgt der Beitragssatz für:

- Arbeitnehmer 2,025 Prozent
- Arbeitgeber 1,025 Prozent

Der Beitragssatz von 2,025 Prozent setzt sich zusammen aus 1 Prozent und der Hälfte des restlichen Beitragssatzes von 2,05 Prozent.

Handelt es sich um ein Mitglied mit Beihilfeanspruch, trägt es die Beiträge zur Hälfte allein. Die restlichen 1,525 Prozent werden je zur Hälfte (also 0,763 Prozent) vom Dienstherrn und vom Beamten gezahlt. Der beihilfeberechtigte Beschäftigte hat in Sachsen also 1,513 Prozent zu zahlen. 0,513 Prozent trägt der Dienstherr.

Beitragssätze seit 1. 1. 2019

Personengruppe	Versicherte	Arbeitgeber
Arbeitnehmer (Bundesgebiet außer Sachsen)	1,525 %	1,525 %
Arbeitnehmer im Freistaat Sachsen	2,025 %	1,025 %
Familienversicherte	0 %	0 %
Rentner	3,05 %	0 %
Freiwillig Versicherte	3,05 %	0 %
Beihilfeberechtigte (einschließlich Pensionäre)	1,135 %	0,635 %
Beitragszuschlag für Kinderlose über 23 Jahre	0,25 %	0 %

Wichtig: Für die übrigen Versicherten der Pflegeversicherung gelten bezüglich der Tragung der Beiträge die Vorschriften der gesetzlichen Krankenversicherung.

- Das bedeutet, dass bei Beziehern von Arbeitslosengeld die Bundesagentur für Arbeit (Agentur für Arbeit) die Beiträge alleine trägt. Für die Zahlung der Beiträge für Bezieher von Arbeitslosengeld II ist der Bund zuständig.
- Der zuständige Rehabilitationsträger trägt die aufgrund der Teilnahme an Leistungen zur Teilhabe am Arbeitsleben sowie an Berufsfindung oder Arbeitserprobung anfallenden Beiträge. Das gilt auch für die Beiträge, die während des Bezugs von Übergangsgeld, Verletztengeld oder Versorgungskrankengeld zu zahlen sind.

- Für Personen, die in Einrichtungen der Jugendhilfe für eine Erwerbstätigkeit befähigt werden sollen, ist der Träger der Einrichtung für die Beitragszahlung zuständig. Gleiches gilt für behinderte Beschäftigte in Behindertenwerkstätten, Anstalten und Heimen, soweit das Arbeitsentgelt einen bestimmten Mindestbetrag nicht übersteigt. Im Übrigen gelten die üblichen Vorschriften für Arbeitnehmer.

- Für behinderte Menschen in Werkstätten für Behinderte oder in nach dem Blindenwarenvertriebsgesetz anerkannten Blindenwerkstätten sind die Beiträge, die der Träger der Einrichtung zu tragen hat, von den für die behinderten Menschen zuständigen Leistungsträger zu erstatten.

- Die Beiträge für Bezieher von Krankengeld werden von den Leistungsbeziehern und den Krankenkassen je zur Hälfte getragen, soweit sie auf das Krankengeld entfallen und dieses nicht in Höhe der Leistungen der Bundesagentur für Arbeit (Arbeitslosenversicherung) zu zahlen ist. Im Übrigen sind die Krankenkassen allein zahlungspflichtig.

Wichtig: Die Beiträge werden für Bezieher von Krankengeld auch dann von den Krankenkassen getragen, wenn das dem Krankengeld zugrunde liegende monatliche Arbeitsentgelt ein Siebtel der monatlichen Bezugsgröße nicht übersteigt. 2019 sind dies 445 Euro im Monat.

Der Beitrag aus Anlass von Arbeitsunfähigkeit wegen Organspende wird von der Stelle getragen, die die Leistung gewährt.

Die Beiträge für Renten aus der gesetzlichen Rentenversicherung sind von den Mitgliedern allein zu tragen. Das gilt auch für Renten aus der landwirtschaftlichen Rentenversicherung.

Die Beiträge für Personen, die nach dem Bundesversorgungsgesetz einen Anspruch auf Heil- oder Krankenbehandlung haben, zahlt das Versorgungsamt. Die Leistungsträger sind auch in anderen Fällen, zum Beispiel bei Bezug von Leistungen nach dem Lastenausgleichsgesetz, für die Beitragszahlung zuständig. Freiwillig Krankenversicherte oder in der Pflegeversicherung freiwillig Versicherte tragen die Beiträge allein.

Die aufgrund des Bezugs von Verletztengeld, Versorgungskrankengeld oder Übergangsgeld zu zahlenden Beiträge werden von dem zuständigen Rehabilitationsträger übernommen.

Die Beiträge für satzungsmäßige Mitglieder geistlicher Genossenschaften und Diakonien und ähnliche Personen einschließlich der Beiträge bei einer Weiterversicherung zahlt die Gemeinschaft. Das gilt auch für Postulanten und Novizen.

Krankenkassen und Pflegekassen können für Mitglieder, die ihre Kranken- und Pflegeversicherungsbeiträge selbst zu zahlen haben (z. B. freiwillig Versicherte), die Höhe der Beiträge in einem gemeinsamen Bei-

7

tragsbescheid festsetzen (§ 46 Abs. 3 SGB XI). Das Mitglied ist darauf hinzuweisen, dass der Bescheid über den Beitrag zur Pflegeversicherung im Namen der Pflegekasse ergeht.

Mit Wirkung ab 1. 1. 2015 wurde § 58 Abs. 3 SGB XI ergänzt. Hintergrund ist die Forderung der Länder, in denen der Reformationstag bisher kein gesetzlicher Feiertag ist, diesen im Jahr 2017 zum 500-jährigen Jubiläum einmalig zu einem Feiertag zu erheben. Die Neuregelung stellt klar, dass sich dadurch der Arbeitnehmeranteil zur Pflegeversicherung nicht erhöhen wird.

Zuschlag für kinderlose Versicherte

Seit 1. 1. 2005 kennt das Gesetz einen Beitragszuschlag in der Pflegeversicherung für kinderlose Versicherte. Danach erhöht sich der Beitragssatz von (zurzeit) 3,05 Prozent für Mitglieder nach Ablauf des Monats, in dem sie das 23. Lebensjahr vollendet haben, um einen Beitragszuschlag in Höhe von 0,25 Prozentpunkten (Beitragszuschlag für Kinderlose).

Den Zuschlag haben die Versicherten alleine zu tragen. Er wird im Rahmen des Gesamtsozialversicherungsbeitrags bei Arbeitnehmern von den Arbeitgebern vom Entgelt abgezogen und an die Einzugsstelle überweisen.

Nicht zu zahlen ist der Zuschlag von:

7

- Personen, die vor dem 1. 1. 1940 geboren sind
- Beziehern von Arbeitslosengeld II

Nachweis der Elterneigenschaft

Der Beitragszuschlag ist von Eltern nicht zu zahlen. Hier sind angesprochen:

- leibliche Eltern
- Stiefeltern
- Pflegeeltern

Die Elterneigenschaft ist in geeigneter Form gegenüber der beitragsabführenden Stelle, von Selbstzahlern (freiwillig Krankenversicherte, freiwillig Pflegeversicherte) gegenüber der Pflegekasse, nachzuweisen.

Beitragsabführende Stelle ist zum Beispiel:

- bei Arbeitnehmern der Arbeitgeber
- bei Rentenbeziehern der Rentenversicherungsträger
- bei Arbeitslosengeldbeziehern die Agentur für Arbeit usw.

Ein Nachweis ist nur erforderlich, sofern die Elterneigenschaft nicht bereits aus anderen Gründen bekannt ist. Hier genügt die Angabe in den steuerlichen Unterlagen (ELSTAM). Es reicht auch aus, wenn bei der Pflegekasse die Familienversicherung für ein Kind durchgeführt wird.

In den „Gemeinsamen Empfehlungen zum Nachweis der Elterneigenschaft", die die Spitzenverbände der Pflegekassen herausgegeben haben, wird darauf hingewiesen, dass die beitragszahlende Stelle (z. B. der Arbeitgeber) die Nachweisunterlagen aufbewahren müsse. Ein Vermerk „als Nachweis hat vorgelegen ..." ist nicht ausreichend.

Als Nachweis bei leiblichen Eltern und Adoptiveltern (im ersten Grad mit dem Kind verwandt) kommen wahlweise in Betracht:

- Geburtsurkunde bzw. internationale Geburtsurkunde („Mehrsprachige Auszüge aus Personenstandsbüchern")
- Abstammungsurkunde (wird für einen bestimmten Menschen an seinem Geburtsort geführt)
- Auszug aus dem Geburtenbuch des Standesamts bzw. Auszug aus dem Familienbuch/Familienstammbuch
- steuerliche Lebensbescheinigung des Einwohnermeldeamts (Bescheinigung wird ausgestellt, wenn der Steuerpflichtige für ein Kind, das nicht bei ihm gemeldet ist, einen halben Kinderfreibetrag in seinen ELSTAM-Daten eintragen lassen möchte: Er muss hierfür nachweisen, dass er im ersten Grad mit dem Kind verwandt ist, zum Beispiel durch Vorlage einer Geburtsurkunde)
- Vaterschaftsanerkennungs- und Vaterschaftsfeststellungsurkunde, Adoptionsurkunde
- Kindergeldbescheid der Bundesagentur für Arbeit; bei Angehörigen des öffentlichen Dienstes und Empfängern von Versorgungsbezügen: die Bezüge- oder Gehaltsmitteilung der mit der Bezügefestsetzung bzw. Gehaltszahlung befassten Stelle des jeweiligen öffentlich-rechtlichen Dienstherrn
- Kontoauszug, aus dem sich die Auszahlung des Kindergelds durch die Bundesagentur für Arbeit – Familienkasse – ergibt (aus dem Auszug ist die Höhe des überwiesenen Betrags, die Kindergeldnummer sowie in der Regel der Zeitraum, für den der Betrag bestimmt ist, zu ersehen)
- Elterngeldbescheid
- Bescheinigung über Bezug von Mutterschaftsgeld
- Nachweis der Inanspruchnahme von Elternzeit
- Einkommensteuerbescheid (Berücksichtigung eines Kinderfreibetrags)
- Lohnsteuerunterlagen (Eintrag eines Kinderfreibetrags)
- Sterbeurkunde des Kindes
- Feststellungsbescheid des Rentenversicherungsträgers, in dem Kindererziehungs- und Kinderberücksichtigungszeiten ausgewiesen sind

Wichtig: Kopien der vorgenannten Unterlagen sind zur Nachweisführung gleichfalls zugelassen. Bei Zweifeln an der Ordnungsmäßigkeit der Kopien sind die Originale oder beglaubigte Kopien bzw. beglaubigte Abschriften vorzulegen.

Die Entscheidung über die Freistellung von der Zahlung des Beitragszuschlags obliegt in diesen Fällen der Pflegekasse.

Als Nachweis bei Stiefeltern kommen wahlweise in Betracht:

- Heiratsurkunde bzw. Nachweis über die Eintragung einer (gleichgeschlechtlichen) Lebenspartnerschaft und eine Meldebescheinigung des Einwohnermeldeamts oder einer anderen für Personenstandsangelegenheiten zuständigen Behörde oder Dienststelle, dass das Kind als wohnhaft im Haushalt des Stiefvaters oder der Stiefmutter gemeldet ist oder war
- Feststellungsbescheid des Rentenversicherungsträgers, in dem Kindererziehungs- und Kinderberücksichtigungszeiten ausgewiesen sind
- Einkommensteuerbescheid (Berücksichtigung eines Kinderfreibetrags)
- Steuerunterlagen (Eintrag eines Kinderfreibetrags)

Hinsichtlich der Vorlage von Kopien gelten die obigen Ausführungen.

Als Nachweise bei Pflegeeltern kommen auch Nachweise des Jugendamts über „Vollzeitpflege" in Betracht. Dies sind beispielsweise der Pflegevertrag zwischen Jugendamt und Pflegeeltern, ferner der Bescheid über Leistungsgewährung gegenüber den Personensorgeberechtigten. Infrage kommen auch eine Bescheinigung des Jugendamts über das Pflegeverhältnis.

7

Das Pflegeverhältnis muss im Übrigen auf längere Dauer angelegt oder angelegt gewesen sein. Es muss eine häusliche Gemeinschaft bestehen oder bestanden haben.

Tagespflegeeltern fallen nicht unter den Begriff der „Pflegeeltern". Ein Pflegekindverhältnis ist nicht anzunehmen, wenn ein Mann mit seiner Lebensgefährtin und deren Kindern oder eine Frau mit ihrem Lebensgefährten und dessen Kindern in einem gemeinsamen Haushalt lebt. Eine Berücksichtigung ist nur bei Vorliegen der Stiefelterneigenschaft möglich.

Wenn die bisher aufgeführten Unterlagen nicht vorhanden und auch nicht mehr zu beschaffen sind, können hilfsweise als Beweismittel dienen:

- Taufbescheinigungen
- Zeugenerklärungen

Beitragsfreiheit

Auch die soziale Pflegeversicherung kennt Fälle der Beitragsfreiheit. So sind Familienangehörige für die Dauer der Familienversicherung beitragsfrei, ebenso gleichgeschlechtliche Lebenspartner.

Beitragsfreiheit besteht im Übrigen vom Zeitpunkt der Rentenantragstellung bis zum Rentenbeginn. Dies gilt auch bezüglich einer Rente aus der landwirtschaftlichen Alterssicherung.

Diese Beitragsfreiheit gilt für:

- den hinterbliebenen Ehegatten eines Rentners, der bereits Rente bezogen hat, wenn Hinterbliebenenrente beantragt wird
- den hinterbliebenen Ehegatten eines Beziehers einer Rente nach dem Gesetz über die Alterssicherung für Landwirte, wenn die Ehe vor Vollendung des 65. Lebensjahres des Verstorbenen geschlossen wurde
- den hinterbliebenen Ehegatten eines Beziehers von Landabgaberente
- die Waise eines Rentners, der bereits Rente bezogen hat, vor Vollendung des 18. Lebensjahres; dies gilt auch für Waisen, deren verstorbener Elternteil eine Rente nach dem Gesetz über die Alterssicherung für Landwirte bezogen hat

Wichtig: Die Beitragsfreiheit gilt nicht, wenn der Rentenantragsteller eine eigene Rente, Arbeitsentgelt, Arbeitseinkommen oder Versorgungsbezüge erhält.

Beitragsfrei sind Mitglieder für die Dauer des Bezugs von Mutterschafts- und Elterngeld. Die Beitragsfreiheit erstreckt sich nur auf die genannten Leistungen.

Beitragsfrei sind auf Antrag Mitglieder, die sich auf nicht absehbare Dauer in stationärer Pflege befinden und bereits Leistungen

- nach dem Bundesversorgungsgesetz,
- aus der Unfallversicherung,
- nach dem Beamtenversorgungsgesetz

erhalten. Das gilt auch für den Leistungsbezug nach Gesetzen, die eine entsprechende Anwendung des Bundesversorgungsgesetzes vorsehen (z. B. Infektionsschutzgesetz, Opferentschädigungsgesetz).

Voraussetzung für die Beitragsfreiheit ist hier, dass die Betreffenden keine Familienangehörigen haben, für die eine Familienversicherung besteht.

Beitragszuschüsse

Freiwillig in der gesetzlichen Krankenversicherung versicherte Personen erhalten zum Beitrag in der Pflegeversicherung einen Zuschuss des Arbeitgebers. Es handelt sich dabei um einen Betrag, der dem entspricht, der bei Pflichtversicherung des Betreffenden als Arbeitgeberanteil angefallen wäre.

Einen Beitragszuschuss erhalten auch Personen, die als Versicherungspflichtige Mitglied einer privaten Pflegeversicherung sind. Auch hier wird als Beitragszuschuss der Anteil des Arbeitgebers bei Pflichtversicherung in der Krankenversicherung gezahlt.

Personen, die nach beamtenrechtlichen Vorschriften oder Grundsätzen bei Krankheit und Pflege Anspruch auf Beihilfe oder Heilfürsorge haben und folglich bei einem privaten Versicherungsunternehmen pflegeversichert sind, erhalten einen Beitragszuschuss von ihrem Dienstherrn.

Pflegevorsorgefonds

Das Pflegestärkungsgesetz I hat dem SGB XI ein 14. Kapitel angefügt. In den §§ 131 bis 139 SGB XI wird die Bildung eines Pflegevorsorgefonds geregelt. So bestimmt § 131 SGB XI, dass in der sozialen Pflegeversicherung ein Sondervermögen unter dem Namen „Vorsorgefonds der sozialen Pflegeversicherung" errichtet wird.

Nach der Begründung der Bundesregierung zum Entwurf des Pflegestärkungsgesetzes I soll mit der Bildung des Sondervermögens in der sozialen Pflegeversicherung die Finanzierung der aufgrund der demografischen Entwicklung im Zeitverlauf deutlich steigenden Leistungsausgaben gerechter auf die Generationen verteilt werden. Dadurch soll auch der Gefahr einer Beschränkung des Leistungsniveaus der Pflegeversicherung begegnet werden.

Die Zuführung von Mitteln zum Sondervermögen erfolgte erstmals zum 15. 4. 2015 und endet mit der Zahlung für das Jahr 2033. In der Regierungsbegründung heißt es dazu, dass sich der gewählte Anspruchszeitraum von 20 Jahren daraus ergibt, dass die Geburtsjahrgänge 1959 bis 1967 mit 1,24 Millionen bis 1,36 Millionen Menschen deutlich stärker besetzt sind als die davor und danach liegenden Jahrgänge. Im Jahr 2034 erreicht der erste Jahrgang das 75. Lebensjahr, nach dem die Wahrscheinlichkeit, pflegebedürftig zu sein, deutlich ansteigt. Etwa 20 Jahre später ist ein größerer Teil dieses Personenkreises bereits verstorben und die erheblich schwächer besetzten Jahrgänge nach 1967 rücken in das Pflegealter vor.

Dementsprechend ist in diesem Zeitraum eine besonders hohe Zahl von Pflegebedürftigen zu versorgen. Dadurch steigt die Notwendigkeit von Beitragssatzanpassungen.

Das Sondervermögen darf nach Abschluss der Ansparphase ausschließlich zweckgebunden zur Stabilisierung des aufgrund der demografischen Entwicklung ansteigenden Beitragssatzes verwendet werden. Eine andere Verwendung der Mittel des Sondervermögens ist gesetzlich ausgeschlossen (vgl. § 132 SGB XI).

Die Verwaltung und die Anlage der Mittel des Sondervermögens werden der Deutschen Bundesbank übertragen (§ 134 SGB XI).

Das Bundesversicherungsamt führt dem Sondervermögen vierteljährlich zum 15. 4., 15. 7., 15. 10. und zum 15. 1. des Folgejahres zulasten des Ausgleichsfonds der Pflegeversicherung (§ 65 SGB XI) einen Betrag zu, der dem 0,025 Beitragssatzpunkte entsprechenden Anteil der Beitragseinnahmen der sozialen Pflegeversicherung des Vorjahres entspricht (§ 135 Abs. 1 SGB XI).

Ab dem Jahr 2035 kann das Sondervermögen zur Sicherung der Beitragssatzstabilität der sozialen Pflegeversicherung verwendet werden

7

(§ 136 SGB XI). Voraussetzung ist, dass ohne eine Zuführung von Mitteln an den Ausgleichsfonds eine Beitragssatzanhebung erforderlich würde, die nicht auf über eine allgemeine Dynamisierung der Leistungen hinausgehenden Leistungsverbesserungen beruht.

Die Deutsche Bundesbank ist verpflichtet, dem Bundesgesundheitsministerium jährlich einen Bericht über die Verwaltung der Mittel des Sondervermögens vorzulegen (§ 138 SGB XI).

Nach Auszahlung seines Vermögens gilt das Sondervermögen als aufgelöst (§ 139 SGB XI).

7

8 Gesetzliche Grundlagen zur Pflegeversicherung

8

Sozialgesetzbuch (SGB) Elftes Buch (XI)
– Soziale Pflegeversicherung –
(SGB XI)

Vom 26. Mai 1994 (BGBl. I S. 1014)

Zuletzt geändert durch
Terminservice- und Versorgungsgesetz
vom 6. Mai 2019 (BGBl. I S. 646)

Inhaltsübersicht

8

8

8

8

8

8

Erstes Kapitel
Allgemeine Vorschriften

§ 1 Soziale Pflegeversicherung

(1) Zur sozialen Absicherung des Risikos der Pflegebedürftigkeit wird als neuer eigenständiger Zweig der Sozialversicherung eine soziale Pflegeversicherung geschaffen.

(2) ₁In den Schutz der sozialen Pflegeversicherung sind kraft Gesetzes alle einbezogen, die in der gesetzlichen Krankenversicherung versichert sind. ₂Wer gegen Krankheit bei einem privaten Krankenversicherungsunternehmen versichert ist, muß eine private Pflegeversicherung abschließen.

(3) Träger der sozialen Pflegeversicherung sind die Pflegekassen; ihre Aufgaben werden von den Krankenkassen (§ 4 des Fünften Buches) wahrgenommen.

(4) Die Pflegeversicherung hat die Aufgabe, Pflegebedürftigen Hilfe zu leisten, die wegen der Schwere der Pflegebedürftigkeit auf solidarische Unterstützung angewiesen sind.

(5) In der Pflegeversicherung sollen geschlechtsspezifische Unterschiede bezüglich der Pflegebedürftigkeit von Männern und Frauen und ihrer Bedarfe an Leistungen berücksichtigt und den Bedürfnissen nach einer kultursensiblen Pflege nach Möglichkeit Rechnung getragen werden.

(6) ₁Die Ausgaben der Pflegeversicherung werden durch Beiträge der Mitglieder und der Arbeitgeber finanziert. ₂Die Beiträge richten sich nach den beitragspflichtigen Einnahmen der Mitglieder. ₃Für versicherte Familienangehörige und eingetragene Lebenspartner (Lebenspartner) werden Beiträge nicht erhoben.

(7) Ein Lebenspartner einer eingetragenen Lebenspartnerschaft gilt im Sinne dieses Buches als Familienangehöriger des anderen Lebenspartners, sofern nicht ausdrücklich etwas anderes bestimmt ist.

§ 2 Selbstbestimmung

(1) ₁Die Leistungen der Pflegeversicherung sollen den Pflegebedürftigen helfen, trotz ihres Hilfebedarfs ein möglichst selbständiges und selbstbestimmtes Leben zu führen, das der Würde des Menschen entspricht. ₂Die Hilfen sind darauf auszurichten, die körperli-

chen, geistigen und seelischen Kräfte der Pflegebedürftigen, auch in Form der aktivierenden Pflege, wiederzugewinnen oder zu erhalten.

(2) ₁Die Pflegebedürftigen können zwischen Einrichtungen und Diensten verschiedener Träger wählen. ₂Ihren Wünschen zur Gestaltung der Hilfe soll, soweit sie angemessen sind, im Rahmen des Leistungsrechts entsprochen werden. ₃Wünsche der Pflegebedürftigen nach gleichgeschlechtlicher Pflege haben nach Möglichkeit Berücksichtigung zu finden.

(3) ₁Auf die religiösen Bedürfnisse der Pflegebedürftigen ist Rücksicht zu nehmen. ₂Auf ihren Wunsch hin sollen sie stationäre Leistungen in einer Einrichtung erhalten, in der sie durch Geistliche ihres Bekenntnisses betreut werden können.

(4) Die Pflegebedürftigen sind auf die Rechte nach den Absätzen 2 und 3 hinzuweisen.

§ 3 Vorrang der häuslichen Pflege

₁Die Pflegeversicherung soll mit ihren Leistungen vorrangig die häusliche Pflege und die Pflegebereitschaft der Angehörigen und Nachbarn unterstützen, damit die Pflegebedürftigen möglichst lange in ihrer häuslichen Umgebung bleiben können. ₂Leistungen der teilstationären Pflege und der Kurzzeitpflege gehen den Leistungen der vollstationären Pflege vor.

§ 4 Art und Umfang der Leistungen

(1) ₁Die Leistungen der Pflegeversicherung sind Dienst-, Sach- und Geldleistungen für den Bedarf an körperbezogenen Pflegemaßnahmen, pflegerischen Betreuungsmaßnahmen und Hilfen bei der Haushaltsführung sowie Kostenerstattung, soweit es dieses Buch vorsieht. ₂Art und Umfang der Leistungen richten sich nach der Schwere der Pflegebedürftigkeit und danach, ob häusliche, teilstationäre oder vollstationäre Pflege in Anspruch genommen wird.

(2) ₁Bei häuslicher und teilstationärer Pflege ergänzen die Leistungen der Pflegeversicherung die familiäre, nachbarschaftliche oder sonstige ehrenamtliche Pflege und Betreuung. ₂Bei teil- und vollstationärer Pflege werden die Pflegebedürftigen von Aufwendun-

8

gen entlastet, die für ihre Versorgung nach Art und Schwere der Pflegebedürftigkeit erforderlich sind (pflegebedingte Aufwendungen), die Aufwendungen für Unterkunft und Verpflegung tragen die Pflegebedürftigen selbst.

(3) Pflegekassen, Pflegeeinrichtungen und Pflegebedürftige haben darauf hinzuwirken, daß die Leistungen wirksam und wirtschaftlich erbracht und nur im notwendigen Umfang in Anspruch genommen werden.

§ 5 Prävention in Pflegeeinrichtungen, Vorrang von Prävention und medizinischer Rehabilitation

(1) ₁Die Pflegekassen sollen Leistungen zur Prävention in stationären Pflegeeinrichtungen nach § 71 Absatz 2 für in der sozialen Pflegeversicherung Versicherte erbringen, indem sie unter Beteiligung der versicherten Pflegebedürftigen und der Pflegeeinrichtung Vorschläge zur Verbesserung der gesundheitlichen Situation und zur Stärkung der gesundheitlichen Ressourcen und Fähigkeiten entwickeln sowie deren Umsetzung unterstützen. ₂Die Pflichten der Pflegeeinrichtungen nach § 11 Absatz 1 bleiben unberührt. ₃Der Spitzenverband Bund der Pflegekassen legt unter Einbeziehung unabhängigen Sachverstandes die Kriterien für die Leistungen nach Satz 1 fest, insbesondere hinsichtlich Inhalt, Methodik, Qualität, wissenschaftlicher Evaluation und der Messung der Erreichung der mit den Leistungen verfolgten Ziele.

(2) ₁Die Ausgaben der Pflegekassen für die Wahrnehmung ihrer Aufgaben nach Absatz 1 sollen insgesamt im Jahr 2016 für jeden ihrer Versicherten einen Betrag von 0,30 Euro umfassen. ₂Die Ausgaben sind in den Folgejahren entsprechend der prozentualen Veränderung der monatlichen Bezugsgröße nach § 18 Absatz 1 des Vierten Buches anzupassen. ₃Sind in einem Jahr die Ausgaben rundungsbedingt nicht anzupassen, ist die unterbliebene Anpassung bei der Berechnung der Anpassung der Ausgaben im Folgejahr zu berücksichtigen.

(3) ₁Bei der Wahrnehmung ihrer Aufgaben nach Absatz 1 sollen die Pflegekassen zusammenarbeiten und kassenübergreifende

Leistungen zur Prävention erbringen. ₂Erreicht eine Pflegekasse den in Absatz 2 festgelegten Betrag in einem Jahr nicht, stellt sie die nicht verausgabten Mittel im Folgejahr dem Spitzenverband Bund der Pflegekassen zur Verfügung, der die Mittel nach einem von ihm festzulegenden Schlüssel auf die Pflegekassen zur Wahrnehmung der Aufgaben nach Absatz 1 verteilt, die Kooperationsvereinbarungen zur Durchführung kassenübergreifender Leistungen geschlossen haben. ₃Auf die zum Zwecke der Vorbereitung und Umsetzung der Kooperationsvereinbarungen nach Satz 2 gebildeten Arbeitsgemeinschaften findet § 94 Absatz 1a Satz 2 und 3 des Zehnten Buches keine Anwendung.

(4) Die Pflegekassen wirken unbeschadet ihrer Aufgaben nach Absatz 1 bei den zuständigen Leistungsträgern darauf hin, dass frühzeitig alle geeigneten Leistungen zur Prävention, zur Krankenbehandlung und zur medizinischen Rehabilitation eingeleitet werden, um den Eintritt von Pflegebedürftigkeit zu vermeiden.

(5) Die Pflegekassen beteiligen sich an der nationalen Präventionsstrategie nach den §§ 20d bis 20f des Fünften Buches mit den Aufgaben nach den Absätzen 1 und 2.

(6) Die Leistungsträger haben im Rahmen ihres Leistungsrechts auch nach Eintritt der Pflegebedürftigkeit ihre Leistungen zur medizinischen Rehabilitation und ergänzenden Leistungen in vollem Umfang einzusetzen und darauf hinzuwirken, die Pflegebedürftigkeit zu überwinden, zu mindern sowie eine Verschlimmerung zu verhindern.

§ 6 Eigenverantwortung

(1) Die Versicherten sollen durch gesundheitsbewußte Lebensführung, durch frühzeitige Beteiligung an Vorsorgemaßnahmen und durch aktive Mitwirkung an Krankenbehandlung und Leistungen zur medizinischen Rehabilitation dazu beitragen, Pflegebedürftigkeit zu vermeiden.

(2) Nach Eintritt der Pflegebedürftigkeit haben die Pflegebedürftigen an Leistungen zur medizinischen Rehabilitation und der aktivierenden Pflege mitzuwirken, um die Pflegebedürftigkeit zu überwinden, zu mindern oder eine Verschlimmerung zu verhindern.

§ 7 Aufklärung, Auskunft

(1) Die Pflegekassen haben die Eigenverantwortung der Versicherten durch Aufklärung und Auskunft über eine gesunde, der Pflegebedürftigkeit vorbeugende Lebensführung zu unterstützen und auf die Teilnahme an gesundheitsfördernden Maßnahmen hinzuwirken.

(2) ₁Die Pflegekassen haben die Versicherten und ihre Angehörigen und Lebenspartner in den mit der Pflegebedürftigkeit zusammenhängenden Fragen, insbesondere über die Leistungen der Pflegekassen sowie über die Leistungen und Hilfen anderer Träger, in für sie verständlicher Weise zu informieren und darüber aufzuklären, dass ein Anspruch besteht auf die Übermittlung

1. des Gutachtens des Medizinischen Dienstes der Krankenversicherung oder eines anderen von der Pflegekasse beauftragten Gutachters sowie

2. der gesonderten Präventions- und Rehabilitationsempfehlung gemäß § 18a Absatz 1.

₂Mit Einwilligung des Versicherten haben der behandelnde Arzt, das Krankenhaus, die Rehabilitations- und Vorsorgeeinrichtungen sowie die Sozialleistungsträger unverzüglich die zuständige Pflegekasse zu benachrichtigen, wenn sich der Eintritt von Pflegebedürftigkeit abzeichnet oder wenn Pflegebedürftigkeit festgestellt wird. ₃Die zuständige Pflegekasse informiert die Versicherten unverzüglich nach Eingang eines Antrags auf Leistungen nach diesem Buch insbesondere über ihren Anspruch auf die unentgeltliche Pflegeberatung nach § 7a, den nächstgelegenen Pflegestützpunkt nach § 7c sowie die Leistungs- und Preisvergleichsliste nach Absatz 3. ₄Ebenso gibt die zuständige Pflegekasse Auskunft über die in ihren Verträgen zur integrierten Versorgung nach § 92b Absatz 2 getroffenen Festlegungen, insbesondere zu Art, Inhalt und Umfang der zu erbringenden Leistungen und der für die Versicherten entstehenden Kosten, und veröffentlicht diese Angaben auf einer eigenen Internetseite.

(3) ₁Zur Unterstützung der pflegebedürftigen Person bei der Ausübung ihres Wahlrechts nach § 2 Absatz 2 sowie zur Förderung des Wettbewerbs und der Überschaubarkeit des vorhandenen Angebots hat die zuständige Pflegekasse der antragstellenden Person auf Anforderung unverzüglich und in geeigneter Form eine Leistungs- und Preisvergleichsliste zu übermitteln; die Leistungs- und Preisvergleichsliste muss für den Einzugsbereich der antragstellenden Person, in dem die pflegerische Versorgung und Betreuung gewährleistet werden soll, die Leistungen und Vergütungen der zugelassenen Pflegeeinrichtungen, die Angebote zur Unterstützung im Alltag nach § 45a sowie Angaben zur Person des zugelassenen oder anerkannten Leistungserbringers enthalten. ₂Die Landesverbände der Pflegekassen erstellen eine Leistungs- und Preisvergleichsliste nach Satz 1, aktualisieren diese einmal im Quartal und veröffentlichen sie auf einer eigenen Internetseite. ₃Die Liste hat zumindest die jeweils geltenden Festlegungen der Vergütungsvereinbarungen nach dem Achten Kapitel sowie die im Rahmen der Vereinbarungen nach Absatz 4 übermittelten Angaben zu Art, Inhalt und Umfang der Angebote sowie zu den Kosten in einer Form zu enthalten, die einen regionalen Vergleich von Angeboten und Kosten und der regionalen Verfügbarkeit ermöglicht. ₄Auf der Internetseite nach Satz 2 sind auch die nach § 115 Absatz 1a veröffentlichten Ergebnisse der Qualitätsprüfungen und die nach § 115 Absatz 1b veröffentlichten Informationen zu berücksichtigen. ₅Die Leistungs- und Preisvergleichsliste ist der Pflegekasse sowie dem Verband der privaten Krankenversicherung e. V. für die Wahrnehmung ihrer Aufgaben nach diesem Buch und zur Veröffentlichung nach Absatz 2 Satz 4 und 5 vom Landesverband der Pflegekassen durch elektronische Datenübertragung zur Verfügung zu stellen. ₆Die Landesverbände der Pflegekassen erarbeiten Nutzungsbedingungen für eine zweckgerechte, nicht gewerbliche Nutzung der Angaben nach Satz 1 durch Dritte; die Übermittlung der Angaben erfolgt gegen Verwaltungskostensatz, es sei denn, es handelt sich bei den Dritten um öffentlich-rechtliche Stellen.

(4) ₁Im Einvernehmen mit den zuständigen obersten Landesbehörden vereinbaren die

8

Landesverbände der Pflegekassen gemeinsam mit den nach Landesrecht zuständigen Stellen für die Anerkennung der Angebote zur Unterstützung im Alltag nach den Vorschriften dieses Buches das Nähere zur Übermittlung von Angaben im Wege elektronischer Datenübertragung insbesondere zu Art, Inhalt und Umfang der Angebote, Kosten und regionaler Verfügbarkeit dieser Angebote einschließlich der Finanzierung des Verfahrens für die Übermittlung. ₂Träger weiterer Angebote, in denen Leistungen zur medizinischen Vorsorge und Rehabilitation, zur Teilhabe am Arbeitsleben oder Leben in der Gemeinschaft, zur schulischen Ausbildung oder Erziehung kranker oder behinderter Kinder, zur Alltagsunterstützung und zum Wohnen im Vordergrund stehen, können an Vereinbarungen nach Satz 1 beteiligt werden, falls sie insbesondere die Angaben nach Satz 1 im Wege der von den Parteien nach Satz 1 vorgesehenen Form der elektronischen Datenübertragung unentgeltlich bereitstellen. ₃Dazu gehören auch Angebote der Träger von Leistungen der Eingliederungshilfe, soweit diese in der vorgesehenen Form der elektronischen Datenübermittlung kostenfrei bereitgestellt werden. ₄Der Spitzenverband Bund der Pflegekassen gibt Empfehlungen für einen bundesweit einheitlichen technischen Standard der elektronischen Datenübermittlung ab. ₅Die Empfehlungen bedürfen der Zustimmung der Länder.

§7a Pflegeberatung

(1) ₁Personen, die Leistungen nach diesem Buch erhalten, haben Anspruch auf individuelle Beratung und Hilfestellung durch einen Pflegeberater oder eine Pflegeberaterin bei der Auswahl und Inanspruchnahme von bundes- oder landesrechtlich vorgesehenen Sozialleistungen sowie sonstigen Hilfsangeboten, die auf die Unterstützung von Menschen mit Pflege-, Versorgungs- oder Betreuungsbedarf ausgerichtet sind (Pflegeberatung); Anspruchsberechtigten soll durch die Pflegekassen vor der erstmaligen Beratung unverzüglich ein zuständiger Pflegeberater, eine zuständige Pflegeberaterin oder eine sonstige Beratungsstelle benannt werden. ₂Für das Verfahren, die Durchführung und die Inhalte der Pflegeberatung sind die Richtlinien nach

§ 17 Absatz 1a maßgeblich. ₃Aufgabe der Pflegeberatung ist es insbesondere,

1. den Hilfebedarf unter Berücksichtigung der Ergebnisse der Begutachtung durch den Medizinischen Dienst der Krankenversicherung sowie, wenn die nach Satz 1 anspruchsberechtigte Person zustimmt, die Ergebnisse der Beratung in der eigenen Häuslichkeit nach § 37 Absatz 3 systematisch zu erfassen und zu analysieren,

2. einen individuellen Versorgungsplan mit den im Einzelfall erforderlichen Sozialleistungen und gesundheitsfördernden, präventiven, kurativen, rehabilitativen oder sonstigen medizinischen sowie pflegerischen und sozialen Hilfen zu erstellen,

3. auf die für die Durchführung des Versorgungsplans erforderlichen Maßnahmen einschließlich deren Genehmigung durch den jeweiligen Leistungsträger hinzuwirken,

4. die Durchführung des Versorgungsplans zu überwachen und erforderlichenfalls einer veränderten Bedarfslage anzupassen,

5. bei besonders komplexen Fallgestaltungen den Hilfeprozess auszuwerten und zu dokumentieren sowie

6. über Leistungen zur Entlastung der Pflegepersonen zu informieren.

₄Der Versorgungsplan wird nach Maßgabe der Richtlinien nach § 17 Absatz 1a erstellt und umgesetzt; er beinhaltet insbesondere Empfehlungen zu den im Einzelfall erforderlichen Maßnahmen nach Satz 3 Nummer 3, Hinweise zu dem dazu vorhandenen örtlichen Leistungsangebot sowie zur Überprüfung und Anpassung der empfohlenen Maßnahmen. ₅Bei Erstellung und Umsetzung des Versorgungsplans ist Einvernehmen mit dem Hilfesuchenden und allen an der Pflege, Versorgung und Betreuung Beteiligten anzustreben. ₆Soweit Leistungen nach sonstigen bundes- oder landesrechtlichen Vorschriften erforderlich sind, sind die zuständigen Leistungsträger frühzeitig mit dem Ziel der Abstimmung einzubeziehen. ₇Eine enge Zusammenarbeit mit anderen Koordinierungsstellen, insbesondere den Ansprechstellen der Rehabilitationsträger nach § 12 Absatz 1 Satz 3 des Neunten Buches, ist sicherzustel-

8

len. ₈Ihnen obliegende Aufgaben der Pflegeberatung können die Pflegekassen ganz oder teilweise auf Dritte übertragen; § 80 des Zehnten Buches bleibt unberührt. ₉Ein Anspruch auf Pflegeberatung besteht auch dann, wenn ein Antrag auf Leistungen nach diesem Buch gestellt wurde und erkennbar ein Hilfe- und Beratungsbedarf besteht. ₁₀Es ist sicherzustellen, dass im jeweiligen Pflegestützpunkt nach § 7c Pflegeberatung im Sinne dieser Vorschrift in Anspruch genommen werden kann und die Unabhängigkeit der Beratung gewährleistet ist.

(2) ₁Auf Wunsch einer anspruchsberechtigten Person nach Absatz 1 Satz 1 erfolgt die Pflegeberatung auch gegenüber ihren Angehörigen oder weiteren Personen oder unter deren Einbeziehung. ₂Sie erfolgt auf Wunsch einer anspruchsberechtigten Person nach Absatz 1 Satz 1 in der häuslichen Umgebung oder in der Einrichtung, in der diese Person lebt. ₃Ein Versicherter kann einen Leistungsantrag nach diesem oder dem Fünften Buch auch gegenüber dem Pflegeberater oder der Pflegeberaterin stellen. ₄Der Antrag ist unverzüglich der zuständigen Pflege- oder Krankenkasse zu übermitteln, die den Leistungsbescheid unverzüglich dem Antragsteller und zeitgleich dem Pflegeberater oder der Pflegeberaterin zuleitet.

(3) ₁Die Anzahl von Pflegeberatern und Pflegeberaterinnen ist so zu bemessen, dass die Aufgaben nach Absatz 1 im Interesse der Hilfesuchenden zeitnah und umfassend wahrgenommen werden können. ₂Die Pflegekassen setzen für die persönliche Beratung und Betreuung durch Pflegeberater und Pflegeberaterinnen entsprechend qualifiziertes Personal ein, insbesondere Pflegefachkräfte, Sozialversicherungsfachangestellte oder Sozialarbeiter mit der jeweils erforderlichen Zusatzqualifikation. ₃Der Spitzenverband Bund der Pflegekassen gibt unter Beteiligung der in § 17 Absatz 1a Satz 2 genannten Parteien bis zum 31. Juli 2018 Empfehlungen zur erforderlichen Anzahl, Qualifikation und Fortbildung von Pflegeberaterinnen und Pflegeberatern ab.

(4) ₁Die Pflegekassen im Land haben Pflegeberater und Pflegeberaterinnen zur Sicherstellung einer wirtschaftlichen Aufgaben-

wahrnehmung in den Pflegestützpunkten nach Anzahl und örtlicher Zuständigkeit aufeinander abgestimmt bereitzustellen und hierüber einheitlich und gemeinsam Vereinbarungen zu treffen. ₂Die Pflegekassen können diese Aufgabe auf die Landesverbände der Pflegekassen übertragen. ₃Kommt eine Einigung bis zu dem in Satz 1 genannten Zeitpunkt ganz oder teilweise nicht zustande, haben die Landesverbände der Pflegekassen innerhalb eines Monats zu entscheiden; § 81 Abs. 1 Satz 2 gilt entsprechend. ₄Die Pflegekassen und die gesetzlichen Krankenkassen können zur Aufgabenwahrnehmung durch Pflegeberater und Pflegeberaterinnen von der Möglichkeit der Beauftragung nach Maßgabe der §§ 88 bis 92 des Zehnten Buches Gebrauch machen; § 94 Absatz 1 Nummer 8 gilt entsprechend. ₅Die durch die Tätigkeit von Pflegeberatern und Pflegeberaterinnen entstehenden Aufwendungen werden von den Pflegekassen getragen und zur Hälfte auf die Verwaltungskostenpauschale nach § 46 Abs. 3 Satz 1 angerechnet.

(5) ₁Zur Durchführung der Pflegeberatung können die privaten Versicherungsunternehmen, die die private Pflege-Pflichtversicherung durchführen, Pflegeberater und Pflegeberaterinnen der Pflegekassen für die bei ihnen versicherten Personen nutzen. ₂Dies setzt eine vertragliche Vereinbarung mit den Pflegekassen über Art, Inhalt und Umfang der Inanspruchnahme sowie über die Vergütung der hierfür je Fall entstehenden Aufwendungen voraus. ₃Soweit Vereinbarungen mit den Pflegekassen nicht zustande kommen, können die privaten Versicherungsunternehmen, die die private Pflege-Pflichtversicherung durchführen, untereinander Vereinbarungen über eine abgestimmte Bereitstellung von Pflegeberatern und Pflegeberaterinnen treffen.

(6) Pflegeberater und Pflegeberaterinnen sowie sonstige mit der Wahrnehmung von Aufgaben nach Absatz 1 befasste Stellen, insbesondere

1. nach Landesrecht für die wohnortnahe Betreuung im Rahmen der örtlichen Altenhilfe und für die Gewährung der Hilfe zur Pflege nach dem Zwölften Buch zu bestimmende Stellen,

8

2. Unternehmen der privaten Kranken- und Pflegeversicherung,

3. Pflegeeinrichtungen und Einzelpersonen nach § 77,

4. Mitglieder von Selbsthilfegruppen, ehrenamtliche und sonstige zum bürgerschaftlichen Engagement bereite Personen und Organisationen sowie

5. Agenturen für Arbeit und Träger der Grundsicherung für Arbeitsuchende,

dürfen Sozialdaten für Zwecke der Pflegeberatung nur erheben, verarbeiten und nutzen, soweit dies zur Erfüllung der Aufgaben nach diesem Buch erforderlich oder durch Rechtsvorschriften des Sozialgesetzbuches oder Regelungen des Versicherungsvertrags- oder des Versicherungsaufsichtsgesetzes angeordnet oder erlaubt ist.

(7) ₁Die Landesverbände der Pflegekassen vereinbaren gemeinsam und einheitlich mit dem Verband der privaten Krankenversicherung e. V., den nach Landesrecht bestimmten Stellen für die wohnortnahe Betreuung im Rahmen der Altenhilfe und den zuständigen Trägern der Sozialhilfe sowie mit den kommunalen Spitzenverbänden auf Landesebene Rahmenverträge über die Zusammenarbeit in der Beratung. ₂Zu den Verträgen nach Satz 1 sind die Verbände der Träger weiterer nicht gewerblicher Beratungsstellen auf Landesebene anzuhören, die für die Beratung Pflegebedürftiger und ihrer Angehörigen von Bedeutung sind. ₃Die Landesverbände der Pflegekassen vereinbaren gemeinsam und einheitlich mit dem Verband der privaten Krankenversicherung e. V. und dem zuständigen Träger der Sozialhilfe auf dessen Verlangen eine ergänzende Vereinbarung zu den Verträgen nach Satz 1 über die Zusammenarbeit in der örtlichen Beratung im Gebiet des Kreises oder der kreisfreien Stadt für den Bereich der örtlichen Zuständigkeit des Trägers der Sozialhilfe. Für Modellvorhaben nach § 123 kann der Antragsteller nach § 123 Absatz 1 die ergänzende Vereinbarung für den Geltungsbereich des Modellvorhabens verlangen.

(8) Die Pflegekassen können sich zur Wahrnehmung ihrer Beratungsaufgaben nach diesem Buch aus ihren Verwaltungsmitteln an der Finanzierung und arbeitsteiligen Organisation von Beratungsaufgaben anderer Träger beteiligen; der Neutralität und Unabhängigkeit der Beratung sind zu gewährleisten.

(9) ₁Der Spitzenverband Bund der Pflegekassen legt dem Bundesministerium für Gesundheit alle drei Jahre, erstmals zum 30. Juni 2020, einen unter wissenschaftlicher Begleitung zu erstellenden Bericht vor über

1. die Erfahrungen und Weiterentwicklung der Pflegeberatung und Pflegeberatungsstrukturen nach den Absätzen 1 bis 4, 7 und 8, § 7b Absatz 1 und 2 und § 7c und

2. die Durchführung, Ergebnisse und Wirkungen der Beratung in der eigenen Häuslichkeit sowie die Fortentwicklung der Beratungsstrukturen nach § 37 Absatz 3 bis 8.

₂Er kann hierfür Mittel nach § 8 Absatz 3 einsetzen.

§ 7b Beratungsgutscheine

(1) ₁Die Pflegekasse hat dem Antragsteller unmittelbar nach Eingang eines erstmaligen Antrags auf Leistungen nach diesem Buch sowie weiterer Anträge auf Leistungen nach § 18 Absatz 3, den §§ 36 bis 38, 41 bis 43, 44a, 45, 87a Absatz 2 Satz 1 und § 115 Absatz 4 entweder

1. unter Angabe einer Kontaktperson einen konkreten Beratungstermin anzubieten, der spätestens innerhalb von zwei Wochen nach Antragseingang durchzuführen ist, oder

2. einen Beratungsgutschein auszustellen, in dem Beratungsstellen benannt sind, bei denen er zu Lasten der Pflegekasse innerhalb von zwei Wochen nach Antragseingang eingelöst werden kann; § 7a Absatz 4 Satz 5 ist entsprechend anzuwenden.

₂Die Beratung richtet sich nach § 7a. ₃Auf Wunsch des Versicherten hat die Beratung in der häuslichen Umgebung stattzufinden und kann auch nach Ablauf der in Satz 1 genannten Frist durchgeführt werden; über diese Möglichkeiten hat ihn die Pflegekasse aufzuklären.

(2) ₁Die Pflegekasse hat sicherzustellen, dass die Beratungsstellen die Anforderungen an

die Beratung nach § 7a einhalten. ₂Die Pflegekasse schließt hierzu allein oder gemeinsam mit anderen Pflegekassen vertragliche Vereinbarungen mit unabhängigen und neutralen Beratungsstellen, die insbesondere Regelungen treffen für

1. die Anforderungen an die Beratungsleistung und die Beratungspersonen,

2. die Haftung für Schäden, die der Pflegekasse durch fehlerhafte Beratung entstehen, und

3. die Vergütung.

(2a) ₁Sofern kommunale Gebietskörperschaften, von diesen geschlossene Zweckgemeinschaften oder nach Landesrecht zu bestimmende Stellen

1. für die wohnortnahe Betreuung im Rahmen der örtlichen Altenhilfe oder

2. für die Gewährung der Hilfe zur Pflege nach dem Zwölften Buch

Pflegeberatung im Sinne von § 7a erbringen, sind sie Beratungsstellen, bei denen Pflegebedürftige nach Absatz 1 Satz 1 Nummer 2 Beratungsgutscheine einlösen können; sie haben die Empfehlungen nach § 7a Absatz 3 Satz 3 zu berücksichtigen und die Pflegeberatungs-Richtlinien nach § 17 Absatz 1a zu beachten. ₂Absatz 2 Satz 1 findet keine Anwendung. ₃Die Pflegekasse schließt hierzu allein oder gemeinsam mit anderen Pflegekassen mit den in Satz 1 genannten Stellen vertragliche Vereinbarungen über die Vergütung. ₄Für die Erhebung, Verarbeitung und Nutzung der Sozialdaten gilt § 7a Absatz 6 entsprechend.

(3) ₁Stellen nach Absatz 1 Satz 1 Nummer 2 dürfen personenbezogene Daten nur erheben, verarbeiten und nutzen, soweit dies für Zwecke der Beratung nach § 7a erforderlich ist und der Versicherte oder sein gesetzlicher Vertreter eingewilligt hat. ₂Zudem ist der Versicherte oder sein gesetzlicher Vertreter zu Beginn der Beratung darauf hinzuweisen, dass die Einwilligung jederzeit widerrufen werden kann.

(4) Die Absätze 1 bis 3 gelten für private Versicherungsunternehmen, die die private Pflege-Pflichtversicherung durchführen, entsprechend.

§ 7c Pflegestützpunkte, Verordnungsermächtigung

(1) ₁Zur wohnortnahen Beratung, Versorgung und Betreuung der Versicherten richten die Pflegekassen und Krankenkassen Pflegestützpunkte ein, sofern die zuständige oberste Landesbehörde dies bestimmt. ₂Die Einrichtung muss innerhalb von sechs Monaten nach der Bestimmung durch die oberste Landesbehörde erfolgen. ₃Kommen die hierfür erforderlichen Verträge nicht innerhalb von drei Monaten nach der Bestimmung durch die oberste Landesbehörde zustande, haben die Landesverbände der Pflegekassen innerhalb eines weiteren Monats den Inhalt der Verträge festzulegen; hierbei haben sie auch die Interessen der Ersatzkassen und der Landesverbände der Krankenkassen wahrzunehmen. ₄Hinsichtlich der Mehrheitsverhältnisse bei der Beschlussfassung ist § 81 Absatz 1 Satz 2 entsprechend anzuwenden. ₅Widerspruch und Anfechtungsklage gegen Maßnahmen der Aufsichtsbehörden zur Einrichtung von Pflegestützpunkten haben keine aufschiebende Wirkung.

(1a) ₁Die für die Hilfe zur Pflege zuständigen Träger der Sozialhilfe nach dem Zwölften Buch sowie die nach Landesrecht zu bestimmenden Stellen der Altenhilfe können bis zum 31. Dezember 2021 auf Grund landesrechtlicher Vorschriften von den Pflegekassen und Krankenkassen den Abschluss einer Vereinbarung zur Einrichtung von Pflegestützpunkten verlangen. ₂Ist in der Vereinbarung zur Einrichtung eines Pflegestützpunktes oder in den Rahmenverträgen nach Absatz 6 nichts anderes vereinbart, werden die Aufwendungen, die für den Betrieb des Pflegestützpunktes erforderlich sind, von den Trägern des Pflegestützpunktes zu gleichen Teilen unter Berücksichtigung der anrechnungsfähigen Aufwendungen für das eingesetzte Personal getragen.

(2) ₁Aufgaben der Pflegestützpunkte sind

1. umfassende sowie unabhängige Auskunft und Beratung zu den Rechten und Pflichten nach dem Sozialgesetzbuch und zur Auswahl und Inanspruchnahme der bundes- oder landesrechtlich vorgesehenen Sozialleistungen und sonstigen Hilfsangebote einschließlich der Pflegeberatung

8

nach § 7a in Verbindung mit den Richtlinien nach § 17 Absatz 1a,

2. Koordinierung aller für die wohnortnahe Versorgung und Betreuung in Betracht kommenden gesundheitsfördernden, präventiven, kurativen, rehabilitativen und sonstigen medizinischen sowie pflegerischen und sozialen Hilfs- und Unterstützungsangebote einschließlich der Hilfestellung bei der Inanspruchnahme der Leistungen,

3. Vernetzung aufeinander abgestimmter pflegerischer und sozialer Versorgungs- und Betreuungsangebote.

2Auf vorhandene vernetzte Beratungsstrukturen ist zurückzugreifen. 3Die Pflegekassen haben jederzeit darauf hinzuwirken, dass sich insbesondere die

1. nach Landesrecht zu bestimmenden Stellen für die wohnortnahe Betreuung im Rahmen der örtlichen Altenhilfe und für die Gewährung der Hilfe zur Pflege nach dem Zwölften Buch,

2. im Land zugelassenen und tätigen Pflegeeinrichtungen,

3. im Land tätigen Unternehmen der privaten Kranken- und Pflegeversicherung

an den Pflegestützpunkten beteiligen. 4Die Krankenkassen haben sich an den Pflegestützpunkten zu beteiligen. 5Träger der Pflegestützpunkte sind die beteiligten Kosten- und Leistungsträger. 6Die Träger

1. sollen Pflegefachkräfte in die Tätigkeit der Pflegestützpunkte einbinden,

2. haben nach Möglichkeit Mitglieder von Selbsthilfegruppen sowie ehrenamtliche und sonstige zum bürgerschaftlichen Engagement bereite Personen und Organisationen in die Tätigkeit der Pflegestützpunkte einzubinden,

3. sollen interessierten kirchlichen sowie sonstigen religiösen und gesellschaftlichen Trägern und Organisationen sowie nicht gewerblichen, gemeinwohlorientierten Einrichtungen mit öffentlich zugänglichen Angeboten und insbesondere Selbsthilfe stärkender und generationenübergreifender Ausrichtung in kommunalen Gebietskörperschaften die Beteiligung an den Pflegestützpunkten ermöglichen,

4. können sich zur Erfüllung ihrer Aufgaben dritter Stellen bedienen,

5. sollen im Hinblick auf die Vermittlung und Qualifizierung von für die Pflege und Betreuung geeigneten Kräften eng mit dem Träger der Arbeitsförderung nach dem Dritten Buch und den Trägern der Grundsicherung für Arbeitsuchende nach dem Zweiten Buch zusammenarbeiten.

(3) Die an den Pflegestützpunkten beteiligten Kostenträger und Leistungserbringer können für das Einzugsgebiet der Pflegestützpunkte Verträge zur wohnortnahen integrierten Versorgung schließen; insoweit ist § 92b mit der Maßgabe entsprechend anzuwenden, dass die Pflege- und Krankenkassen gemeinsam und einheitlich handeln.

(4) 1Der Pflegestützpunkt kann bei einer im Land zugelassenen und tätigen Pflegeeinrichtung errichtet werden, wenn dies nicht zu einer unzulässigen Beeinträchtigung des Wettbewerbs zwischen den Pflegeeinrichtungen führt. 2Die für den Betrieb des Pflegestützpunktes erforderlichen Aufwendungen werden von den Trägern der Pflegestützpunkte unter Berücksichtigung der anrechnungsfähigen Aufwendungen für das eingesetzte Personal auf der Grundlage einer vertraglichen Vereinbarung anteilig getragen. 3Die Verteilung der für den Betrieb des Pflegestützpunktes erforderlichen Aufwendungen wird mit der Maßgabe vereinbart, dass der auf eine einzelne Pflegekasse entfallende Anteil nicht höher sein darf als der von der Krankenkasse, bei der sie errichtet ist, zu tragende Anteil. 4Soweit sich private Versicherungsunternehmen, die die private Pflege-Pflichtversicherung durchführen, nicht an der Finanzierung der Pflegestützpunkte beteiligen, haben sie mit den Trägern der Pflegestützpunkte über Art, Inhalt und Umfang der Inanspruchnahme der Pflegestützpunkte durch privat Pflege-Pflichtversicherte sowie über die Vergütung der hierfür je Fall entstehenden Aufwendungen Vereinbarungen zu treffen; dies gilt für private Versicherungsunternehmen, die die private Krankenversicherung durchführen, entsprechend.

(5) Im Pflegestützpunkt tätige Personen sowie sonstige mit der Wahrnehmung von Auf-

8

gaben nach Absatz 1 befasste Stellen, insbesondere

1. nach Landesrecht für die wohnortnahe Betreuung im Rahmen der örtlichen Altenhilfe und für die Gewährung der Hilfe zur Pflege nach dem Zwölften Buch zu bestimmende Stellen,

2. Unternehmen der privaten Kranken- und Pflegeversicherung,

3. Pflegeeinrichtungen und Einzelpersonen nach § 77,

4. Mitglieder von Selbsthilfegruppen, ehrenamtliche und sonstige zum bürgerschaftlichen Engagement bereite Personen und Organisationen sowie

5. Agenturen für Arbeit und Träger der Grundsicherung für Arbeitsuchende,

dürfen Sozialdaten nur erheben, verarbeiten und nutzen, soweit dies zur Erfüllung der Aufgaben nach diesem Buch erforderlich oder durch Rechtsvorschriften des Sozialgesetzbuches oder Regelungen des Versicherungsvertrags- oder des Versicherungsaufsichtsgesetzes angeordnet oder erlaubt ist.

(6) ₁Sofern die zuständige oberste Landesbehörde die Einrichtung von Pflegestützpunkten bestimmt hat, vereinbaren die Landesverbände der Pflegekassen mit den Landesverbänden der Krankenkassen sowie den Ersatzkassen und den für die Hilfe zur Pflege zuständigen Trägern der Sozialhilfe nach dem Zwölften Buch und den kommunalen Spitzenverbänden auf Landesebene Rahmenverträge zur Arbeit und zur Finanzierung der Pflegestützpunkte. ₂Bestandskräftige Rahmenverträge gelten bis zum Inkrafttreten von Rahmenverträgen nach Satz 1 fort. ₃Die von der zuständigen obersten Landesbehörde getroffene Bestimmung zur Einrichtung von Pflegestützpunkten sowie die Empfehlungen nach Absatz 9 sind beim Abschluss der Rahmenverträge zu berücksichtigen. ₄In den Rahmenverträgen nach Satz 1 sind die Strukturierung der Zusammenarbeit mit weiteren Beteiligten sowie die Zuständigkeit insbesondere für die Koordinierung der Arbeit, die Qualitätssicherung und die Auskunftpflicht gegenüber den Trägern, den Ländern und dem Bundesversicherungsamt zu bestimmen. ₅Ferner sollen Regelungen zur Aufteilung der Kosten unter Berücksichtigung der Vorschriften nach Absatz 4 getroffen werden. ₆Die Regelungen zur Kostenaufteilung gelten unmittelbar für die Pflegestützpunkte, soweit in den Verträgen zur Errichtung der Pflegestützpunkte nach Absatz 1 nichts anderes vereinbart ist.

(7) ₁Die Landesregierungen werden ermächtigt, Schiedsstellen einzurichten. ₂Diese setzen den Inhalt der Rahmenverträge nach Absatz 6 fest, sofern ein Rahmenvertrag nicht innerhalb der in der Rechtsverordnung nach Satz 6 zu bestimmenden Frist zustande kommt. ₃Die Schiedsstelle besteht aus Vertretungen der Pflegekassen und der für die Hilfe zur Pflege zuständigen Träger der Sozialhilfe nach dem Zwölften Buch in gleicher Zahl sowie einem unparteiischen Vorsitzenden und zwei weiteren unparteiischen Mitgliedern. ₄Für den Vorsitzenden und die unparteiischen Mitglieder können Stellvertretungen bestellt werden. ₅§ 76 Absatz 3 und 4 gilt entsprechend. ₆Die Landesregierungen werden ermächtigt, durch Rechtsverordnung das Nähere über die Zahl, die Bestellung, die Amtsdauer, die Amtsführung, die Erstattung der baren Auslagen und die Entschädigung für den Zeitaufwand der Mitglieder der Schiedsstelle, die Geschäftsführung, das Verfahren, die Frist, nach deren Ablauf die Schiedsstelle ihre Arbeit aufnimmt, die Erhebung und die Höhe der Gebühren sowie über die Verteilung der Kosten zu regeln.

(8) ₁Abweichend von Absatz 7 können die Parteien des Rahmenvertrages nach Absatz 6 Satz 1 einvernehmlich eine unparteiische Schiedsperson und zwei unparteiische Mitglieder bestellen, die den Inhalt des Rahmenvertrages nach Absatz 6 innerhalb von sechs Wochen nach ihrer Bestellung festlegen. ₂Die Kosten des Schiedsverfahrens tragen die Vertragspartner zu gleichen Teilen.

(9) Der Spitzenverband Bund der Pflegekassen, der Spitzenverband Bund der Krankenkassen, die Bundesarbeitsgemeinschaft der überörtlichen Träger der Sozialhilfe und die Bundesvereinigung der kommunalen Spitzenverbände können gemeinsam und einheitlich Empfehlungen zur Arbeit und zur Finanzierung von Pflegestützpunkten in der gemeinsamen Trägerschaft der gesetzlichen

8

Kranken- und Pflegekassen sowie der nach Landesrecht zu bestimmenden Stellen der Alten- und Sozialhilfe vereinbaren.

§ 8 Gemeinsame Verantwortung

(1) Die pflegerische Versorgung der Bevölkerung ist eine gesamtgesellschaftliche Aufgabe.

(2) ₁Die Länder, die Kommunen, die Pflegeeinrichtungen und die Pflegekassen wirken unter Beteiligung des Medizinischen Dienstes eng zusammen, um eine leistungsfähige, regional gegliederte, ortsnahe und aufeinander abgestimmte ambulante und stationäre pflegerische Versorgung der Bevölkerung zu gewährleisten. ₂Sie tragen zum Ausbau und zur Weiterentwicklung der notwendigen pflegerischen Versorgungsstrukturen bei; das gilt insbesondere für die Ergänzung des Angebots an häuslicher und stationärer Pflege durch neue Formen der teilstationären Pflege und Kurzzeitpflege sowie für die Vorhaltung eines Angebots von die Pflege ergänzenden Leistungen zur medizinischen Rehabilitation. ₃Sie unterstützen und fördern darüber hinaus die Bereitschaft zu einer humanen Pflege und Betreuung durch hauptberufliche und ehrenamtliche Pflegekräfte sowie durch Angehörige, Nachbarn und Selbsthilfegruppen und wirken so auf eine neue Kultur des Helfens und der mitmenschlichen Zuwendung hin.

(3) ₁Der Spitzenverband Bund der Pflegekassen kann aus Mitteln des Ausgleichsfonds der Pflegeversicherung mit 5 Millionen Euro im Kalenderjahr Maßnahmen wie Modellvorhaben, Studien, wissenschaftliche Expertise und Fachtagungen zur Weiterentwicklung der Pflegeversicherung, insbesondere zur Entwicklung neuer qualitätsgesicherter Versorgungsformen für Pflegebedürftige, durchführen und mit Leistungserbringern vereinbaren. ₂Dabei sind vorrangig modellhaft in einer Region Möglichkeiten eines personenbezogenen Budgets sowie neue Wohnkonzepte für Pflegebedürftige zu erproben. ₃Bei der Vereinbarung und Durchführung von Modellvorhaben kann im Einzelfall von den Regelungen des Siebten Kapitels sowie von § 36 und zur Entwicklung besonders pauschalierter Pflegesätze von § 84 Abs. 2 Satz 2 abgewichen werden. ₄Mehrbelastungen der Pflegeversicherung, die dadurch entstehen,

dass Pflegebedürftige, die Pflegegeld beziehen, durch Einbeziehung in ein Modellvorhaben höhere Leistungen als das Pflegegeld erhalten, sind in das nach Satz 1 vorgesehene Fördervolumen einzubeziehen. ₅Soweit die in Satz 1 genannten Mittel im jeweiligen Haushaltsjahr nicht verbraucht wurden, können sie in das Folgejahr übertragen werden. ₆Die Modellvorhaben sind auf längstens fünf Jahre zu befristen. ₇Der Spitzenverband Bund der Pflegekassen bestimmt Ziele, Dauer, Inhalte und Durchführung der Maßnahmen; dabei sind auch regionale Modellvorhaben einzelner Länder zu berücksichtigen. ₈Die Maßnahmen sind mit dem Bundesministerium für Gesundheit abzustimmen. ₉Soweit finanzielle Interessen einzelner Länder berührt werden, sind diese zu beteiligen. ₁₀Näheres über das Verfahren zur Auszahlung der aus dem Ausgleichsfonds zu finanzierenden Fördermittel regeln der Spitzenverband Bund der Pflegekassen und das Bundesversicherungsamt durch Vereinbarung. ₁₁Für die Modellvorhaben ist eine wissenschaftliche Begleitung und Auswertung vorzusehen. ₁₂§ 45c Absatz 5 Satz 6 gilt entsprechend.

(4) ₁Aus den Mitteln nach Absatz 3 ist ebenfalls die Finanzierung der qualifizierten Geschäftsstelle nach § 113b Absatz 6 und der wissenschaftlichen Aufträge nach § 113b Absatz 4 sicherzustellen. ₂Sofern der Verband der privaten Krankenversicherung e. V. als Mitglied im Qualitätsausschuss nach § 113b vertreten ist, beteiligen sich die privaten Versicherungsunternehmen, die die private Pflege-Pflichtversicherung durchführen, mit einem Anteil von 10 Prozent an den Aufwendungen nach Satz 1. ₃Aus den Mitteln nach Absatz 3 ist zudem die Finanzierung der Aufgaben nach § 113c sicherzustellen. ₄Die privaten Versicherungsunternehmen, die die private Pflege-Pflichtversicherung durchführen, beteiligen sich mit einem Anteil von 10 Prozent an diesen Aufwendungen. ₅Der Finanzierungsanteil nach den Sätzen 2 und 4, der auf die privaten Versicherungsunternehmen entfällt, kann von dem Verband der privaten Krankenversicherung e. V. unmittelbar an das Bundesversicherungsamt zugunsten des Ausgleichsfonds der Pflegeversicherung nach § 65 geleistet werden.

(5) ₁Aus den Mitteln des Ausgleichsfonds der Pflegeversicherung ist die Finanzierung der gemäß § 113 Absatz 1b Satz 1 beauftragten, fachlich unabhängigen Institution sicherzustellen. ₂Die Vertragsparteien nach § 113 und das Bundesversicherungsamt vereinbaren das Nähere über das Verfahren zur Auszahlung der aus dem Ausgleichsfonds zu finanzierenden Mittel. ₃Die jeweilige Auszahlung bedarf der Genehmigung durch das Bundesministerium für Gesundheit.

(6) ₁Abweichend von § 84 Absatz 4 Satz 1 erhalten vollstationäre Pflegeeinrichtungen auf Antrag einen Vergütungszuschlag zur Unterstützung der Leistungserbringung insbesondere im Bereich der medizinischen Behandlungspflege. ₂Voraussetzung für die Gewährung des Vergütungszuschlags ist, dass die Pflegeeinrichtung über neu eingestelltes oder über Stellenaufstockung erweitertes Pflegepersonal verfügt, das über das Personal hinausgeht, das die Pflegeeinrichtung nach der Pflegesatzvereinbarung gemäß § 84 Absatz 5 Satz 2 Nummer 2 vorzuhalten hat. ₃Das zusätzliche Pflegepersonal muss zur Erbringung aller vollstationären Pflegeleistungen vorgesehen sein und es muss sich bei dem Personal um Pflegefachkräfte handeln. ₄Nur für den Fall, dass die vollstationäre Pflegeeinrichtung nachweist, dass es ihr in einem Zeitraum von über vier Monaten nicht gelungen ist, geeignete Pflegefachkräfte einzustellen, kann sie ausnahmsweise auch für die Beschäftigung von zusätzlichen Pflegehilfskräften, die sich in der Ausbildung zur Pflegefachkraft befinden, einen Vergütungszuschlag erhalten. ₅Das Bundesversicherungsamt verwaltet die zur Finanzierung des Vergütungszuschlags von den Krankenkassen nach § 37 Absatz 2a des Fünften Buches und von den privaten Versicherungsunternehmen nach Absatz 9 Satz 2 zu leistenden Beträge im Ausgleichsfonds der Pflegeversicherung. ₆Der Anspruch auf einen Vergütungszuschlag ist unter entsprechender Anwendung des § 84 Absatz 2 Satz 5 und 6 begrenzt auf die tatsächlichen Aufwendungen für zusätzlich

1. eine halbe Stelle bei Pflegeeinrichtungen mit bis zu 40 Plätzen,

2. eine Stelle bei Pflegeeinrichtungen mit 41 bis zu 80 Plätzen,

3. anderthalb Stellen bei Pflegeeinrichtungen mit 81 bis zu 120 Plätzen und

4. zwei Stellen bei Pflegeeinrichtungen mit mehr als 120 Plätzen.

₇Der Vergütungszuschlag ist von den Pflegekassen monatlich zu zahlen und wird zum 15. eines jeden Monats fällig. ₈Der Spitzenverband Bund der Pflegekassen legt im Benehmen mit den Bundesvereinigungen der Träger stationärer Pflegeeinrichtungen das Nähere für die Antragstellung und den Nachweis nach Satz 4 sowie das Zahlungsverfahren für seine Mitglieder fest. ₉Die Festlegungen bedürfen der Zustimmung des Bundesministeriums für Gesundheit im Benehmen mit dem Bundesministerium für Familie, Senioren, Frauen und Jugend im Rahmen seiner Zuständigkeit. ₁₀Bis zum Vorliegen der Bestimmung nach Satz 8 stellen die Landesverbände der Pflegekassen die sachgerechte Verfahrensbearbeitung sicher; es genügt die Antragstellung an eine als Partei der Pflegesatzvereinbarung beteiligte Pflegekasse. ₁₁Die über den Vergütungszuschlag finanzierten zusätzlichen Stellen und die die Berechnung des Vergütungszuschlags zugrunde gelegte Bezahlung der auf diesen Stellen Beschäftigten sind von den Pflegeeinrichtungen unter entsprechender Anwendung des § 84 Absatz 6 Satz 3 und 4 und Absatz 7 nachzuweisen. ₁₂Die Auszahlung des gesamten Zuschlags hat einheitlich über eine Pflegekasse an die vollstationäre Pflegeeinrichtung vor Ort zu erfolgen. ₁₃Änderungen der den Anträgen zugrunde liegenden Sachverhalte sind von den vollstationären Pflegeeinrichtungen unverzüglich anzuzeigen. ₁₄Der Spitzenverband Bund der Pflegekassen berichtet dem Bundesministerium für Gesundheit erstmals bis zum 31. Dezember 2019 und danach jährlich über die Zahl der durch diesen Zuschlag finanzierten Pflegekräfte, den Stellenzuwachs und die Ausgabenentwicklung.

(7) ₁Aus den Mitteln des Ausgleichsfonds der Pflegeversicherung werden in den Jahren 2019 bis 2024 jährlich bis zu 100 Millionen Euro bereitgestellt, um Maßnahmen der Pflegeeinrichtungen zu fördern, die das Ziel haben, die Vereinbarkeit von Pflege, Familie und Beruf für ihre in der Pflege tätigen Mitarbeiterinnen und Mitarbeiter zu verbessern. ₂För-

8

derfähig sind individuelle und gemeinschaftliche Betreuungsangebote, die auf die besonderen Arbeitszeiten von Pflegekräften ausgerichtet sind, sowie Schulungen und Weiterbildungen zur Verbesserung der Vereinbarkeit von Pflege, Familie und Beruf. 3Gefördert werden bis zu 50 Prozent der durch die Pflegeeinrichtung für eine Maßnahme verausgabten Mittel. 4Pro Pflegeeinrichtung ist höchstens ein jährlicher Förderzuschuss von 7500 Euro möglich. 5Die Landesverbände der Pflegekassen stellen die sachgerechte Verteilung der Mittel sicher. 6Der in Satz 1 genannte Betrag soll unter Berücksichtigung der Zahl der Pflegeeinrichtungen auf die Länder aufgeteilt werden. 7Antrag und Nachweis sollen einfach ausgestaltet sein. 8Pflegeeinrichtungen können in einem Antrag die Förderung von zeitlich und sachlich unterschiedlichen Maßnahmen beantragen. 9Soweit eine Pflegeeinrichtung den Förderhöchstbetrag nach Satz 4 innerhalb eines Kalenderjahres nicht in Anspruch genommen hat und die für das Land, in dem die Pflegeeinrichtung ihren Sitz hat, in diesem Kalenderjahr bereitgestellte Gesamtfördersumme noch nicht ausgeschöpft ist, erhöht sich der mögliche Förderhöchstbetrag für diese Pflegeeinrichtung im nachfolgenden Kalenderjahr um den aus dem Vorjahr durch die Pflegeeinrichtung nicht in Anspruch genommenen Betrag. 10Der Spitzenverband Bund der Pflegekassen erlässt im Einvernehmen mit dem Verband der privaten Krankenversicherung e. V. nach Anhörung der Verbände der Leistungserbringer auf Bundesebene bis zum 31. März 2019 Richtlinien über das Nähere der Voraussetzungen, Ziele, Inhalte und Durchführung der Förderung sowie zu dem Verfahren zur Vergabe der Fördermittel durch eine Pflegekasse. 11Die Richtlinien bedürfen der Genehmigung des Bundesministeriums für Gesundheit. 12Die Genehmigung gilt als erteilt, wenn die Richtlinien nicht innerhalb eines Monats, nachdem sie dem Bundesministerium für Gesundheit vorgelegt worden sind, beanstandet werden. 13Das Bundesministerium für Gesundheit kann im Rahmen der Richtlinienprüfung vom Spitzenverband Bund der Pflegekassen zusätzliche Informationen und ergänzende Stellungnahmen anfordern; bis zu deren Eingang ist der Lauf der Frist nach Satz 12 unterbrochen. 14Beanstandungen des Bundesministeriums für Gesundheit sind innerhalb der von ihm gesetzten Frist zu beheben. 15Die Genehmigung kann vom Bundesministerium für Gesundheit mit Auflagen verbunden werden.

(8) 1Aus den Mitteln des Ausgleichsfonds der Pflegeversicherung wird in den Jahren 2019 bis 2021 ein einmaliger Zuschuss für jede ambulante und stationäre Pflegeeinrichtung bereitgestellt, um digitale Anwendungen, die insbesondere das interne Qualitätsmanagement, die Erhebung von Qualitätsindikatoren, die Zusammenarbeit zwischen Ärzten und stationären Pflegeeinrichtungen sowie die Aus-, Fort- und Weiterbildung in der Altenpflege betreffen, zur Entlastung der Pflegekräfte zu fördern. 2Förderungsfähig sind Anschaffungen von digitaler oder technischer Ausrüstung sowie damit verbundene Schulungen. 3Gefördert werden bis zu 40 Prozent der durch die Pflegeeinrichtung verausgabten Mittel. 4Pro Pflegeeinrichtung ist höchstens ein einmaliger Zuschuss in Höhe von 12 000 Euro möglich. 5Der Spitzenverband Bund der Pflegekassen beschließt im Einvernehmen mit dem Verband der privaten Krankenversicherung e. V. nach Anhörung der Verbände der Leistungserbringer auf Bundesebene bis zum 31. März 2019 Richtlinien über das Nähere der Voraussetzungen und zu dem Verfahren zur Gewährung des Zuschusses, der durch eine Pflegekasse ausgezahlt wird. 6Die Richtlinien bedürfen der Genehmigung des Bundesministeriums für Gesundheit. 7Die Genehmigung gilt als erteilt, wenn die Richtlinien nicht innerhalb eines Monats, nachdem sie dem Bundesministerium für Gesundheit vorgelegt worden sind, beanstandet werden. 8Das Bundesministerium für Gesundheit kann im Rahmen der Richtlinienprüfung vom Spitzenverband Bund der Pflegekassen zusätzliche Informationen und ergänzende Stellungnahmen anfordern; bis zu deren Eingang ist der Lauf der Frist nach Satz 7 unterbrochen. 9Beanstandungen des Bundesministeriums für Gesundheit sind innerhalb der von ihm gesetzten Frist zu beheben. 10Die Genehmigung kann vom Bundesministerium für Gesundheit mit Auflagen verbunden werden.

(9) ₁Die privaten Versicherungsunternehmen, die die private Pflege-Pflichtversicherung durchführen, beteiligen sich mit einem Anteil von 7 Prozent an den Kosten, die sich gemäß den Absätzen 5, 7 und 8 jeweils ergeben. ₂Die privaten Versicherungsunternehmen, die die private Pflege-Pflichtversicherung durchführen, beteiligen sich an der Finanzierung der Vergütungszuschläge nach Absatz 6 mit jährlich 44 Millionen Euro. ₃Der jeweilige Finanzierungsanteil, der auf die privaten Versicherungsunternehmen entfällt, kann von dem Verband der privaten Krankenversicherung e. V. unmittelbar an das Bundesversicherungsamt zugunsten des Ausgleichsfonds der Pflegeversicherung nach § 65 geleistet werden. ₄Einmalig können die privaten Versicherungsunternehmen, die die private Pflege-Pflichtversicherung durchführen, für bestehende Vertragsverhältnisse die Prämie für die private Pflege-Pflichtversicherung anpassen, um die Verpflichtungen zu berücksichtigen, die sich aus den Sätzen 1 und 2 ergeben. ₅§ 155 Absatz 1 des Versicherungsaufsichtsgesetzes ist anzuwenden. ₆Dem Versicherungsnehmer ist die Neufestsetzung der Prämie unter Hinweis auf die hierfür maßgeblichen Gründe in Textform mitzuteilen. ₇§ 203 Absatz 5 des Versicherungsvertragsgesetzes und § 205 Absatz 4 des Versicherungsvertragsgesetzes gelten entsprechend.

(10) Der Spitzenverband Bund der Pflegekassen, der Verband der privaten Krankenversicherung e. V. und das Bundesversicherungsamt regeln das Nähere über das Verfahren zur Bereitstellung der notwendigen Finanzmittel zur Finanzierung der Maßnahmen nach den Absätzen 6 bis 8 aus dem Ausgleichsfonds der Pflegeversicherung sowie zur Feststellung und Erhebung der Beträge der privaten Versicherungsunternehmen, die die private Pflege-Pflichtversicherung durchführen, nach Absatz 9 Satz 1 und 2 durch Vereinbarung.

§ 8a Gemeinsame Empfehlungen zur pflegerischen Versorgung

(1) ₁Für jedes Land oder für Teile des Landes wird zur Beratung über Fragen der Pflegeversicherung ein Landespflegeausschuss gebildet. ₂Der Ausschuss kann zur Umsetzung der Pflegeversicherung einvernehmlich Empfeh-

lungen abgeben. ₃Die Landesregierungen werden ermächtigt, durch Rechtsverordnung das Nähere zu den Landespflegeausschüssen zu bestimmen; insbesondere können sie die den Landespflegeausschüssen angehörenden Organisationen unter Berücksichtigung der Interessen aller an der Pflege im Land Beteiligten berufen.

(2) ₁Sofern nach Maßgabe landesrechtlicher Vorschriften ein Ausschuss zur Beratung über sektorenübergreifende Zusammenarbeit in der Versorgung von Pflegebedürftigen (sektorenübergreifender Landespflegeausschuss) eingerichtet worden ist, entsenden die Landesverbände der Pflegekassen und der Krankenkassen sowie die Ersatzkassen, die Kassenärztlichen Vereinigungen und die Landeskrankenhausgesellschaften Vertreter in diesen Ausschuss und wirken an der Abgabe gemeinsamer Empfehlungen mit. ₂Soweit erforderlich, ist eine Abstimmung mit dem Landesgremium nach § 90a des Fünften Buches herbeizuführen.

(3) Sofern nach Maßgabe landesrechtlicher Vorschriften regionale Ausschüsse insbesondere zur Beratung über Fragen der Pflegeversicherung in Landkreisen und kreisfreien Städten eingerichtet worden sind, entsenden die Landesverbände der Pflegekassen Vertreter in diese Ausschüsse und wirken an der einvernehmlichen Abgabe gemeinsamer Empfehlungen mit.

(4) ₁Die in den Ausschüssen nach den Absätzen 1 und 3 vertretenen Pflegekassen, Landesverbände der Pflegekassen sowie die sonstigen in Absatz 2 genannten Mitglieder wirken in dem jeweiligen Ausschuss an einer nach Maßgabe landesrechtlicher Vorschriften vorgesehenen Erstellung und Fortschreibung von Empfehlungen zur Sicherstellung der pflegerischen Infrastruktur (Pflegestrukturplanungsempfehlung) mit. ₂Sie stellen die hierfür erforderlichen Angaben bereit, soweit diese ihnen im Rahmen ihrer gesetzlichen Aufgaben verfügbar sind und es sich nicht um personenbezogene Daten handelt. ₃Die Mitglieder nach Satz 1 berichten den jeweiligen Ausschüssen nach den Absätzen 1 bis 3 insbesondere darüber, inwieweit diese Empfehlungen von den Landesverbänden der Pflegekassen und der Krankenkassen sowie den

8

Ersatzkassen, den Kassenärztlichen Vereinigungen und den Landeskrankenhausgesellschaften bei der Erfüllung der ihnen nach diesem und dem Fünften Buch übertragenen Aufgaben berücksichtigt wurden.

(5) Empfehlungen der Ausschüsse nach den Absätzen 1 bis 3 zur Weiterentwicklung der Versorgung sollen von den Vertragsparteien nach dem Siebten Kapitel beim Abschluss der Versorgungs- und Rahmenverträge und von den Vertragsparteien nach dem Achten Kapitel beim Abschluss der Vergütungsverträge einbezogen werden.

§ 9 Aufgaben der Länder

₁Die Länder sind verantwortlich für die Vorhaltung einer leistungsfähigen, zahlenmäßig ausreichenden und wirtschaftlichen pflegerischen Versorgungsstruktur. ₂Das Nähere zur Planung und zur Förderung der Pflegeeinrichtungen wird durch Landesrecht bestimmt; durch Landesrecht kann auch bestimmt werden, ob und in welchem Umfang eine im Landesrecht vorgesehene und an der wirtschaftlichen Leistungsfähigkeit der Pflegebedürftigen orientierte finanzielle Unterstützung

1. der Pflegebedürftigen bei der Tragung der ihnen von den Pflegeeinrichtungen berechneten betriebsnotwendigen Investitionsaufwendungen oder

2. der Pflegeeinrichtungen bei der Tragung ihrer betriebsnotwendigen Investitionsaufwendungen

als Förderung der Pflegeeinrichtungen gilt. ₃Zur finanziellen Förderung der Investitionskosten der Pflegeeinrichtungen sollen Einsparungen eingesetzt werden, die den Trägern der Sozialhilfe durch die Einführung der Pflegeversicherung entstehen.

§ 10 Berichtspflichten des Bundes und der Länder

(1) Die Bundesregierung berichtet den gesetzgebenden Körperschaften des Bundes ab 2016 im Abstand von vier Jahren über die Entwicklung der Pflegeversicherung und den Stand der pflegerischen Versorgung in der Bundesrepublik Deutschland.

(2) Die Länder berichten dem Bundesministerium für Gesundheit jährlich bis zum 30. Juni über Art und Umfang der finanziellen

Förderung der Pflegeeinrichtungen im vorausgegangenen Kalenderjahr sowie über die mit dieser Förderung verbundenen durchschnittlichen Investitionskosten für die Pflegebedürftigen.

§ 11 Rechte und Pflichten der Pflegeeinrichtungen

(1) ₁Die Pflegeeinrichtungen pflegen, versorgen und betreuen die Pflegebedürftigen, die ihre Leistungen in Anspruch nehmen, entsprechend dem allgemein anerkannten Stand medizinisch-pflegerischer Erkenntnisse. ₂Inhalt und Organisation der Leistungen haben eine humane und aktivierende Pflege unter Achtung der Menschenwürde zu gewährleisten.

(2) ₁Bei der Durchführung dieses Buches sind die Vielfalt der Träger von Pflegeeinrichtungen zu wahren sowie deren Selbständigkeit, Selbstverständnis und Unabhängigkeit zu achten. ₂Dem Auftrag kirchlicher und sonstiger Träger der freien Wohlfahrtspflege, kranke, gebrechliche und pflegebedürftige Menschen zu pflegen, zu betreuen, zu trösten und sie im Sterben zu begleiten, ist Rechnung zu tragen. ₃Freigemeinnützige und private Träger haben Vorrang gegenüber öffentlichen Trägern.

(3) Die Bestimmungen des Wohn- und Betreuungsvertragsgesetzes bleiben unberührt.

§ 12 Aufgaben der Pflegekassen

(1) ₁Die Pflegekassen sind für die Sicherstellung der pflegerischen Versorgung ihrer Versicherten verantwortlich. ₂Sie arbeiten dabei mit allen an der pflegerischen, gesundheitlichen und sozialen Versorgung Beteiligten eng zusammen und wirken, insbesondere durch Pflegestützpunkte nach § 7c, auf eine Vernetzung der regionalen und kommunalen Versorgungsstrukturen hin, um eine Verbesserung der wohnortnahen Versorgung pflege- und betreuungsbedürftiger Menschen zu ermöglichen. ₃Die Pflegekassen sollen zur Durchführung der ihnen gesetzlich übertragenen Aufgaben örtliche und regionale Arbeitsgemeinschaften bilden. ₄§ 94 Abs. 2 bis 4 des Zehnten Buches gilt entsprechend.

(2) ₁Die Pflegekassen wirken mit den Trägern der ambulanten und der stationären gesundheitlichen und sozialen Versorgung partnerschaftlich zusammen, um die für den Pflege-

bedürftigen zur Verfügung stehenden Hilfen zu koordinieren. ₂Sie stellen insbesondere über die Pflegeberatung nach § 7a sicher, dass im Einzelfall häusliche Pflegehilfe, Behandlungspflege, ärztliche Behandlung, spezialisierte Palliativversorgung, Leistungen zur Prävention, zur medizinischen Rehabilitation und zur Teilhabe nahtlos und störungsfrei ineinandergreifen. ₃Die Pflegekassen nutzen darüber hinaus das Instrument der integrierten Versorgung nach § 92b und wirken zur Sicherstellung der haus-, fach- und zahnärztlichen Versorgung der Pflegebedürftigen darauf hin, dass die stationären Pflegeeinrichtungen Kooperationen mit niedergelassenen Ärzten eingehen oder § 119b des Fünften Buches anwenden.

§ 13 Verhältnis der Leistungen der Pflegeversicherung zu anderen Sozialleistungen

(1) Den Leistungen der Pflegeversicherung gehen die Entschädigungsleistungen wegen Pflegebedürftigkeit

1. nach dem Bundesversorgungsgesetz und nach den Gesetzen, die eine entsprechende Anwendung des Bundesversorgungsgesetzes vorsehen,

2. aus der gesetzlichen Unfallversicherung und

3. aus öffentlichen Kassen auf Grund gesetzlich geregelter Unfallversorgung oder Unfallfürsorge

vor.

(2) ₁Die Leistungen nach dem Fünften Buch einschließlich der Leistungen der häuslichen Krankenpflege nach § 37 des Fünften Buches bleiben unberührt. ₂Dies gilt auch für krankheitsspezifische Pflegemaßnahmen, soweit diese im Rahmen der häuslichen Krankenpflege nach § 37 des Fünften Buches zu leisten sind.

(3) ₁Die Leistungen der Pflegeversicherung gehen den Fürsorgeleistungen zur Pflege

1. nach dem Zwölften Buch,

2. nach dem Lastenausgleichsgesetz, dem Reparationsschädengesetz und dem Flüchtlingshilfegesetz,

3. nach dem Bundesversorgungsgesetz (Kriegsopferfürsorge) und nach den Ge-

setzen, die eine entsprechende Anwendung des Bundesversorgungsgesetzes vorsehen,

vor, soweit dieses Buch nichts anderes bestimmt. ₂Leistungen zur Pflege nach diesen Gesetzen sind zu gewähren, wenn und soweit Leistungen der Pflegeversicherung nicht erbracht werden oder diese Gesetze dem Grunde oder der Höhe nach weitergehende Leistungen als die Pflegeversicherung vorsehen. ₃Die Leistungen der Eingliederungshilfe für Menschen mit Behinderungen nach dem Zwölften Buch, dem Bundesversorgungsgesetz und dem Achten Buch bleiben unberührt, sie sind im Verhältnis zur Pflegeversicherung nicht nachrangig; die notwendige Hilfe in den Einrichtungen nach § 71 Abs. 4 ist einschließlich der Pflegeleistungen zu gewähren.

(4) ₁Treffen Leistungen der Pflegeversicherung und Leistungen der Eingliederungshilfe zusammen, vereinbaren mit Zustimmung des Leistungsberechtigten die zuständige Pflegekasse und der für die Eingliederungshilfe zuständige Träger,

1. dass im Verhältnis zum Pflegebedürftigen der für die Eingliederungshilfe zuständige Träger die Leistungen der Pflegeversicherung auf der Grundlage des von der Pflegekasse erlassenen Leistungsbescheids zu übernehmen hat,

2. dass die zuständige Pflegekasse dem für die Eingliederungshilfe zuständigen Träger die Kosten der von ihr zu tragenden Leistungen zu erstatten hat sowie

3. die Modalitäten der Übernahme und der Durchführung der Leistungen sowie der Erstattung.

₂Die bestehenden Wunsch- und Wahlrechte der Leistungsberechtigten bleiben unberührt und sind zu beachten. ₃Die Ausführung der Leistungen erfolgt nach den für den zuständigen Leistungsträger geltenden Rechtsvorschriften. ₄Soweit auch Leistungen der Hilfe zur Pflege nach dem Zwölften Buch zu erbringen sind, ist der für die Hilfe zur Pflege zuständige Träger zu beteiligen. ₅Der Spitzenverband Bund der Pflegekassen beschließt gemeinsam mit der Bundesarbeitsgemeinschaft der überörtlichen Träger der

8

Sozialhilfe bis zum 1. Januar 2018 in einer Empfehlung Näheres zu den Modalitäten der Übernahme und der Durchführung der Leistungen sowie der Erstattung und zu der Beteiligung des für die Hilfe zur Pflege zuständigen Trägers. ₆Die Länder, die kommunalen Spitzenverbände auf Bundesebene, die Bundesarbeitsgemeinschaft der Freien Wohlfahrtspflege, die Vereinigungen der Träger der Pflegeeinrichtungen auf Bundesebene, die Vereinigungen der Leistungserbringer der Eingliederungshilfe auf Bundesebene sowie die auf Bundesebene maßgeblichen Organisationen für die Wahrnehmung der Interessen und der Selbsthilfe pflegebedürftiger und behinderter Menschen sind vor dem Beschluss anzuhören. ₇Die Empfehlung bedarf der Zustimmung des Bundesministeriums für Gesundheit und des Bundesministeriums für Arbeit und Soziales.

(4a) Bestehen im Einzelfall Anhaltspunkte für ein Zusammentreffen von Leistungen der Pflegeversicherung und Leistungen der Eingliederungshilfe, bezieht der für die Durchführung eines Teilhabeplanverfahrens oder Gesamtplanverfahrens verantwortliche Träger mit Zustimmung des Leistungsberechtigten die zuständige Pflegekasse in das Verfahren beratend mit ein, um die Vereinbarung nach Absatz 4 gemeinsam vorzubereiten.

(4b) Die Regelungen nach Absatz 3 Satz 3, Absatz 4 und 4a werden bis zum 1. Juli 2019 evaluiert.

(5) ₁Die Leistungen der Pflegeversicherung bleiben als Einkommen bei Sozialleistungen und bei Leistungen nach dem Asylbewerberleistungsgesetz, deren Gewährung von anderen Einkommen abhängig ist, unberücksichtigt; dies gilt nicht für das Pflegeunterstützungsgeld gemäß § 44a Absatz 3. ₂Satz 1 gilt entsprechend bei Vertragsleistungen aus privaten Pflegeversicherungen, die der Art und dem Umfang nach den Leistungen der sozialen Pflegeversicherung gleichwertig sind. ₃Rechtsvorschriften, die weitergehende oder ergänzende Leistungen aus einer privaten Pflegeversicherung von der Einkommensermittlung ausschließen, bleiben unberührt.

(6) ₁Wird Pflegegeld nach § 37 oder eine vergleichbare Geldleistung an eine Pflegeperson (§ 19) weitergeleitet, bleibt dies bei der Ermittlung von Unterhaltsansprüchen und Unterhaltsverpflichtungen der Pflegeperson unberücksichtigt. ₂Dies gilt nicht

1. in den Fällen des § 1361 Abs. 3, der §§ 1579, 1603 Abs. 2 und des § 1611 Abs. 1 des Bürgerlichen Gesetzbuchs,

2. für Unterhaltsansprüche der Pflegeperson, wenn von dieser erwartet werden kann, ihren Unterhaltsbedarf ganz oder teilweise durch eigene Einkünfte zu decken und der Pflegebedürftige mit dem Unterhaltspflichtigen nicht in gerader Linie verwandt ist.

Zweites Kapitel
Leistungsberechtigter Personenkreis

§ 14 Begriff der Pflegebedürftigkeit

(1) ₁Pflegebedürftig im Sinne dieses Buches sind Personen, die gesundheitlich bedingte Beeinträchtigungen der Selbständigkeit oder der Fähigkeiten aufweisen und deshalb der Hilfe durch andere bedürfen. ₂Es muss sich um Personen handeln, die körperliche, kognitive oder psychische Beeinträchtigungen oder gesundheitlich bedingte Belastungen oder Anforderungen nicht selbständig kompensieren oder bewältigen können. ₃Die Pflegebedürftigkeit muss auf Dauer, voraussichtlich für mindestens sechs Monate, und mit mindestens der in § 15 festgelegten Schwere bestehen.

(2) Maßgeblich für das Vorliegen von gesundheitlich bedingten Beeinträchtigungen der Selbständigkeit oder der Fähigkeiten sind die in den folgenden sechs Bereichen genannten pflegefachlich begründeten Kriterien:

1. Mobilität: Positionswechsel im Bett, Halten einer stabilen Sitzposition, Umsetzen, Fortbewegen innerhalb des Wohnbereichs, Treppensteigen;

2. kognitive und kommunikative Fähigkeiten: Erkennen von Personen aus dem näheren Umfeld, örtliche Orientierung, zeitliche Orientierung, Erinnern an wesentliche Ereignisse oder Beobachtungen, Steuern von mehrschrittigen Alltagshandlungen, Treffen von Entscheidungen im All-

tagsleben, Verstehen von Sachverhalten und Informationen, Erkennen von Risiken und Gefahren, Mitteilen von elementaren Bedürfnissen, Verstehen von Aufforderungen, Beteiligen an einem Gespräch;

3. Verhaltensweisen und psychische Problemlagen: motorisch geprägte Verhaltensauffälligkeiten, nächtliche Unruhe, selbstschädigendes und autoaggressives Verhalten, Beschädigen von Gegenständen, physisch aggressives Verhalten gegenüber anderen Personen, verbale Aggression, andere pflegerelevante vokale Auffälligkeiten, Abwehr pflegerischer und anderer unterstützender Maßnahmen, Wahnvorstellungen, Ängste, Antriebslosigkeit bei depressiver Stimmungslage, sozial inadäquate Verhaltensweisen, sonstige pflegerelevante inadäquate Handlungen;

4. Selbstversorgung: Waschen des vorderen Oberkörpers, Körperpflege im Bereich des Kopfes, Waschen des Intimbereichs, Duschen und Baden einschließlich Waschen der Haare, An- und Auskleiden des Oberkörpers, An- und Auskleiden des Unterkörpers, mundgerechtes Zubereiten der Nahrung und Eingießen von Getränken, Essen, Trinken, Benutzen einer Toilette oder eines Toilettenstuhls, Bewältigen der Folgen einer Harninkontinenz und Umgang mit Dauerkatheter und Urostoma, Bewältigen der Folgen einer Stuhlinkontinenz und Umgang mit Stoma, Ernährung parenteral oder über Sonde, Bestehen gravierender Probleme bei der Nahrungsaufnahme bei Kindern bis zu 18 Monaten, die einen außergewöhnlich pflegeintensiven Hilfebedarf auslösen;

5. Bewältigung von und selbständiger Umgang mit krankheits- oder therapiebedingten Anforderungen und Belastungen:

   a) in Bezug auf Medikation, Injektionen, Versorgung intravenöser Zugänge, Absaugen und Sauerstoffgabe, Einreibungen sowie Kälte- und Wärmeanwendungen, Messung und Deutung von Körperzuständen, körpernahe Hilfsmittel,

   b) in Bezug auf Verbandswechsel und Wundversorgung, Versorgung mit Sto-

ma, regelmäßige Einmalkatheterisierung und Nutzung von Abführmethoden, Therapiemaßnahmen in häuslicher Umgebung,

   c) in Bezug auf zeit- und technikintensive Maßnahmen in häuslicher Umgebung, Arztbesuche, Besuche anderer medizinischer oder therapeutischer Einrichtungen, zeitlich ausgedehnte Besuche medizinischer oder therapeutischer Einrichtungen, Besuch von Einrichtungen zur Frühförderung bei Kindern sowie

   d) in Bezug auf das Einhalten einer Diät oder anderer krankheits- oder therapiebedingter Verhaltensvorschriften;

6. Gestaltung des Alltagslebens und sozialer Kontakte: Gestaltung des Tagesablaufs und Anpassung an Veränderungen, Ruhen und Schlafen, Sichbeschäftigen, Vornehmen von in die Zukunft gerichteten Planungen, Interaktion mit Personen im direkten Kontakt, Kontaktpflege zu Personen außerhalb des direkten Umfelds.

(3) Beeinträchtigungen der Selbständigkeit oder der Fähigkeiten, die dazu führen, dass die Haushaltsführung nicht mehr ohne Hilfe bewältigt werden kann, werden bei den Kriterien der in Absatz 2 genannten Bereiche berücksichtigt.

§ 15 Ermittlung des Grades der Pflegebedürftigkeit, Begutachtungsinstrument

(1) $_1$Pflegebedürftige erhalten nach der Schwere der Beeinträchtigungen der Selbständigkeit oder der Fähigkeiten einen Grad der Pflegebedürftigkeit (Pflegegrad). $_2$Der Pflegegrad wird mit Hilfe eines pflegefachlich begründeten Begutachtungsinstruments ermittelt.

(2) $_1$Das Begutachtungsinstrument ist in sechs Module gegliedert, die den sechs Bereichen in § 14 Absatz 2 entsprechen. $_2$In jedem Modul sind für die in den Bereichen genannten Kriterien die in Anlage 1 dargestellten Kategorien vorgesehen. $_3$Die Kategorien stellen die in ihnen zum Ausdruck kommenden verschiedenen Schweregrade der Beeinträchtigungen der Selbständigkeit oder der Fähigkeiten dar. $_4$Den Kategorien werden in

8

Bezug auf die einzelnen Kriterien pflegefachlich fundierte Einzelpunkte zugeordnet, die aus Anlage 1 ersichtlich sind. 5In jedem Modul werden die jeweils erreichbaren Summen aus Einzelpunkten nach den in Anlage 2 festgelegten Punktbereichen gegliedert. 6Die Summen der Punkte werden nach den in ihnen zum Ausdruck kommenden Schweregraden der Beeinträchtigungen der Selbständigkeit oder der Fähigkeiten wie folgt bezeichnet:

1. Punktbereich 0: keine Beeinträchtigungen der Selbständigkeit oder der Fähigkeiten,

2. Punktbereich 1: geringe Beeinträchtigungen der Selbständigkeit oder der Fähigkeiten,

3. Punktbereich 2: erhebliche Beeinträchtigungen der Selbständigkeit oder der Fähigkeiten,

4. Punktbereich 3: schwere Beeinträchtigungen der Selbständigkeit oder der Fähigkeiten und

5. Punktbereich 4: schwerste Beeinträchtigungen der Selbständigkeit oder der Fähigkeiten.

7Jedem Punktbereich in einem Modul werden unter Berücksichtigung der in ihm zum Ausdruck kommenden Schwere der Beeinträchtigungen der Selbständigkeit oder der Fähigkeiten sowie der folgenden Gewichtung der Module die in Anlage 2 festgelegten, gewichteten Punkte zugeordnet. 8Die Module des Begutachtungsinstruments werden wie folgt gewichtet:

1. Mobilität mit 10 Prozent,

2. kognitive und kommunikative Fähigkeiten sowie Verhaltensweisen und psychische Problemlagen zusammen mit 15 Prozent,

3. Selbstversorgung mit 40 Prozent,

4. Bewältigung von und selbständiger Umgang mit krankheits- oder therapiebedingten Anforderungen und Belastungen mit 20 Prozent,

5. Gestaltung des Alltagslebens und sozialer Kontakte mit 15 Prozent.

(3) 1Zur Ermittlung des Pflegegrades sind die bei der Begutachtung festgestellten Einzelpunkte in jedem Modul zu addieren und dem in Anlage 2 festgelegten Punktbereich sowie

den sich daraus ergebenden gewichteten Punkten zuzuordnen. 2Den Modulen 2 und 3 ist ein gemeinsamer gewichteter Punkt zuzuordnen, der aus den höchsten gewichteten Punkten entweder des Moduls 2 oder des Moduls 3 besteht. 3Aus den gewichteten Punkten aller Module sind durch Addition die Gesamtpunkte zu bilden. 4Auf der Basis der erreichten Gesamtpunkte sind pflegebedürftige Personen in einen der nachfolgenden Pflegegrade einzuordnen:

1. ab 12,5 bis unter 27 Gesamtpunkten in den Pflegegrad 1: geringe Beeinträchtigungen der Selbständigkeit oder der Fähigkeiten,

2. ab 27 bis unter 47,5 Gesamtpunkten in den Pflegegrad 2: erhebliche Beeinträchtigungen der Selbständigkeit oder der Fähigkeiten,

3. ab 47,5 bis unter 70 Gesamtpunkten in den Pflegegrad 3: schwere Beeinträchtigungen der Selbständigkeit oder der Fähigkeiten,

4. ab 70 bis unter 90 Gesamtpunkten in den Pflegegrad 4: schwerste Beeinträchtigungen der Selbständigkeit oder der Fähigkeiten,

5. ab 90 bis 100 Gesamtpunkten in den Pflegegrad 5: schwerste Beeinträchtigungen der Selbständigkeit oder der Fähigkeiten mit besonderen Anforderungen an die pflegerische Versorgung.

(4) 1Pflegebedürftige mit besonderen Bedarfskonstellationen, die einen spezifischen, außergewöhnlich hohen Hilfebedarf mit besonderen Anforderungen an die pflegerische Versorgung aufweisen, können aus pflegefachlichen Gründen dem Pflegegrad 5 zugeordnet werden, auch wenn ihre Gesamtpunkte unter 90 liegen. 2Der Spitzenverband Bund der Pflegekassen konkretisiert in Richtlinien nach § 17 Absatz 1 die pflegefachlich begründeten Voraussetzungen für solche besonderen Bedarfskonstellationen.

(5) 1Bei der Begutachtung sind auch solche Kriterien zu berücksichtigen, die zu einem Hilfebedarf führen, für die Leistungen des Fünften Buches vorgesehen sind. 2Dies gilt auch für krankheitsspezifische Pflegemaßnahmen. 3Krankheitsspezifische Pflegemaß-

8

nahmen sind Maßnahmen der Behandlungspflege, bei denen der behandlungspflegerische Hilfebedarf aus medizinisch-pflegerischen Gründen regelmäßig und auf Dauer untrennbarer Bestandteil einer pflegerischen Maßnahme in den in § 14 Absatz 2 genannten sechs Bereichen ist oder mit einer solchen notwendig in einem unmittelbaren zeitlichen und sachlichen Zusammenhang steht.

(6) ₁Bei pflegebedürftigen Kindern wird der Pflegegrad durch einen Vergleich der Beeinträchtigungen ihrer Selbständigkeit und ihrer Fähigkeiten mit altersentsprechend entwickelten Kindern ermittelt. ₂Im Übrigen gelten die Absätze 1 bis 5 entsprechend.

(7) Pflegebedürftige Kinder im Alter bis zu 18 Monaten werden abweichend von den Absätzen 3, 4 und 6 Satz 2 wie folgt eingestuft:

1. ab 12,5 bis unter 27 Gesamtpunkten in den Pflegegrad 2,

2. ab 27 bis unter 47,5 Gesamtpunkten in den Pflegegrad 3,

3. ab 47,5 bis unter 70 Gesamtpunkten in den Pflegegrad 4,

4. ab 70 bis 100 Gesamtpunkten in den Pflegegrad 5.

§ 16 Verordnungsermächtigung

₁Das Bundesministerium für Gesundheit wird ermächtigt, im Einvernehmen mit dem Bundesministerium für Familien, Senioren, Frauen und Jugend und dem Bundesministerium für Arbeit und Soziales durch Rechtsverordnung mit Zustimmung des Bundesrates Vorschriften zur pflegefachlichen Konkretisierung der Inhalte des Begutachtungsinstruments nach § 15 sowie zum Verfahren der Feststellung der Pflegebedürftigkeit nach § 18 zu erlassen. ₂Es kann sich dabei von unabhängigen Sachverständigen beraten lassen.

§ 17 Richtlinien der Pflegekassen

(1) ₁Der Spitzenverband Bund der Pflegekassen erlässt mit dem Ziel, eine einheitliche Rechtsanwendung zu fördern, unter Beteiligung des Medizinischen Dienstes des Spitzenverbandes Bund der Krankenkassen Richtlinien zur pflegefachlichen Konkretisierung der Inhalte des Begutachtungsinstru-

ments nach § 15 sowie zum Verfahren der Feststellung der Pflegebedürftigkeit nach § 18 (Begutachtungs-Richtlinien). ₂Er hat dabei die Vereinigungen der Träger der Pflegeeinrichtungen auf Bundesebene, den Verband der privaten Krankenversicherung e. V., die Bundesarbeitsgemeinschaft der überörtlichen Träger der Sozialhilfe, die kommunalen Spitzenverbände auf Bundesebene und die Verbände der Pflegeberufe auf Bundesebene zu beteiligen. ₃Ihnen ist unter Übermittlung der hierfür erforderlichen Informationen innerhalb einer angemessenen Frist vor der Entscheidung Gelegenheit zur Stellungnahme zu geben. ₄Die Stellungnahmen sind in die Entscheidung einzubeziehen. ₅Die maßgeblichen Organisationen für die Wahrnehmung der Interessen und der Selbsthilfe der pflegebedürftigen und behinderten Menschen wirken nach Maßgabe der nach § 118 Absatz 2 erlassenen Verordnung beratend mit. ₆§ 118 Absatz 1 Satz 2 und 3 gilt entsprechend.

(1a) ₁Der Spitzenverband Bund der Pflegekassen erlässt unter Beteiligung des Medizinischen Dienstes des Spitzenverbandes Bund der Krankenkassen bis zum 31. Juli 2018 Richtlinien zur einheitlichen Durchführung der Pflegeberatung nach § 7a, die für die Pflegeberater und Pflegeberaterinnen der Pflegekassen, der Beratungsstellen nach § 7b Absatz 1 Satz 1 Nummer 2 sowie der Pflegestützpunkte nach § 7c unmittelbar verbindlich sind (Pflegeberatungs-Richtlinien). ₂An den Richtlinien nach Satz 1 sind die Länder, der Verband der privaten Krankenversicherung e. V., die Bundesarbeitsgemeinschaft der überörtlichen Träger der Sozialhilfe, die kommunalen Spitzenverbände auf Bundesebene, die Bundesarbeitsgemeinschaft der Freien Wohlfahrtspflege sowie die Verbände der Träger der Pflegeeinrichtungen auf Bundesebene zu beteiligen. ₃Den Verbänden der Pflegeberufe auf Bundesebene, unabhängigen Sachverständigen sowie den maßgeblichen Organisationen für die Wahrnehmung der Interessen und der Selbsthilfe der pflegebedürftigen und behinderten Menschen sowie ihrer Angehörigen ist Gelegenheit zur Stellungnahme zu geben.

(1b) ₁Der Spitzenverband Bund der Pflegekassen erlässt unter Beteiligung des Medizi-

8

nischen Dienstes des Spitzenverbandes Bund der Krankenkassen bis zum 30. November 2016 Richtlinien zur Feststellung des Zeitanteils, für den die Pflegeversicherung bei ambulant versorgten Pflegebedürftigen, die einen besonders hohen Bedarf an behandlungspflegerischen Leistungen haben und die Leistungen der häuslichen Pflegehilfe nach § 36 und der häuslichen Krankenpflege nach § 37 Absatz 2 des Fünften Buches beziehen, die hälftigen Kosten zu tragen hat. ₂Von den Leistungen der häuslichen Pflegehilfe nach § 36 sind dabei nur Maßnahmen der körperbezogenen Pflege zu berücksichtigen. ₃Im Übrigen gilt § 17 Absatz 1 Satz 2 bis 6 entsprechend. ₄Der Spitzenverband Bund der Pflegekassen gibt eine wissenschaftliche Evaluation der Richtlinien in Auftrag. ₅Ein Bericht über die Ergebnisse der Evaluation ist bis zum 31. Dezember 2018 zu veröffentlichen.

(2) ₁Die Richtlinien nach den Absätzen 1, 1a und 1b werden erst wirksam, wenn das Bundesministerium für Gesundheit sie genehmigt. ₂Die Genehmigung gilt als erteilt, wenn die Richtlinien nicht innerhalb eines Monats, nachdem sie dem Bundesministerium für Gesundheit vorgelegt worden sind, beanstandet werden. ₃Beanstandungen des Bundesministeriums für Gesundheit sind innerhalb der von ihm gesetzten Frist zu beheben.

§ 18 Verfahren zur Feststellung der Pflegebedürftigkeit

(1) ₁Die Pflegekassen beauftragen den Medizinischen Dienst der Krankenversicherung oder andere unabhängige Gutachter mit der Prüfung, ob die Voraussetzungen der Pflegebedürftigkeit erfüllt sind und welcher Pflegegrad vorliegt. ₂Im Rahmen dieser Prüfungen haben der Medizinische Dienst oder die von der Pflegekasse beauftragten Gutachter durch eine Untersuchung des Antragstellers die Beeinträchtigungen der Selbständigkeit oder der Fähigkeiten bei den in § 14 Absatz 2 genannten Kriterien nach Maßgabe des § 15 sowie die voraussichtliche Dauer der Pflegebedürftigkeit zu ermitteln. ₃Darüber hinaus sind auch Feststellungen darüber zu treffen, ob und in welchem Umfang Maßnahmen zur Beseitigung, Minderung oder Verhütung ei-

ner Verschlimmerung der Pflegebedürftigkeit einschließlich der Leistungen zur medizinischen Rehabilitation geeignet, notwendig und zumutbar sind; insoweit haben Versicherte einen Anspruch gegen den zuständigen Träger auf Leistungen zur medizinischen Rehabilitation. ₄Jede Feststellung hat zudem eine Aussage darüber zu treffen, ob Beratungsbedarf insbesondere in der häuslichen Umgebung oder in der Einrichtung, in der der Anspruchsberechtigte lebt, hinsichtlich Leistungen zur verhaltensbezogenen Prävention nach § 20 Absatz 5 des Fünften Buches besteht.

(1a) ₁Die Pflegekassen können den Medizinischen Dienst der Krankenversicherung oder andere unabhängige Gutachter mit der Prüfung beauftragen, für welchen Zeitanteil die Pflegeversicherung bei ambulant versorgten Pflegebedürftigen, die einen besonders hohen Bedarf an behandlungspflegerischen Leistungen haben und die Leistungen der häuslichen Pflegehilfe nach § 36 und der häuslichen Krankenpflege nach § 37 Absatz 2 des Fünften Buches beziehen, die hälftigen Kosten zu tragen hat. ₂Von den Leistungen der häuslichen Pflegehilfe nach § 36 sind nur Maßnahmen der körperbezogenen Pflege zu berücksichtigen. ₃Bei der Prüfung des Zeitanteils sind die Richtlinien nach § 17 Absatz 1b zu beachten.

(2) ₁Der Medizinische Dienst oder die von der Pflegekasse beauftragten Gutachter haben den Versicherten in seinem Wohnbereich zu untersuchen. ₂Erteilt der Versicherte dazu nicht sein Einverständnis, kann die Pflegekasse die beantragten Leistungen verweigern. ₃Die §§ 65, 66 des Ersten Buches bleiben unberührt. ₄Die Untersuchung im Wohnbereich des Pflegebedürftigen kann ausnahmsweise unterbleiben, wenn auf Grund einer eindeutigen Aktenlage das Ergebnis der medizinischen Untersuchung bereits feststeht. ₅Die Untersuchung ist in angemessenen Zeitabständen zu wiederholen.

(2a) ₁Bei pflegebedürftigen Versicherten werden vom 1. Juli 2016 bis zum 31. Dezember 2016 keine Wiederholungsbegutachtungen nach Absatz 2 Satz 5 durchgeführt, auch dann nicht, wenn die Wiederholungsbegutachtung vor diesem Zeitpunkt vom Medizinischen

Dienst der Krankenversicherung oder anderen unabhängigen Gutachtern empfohlen wurde. ₂Abweichend von Satz 1 können Wiederholungsbegutachtungen durchgeführt werden, wenn eine Verringerung des Hilfebedarfs, insbesondere aufgrund von durchgeführten Operationen oder Rehabilitationsmaßnahmen, zu erwarten ist.

(2b) ₁Die Frist nach Absatz 3 Satz 2 ist vom 1. November 2016 bis zum 31. Dezember 2016 unbeachtlich. ₂Abweichend davon ist einem Antragsteller, der ab dem 1. November 2016 einen Antrag auf Leistungen der Pflegeversicherung stellt und bei dem ein besonders dringlicher Entscheidungsbedarf vorliegt, spätestens 25 Arbeitstage nach Eingang des Antrags bei der zuständigen Pflegekasse die Entscheidung der Pflegekasse schriftlich mitzuteilen. ₃Der Spitzenverband Bund der Pflegekassen entwickelt bundesweit einheitliche Kriterien für das Vorliegen, die Gewichtung und die Feststellung eines besonders dringlichen Entscheidungsbedarfs. ₄Die Pflegekassen und die privaten Versicherungsunternehmen berichten in der nach Absatz 3b Satz 4 zu veröffentlichenden Statistik auch über die Anwendung der Kriterien zum Vorliegen und zur Feststellung eines besonders dringlichen Entscheidungsbedarfs.

(2c) Abweichend von Absatz 3a Satz 1 Nummer 2 ist die Pflegekasse vom 1. November 2016 bis zum 31. Dezember 2016 nur bei Vorliegen eines besonders dringlichen Entscheidungsbedarfs gemäß Absatz 2b dazu verpflichtet, dem Antragsteller mindestens drei unabhängige Gutachter zur Auswahl zu benennen, wenn innerhalb von 20 Arbeitstagen nach Antragstellung keine Begutachtung erfolgt ist.

(3) ₁Die Pflegekasse leitet die Anträge zur Feststellung von Pflegebedürftigkeit unverzüglich an den Medizinischen Dienst der Krankenversicherung oder die von der Pflegekasse beauftragten Gutachter weiter. ₂Dem Antragsteller ist spätestens 25 Arbeitstage nach Eingang des Antrags bei der zuständigen Pflegekasse die Entscheidung der Pflegekasse schriftlich mitzuteilen. ₃Befindet sich der Antragsteller im Krankenhaus oder in einer stationären Rehabilitationseinrichtung und

1. liegen Hinweise vor, dass zur Sicherstellung der ambulanten oder stationären Weiterversorgung und Betreuung eine Begutachtung in der Einrichtung erforderlich ist, oder

2. wurde die Inanspruchnahme von Pflegezeit nach dem Pflegezeitgesetz gegenüber dem Arbeitgeber der pflegenden Person angekündigt oder

3. wurde mit dem Arbeitgeber der pflegenden Person eine Familienpflegezeit nach § 2 Absatz 1 des Familienpflegezeitgesetzes vereinbart,

ist die Begutachtung dort unverzüglich, spätestens innerhalb einer Woche nach Eingang des Antrags bei der zuständigen Pflegekasse durchzuführen; die Frist kann durch regionale Vereinbarungen verkürzt werden. ₄Die verkürzte Begutachtungsfrist gilt auch dann, wenn der Antragsteller sich in einem Hospiz befindet oder ambulant palliativ versorgt wird. ₅Befindet sich der Antragsteller in häuslicher Umgebung, ohne palliativ versorgt zu werden, und wurde die Inanspruchnahme von Pflegezeit nach dem Pflegezeitgesetz gegenüber dem Arbeitgeber der pflegenden Person angekündigt oder mit dem Arbeitgeber der pflegenden Person eine Familienpflegezeit nach § 2 Absatz 1 des Familienpflegezeitgesetzes vereinbart, ist eine Begutachtung durch den Medizinischen Dienst der Krankenversicherung oder die von der Pflegekasse beauftragten Gutachter spätestens innerhalb von zwei Wochen nach Eingang des Antrags bei der zuständigen Pflegekasse durchzuführen und der Antragsteller seitens des Medizinischen Dienstes oder der von der Pflegekasse beauftragten Gutachter unverzüglich schriftlich darüber zu informieren, welche Empfehlung der Medizinische Dienst oder die von der Pflegekasse beauftragten Gutachter an die Pflegekasse weiterleiten. ₆In den Fällen der Sätze 3 bis 5 muss die Empfehlung nur die Feststellung beinhalten, ob Pflegebedürftigkeit im Sinne der §§ 14 und 15 vorliegt. ₇Die Entscheidung der Pflegekasse ist dem Antragsteller unverzüglich nach Eingang der Empfehlung des Medizinischen Dienstes oder der beauftragten Gutachter bei der Pflegekasse schriftlich mitzuteilen. ₈Der Antragsteller ist bei der Begutachtung auf die

8

maßgebliche Bedeutung des Gutachtens insbesondere für eine umfassende Beratung, das Erstellen eines individuellen Versorgungsplans nach § 7a, das Versorgungsmanagement nach § 11 Absatz 4 des Fünften Buches und für die Pflegeplanung hinzuweisen. 9Das Gutachten wird dem Antragsteller durch die Pflegekasse übersandt, sofern er der Übersendung nicht widerspricht. 10Das Ergebnis des Gutachtens ist transparent darzustellen und dem Antragsteller verständlich zu erläutern. 11Der Spitzenverband Bund der Pflegekassen konkretisiert in den Richtlinien nach § 17 Absatz 1 die Anforderungen an eine transparente Darstellungsweise und verständliche Erläuterung des Gutachtens. 12Der Antragsteller kann die Übermittlung des Gutachtens auch zu einem späteren Zeitpunkt verlangen.

(3a) 1Die Pflegekasse ist verpflichtet, dem Antragsteller mindestens drei unabhängige Gutachter zur Auswahl zu benennen,

1. soweit nach Absatz 1 unabhängige Gutachter mit der Prüfung beauftragt werden sollen oder

2. wenn innerhalb von 20 Arbeitstagen ab Antragstellung keine Begutachtung erfolgt ist.

2Auf die Qualifikation und Unabhängigkeit des Gutachters ist der Versicherte hinzuweisen. 3Hat sich der Antragsteller für einen benannten Gutachter entschieden, wird dem Wunsch Rechnung getragen. 4Der Antragsteller hat der Pflegekasse seine Entscheidung innerhalb einer Woche ab Kenntnis der Namen der Gutachter mitzuteilen, ansonsten kann die Pflegekasse einen Gutachter aus der übersandten Liste beauftragen. 5Die Gutachter sind bei der Wahrnehmung ihrer Aufgaben nur ihrem Gewissen unterworfen. 6Satz 1 Nummer 2 gilt nicht, wenn die Pflegekasse die Verzögerung nicht zu vertreten hat.

(3b) 1Erteilt die Pflegekasse den schriftlichen Bescheid über den Antrag nicht innerhalb von 25 Arbeitstagen nach Eingang des Antrags oder wird eine der in Absatz 3 genannten verkürzten Begutachtungsfristen nicht eingehalten, hat die Pflegekasse nach Fristablauf für jede begonnene Woche der Fristüberschreitung unverzüglich 70 Euro an den An-

tragsteller zu zahlen. 2Dies gilt nicht, wenn die Pflegekasse die Verzögerung nicht zu vertreten hat oder wenn sich der Antragsteller in vollstationärer Pflege befindet und bereits bei ihm mindestens erhebliche Beeinträchtigungen der Selbständigkeit oder der Fähigkeiten (mindestens Pflegegrad 2) festgestellt ist. 3Entsprechendes gilt für die privaten Versicherungsunternehmen, die private Pflege-Pflichtversicherung durchführen. 4Die Träger der Pflegeversicherung und die privaten Versicherungsunternehmen veröffentlichen jährlich jeweils bis zum 31. März des dem Berichtsjahr folgenden Jahres eine Statistik über die Einhaltung der Fristen nach Absatz 3.

(4) 1Der Medizinische Dienst oder die von der Pflegekasse beauftragten Gutachter sollen, soweit der Versicherte einwilligt, die behandelnden Ärzte des Versicherten, insbesondere die Hausärzte, in die Begutachtung einbeziehen und ärztliche Auskünfte und Unterlagen über die für die Begutachtung der Pflegebedürftigkeit wichtigen Vorerkrankungen sowie Art, Umfang und Dauer der Hilfebedürftigkeit einholen. 2Mit Einverständnis des Versicherten sollen auch pflegende Angehörige oder sonstige Personen oder Dienste, die an der Pflege des Versicherten beteiligt sind, befragt werden.

(5) 1Die Pflege- und Krankenkassen sowie die Leistungserbringer sind verpflichtet, dem Medizinischen Dienst oder den von der Pflegekasse beauftragten Gutachtern die für die Begutachtung erforderlichen Unterlagen vorzulegen und Auskünfte zu erteilen. 2§ 276 Abs. 1 Satz 2 und 3 des Fünften Buches gilt entsprechend.

(5a) 1Bei der Begutachtung sind darüber hinaus die Beeinträchtigungen der Selbständigkeit oder der Fähigkeiten in den Bereichen außerhäusliche Aktivitäten und Haushaltsführung festzustellen. 2Mit diesen Informationen sollen eine umfassende Beratung und das Erstellen eines individuellen Versorgungsplans nach § 7a, das Versorgungsmanagement nach § 11 Absatz 4 des Fünften Buches und eine individuelle Pflegeplanung sowie eine sachgerechte Erbringung von Hilfen bei der Haushaltsführung ermöglicht werden. ₃Hierbei ist im Einzelnen auf die nachfolgenden Kriterien abzustellen:

1. außerhäusliche Aktivitäten: Verlassen des Bereichs der Wohnung oder der Einrichtung, Fortbewegen außerhalb der Wohnung oder der Einrichtung, Nutzung öffentlicher Verkehrsmittel im Nahverkehr, Mitfahren in einem Kraftfahrzeug, Teilnahme an kulturellen, religiösen oder sportlichen Veranstaltungen, Besuch von Schule, Kindergarten, Arbeitsplatz, einer Werkstatt für behinderte Menschen oder Besuch einer Einrichtung der Tages- oder Nachtpflege oder eines Tagesbetreuungsangebotes, Teilnahme an sonstigen Aktivitäten mit anderen Menschen;

2. Haushaltsführung: Einkaufen für den täglichen Bedarf, Zubereitung einfacher Mahlzeiten, einfache Aufräum- und Reinigungsarbeiten, aufwändige Aufräum- und Reinigungsarbeiten einschließlich Wäschepflege, Nutzung von Dienstleistungen, Umgang mit finanziellen Angelegenheiten, Umgang mit Behördenangelegenheiten.

₄Der Spitzenverband Bund der Pflegekassen wird ermächtigt, in den Richtlinien nach § 17 Absatz 1 die in Satz 3 genannten Kriterien pflegefachlich unter Berücksichtigung der Ziele nach Satz 2 zu konkretisieren.

(6) ₁Der Medizinische Dienst der Krankenversicherung oder ein von der Pflegekasse beauftragter Gutachter hat der Pflegekasse das Ergebnis seiner Prüfung zur Feststellung der Pflegebedürftigkeit durch Übersendung des vollständigen Gutachtens unverzüglich mitzuteilen. ₂In seiner oder ihrer Stellungnahme haben der Medizinische Dienst oder die von der Pflegekasse beauftragten Gutachter auch das Ergebnis der Prüfung, ob und gegebenenfalls welche Maßnahmen der Prävention und der medizinischen Rehabilitation geeignet, notwendig und zumutbar sind, mitzuteilen und Art und Umfang von Pflegeleistungen sowie einen individuellen Pflegeplan zu empfehlen. ₃Die Feststellungen zur Prävention und zur medizinischen Rehabilitation sind durch den Medizinischen Dienst oder die von der Pflegekasse beauftragten Gutachter auf der Grundlage eines bundeseinheitlichen, strukturierten Verfahrens zu treffen und in

einer gesonderten Präventions- und Rehabilitationsempfehlung zu dokumentieren. ₄Beantragt der Pflegebedürftige Pflegegeld, hat sich die Stellungnahme auch darauf zu erstrecken, ob die häusliche Pflege in geeigneter Weise sichergestellt ist.

(6a) ₁Der Medizinische Dienst der Krankenversicherung oder die von der Pflegekasse beauftragten Gutachter haben gegenüber der Pflegekasse in ihrem Gutachten zur Feststellung der Pflegebedürftigkeit konkrete Empfehlungen zur Hilfsmittel- und Pflegehilfsmittelversorgung abzugeben. ₂Die Empfehlungen gelten hinsichtlich Hilfsmitteln und Pflegehilfsmitteln, die den Zielen von § 40 dienen, jeweils als Antrag auf Leistungsgewährung, sofern der Versicherte zustimmt. ₃Die Zustimmung erfolgt gegenüber dem Gutachter im Rahmen der Begutachtung und wird im Begutachtungsformular schriftlich oder elektronisch dokumentiert. ₄Bezüglich der empfohlenen Pflegehilfsmittel wird die Notwendigkeit der Versorgung nach § 40 Absatz 1 Satz 2 vermutet. ₅Bis zum 31. Dezember 2020 wird auch die Erforderlichkeit der empfohlenen Hilfsmittel, die den Zielen von § 40 dienen, nach § 33 Absatz 1 des Fünften Buches vermutet; insofern bedarf es keiner ärztlichen Verordnung gemäß § 33 Absatz 5a des Fünften Buches. ₆Welche Hilfsmittel und Pflegehilfsmittel im Sinne von Satz 2 den Zielen von § 40 dienen, wird in den Begutachtungs-Richtlinien nach § 17 konkretisiert. ₇Dabei ist auch die Richtlinie des Gemeinsamen Bundesausschusses nach § 92 Absatz 1 des Fünften Buches über die Verordnung von Hilfsmitteln zu berücksichtigen. ₈Die Pflegekasse übermittelt dem Antragsteller unverzüglich die Entscheidung über die empfohlenen Hilfsmittel und Pflegehilfsmittel.

(7) ₁Die Aufgaben des Medizinischen Dienstes werden durch Ärzte in enger Zusammenarbeit mit Pflegefachkräften und anderen geeigneten Fachkräften wahrgenommen. ₂Die Prüfung der Pflegebedürftigkeit von Kindern ist in der Regel durch besonders geschulte Gutachter mit einer Qualifikation als Gesundheits- und Kinderkrankenpflegerin oder Gesundheits- und Kinderkrankenpfleger oder als Kinderärztin oder Kinderarzt vorzunehmen. ₃Der Medizinische Dienst ist befugt, den

8

Pflegefachkräften oder sonstigen geeigneten Fachkräften, die nicht dem Medizinischen Dienst angehören, die für deren jeweilige Beteiligung erforderlichen personenbezogenen Daten zu übermitteln. ₄Für andere unabhängige Gutachter gelten die Sätze 1 bis 3 entsprechend.

§ 18a Weiterleitung der Rehabilitationsempfehlung, Berichtspflichten

(1) ₁Spätestens mit der Mitteilung der Entscheidung über die Pflegebedürftigkeit leitet die Pflegekasse dem Antragsteller die gesonderte Präventions- und Rehabilitationsempfehlung des Medizinischen Dienstes oder der von der Pflegekasse beauftragten Gutachter zu und nimmt umfassend und begründet dazu Stellung, inwieweit auf der Grundlage der Empfehlung die Durchführung einer Maßnahme zur Prävention oder zur medizinischen Rehabilitation angezeigt ist. ₂Die Pflegekasse hat den Antragsteller zusätzlich darüber zu informieren, dass mit der Zuleitung einer Mitteilung über den Rehabilitationsbedarf an den zuständigen Rehabilitationsträger ein Antragsverfahren auf Leistungen zur medizinischen Rehabilitation entsprechend den Vorschriften des Neunten Buches ausgelöst wird, sofern der Antragsteller in dieses Verfahren einwilligt.

(2) ₁Die Pflegekassen berichten für die Geschäftsjahre ab 2013 jährlich über die Anwendung eines bundeseinheitlichen, strukturierten Verfahrens zur Erkennung rehabilitativer Bedarfe in der Pflegebegutachtung und die Erfahrungen mit der Umsetzung der Empfehlungen der Medizinischen Dienste der Krankenversicherung oder der beauftragten Gutachter zur medizinischen Rehabilitation. ₂Hierzu wird insbesondere Folgendes gemeldet:

1. die Anzahl der Empfehlungen der Medizinischen Dienste der Krankenversicherung und der beauftragten Gutachter für Leistungen der medizinischen Rehabilitation im Rahmen der Begutachtung zur Feststellung der Pflegebedürftigkeit,

2. die Anzahl der Anträge an den zuständigen Rehabilitationsträger gemäß § 31 Absatz 3 in Verbindung mit § 14 des Neunten Buches,

3. die Anzahl der genehmigten und die Anzahl der abgelehnten Leistungsentscheidungen der zuständigen Rehabilitationsträger einschließlich der Gründe für Ablehnungen sowie die Anzahl der Widersprüche und

4. die Anzahl der durchgeführten medizinischen Rehabilitationsmaßnahmen.

₃Die Meldung durch die Pflegekassen erfolgt bis zum 31. März des dem Berichtsjahr folgenden Jahres an den Spitzenverband Bund der Pflegekassen. ₄Näheres über das Meldeverfahren und die Inhalte entwickelt der Spitzenverband Bund der Pflegekassen im Einvernehmen mit dem Bundesministerium für Gesundheit.

(3) ₁Der Spitzenverband Bund der Pflegekassen bereitet die Daten auf und leitet die aufbereiteten und auf Plausibilität geprüften Daten bis zum 30. Juni des dem Berichtsjahr folgenden Jahres dem Bundesministerium für Gesundheit zu. ₂Der Verband hat die aufbereiteten Daten der landesunmittelbaren Versicherungsträger auch den für die Sozialversicherung zuständigen obersten Verwaltungsbehörden der Länder oder den von diesen bestimmten Stellen auf Verlangen zuzuleiten. ₃Der Spitzenverband Bund der Pflegekassen veröffentlicht auf Basis der gemeldeten Daten sowie sonstiger Erkenntnisse jährlich einen Bericht bis zum 1. September des dem Berichtsjahr folgenden Jahres.

§ 18b Dienstleistungsorientierung im Begutachtungsverfahren

(1) ₁Der Spitzenverband Bund der Pflegekassen erlässt mit dem Ziel, die Dienstleistungsorientierung für die Versicherten im Begutachtungsverfahren zu stärken, bis zum 31. März 2013 für alle Medizinischen Dienste verbindliche Richtlinien. ₂Der Medizinische Dienst des Spitzenverbandes Bund der Krankenkassen und die für die Wahrnehmung der Interessen und der Selbsthilfe der pflegebedürftigen und behinderten Menschen auf Bundesebene maßgeblichen Organisationen sind zu beteiligen.

(2) Die Richtlinien regeln insbesondere

1. allgemeine Verhaltensgrundsätze für alle unter der Verantwortung der Medizini-

8

schen Dienste am Begutachtungsverfahren Beteiligten,

2. die Pflicht der Medizinischen Dienste zur individuellen und umfassenden Information des Versicherten über das Begutachtungsverfahren, insbesondere über den Ablauf, die Rechtsgrundlagen und Beschwerdemöglichkeiten,

3. die regelhafte Durchführung von Versichertenbefragungen und

4. ein einheitliches Verfahren zum Umgang mit Beschwerden, die das Verhalten der Mitarbeiter der Medizinischen Dienste oder das Verfahren bei der Begutachtung betreffen.

(3) ₁Die Richtlinien werden erst wirksam, wenn das Bundesministerium für Gesundheit sie genehmigt. ₂Die Genehmigung gilt als erteilt, wenn die Richtlinien nicht innerhalb eines Monats, nachdem sie dem Bundesministerium für Gesundheit vorgelegt worden sind, beanstandet werden. ₃Beanstandungen des Bundesministeriums für Gesundheit sind innerhalb der von ihm gesetzten Frist zu beheben.

§ 18c Fachliche und wissenschaftliche Begleitung der Umstellung des Verfahrens zur Feststellung der Pflegebedürftigkeit

(1) ₁Das Bundesministerium für Gesundheit richtet im Benehmen mit dem Bundesministerium für Arbeit und Soziales und dem Bundesministerium für Familie, Senioren, Frauen und Jugend ein Begleitgremium ein, das die Vorbereitung der Umstellung des Verfahrens zur Feststellung der Pflegebedürftigkeit nach den §§ 14, 15 und 18 Absatz 5a in der ab dem 1. Januar 2017 geltenden Fassung mit pflegefachlicher und wissenschaftlicher Kompetenz unterstützt. ₂Aufgabe des Begleitgremiums ist, das Bundesministerium für Gesundheit bei der Klärung fachlicher Fragen zu beraten und den Spitzenverband Bund der Pflegekassen, den Medizinischen Dienst des Spitzenverbandes Bund der Krankenkassen sowie die Vereinigungen der Träger der Pflegeeinrichtungen auf Bundesebene bei der Vorbereitung der Umstellung zu unterstützen. ₃Dem Begleitgremium wird ab dem 1. Januar 2017 zusätzlich die Aufgabe übertragen, das Bundesministerium für Gesund-

heit bei der Klärung fachlicher Fragen zu beraten, die nach der Umstellung im Zuge der Umsetzung auftreten.

(2) ₁Das Bundesministerium für Gesundheit beauftragt eine begleitende wissenschaftliche Evaluation insbesondere zu Maßnahmen und Ergebnissen der Vorbereitung und der Umsetzung der Umstellung des Verfahrens zur Feststellung der Pflegebedürftigkeit nach den §§ 14, 15 und 18 Absatz 5a in der ab dem 1. Januar 2017 geltenden Fassung. ₂Die Auftragserteilung erfolgt im Benehmen mit dem Bundesministerium für Arbeit und Soziales, soweit Auswirkungen auf andere Sozialleistungssysteme aus dem Zuständigkeitsbereich des Bundesministeriums für Arbeit und Soziales untersucht werden. ₃Im Rahmen der Evaluation sind insbesondere Erfahrungen und Auswirkungen hinsichtlich der folgenden Aspekte zu untersuchen:

1. Leistungsentscheidungsverfahren und Leistungsentscheidungen bei Pflegekassen und Medizinischen Diensten, beispielsweise Bearbeitungsfristen und Übermittlung von Ergebnissen;

2. Umsetzung der Übergangsregelungen im Begutachtungsverfahren;

3. Leistungsentscheidungsverfahren und Leistungsentscheidungen anderer Sozialleistungsträger, soweit diese pflegebedürftige Personen betreffen;

4. Umgang mit dem neuen Begutachtungsinstrument bei pflegebedürftigen Antragstellern, beispielsweise Antragsverhalten und Informationsstand;

5. Entwicklung der ambulanten Pflegevergütungen und der stationären Pflegesätze einschließlich der einrichtungseinheitlichen Eigenanteile;

6. Entwicklungen in den vertraglichen Grundlagen, in der Pflegeplanung, den pflegefachlichen Konzeptionen und in der konkreten Versorgungssituation in der ambulanten und in der stationären Pflege unter Berücksichtigung unterschiedlicher Gruppen von Pflegebedürftigen und Versorgungskonstellationen einschließlich derjenigen von pflegebedürftigen Personen, die im Rahmen der Eingliederungshilfe für behinderte Menschen versorgt werden.

8

₄Ein Bericht über die Ergebnisse der Evaluation ist bis zum 1. Januar 2020 zu veröffentlichen. ₅Dem Bundesministerium für Gesundheit sind auf Verlangen Zwischenberichte vorzulegen.

§ 19 Begriff der Pflegepersonen

₁Pflegepersonen im Sinne dieses Buches sind Personen, die nicht erwerbsmäßig einen Pflegebedürftigen im Sinne des § 14 in seiner häuslichen Umgebung pflegen. ₂Leistungen zur sozialen Sicherung nach § 44 erhält eine Pflegeperson nur dann, wenn sie eine oder mehrere pflegebedürftige Personen wenigstens zehn Stunden wöchentlich, verteilt auf regelmäßig mindestens zwei Tage in der Woche, pflegt.

Drittes Kapitel
Versicherungspflichtiger
Personenkreis

§ 20 Versicherungspflicht in der sozialen Pflegeversicherung für Mitglieder der gesetzlichen Krankenversicherung

(1) ₁Versicherungspflichtig in der sozialen Pflegeversicherung sind die versicherungspflichtigen Mitglieder der gesetzlichen Krankenversicherung. ₂Dies sind:

1. Arbeiter, Angestellte und zu ihrer Berufsausbildung Beschäftigte, die gegen Arbeitsentgelt beschäftigt sind; für die Zeit des Bezugs von Kurzarbeitergeld nach dem Dritten Buch bleibt die Versicherungspflicht unberührt,

2. Personen in der Zeit, für die sie Arbeitslosengeld nach dem Dritten Buch beziehen oder nur deshalb nicht beziehen, weil der Anspruch wegen einer Sperrzeit (§ 159 des Dritten Buches) oder wegen einer Urlaubsabgeltung (§ 157 Absatz 2 des Dritten Buches) ruht; dies gilt auch, wenn die Entscheidung, die zum Bezug der Leistung geführt hat, rückwirkend aufgehoben oder die Leistung zurückgefordert oder zurückgezahlt worden ist,

2a. Personen in der Zeit, für die sie Arbeitslosengeld II nach dem Zweiten Buch beziehen, auch wenn die Entscheidung, die zum Bezug der Leistung geführt hat, rückwirkend aufgehoben oder die Leistung zurückgefordert oder zurückgezahlt worden ist, es sei denn, dass diese Leistung nur darlehensweise gewährt wird oder nur Leistungen nach § 24 Abs. 3 Satz 1 des Zweiten Buches bezogen werden,

3. Landwirte, ihre mitarbeitenden Familienangehörigen und Altenteiler, die nach § 2 des Zweiten Gesetzes über die Krankenversicherung der Landwirte versicherungspflichtig sind,

4. selbständige Künstler und Publizisten nach näherer Bestimmung des Künstlersozialversicherungsgesetzes,

5. Personen, die in Einrichtungen der Jugendhilfe, in Berufsbildungswerken oder in ähnlichen Einrichtungen für behinderte Menschen für eine Erwerbstätigkeit befähigt werden sollen,

6. Teilnehmer an Leistungen zur Teilhabe am Arbeitsleben sowie an Berufsfindung oder Arbeitserprobung, es sei denn, die Leistungen werden nach den Vorschriften des Bundesversorgungsgesetzes erbracht,

7. behinderte Menschen, die in anerkannten Werkstätten für behinderte Menschen oder in Blindenwerkstätten im Sinne des § 226 des Neunten Buches oder für diese Einrichtungen in Heimarbeit oder bei einem anderen Leistungsanbieter nach § 60 des Neunten Buches tätig sind,

8. behinderte Menschen, die in Anstalten, Heimen oder gleichartigen Einrichtungen in gewisser Regelmäßigkeit eine Leistung erbringen, die einem Fünftel der Leistung eines voll erwerbsfähigen Beschäftigten in gleichartiger Beschäftigung entspricht; hierzu zählen auch Dienstleistungen für den Träger der Einrichtung,

9. Studenten, die an staatlichen oder staatlich anerkannten Hochschulen eingeschrieben sind, soweit sie nach § 5 Abs. 1 Nr. 9 des Fünften Buches der Krankenversicherungspflicht unterliegen,

10. Personen, die zu ihrer Berufsausbildung ohne Arbeitsentgelt beschäftigt sind oder die eine Fachschule oder Berufsfachschule besuchen oder eine in Studien- oder Prüfungsordnungen vorgeschriebene berufspraktische Tätigkeit ohne Arbeitsentgelt verrichten (Praktikanten); Auszubildende des Zweiten Bildungsweges, die sich in einem nach dem Bundesausbildungsförderungsgesetz förderungsfähigen Teil eines Ausbildungsabschnittes befinden, sind Praktikanten gleichgestellt,

11. Personen, die die Voraussetzungen für den Anspruch auf eine Rente aus der gesetzlichen Rentenversicherung erfüllen und diese Rente beantragt haben, soweit sie nach § 5 Abs. 1 Nr. 11, 11a, 11b oder 12 des Fünften Buches der Krankenversicherungspflicht unterliegen,

12. Personen, die, weil sie bisher keinen Anspruch auf Absicherung im Krankheitsfall hatten, nach § 5 Abs. 1 Nr. 13 des Fünften Buches oder nach § 2 Abs. 1 Nr. 7 des Zweiten Gesetzes über die Krankenversicherung der Landwirte der Krankenversicherungspflicht unterliegen.

(2) ₁Als gegen Arbeitsentgelt beschäftigte Arbeiter und Angestellte im Sinne des Absatzes 1 Nr. 1 gelten Bezieher von Vorruhestandsgeld, wenn sie unmittelbar vor Bezug des Vorruhestandsgeldes versicherungspflichtig waren und das Vorruhestandsgeld mindestens in Höhe von 65 vom Hundert des Bruttoarbeitsentgelts im Sinne des § 3 Abs. 2 des Vorruhestandsgesetzes gezahlt wird. ₂Satz 1 gilt nicht für Personen, die im Ausland ihren Wohnsitz oder gewöhnlichen Aufenthalt in einem Staat haben, mit dem für Arbeitnehmer mit Wohnsitz oder gewöhnlichem Aufenthalt in diesem Staat keine über- oder zwischenstaatlichen Regelungen über Sachleistungen bei Krankheit bestehen.

(2a) Als zu ihrer Berufsausbildung Beschäftigte im Sinne des Absatzes 1 Satz 2 Nr. 1 gelten Personen, die als nicht satzungsmäßige Mitglieder geistlicher Genossenschaften oder ähnlicher religiöser Gemeinschaften für den Dienst in einer solchen Genossenschaft oder ähnlichen religiösen Gemeinschaft außerschulisch ausgebildet werden.

(3) Freiwillige Mitglieder der gesetzlichen Krankenversicherung sind versicherungspflichtig in der sozialen Pflegeversicherung.

(4) ₁Nehmen Personen, die mindestens zehn Jahre nicht in der sozialen Pflegeversicherung oder der gesetzlichen Krankenversicherung versicherungspflichtig waren, eine dem äußeren Anschein nach versicherungspflichtige Beschäftigung oder selbständige Tätigkeit von untergeordneter wirtschaftlicher Bedeutung auf, besteht die widerlegbare Vermutung, daß eine die Versicherungspflicht begründende Beschäftigung nach Absatz 1 Nr. 1 oder eine versicherungspflichtige selbständige Tätigkeit nach Absatz 1 Nr. 3 oder 4 tatsächlich nicht ausgeübt wird. ₂Dies gilt insbesondere für eine Beschäftigung bei Familienangehörigen oder Lebenspartnern.

§ 21 Versicherungspflicht in der sozialen Pflegeversicherung für sonstige Personen

Versicherungspflicht in der sozialen Pflegeversicherung besteht auch für Personen mit Wohnsitz oder gewöhnlichem Aufenthalt im Inland, die

1. nach dem Bundesversorgungsgesetz oder nach Gesetzen, die eine entsprechende Anwendung des Bundesversorgungsgesetzes vorsehen, einen Anspruch auf Heilbehandlung oder Krankenbehandlung haben,

2. Kriegsschadenrente oder vergleichbare Leistungen nach dem Lastenausgleichsgesetz oder dem Reparationsschädengesetz oder laufende Beihilfe nach dem Flüchtlingshilfegesetz beziehen,

3. ergänzende Hilfe zum Lebensunterhalt im Rahmen der Kriegsopferfürsorge nach dem Bundesversorgungsgesetz oder nach Gesetzen beziehen, die eine entsprechende Anwendung des Bundesversorgungsgesetzes vorsehen,

4. laufende Leistungen zum Unterhalt und Leistungen der Krankenhilfe nach dem Achten Buch beziehen,

5. krankenversorgungsberechtigt nach dem Bundesentschädigungsgesetz sind,

6. in das Dienstverhältnis eines Soldaten auf Zeit berufen worden sind,

8

wenn sie gegen das Risiko Krankheit weder in der gesetzlichen Krankenversicherung noch bei einem privaten Krankenversicherungsunternehmen versichert sind.

§ 22 Befreiung von der Versicherungspflicht

(1) ₁Personen, die nach § 20 Abs. 3 in der sozialen Pflegeversicherung versicherungspflichtig sind, können auf Antrag von der Versicherungspflicht befreit werden, wenn sie nachweisen, daß sie bei einem privaten Versicherungsunternehmen gegen Pflegebedürftigkeit versichert sind und für sich und ihre Angehörigen oder Lebenspartner, die bei Versicherungspflicht nach § 25 versichert wären, Leistungen beanspruchen können, die nach Art und Umfang den Leistungen des Vierten Kapitels gleichwertig sind. ₂Die befreiten Personen sind verpflichtet, den Versicherungsvertrag aufrechtzuerhalten, solange sie krankenversichert sind. ₃Personen, die bei Pflegebedürftigkeit Beihilfeleistungen erhalten, sind zum Abschluß einer entsprechenden anteiligen Versicherung im Sinne des Satzes 1 verpflichtet.

(2) ₁Der Antrag kann nur innerhalb von drei Monaten nach Beginn der Versicherungspflicht bei der Pflegekasse gestellt werden. ₂Die Befreiung wirkt vom Beginn der Versicherungspflicht an, wenn seit diesem Zeitpunkt noch keine Leistungen in Anspruch genommen wurden, sonst vom Beginn des Kalendermonats an, der auf die Antragstellung folgt. ₃Die Befreiung kann nicht widerrufen werden.

§ 23 Versicherungspflicht für Versicherte der privaten Krankenversicherungsunternehmen

(1) ₁Personen, die gegen das Risiko Krankheit bei einem privaten Krankenversicherungsunternehmen mit Anspruch auf allgemeine Krankenhausleistungen oder im Rahmen von Versicherungsverträgen, die der Versicherungspflicht nach § 193 Abs. 3 des Versicherungsvertragsgesetzes genügen, versichert sind, sind vorbehaltlich des Absatzes 2 verpflichtet, bei diesem Unternehmen zur Absicherung des Risikos der Pflegebedürftigkeit einen Versicherungsvertrag abzuschließen und aufrechtzuerhalten. ₂Der Vertrag muß ab dem Zeitpunkt des Eintritts der Versicherungspflicht für sie selbst und ihre Angehörigen oder Lebenspartner, für die in der sozialen Pflegeversicherung nach § 25 eine Familienversicherung bestünde, Vertragsleistungen vorsehen, die nach Art und Umfang den Leistungen des Vierten Kapitels gleichwertig sind. ₃Dabei tritt an die Stelle der Sachleistungen eine der Höhe nach gleiche Kostenerstattung.

(2) ₁Der Vertrag nach Absatz 1 kann auch bei einem anderen privaten Versicherungsunternehmen abgeschlossen werden. ₂Das Wahlrecht ist innerhalb von sechs Monaten auszuüben. ₃Die Frist beginnt mit dem Eintritt der individuellen Versicherungspflicht. ₄Das Recht zur Kündigung des Vertrages wird durch den Ablauf der Frist nicht berührt; bei fortbestehender Versicherungspflicht nach Absatz 1 wird eine Kündigung des Vertrages jedoch erst wirksam, wenn der Versicherungsnehmer nachweist, dass die versicherte Person bei einem neuen Versicherer ohne Unterbrechung versichert ist.

(3) ₁Personen, die nach beamtenrechtlichen Vorschriften oder Grundsätzen bei Pflegebedürftigkeit Anspruch auf Beihilfe haben, sind zum Abschluß einer entsprechenden anteiligen beihilfekonformen Versicherung im Sinne des Absatzes 1 verpflichtet, sofern sie nicht nach § 20 Abs. 3 versicherungspflichtig sind. ₂Die beihilfekonforme Versicherung ist so auszugestalten, daß ihre Vertragsleistungen zusammen mit den Beihilfeleistungen, die sich bei Anwendung der in § 46 Absatz 2 und 3 der Bundesbeihilfeverordnung festgelegten Bemessungssätze ergeben, den in Absatz 1 Satz 2 vorgeschriebenen Versicherungsschutz gewährleisten.

(4) Die Absätze 1 bis 3 gelten entsprechend für

1. Heilfürsorgeberechtigte, die nicht in der sozialen Pflegeversicherung versicherungspflichtig sind,

2. Mitglieder der Postbeamtenkrankenkasse und

3. Mitglieder der Krankenversorgung der Bundesbahnbeamten.

(5) Die Absätze 1, 3 und 4 gelten nicht für Personen, die sich auf nicht absehbare Dauer

in stationärer Pflege befinden und bereits Pflegeleistungen nach § 35 Abs. 6 des Bundesversorgungsgesetzes, nach § 44 des Siebten Buches, nach § 34 des Beamtenversorgungsgesetzes oder nach den Gesetzen erhalten, die eine entsprechende Anwendung des Bundesversorgungsgesetzes vorsehen, sofern sie keine Familienangehörigen oder Lebenspartner haben, für die in der sozialen Pflegeversicherung nach § 25 eine Familienversicherung bestünde.

(6) Das private Krankenversicherungsunternehmen oder ein anderes die Pflegeversicherung betreibendes Versicherungsunternehmen sind verpflichtet,

1. für die Feststellung der Pflegebedürftigkeit sowie für die Zuordnung zu einem Pflegegrad dieselben Maßstäbe wie in der sozialen Pflegeversicherung anzulegen und

2. die in der sozialen Pflegeversicherung zurückgelegte Versicherungszeit des Mitglieds und seiner nach § 25 familienversicherten Angehörigen oder Lebenspartner auf die Wartezeit anzurechnen.

§ 24 Versicherungspflicht der Abgeordneten

₁Mitglieder des Bundestages, des Europäischen Parlaments und der Parlamente der Länder (Abgeordnete) sind unbeschadet einer bereits nach § 20 Abs. 3 oder § 23 Abs. 1 bestehenden Versicherungspflicht verpflichtet, gegenüber dem jeweiligen Parlamentspräsidenten nachzuweisen, daß sie sich gegen das Risiko der Pflegebedürftigkeit versichert haben. ₂Das gleiche gilt für die Bezieher von Versorgungsleistungen nach den jeweiligen Abgeordnetengesetzen des Bundes und der Länder.

§ 25 Familienversicherung

(1) ₁Versichert sind der Ehegatte, der Lebenspartner und die Kinder von Mitgliedern sowie die Kinder von familienversicherten Kindern, wenn diese Familienangehörigen

1. ihren Wohnsitz oder gewöhnlichen Aufenthalt im Inland haben,

2. nicht nach § 20 Abs. 1 Nr. 1 bis 8 oder 11 oder nach § 20 Abs. 3 versicherungspflichtig sind,

3. nicht nach § 22 von der Versicherungspflicht befreit oder nach § 23 in der privaten Pflegeversicherung pflichtversichert sind,

4. nicht hauptberuflich selbständig erwerbstätig sind und

5. kein Gesamteinkommen haben, das regelmäßig im Monat ein Siebtel der monatlichen Bezugsgröße nach § 18 des Vierten Buches, überschreitet; bei Abfindungen, Entschädigungen oder ähnlichen Leistungen (Entlassungsentschädigungen), die wegen der Beendigung eines Arbeitsverhältnisses in Form nicht monatlich wiederkehrender Leistungen gezahlt werden, wird das zuletzt erzielte monatliche Arbeitsentgelt für die der Auszahlung der Entlassungsentschädigung folgenden Monate bis zu dem Monat berücksichtigt, in dem im Fall der Fortzahlung des Arbeitsentgelts die Höhe der gezahlten Entlassungsentschädigung erreicht worden wäre; bei Renten wird der Zahlbetrag ohne den auf Entgeltpunkte für Kindererziehungszeiten entfallenden Teil berücksichtigt; für geringfügig Beschäftigte nach § 8 Abs. 1 Nr. 1, § 8a des Vierten Buches beträgt das zulässige Gesamteinkommen 450 Euro.

₂§ 7 Abs. 1 Satz 3 und 4 und Abs. 2 des Zweiten Gesetzes über die Krankenversicherung der Landwirte sowie § 10 Absatz 1 Satz 2 und 3 des Fünften Buches gelten entsprechend.

(2) ₁Kinder sind versichert:

1. bis zur Vollendung des 18. Lebensjahres,

2. bis zur Vollendung des 23. Lebensjahres, wenn sie nicht erwerbstätig sind,

3. bis zur Vollendung des 25. Lebensjahres, wenn sie sich in Schul- oder Berufsausbildung befinden oder ein freiwilliges soziales Jahr oder ein freiwilliges ökologisches Jahr im Sinne des Jugendfreiwilligendienstegesetzes oder Bundesfreiwilligendienst leisten; wird die Schul- oder Berufsausbildung durch Erfüllung einer gesetzlichen Dienstpflicht des Kindes unterbrochen oder verzögert, besteht die Versicherung auch für einen der Dauer dieses Dienstes entsprechenden Zeitraum über

8

das 25. Lebensjahr hinaus; dies gilt auch bei einer Unterbrechung durch den freiwilligen Wehrdienst nach § 58b des Soldatengesetzes, einen Freiwilligendienst nach dem Bundesfreiwilligendienstgesetz, dem Jugendfreiwilligendienstegesetz oder einen vergleichbaren anerkannten Freiwilligendienst oder durch eine Tätigkeit als Entwicklungshelfer im Sinne des § 1 Absatz 1 des Entwicklungshelfer-Gesetzes für die Dauer von höchstens zwölf Monaten,

4. ohne Altersgrenze, wenn sie wegen körperlicher, geistiger oder seelischer Behinderung (§ 2 Abs. 1 des Neunten Buches) außerstande sind, sich selbst zu unterhalten; Voraussetzung ist, daß die Behinderung zu einem Zeitpunkt vorlag, in dem das Kind innerhalb der Altersgrenzen nach den Nummern 1, 2 oder 3 familienversichert war oder die Familienversicherung nur wegen einer Vorrangversicherung nach Absatz 1 Satz 1 Nummer 2 ausgeschlossen war.

₂§ 10 Abs. 4 und 5 des Fünften Buches Sozialgesetzbuch gilt entsprechend.

(3) Kinder sind nicht versichert, wenn der mit den Kindern verwandte Ehegatte oder Lebenspartner des Mitglieds nach § 22 von der Versicherungspflicht befreit oder nach § 23 in der privaten Pflegeversicherung pflichtversichert ist und sein Gesamteinkommen regelmäßig im Monat ein Zwölftel der Jahresarbeitsentgeltgrenze nach dem Fünften Buch übersteigt und regelmäßig höher als das Gesamteinkommen des Mitglieds ist; bei Renten wird der Zahlbetrag berücksichtigt.

(4) ₁Die Versicherung nach Absatz 2 Nr. 1, 2 und 3 bleibt bei Personen, die auf Grund gesetzlicher Pflicht Wehrdienst oder Zivildienst oder die Dienstleistungen oder Übungen nach dem Vierten Abschnitt des Soldatengesetzes leisten, für die Dauer des Dienstes bestehen. ₂Dies gilt auch für Personen in einem Wehrdienstverhältnis besonderer Art nach § 6 des Einsatz-Weiterverwendungsgesetzes.

§ 26 Weiterversicherung

(1) ₁Personen, die aus der Versicherungspflicht nach § 20 oder § 21 ausgeschieden sind und in den letzten fünf Jahren vor dem Ausscheiden mindestens 24 Monate oder unmittelbar vor dem Ausscheiden mindestens zwölf Monate versichert waren, können sich auf Antrag in der sozialen Pflegeversicherung weiterversichern, sofern für sie keine Versicherungspflicht nach § 23 Abs. 1 eintritt. ₂Dies gilt auch für Personen, deren Familienversicherung nach § 25 erlischt oder nur deswegen nicht besteht, weil die Voraussetzungen des § 25 Abs. 3 vorliegen. ₃Der Antrag ist in den Fällen des Satzes 1 innerhalb von drei Monaten nach Beendigung der Mitgliedschaft, in den Fällen des Satzes 2 nach Beendigung der Familienversicherung oder nach Geburt des Kindes bei der zuständigen Pflegekasse zu stellen.

(2) ₁Personen, die wegen der Verlegung ihres Wohnsitzes oder gewöhnlichen Aufenthaltes ins Ausland aus der Versicherungspflicht ausscheiden, können sich auf Antrag weiterversichern. ₂Der Antrag ist bis spätestens einen Monat nach Ausscheiden aus der Versicherungspflicht bei der Pflegekasse zu stellen, bei der die Versicherung zuletzt bestand. ₃Die Weiterversicherung erstreckt sich auch auf die nach § 25 versicherten Familienangehörigen oder Lebenspartner, die gemeinsam mit dem Mitglied ihren Wohnsitz oder gewöhnlichen Aufenthalt in das Ausland verlegen. ₄Für Familienangehörige oder Lebenspartner, die im Inland verbleiben, endet die Familienversicherung nach § 25 mit dem Tag, an dem das Mitglied seinen Wohnsitz oder gewöhnlichen Aufenthalt ins Ausland verlegt.

§ 26a Beitrittsrecht

(1) ₁Personen mit Wohnsitz im Inland, die nicht pflegeversichert sind, weil sie zum Zeitpunkt der Einführung der Pflegeversicherung am 1. Januar 1995 trotz Wohnsitz im Inland keinen Tatbestand der Versicherungspflicht oder der Mitversicherung in der sozialen oder privaten Pflegeversicherung erfüllten, sind berechtigt, die freiwillige Mitgliedschaft bei einer der nach § 48 Abs. 2 wählbaren sozialen Pflegekassen zu beantragen oder einen Pflegeversicherungsvertrag mit einem privaten Versicherungsunternehmen abzuschließen. ₂Ausgenommen sind Personen, die laufende Hilfe zum Lebensunterhalt nach dem Zwölf-

ten Buch beziehen sowie Personen, die nicht selbst in der Lage sind, einen Beitrag zu zahlen. ₃Der Beitritt ist gegenüber der gewählten Pflegekasse oder dem gewählten privaten Versicherungsunternehmen bis zum 30. Juni 2002 schriftlich zu erklären; er bewirkt einen Versicherungsbeginn rückwirkend zum 1. April 2001. ₄Die Vorversicherungszeiten nach § 33 Abs. 2 gelten als erfüllt. ₅Auf den privaten Versicherungsvertrag findet § 110 Abs. 1 Anwendung.

(2) ₁Personen mit Wohnsitz im Inland, die erst ab einem Zeitpunkt nach dem 1. Januar 1995 bis zum Inkrafttreten dieses Gesetzes nicht pflegeversichert sind und keinen Tatbestand der Versicherungspflicht nach diesem Buch erfüllen, sind berechtigt, die freiwillige Mitgliedschaft bei einer der nach § 48 Abs. 2 wählbaren sozialen Pflegekassen zu beantragen oder einen Pflegeversicherungsvertrag mit einem privaten Versicherungsunternehmen abzuschließen. ₂Vom Beitrittsrecht ausgenommen sind die in Absatz 1 Satz 2 genannten Personen sowie Personen, die nur deswegen nicht pflegeversichert sind, weil sie nach dem 1. Januar 1995 ohne zwingenden Grund eine private Kranken- und Pflegeversicherung aufgegeben oder von einer möglichen Weiterversicherung in der gesetzlichen Krankenversicherung oder in der sozialen Pflegeversicherung keinen Gebrauch gemacht haben. ₃Der Beitritt ist gegenüber der gewählten Pflegekasse oder dem gewählten privaten Versicherungsunternehmen bis zum 30. Juni 2002 schriftlich zu erklären. ₄Er bewirkt einen Versicherungsbeginn zum 1. Januar 2002. ₅Auf den privaten Versicherungsvertrag findet § 110 Abs. 3 Anwendung.

(3) ₁Ab dem 1. Juli 2002 besteht ein Beitrittsrecht zur sozialen oder privaten Pflegeversicherung nur für nicht pflegeversicherte Personen, die als Zuwanderer oder Auslandsrückkehrer bei Wohnsitznahme im Inland einen Tatbestand der Versicherungspflicht nach diesem Buch erfüllen und das 65. Lebensjahr noch nicht vollendet haben, sowie für nicht versicherungspflichtige Personen mit Wohnsitz im Inland, bei denen die Ausschlussgründe nach Absatz 1 Satz 2 entfallen sind. ₂Der Beitritt ist gegenüber der nach § 48 Abs. 2 gewählten Pflegekasse oder

dem gewählten privaten Versicherungsunternehmen schriftlich innerhalb von drei Monaten nach Wohnsitznahme im Inland oder nach Wegfall der Ausschlussgründe nach Absatz 1 Satz 2 mit Wirkung vom 1. des Monats zu erklären, der auf die Beitrittserklärung folgt. ₃Auf den privaten Versicherungsvertrag findet § 110 Abs. 3 Anwendung. ₄Das Beitrittsrecht nach Satz 1 ist nicht gegeben in Fällen, in denen ohne zwingenden Grund von den in den Absätzen 1 und 2 geregelten Beitrittsrechten kein Gebrauch gemacht worden ist oder in denen die in Absatz 2 Satz 2 aufgeführten Ausschlussgründe vorliegen.

§ 27 Kündigung eines privaten Pflegeversicherungsvertrages

₁Personen, die nach den §§ 20 oder 21 versicherungspflichtig werden und bei einem privaten Krankenversicherungsunternehmen gegen Pflegebedürftigkeit versichert sind, können ihren Versicherungsvertrag mit Wirkung vom Eintritt der Versicherungspflicht an kündigen. ₂Das Kündigungsrecht gilt auch für Familienangehörige oder Lebenspartner, wenn für sie eine Familienversicherung nach § 25 eintritt. ₃§ 5 Absatz 9 des Fünften Buches gilt entsprechend.

Viertes Kapitel
Leistungen der Pflegeversicherung

8

Erster Abschnitt
Übersicht über die Leistungen

§ 28 Leistungsarten, Grundsätze

(1) Die Pflegeversicherung gewährt folgende Leistungen:

1. Pflegesachleistung (§ 36),
2. Pflegegeld für selbst beschaffte Pflegehilfen (§ 37),
3. Kombination von Geldleistung und Sachleistung (§ 38),
4. häusliche Pflege bei Verhinderung der Pflegeperson (§ 39),
5. Pflegehilfsmittel und wohnumfeldverbessernde Maßnahmen (§ 40),
6. Tagespflege und Nachtpflege (§ 41),
7. Kurzzeitpflege (§ 42),
8. vollstationäre Pflege (§ 43),

9. Pflege in vollstationären Einrichtungen der Hilfe für behinderte Menschen (§ 43a),

9a. Zusätzliche Betreuung und Aktivierung in stationären Pflegeeinrichtungen (§ 43b),

10. Leistungen zur sozialen Sicherung der Pflegepersonen (§ 44),

11. zusätzliche Leistungen bei Pflegezeit und kurzzeitiger Arbeitsverhinderung (§ 44a),

12. Pflegekurse für Angehörige und ehrenamtliche Pflegepersonen (§ 45),

12a. Umwandlung des ambulanten Sachleistungsbetrags (§ 45a),

13. Entlastungsbetrag (§ 45b),

14. Leistungen des Persönlichen Budgets nach § 29 des Neunten Buches,

15. zusätzliche Leistungen für Pflegebedürftige in ambulant betreuten Wohngruppen (§ 38a).

(1a) Versicherte haben gegenüber ihrer Pflegekasse oder ihrem Versicherungsunternehmen Anspruch auf Pflegeberatung (§ 7a).

(1b) Bis zum Erreichen des in § 45e Absatz 2 Satz 2 genannten Zeitpunkts haben Pflegebedürftige unter den Voraussetzungen des § 45e Absatz 1 Anspruch auf Anschubfinanzierung bei Gründung von ambulant betreuten Wohngruppen.

(2) Personen, die nach beamtenrechtlichen Vorschriften oder Grundsätzen bei Krankheit und Pflege Anspruch auf Beihilfe oder Heilfürsorge haben, erhalten die jeweils zustehenden Leistungen zur Hälfte; dies gilt auch für den Wert von Sachleistungen.

(3) Die Pflegekassen und die Leistungserbringer haben sicherzustellen, daß die Leistungen nach Absatz 1 nach allgemein anerkanntem Stand medizinisch-pflegerischer Erkenntnisse erbracht werden.

(4) Pflege schließt Sterbebegleitung mit ein; Leistungen anderer Sozialleistungsträger bleiben unberührt.

§ 28a Leistungen bei Pflegegrad 1

(1) Abweichend von § 28 Absatz 1 und 1a gewährt die Pflegeversicherung bei Pflegegrad 1 folgende Leistungen:

1. Pflegeberatung gemäß den §§ 7a und 7b,

2. Beratung in der eigenen Häuslichkeit gemäß § 37 Absatz 3,

3. zusätzliche Leistungen für Pflegebedürftige in ambulant betreuten Wohngruppen gemäß § 38a, ohne dass § 38a Absatz 1 Satz 1 Nummer 2 erfüllt sein muss,

4. Versorgung mit Pflegehilfsmitteln gemäß § 40 Absatz 1 bis 3 und 5,

5. finanzielle Zuschüsse für Maßnahmen zur Verbesserung des individuellen oder gemeinsamen Wohnumfelds gemäß § 40 Absatz 4,

6. zusätzliche Betreuung und Aktivierung in stationären Pflegeeinrichtungen gemäß § 43b,

7. zusätzliche Leistungen bei Pflegezeit und kurzzeitiger Arbeitsverhinderung gemäß § 44a,

8. Pflegekurse für Angehörige und ehrenamtliche Pflegepersonen gemäß § 45.

(2) ₁Zudem gewährt die Pflegeversicherung den Entlastungsbetrag gemäß § 45b Absatz 1 Satz 1 in Höhe von 125 Euro monatlich. ₂Dieser kann gemäß § 45b im Wege der Erstattung von Kosten eingesetzt werden, die dem Versicherten im Zusammenhang mit der Inanspruchnahme von Leistungen der Tages- und Nachtpflege sowie der Kurzzeitpflege, von Leistungen der ambulanten Pflegedienste im Sinne des § 36 sowie von Leistungen der nach Landesrecht anerkannten Angebote zur Unterstützung im Alltag im Sinne des § 45a Absatz 1 und 2 entstehen.

(3) Wählen Pflegebedürftige des Pflegegrades 1 vollstationäre Pflege, gewährt die Pflegeversicherung gemäß § 43 Absatz 3 einen Zuschuss in Höhe von 125 Euro monatlich.

Zweiter Abschnitt
Gemeinsame Vorschriften

§ 29 Wirtschaftlichkeitsgebot

(1)₁Die Leistungen müssen wirksam und wirtschaftlich sein; sie dürfen das Maß des Notwendigen nicht übersteigen. ₂Leistungen, die diese Voraussetzungen nicht erfüllen, können Pflegebedürftige nicht beanspruchen, dürfen die Pflegekassen nicht bewilligen und dürfen die Leistungserbringer nicht zu Lasten der sozialen Pflegeversicherung bewirken.

(2) Leistungen dürfen nur bei Leistungserbringern in Anspruch genommen werden, mit denen die Pflegekassen oder die für sie tätigen Verbände Verträge abgeschlossen haben.

§ 30 Dynamisierung, Verordnungsermächtigung

(1) ₁Die Bundesregierung prüft alle drei Jahre, erneut im Jahre 2020, Notwendigkeit und Höhe einer Anpassung der Leistungen der Pflegeversicherung. ₂Als ein Orientierungswert für die Anpassungsnotwendigkeit dient die kumulierte Preisentwicklung in den letzten drei abgeschlossenen Kalenderjahren; dabei ist sicherzustellen, dass der Anstieg der Leistungsbeträge nicht höher ausfällt als die Bruttolohnentwicklung im gleichen Zeitraum. ₃Bei der Prüfung können die gesamtwirtschaftlichen Rahmenbedingungen mit berücksichtigt werden. ₄Die Bundesregierung legt den gesetzgebenden Körperschaften des Bundes einen Bericht über das Ergebnis der Prüfung und die tragenden Gründe vor.

(2) ₁Die Bundesregierung wird ermächtigt, nach Vorlage des Berichts unter Berücksichtigung etwaiger Stellungnahmen der gesetzgebenden Körperschaften des Bundes die Höhe der Leistungen der Pflegeversicherung durch Rechtsverordnung mit Zustimmung des Bundesrates zum 1. Januar des Folgejahres anzupassen. ₂Die Rechtsverordnung soll frühestens zwei Monate nach Vorlage des Berichts erlassen werden, um den gesetzgebenden Körperschaften des Bundes Gelegenheit zur Stellungnahme zu geben.

§ 31 Vorrang der Rehabilitation vor Pflege

(1) ₁Die Pflegekassen prüfen im Einzelfall, welche Leistungen zur medizinischen Rehabilitation und ergänzenden Leistungen geeignet und zumutbar sind, Pflegebedürftigkeit zu überwinden, zu mindern oder ihre Verschlimmerung zu verhüten. ₂Werden Leistungen nach diesem Buch gewährt, ist bei Nachuntersuchungen die Frage geeigneter und zumutbarer Leistungen zur medizinischen Rehabilitation mit zu prüfen.

(2) Die Pflegekassen haben bei der Einleitung und Ausführung der Leistungen zur Pflege sowie bei Beratung, Auskunft und Aufklärung mit den Trägern der Rehabilitation eng zusammenzuarbeiten, um Pflegebedürftigkeit zu vermeiden, zu überwinden, zu mindern oder ihre Verschlimmerung zu verhüten.

(3) ₁Wenn eine Pflegekasse durch die gutachterlichen Feststellungen des Medizinischen Dienstes der Krankenversicherung (§ 18 Abs. 6) oder auf sonstige Weise feststellt, dass im Einzelfall Leistungen zur medizinischen Rehabilitation angezeigt sind, informiert sie unverzüglich den Versicherten sowie mit dessen Einwilligung den behandelnden Arzt und leitet mit Einwilligung des Versicherten eine entsprechende Mitteilung dem zuständigen Rehabilitationsträger zu. ₂Die Pflegekasse weist den Versicherten gleichzeitig auf seine Eigenverantwortung und Mitwirkungspflicht hin. ₃Soweit der Versicherte eingewilligt hat, gilt die Mitteilung an den Rehabilitationsträger als Antragstellung für das Verfahren nach § 14 des Neunten Buches. ₄Die Pflegekasse ist über die Leistungsentscheidung des zuständigen Rehabilitationsträgers unverzüglich zu informieren. ₅Sie prüft in einem angemessenen zeitlichen Abstand, ob entsprechende Maßnahmen durchgeführt worden sind; soweit erforderlich, hat sie vorläufige Leistungen zur medizinischen Rehabilitation nach § 32 Abs. 1 zu erbringen.

§ 32 Vorläufige Leistungen zur medizinischen Rehabilitation

(1) Die Pflegekasse erbringt vorläufige Leistungen zur medizinischen Rehabilitation, wenn eine sofortige Leistungserbringung erforderlich ist, um eine unmittelbar drohende Pflegebedürftigkeit zu vermeiden, eine bestehende Pflegebedürftigkeit zu überwinden, zu mindern oder eine Verschlimmerung der Pflegebedürftigkeit zu verhüten, und sonst die sofortige Einleitung der Leistungen gefährdet wäre.

(2) Die Pflegekasse hat zuvor den zuständigen Träger zu unterrichten und auf die Eilbedürftigkeit der Leistungsgewährung hinzuweisen; wird dieser nicht rechtzeitig, spätestens jedoch vier Wochen nach Antragstel-

8

lung, tätig, erbringt die Pflegekasse die Leistungen vorläufig.

§ 33 Leistungsvoraussetzungen

(1) ₁Versicherte erhalten die Leistungen der Pflegeversicherung auf Antrag. ₂Die Leistungen werden ab Antragstellung gewährt, frühestens jedoch von dem Zeitpunkt an, in dem die Anspruchsvoraussetzungen vorliegen. ₃Wird der Antrag nicht in dem Kalendermonat, in dem die Pflegebedürftigkeit eingetreten ist, sondern später gestellt, werden die Leistungen vom Beginn des Monats der Antragstellung an gewährt. ₄Die Zuordnung zu einem Pflegegrad und die Bewilligung von Leistungen können befristet werden und enden mit Ablauf der Frist. ₅Die Befristung erfolgt, wenn und soweit eine Verringerung der Beeinträchtigungen der Selbständigkeit oder der Fähigkeiten nach der Einschätzung des Medizinischen Dienstes der Krankenversicherung zu erwarten ist. ₆Die Befristung kann wiederholt werden und schließt Änderungen bei der Zuordnung zu einem Pflegegrad und bei bewilligten Leistungen im Befristungszeitraum nicht aus, soweit dies durch Rechtsvorschriften des Sozialgesetzbuches angeordnet oder erlaubt ist. ₇Der Befristungszeitraum darf insgesamt die Dauer von drei Jahren nicht überschreiten. ₈Um eine nahtlose Leistungsgewährung sicherzustellen, hat die Pflegekasse vor Ablauf einer Befristung rechtzeitig zu prüfen und dem Pflegebedürftigen sowie der ihn betreuenden Pflegeeinrichtung mitzuteilen, ob Pflegeleistungen weiterhin bewilligt werden und welchem Pflegegrad der Pflegebedürftige zuzuordnen ist.

(2) ₁Anspruch auf Leistungen besteht, wenn der Versicherte in den letzten zehn Jahren vor der Antragstellung mindestens zwei Jahre als Mitglied versichert oder nach § 25 familienversichert war. ₂Zeiten der Weiterversicherung nach § 26 Abs. 2 werden bei der Ermittlung der nach Satz 1 erforderlichen Vorversicherungszeit mitberücksichtigt. ₃Für versicherte Kinder gilt die Vorversicherungszeit nach Satz 1 als erfüllt, wenn ein Elternteil sie erfüllt.

(3) Personen, die wegen des Eintritts von Versicherungspflicht in der sozialen Pflege-

versicherung oder von Familienversicherung nach § 25 aus der privaten Pflegeversicherung ausscheiden, ist die dort unter unterbrochen zurückgelegte Versicherungszeit auf die Vorversicherungszeit nach Absatz 2 anzurechnen.

§ 33a Leistungsausschluss

₁Auf Leistungen besteht kein Anspruch, wenn sich Personen in den Geltungsbereich dieses Gesetzbuchs begeben, um in einer Versicherung nach § 20 Abs. 1 Satz 2 Nr. 12 oder auf Grund dieser Versicherung in einer Versicherung nach § 25 missbräuchlich Leistungen in Anspruch zu nehmen. ₂Das Nähere zur Durchführung regelt die Pflegekasse in ihrer Satzung.

§ 34 Ruhen der Leistungsansprüche

(1) Der Anspruch auf Leistungen ruht:

1. solange sich der Versicherte im Ausland aufhält. Bei vorübergehendem Auslandsaufenthalt von bis zu sechs Wochen im Kalenderjahr ist das Pflegegeld nach § 37 oder anteiliges Pflegegeld nach § 38 weiter zu gewähren. Für die Pflegesachleistung gilt dies nur, soweit die Pflegekraft, die ansonsten die Pflegesachleistung erbringt, den Pflegebedürftigen während des Auslandsaufenthaltes begleitet,

2. soweit Versicherte Entschädigungsleistungen wegen Pflegebedürftigkeit unmittelbar nach § 35 des Bundesversorgungsgesetzes oder nach den Gesetzen, die eine entsprechende Anwendung des Bundesversorgungsgesetzes vorsehen, aus der gesetzlichen Unfallversicherung oder aus öffentlichen Kassen auf Grund gesetzlich geregelter Unfallversorgung oder Unfallfürsorge erhalten. Dies gilt auch, wenn vergleichbare Leistungen aus dem Ausland oder von einer zwischenstaatlichen oder überstaatlichen Einrichtung bezogen werden.

(1a) Der Anspruch auf Pflegegeld nach § 37 oder anteiliges Pflegegeld nach § 38 ruht nicht bei pflegebedürftigen Versicherten, die sich in einem Mitgliedstaat der Europäischen Union, einem Vertragsstaat des Abkommens über den Europäischen Wirtschaftsraum oder der Schweiz aufhalten.

(2) ₁Der Anspruch auf Leistungen bei häuslicher Pflege ruht darüber hinaus, soweit im Rahmen des Anspruchs auf häusliche Krankenpflege (§ 37 des Fünften Buches) auch Anspruch auf Leistungen besteht, deren Inhalt den Leistungen nach § 36 entspricht, sowie für die Dauer des stationären Aufenthalts in einer Einrichtung im Sinne des § 71 Abs. 4, soweit § 39 nichts Abweichendes bestimmt. ₂Pflegegeld nach § 37 oder anteiliges Pflegegeld nach § 38 ist in den ersten vier Wochen einer vollstationären Krankenhausbehandlung, einer häuslichen Krankenpflege mit Anspruch auf Leistungen, deren Inhalt den Leistungen nach § 36 entspricht, oder einer Aufnahme in Vorsorge- oder Rehabilitationseinrichtungen nach § 107 Absatz 2 des Fünften Buches weiter zu zahlen; bei Pflegebedürftigen, die ihre Pflege durch von ihnen beschäftigte besondere Pflegekräfte sicherstellen und bei denen § 63b Absatz 6 Satz 1 des Zwölften Buches Anwendung findet, wird das Pflegegeld nach § 37 oder anteiliges Pflegegeld nach § 38 auch über die ersten vier Wochen hinaus weiter gezahlt.

(3) Die Leistungen zur sozialen Sicherung nach den §§ 44 und 44a ruhen nicht für die Dauer der häuslichen Krankenpflege, bei vorübergehendem Auslandsaufenthalt des Versicherten oder Erholungsurlaub der Pflegeperson von bis zu sechs Wochen im Kalenderjahr sowie in den ersten vier Wochen einer vollstationären Krankenhausbehandlung oder einer stationären Leistung zur medizinischen Rehabilitation.

§ 35 Erlöschen der Leistungsansprüche

₁Der Anspruch auf Leistungen erlischt mit dem Ende der Mitgliedschaft, soweit in diesem Buch nichts Abweichendes bestimmt ist. ₂§ 19 Absatz 1a des Fünften Buches gilt entsprechend.

§ 35a Teilnahme an einem Persönlichen Budget nach § 29 des Neunten Buches

₁Pflegebedürftigen werden auf Antrag die Leistungen nach den §§ 36, 37 Abs. 1, §§ 38, 40 Abs. 2 und § 41 durch ein Persönliches Budget nach § 29 des Neunten Buches erbracht; bei der Kombinationsleistung nach § 38 ist nur das anteilige und im Voraus bestimmte Pflegegeld als Geldleistung budgetfähig, die Sachleistungen nach den §§ 36, 38 und 41 dürfen nur in Form von Gutscheinen zur Verfügung gestellt werden, die zur Inanspruchnahme von zugelassenen Pflegeeinrichtungen nach diesem Buch berechtigen. ₂Der Leistungsträger, der das Persönliche Budget nach § 29 Absatz 3 des Neunten Buches durchführt, hat sicherzustellen, dass eine den Vorschriften dieses Buches entsprechende Leistungsbewilligung und Verwendung der Leistungen durch den Pflegebedürftigen gewährleistet ist. ₃Andere als die in Satz 1 genannten Leistungsansprüche bleiben ebenso wie die sonstigen Vorschriften dieses Buches unberührt.

Dritter Abschnitt
Leistungen

Erster Titel
Leistungen bei häuslicher Pflege

§ 36 Pflegesachleistung

(1) ₁Pflegebedürftige der Pflegegrade 2 bis 5 haben bei häuslicher Pflege Anspruch auf körperbezogene Pflegemaßnahmen und pflegerische Betreuungsmaßnahmen sowie auf Hilfen bei der Haushaltsführung als Sachleistung (häusliche Pflegehilfe). ₂Der Anspruch umfasst pflegerische Maßnahmen in den in § 14 Absatz 2 genannten Bereichen Mobilität, kognitive und kommunikative Fähigkeiten, Verhaltensweisen und psychische Problemlagen, Selbstversorgung, Bewältigung von und selbständiger Umgang mit krankheits- oder therapiebedingten Anforderungen und Belastungen sowie Gestaltung des Alltagslebens und sozialer Kontakte.

(2) ₁Häusliche Pflegehilfe wird erbracht, um Beeinträchtigungen der Selbständigkeit oder der Fähigkeiten des Pflegebedürftigen so weit wie möglich durch pflegerische Maßnahmen zu beseitigen oder zu mindern und eine Verschlimmerung der Pflegebedürftigkeit zu verhindern. ₂Bestandteil der häuslichen Pflegehilfe ist auch die pflegefachliche Anleitung von Pflegebedürftigen und Pflegepersonen. ₃Pflegerische Betreuungsmaßnahmen umfassen Unterstützungsleistungen zur

8

Bewältigung und Gestaltung des alltäglichen Lebens im häuslichen Umfeld, insbesondere

1. bei der Bewältigung psychosozialer Problemlagen oder von Gefährdungen,
2. bei der Orientierung, bei der Tagesstrukturierung, bei der Kommunikation, bei der Aufrechterhaltung sozialer Kontakte und bei bedürfnisgerechten Beschäftigungen im Alltag sowie
3. durch Maßnahmen zur kognitiven Aktivierung.

(3) Der Anspruch auf häusliche Pflegehilfe umfasst je Kalendermonat

1. für Pflegebedürftige des Pflegegrades 2 Leistungen bis zu einem Gesamtwert von 689 Euro,
2. für Pflegebedürftige des Pflegegrades 3 Leistungen bis zu einem Gesamtwert von 1298 Euro,
3. für Pflegebedürftige des Pflegegrades 4 Leistungen bis zu einem Gesamtwert von 1612 Euro,
4. für Pflegebedürftige des Pflegegrades 5 Leistungen bis zu einem Gesamtwert von 1995 Euro.

(4) ₁Häusliche Pflegehilfe ist auch zulässig, wenn Pflegebedürftige nicht in ihrem eigenen Haushalt gepflegt werden; sie ist nicht zulässig, wenn Pflegebedürftige in einer stationären Pflegeeinrichtung oder in einer Einrichtung im Sinne des § 71 Absatz 4 gepflegt werden. ₂Häusliche Pflegehilfe wird durch geeignete Pflegekräfte erbracht, die entweder von der Pflegekasse oder bei ambulanten Pflegeeinrichtungen, mit denen die Pflegekasse einen Versorgungsvertrag abgeschlossen hat, angestellt sind. ₃Auch durch Einzelpersonen, mit denen die Pflegekasse einen Vertrag nach § 77 Absatz 1 abgeschlossen hat, kann häusliche Pflegehilfe als Sachleistung erbracht werden. ₄Mehrere Pflegebedürftige können häusliche Pflegehilfe gemeinsam in Anspruch nehmen.

§ 37 Pflegegeld für selbst beschaffte Pflegehilfen

(1) ₁Pflegebedürftige der Pflegegrade 2 bis 5 können anstelle der häuslichen Pflegehilfe ein Pflegegeld beantragen. ₂Der Anspruch setzt voraus, dass der Pflegebedürftige mit dem Pflegegeld dessen Umfang entsprechend die erforderlichen körperbezogenen Pflegemaßnahmen und pflegerischen Betreuungsmaßnahmen sowie Hilfen bei der Haushaltsführung in geeigneter Weise selbst sicherstellt. ₃Das Pflegegeld beträgt je Kalendermonat

1. 316 Euro für Pflegebedürftige des Pflegegrades 2,
2. 545 Euro für Pflegebedürftige des Pflegegrades 3,
3. 728 Euro für Pflegebedürftige des Pflegegrades 4,
4. 901 Euro für Pflegebedürftige des Pflegegrades 5.

(2) ₁Besteht der Anspruch nach Absatz 1 nicht für den vollen Kalendermonat, ist der Geldbetrag entsprechend zu kürzen; dabei ist der Kalendermonat mit 30 Tagen anzusetzen. ₂Die Hälfte des bisher bezogenen Pflegegeldes wird während einer Kurzzeitpflege nach § 42 für bis zu acht Wochen und während einer Verhinderungspflege nach § 39 für bis zu sechs Wochen je Kalenderjahr fortgewährt. ₃Das Pflegegeld wird bis zum Ende des Kalendermonats geleistet, in dem der Pflegebedürftige gestorben ist. ₄§ 118 Abs. 3 und 4 des Sechsten Buches gilt entsprechend, wenn für die Zeit nach dem Monat, in dem der Pflegebedürftige verstorben ist, Pflegegeld überwiesen wurde.

(3) ₁Pflegebedürftige, die Pflegegeld nach Absatz 1 beziehen, haben

1. bei Pflegegrad 2 und 3 halbjährlich einmal,
2. bei Pflegegrad 4 und 5 vierteljährlich einmal

eine Beratung in der eigenen Häuslichkeit durch einen zugelassenen Pflegedienst, durch eine von den Landesverbänden der Pflegekassen nach Absatz 7 anerkannte Beratungsstelle mit nachgewiesener pflegefachlicher Kompetenz oder, sofern dies durch einen zugelassenen Pflegedienst vor Ort oder eine von den Landesverbänden der Pflegekassen anerkannte Beratungsstelle mit nachgewiesener pflegefachlicher Kompetenz nicht gewährleistet werden kann, eine von der Pflegekasse beauftragte, jedoch von ihr nicht beschäftigte Pflegefachkraft abzurufen. ₂Die Beratung dient der Sicherung der

Qualität der häuslichen Pflege und der regelmäßigen Hilfestellung und praktischen pflegefachlichen Unterstützung der häuslich Pflegenden. ₃Die Pflegebedürftigen und die häuslich Pflegenden sind bei der Beratung auch auf die Auskunfts-, Beratungs- und Unterstützungsangebote des für sie zuständigen Pflegestützpunktes sowie auf die Pflegeberatung nach § 7a hinzuweisen. ₄Die Vergütung für die Beratung ist von der zuständigen Pflegekasse, bei privat Pflegeversicherten von dem zuständigen privaten Versicherungsunternehmen zu tragen, im Fall der Beihilfeberechtigung anteilig von den Beihilfefestsetzungsstellen. ₅Die Höhe der Vergütung für die Beratung durch einen zugelassenen Pflegedienst oder durch eine von der Pflegekasse beauftragte Pflegefachkraft vereinbaren die Pflegekassen oder deren Arbeitsgemeinschaften in entsprechender Anwendung des § 89 Absatz 1 und 3 mit dem Träger des zugelassenen Pflegedienstes oder mit der von der Pflegekasse beauftragten Pflegefachkraft unter Berücksichtigung der Empfehlungen nach Absatz 5. ₆Die Vergütung kann nach Pflegegraden gestaffelt werden. ₇Über die Höhe der Vergütung erkannter Beratungsstellen und von Beratungspersonen der kommunalen Gebietskörperschaften entscheiden ab dem Jahr 2020 die Landesverbände der Pflegekassen unter Zugrundelegung der im jeweiligen Land nach Satz 5 und 6 vereinbarten Vergütungssätze jeweils für die Dauer eines Jahres. ₈Die Landesverbände haben die jeweilige Festlegung der Vergütungshöhe in geeigneter Weise zu veröffentlichen. ₉Pflegebedürftige des Pflegegrades 1 haben Anspruch, halbjährlich einmal einen Beratungsbesuch abzurufen. ₁₀Beziehen Pflegebedürftige von einem ambulanten Pflegedienst Pflegesachleistungen, können sie ebenfalls halbjährlich einmal einen Beratungsbesuch in Anspruch nehmen; für die Vergütung der Beratung gelten die Sätze 4 bis 9.

(4) ₁Die Pflegedienste und die anerkannten Beratungsstellen sowie die beauftragten Pflegefachkräfte haben die Durchführung der Beratungseinsätze gegenüber der Pflegekasse oder dem privaten Versicherungsunternehmen zu bestätigen sowie die bei dem Be-

ratungsbesuch gewonnenen Erkenntnisse über die Möglichkeiten der Verbesserung der häuslichen Pflegesituation dem Pflegebedürftigen und mit dessen Einwilligung der Pflegekasse oder dem privaten Versicherungsunternehmen mitzuteilen, im Fall der Beihilfeberechtigung auch der zuständigen Beihilfefestsetzungsstelle. ₂Der Spitzenverband Bund der Pflegekassen und die privaten Versicherungsunternehmen stellen ihnen für diese Mitteilung ein einheitliches Formular zur Verfügung. ₃Erteilt die pflegebedürftige Person die Einwilligung nicht, ist jedoch nach Überzeugung der Beratungsperson eine weitergehende Beratung angezeigt, übermittelt die jeweilige Beratungsstelle diese Einschätzung über die Erforderlichkeit einer weitergehenden Beratung der zuständigen Pflegekasse oder dem zuständigen privaten Versicherungsunternehmen. ₄Diese haben eine weitergehende Beratung nach § 7a anzubieten. ₅Der beauftragte Pflegedienst und die anerkannte Beratungsstelle haben dafür Sorge zu tragen, dass für einen Beratungsbesuch im häuslichen Bereich Pflegekräfte eingesetzt werden, die spezifisches Wissen zu dem Krankheits- und Behinderungsbild sowie des sich daraus ergebenden Hilfebedarfs des Pflegebedürftigen mitbringen und über besondere Beratungskompetenz verfügen. ₆Zudem soll bei der Planung für die Beratungsbesuche weitestgehend sichergestellt werden, dass der Beratungsbesuch bei einem Pflegebedürftigen möglichst auf Dauer von derselben Pflegekraft durchgeführt wird.

(5) ₁Die Vertragsparteien nach § 113 beschließen gemäß § 113b bis zum 1. Januar 2018 unter Beachtung der in Absatz 4 festgelegten Anforderungen Empfehlungen zur Qualitätssicherung der Beratungsbesuche nach Absatz 3. ₂Die Empfehlungen enthalten Ausführungen wenigstens

1. zu Beratungsstandards,

2. zur erforderlichen Qualifikation der Beratungspersonen sowie

3. zu erforderlichenfalls einzuleitenden Maßnahmen im Einzelfall.

₃Fordert das Bundesministerium für Gesundheit oder eine Vertragspartei nach § 113 im Einvernehmen mit dem Bundesministerium

8

für Gesundheit die Vertragsparteien schriftlich zum Beschluss neuer Empfehlungen nach Satz 1 auf, sind diese innerhalb von sechs Monaten nach Eingang der Aufforderung neu zu beschließen. ₄Die Empfehlungen gelten für die anerkannten Beratungsstellen entsprechend.

(5a) ₁Der Spitzenverband Bund der Pflegekassen beschließt mit dem Verband der privaten Krankenversicherung e. V. bis zum 1. Januar 2020 Richtlinien zur Aufbereitung, Bewertung und standardisierten Dokumentation der Erkenntnisse aus dem jeweiligen Beratungsbesuch durch die Pflegekasse oder das private Versicherungsunternehmen. ₂Die Richtlinien werden erst wirksam, wenn das Bundesministerium für Gesundheit sie genehmigt. ₃Die Genehmigung gilt als erteilt, wenn die Richtlinien nicht innerhalb von zwei Monaten, nachdem sie dem Bundesministerium für Gesundheit vorgelegt worden sind, beanstandet werden. ₄Beanstandungen des Bundesministeriums für Gesundheit sind innerhalb der von ihm gesetzten Frist zu beheben.

(6) Rufen Pflegebedürftige die Beratung nach Absatz 3 Satz 1 nicht ab, hat die Pflegekasse oder das private Versicherungsunternehmen das Pflegegeld angemessen zu kürzen und im Wiederholungsfall zu entziehen.

(7) ₁Die Landesverbände der Pflegekassen haben neutrale und unabhängige Beratungsstellen zur Durchführung der Beratung nach den Absätzen 3 und 4 anzuerkennen. ₂Dem Antrag auf Anerkennung ist ein Nachweis über die erforderliche pflegefachliche Kompetenz der Beratungsstelle und ein Konzept zur Qualitätssicherung des Beratungsangebotes beizufügen. ₃Die Landesverbände der Pflegekassen regeln das Nähere zur Anerkennung der Beratungsstellen.

(8) ₁Die Beratungsbesuche nach Absatz 3 können auch von Pflegeberaterinnen und Pflegeberatern im Sinne des § 7a oder von Beratungspersonen der kommunalen Gebietskörperschaften, die die erforderliche pflegefachliche Kompetenz aufweisen, durchgeführt werden. ₂Absatz 4 findet entsprechende Anwendung. ₃Die Inhalte der Empfehlungen zur Qualitätssicherung der

Beratungsbesuche nach Absatz 5 sind zu beachten.

(9) Beratungsbesuche nach Absatz 3 dürfen von Betreuungsdiensten im Sinne des § 71 Absatz 1a nicht durchgeführt werden.

§ 38 Kombination von Geldleistung und Sachleistung (Kombinationsleistung)

₁Nimmt der Pflegebedürftige die ihm nach § 36 Absatz 3 zustehende Sachleistung nur teilweise in Anspruch, erhält er daneben ein anteiliges Pflegegeld im Sinne des § 37. ₂Das Pflegegeld wird um den Vomhundertsatz vermindert, in dem der Pflegebedürftige Sachleistungen in Anspruch genommen hat. ₃An die Entscheidung, in welchem Verhältnis er Geld- und Sachleistung in Anspruch nehmen will, ist der Pflegebedürftige für die Dauer von sechs Monaten gebunden. ₄Anteiliges Pflegegeld wird während einer Kurzzeitpflege nach § 42 für bis zu acht Wochen und während einer Verhinderungspflege nach § 39 für bis zu sechs Wochen je Kalenderjahr in Höhe der Hälfte der vor Beginn der Kurzzeit- oder Verhinderungspflege geleisteten Höhe fortgewährt. ₅Pflegebedürftige in vollstationären Einrichtungen der Hilfe für behinderte Menschen (§ 43a) haben Anspruch auf ungekürztes Pflegegeld anteilig für die Tage, an denen sie sich in häuslicher Pflege befinden.

§ 38a Zusätzliche Leistungen für Pflegebedürftige in ambulant betreuten Wohngruppen

(1) ₁Pflegebedürftige haben Anspruch auf einen pauschalen Zuschlag in Höhe von 214 Euro monatlich, wenn

1. sie mit mindestens zwei und höchstens elf weiteren Personen in einer ambulant betreuten Wohngruppe in einer gemeinsamen Wohnung zum Zweck der gemeinschaftlich organisierten pflegerischen Versorgung leben und davon mindestens zwei weitere Personen pflegebedürftig im Sinne der §§ 14, 15 sind,

2. sie Leistungen nach den §§ 36, 37, 38, 45a oder § 45b beziehen,

3. eine Person durch die Mitglieder der Wohngruppe gemeinschaftlich beauftragt

ist, unabhängig von der individuellen pflegerischen Versorgung allgemeine organisatorische, verwaltende, betreuende oder das Gemeinschaftsleben fördernde Tätigkeiten zu verrichten oder die Wohngruppenmitglieder bei der Haushaltsführung zu unterstützen, und

4. keine Versorgungsform einschließlich teilstationärer Pflege vorliegt, in der ein Anbieter der Wohngruppe oder ein Dritter den Pflegebedürftigen Leistungen anbietet oder gewährleistet, die dem im jeweiligen Rahmenvertrag nach § 75 Absatz 1 für vollstationäre Pflege vereinbarten Leistungsumfang weitgehend entsprechen; der Anbieter einer ambulant betreuten Wohngruppe hat die Pflegebedürftigen vor deren Einzug in die Wohngruppe in geeigneter Weise darauf hinzuweisen, dass dieser Leistungsumfang von ihm oder einem Dritten nicht erbracht wird, sondern die Versorgung in der Wohngruppe auch durch die aktive Einbindung ihrer eigenen Ressourcen und ihres sozialen Umfelds sichergestellt werden kann.

₂Leistungen der Tages- und Nachtpflege gemäß § 41 können neben den Leistungen nach dieser Vorschrift nur in Anspruch genommen werden, wenn gegenüber der zuständigen Pflegekasse durch eine Prüfung des Medizinischen Dienstes der Krankenversicherung nachgewiesen ist, dass die Pflege in der ambulant betreuten Wohngruppe ohne teilstationäre Pflege nicht in ausreichendem Umfang sichergestellt ist; dies gilt entsprechend für die Versicherten der privaten Pflege-Pflichtversicherung.

(2) Die Pflegekassen sind berechtigt, zur Feststellung der Anspruchsvoraussetzungen bei dem Antragsteller folgende Daten zu erheben, zu verarbeiten und zu nutzen und folgende Unterlagen anzufordern:

1. eine formlose Bestätigung des Antragstellers, dass die Voraussetzungen nach Absatz 1 Nummer 1 erfüllt sind,

2. die Adresse und das Gründungsdatum der Wohngruppe,

3. den Mietvertrag einschließlich eines Grundrisses der Wohnung und den Pflegevertrag nach § 120,

4. Vorname, Name, Anschrift und Telefonnummer sowie Unterschrift der Person nach Absatz 1 Nummer 3 und

5. die vereinbarten Aufgaben der Person nach Absatz 1 Nummer 3.

§ 39 Häusliche Pflege bei Verhinderung der Pflegeperson

(1) ₁Ist eine Pflegeperson wegen Erholungsurlaubs, Krankheit oder aus anderen Gründen an der Pflege gehindert, übernimmt die Pflegekasse die nachgewiesenen Kosten einer notwendigen Ersatzpflege für längstens sechs Wochen je Kalenderjahr; § 34 Absatz 2 Satz 1 gilt nicht. ₂Voraussetzung ist, dass die Pflegeperson den Pflegebedürftigen vor der erstmaligen Verhinderung mindestens sechs Monate in seiner häuslichen Umgebung gepflegt hat und der Pflegebedürftige zum Zeitpunkt der Verhinderung mindestens in Pflegegrad 2 eingestuft ist. ₃Die Aufwendungen der Pflegekasse können sich im Kalenderjahr auf bis zu 1612 Euro belaufen, wenn die Ersatzpflege durch andere Pflegepersonen sichergestellt wird als solche, die mit dem Pflegebedürftigen bis zum zweiten Grade verwandt oder verschwägert sind oder die mit ihm in häuslicher Gemeinschaft leben.

(2) ₁Der Leistungsbetrag nach Absatz 1 Satz 3 kann um bis zu 806 Euro aus noch nicht in Anspruch genommenen Mitteln der Kurzzeitpflege nach § 42 Absatz 2 Satz 2 auf insgesamt bis zu 2418 Euro im Kalenderjahr erhöht werden. ₂Der für die Verhinderungspflege in Anspruch genommene Erhöhungsbetrag wird auf den Leistungsbetrag für eine Kurzzeitpflege nach § 42 Absatz 2 Satz 2 angerechnet.

(3) ₁Bei einer Ersatzpflege durch Pflegepersonen, die mit dem Pflegebedürftigen bis zum zweiten Grade verwandt oder verschwägert sind oder mit ihm in häuslicher Gemeinschaft leben, dürfen die Aufwendungen der Pflegekasse regelmäßig den Betrag des Pflegegeldes nach § 37 Absatz 1 Satz 3 für bis zu sechs Wochen nicht überschreiten. ₂Wird die Ersatzpflege von den in Satz 1 genannten Personen erwerbsmäßig ausgeübt, können sich die Aufwendungen der Pflegekasse abweichend von Satz 1 auf den Leistungsbetrag nach Absatz 1 Satz 3 belaufen; Absatz 2 fin-

8

det Anwendung. ₃Bei Bezug der Leistung in Höhe des Pflegegeldes für eine Ersatzpflege durch Pflegepersonen, die mit dem Pflegebedürftigen bis zum zweiten Grade verwandt oder verschwägert sind oder mit ihm in häuslicher Gemeinschaft leben, können von der Pflegekasse auf Nachweis notwendige Aufwendungen, die der Pflegeperson im Zusammenhang mit der Ersatzpflege entstanden sind, übernommen werden. ₄Die Aufwendungen der Pflegekasse nach den Sätzen 1 und 3 dürfen zusammen den Leistungsbetrag nach Absatz 1 Satz 3 nicht übersteigen; Absatz 2 findet Anwendung.

§ 40 Pflegehilfsmittel und wohnumfeldverbessernde Maßnahmen

(1) ₁Pflegebedürftige haben Anspruch auf Versorgung mit Pflegehilfsmitteln, die zur Erleichterung der Pflege oder zur Linderung der Beschwerden des Pflegebedürftigen beitragen oder ihm eine selbständigere Lebensführung ermöglichen, soweit die Hilfsmittel nicht wegen Krankheit oder Behinderung von der Krankenversicherung oder anderen zuständigen Leistungsträgern zu leisten sind. ₂Die Pflegekasse überprüft die Notwendigkeit der Versorgung mit den beantragten Pflegehilfsmitteln unter Beteiligung einer Pflegekraft oder des Medizinischen Dienstes. ₃Entscheiden sich Versicherte für eine Ausstattung des Pflegehilfsmittels, die über das Maß des Notwendigen hinausgeht, haben sie die Mehrkosten und die dadurch bedingten Folgekosten selbst zu tragen. ₄§ 33 Abs. 6 und 7 des Fünften Buches gilt entsprechend.

(2) ₁Die Aufwendungen der Pflegekassen für zum Verbrauch bestimmte Pflegehilfsmittel dürfen monatlich den Betrag von 40 Euro nicht übersteigen. ₂Die Leistung kann auch in Form einer Kostenerstattung erbracht werden.

(3) ₁Die Pflegekassen sollen technische Pflegehilfsmittel in allen geeigneten Fällen vorrangig leihweise überlassen. ₂Sie können die Bewilligung davon abhängig machen, daß die Pflegebedürftigen sich das Pflegehilfsmittel anpassen oder sich selbst oder die Pflegeperson in seinem Gebrauch ausbilden lassen. ₃Der Anspruch umfaßt auch die notwendige Änderung, Instandsetzung und Er-

satzbeschaffung von Pflegehilfsmitteln sowie die Ausbildung in ihrem Gebrauch. ₄Versicherte, die das 18. Lebensjahr vollendet haben, haben zu den Kosten der Pflegehilfsmittel mit Ausnahme der Pflegehilfsmittel nach Absatz 2 eine Zuzahlung von zehn vom Hundert, höchstens jedoch 25 Euro je Pflegehilfsmittel an die abgebende Stelle zu leisten. ₅Zur Vermeidung von Härten kann die Pflegekasse den Versicherten in entsprechender Anwendung des § 62 Abs. 1 Satz 1, 2 und 6 sowie Abs. 2 und 3 des Fünften Buches ganz oder teilweise von der Zuzahlung befreien. ₆Versicherte, die die für sie geltende Belastungsgrenze nach § 62 des Fünften Buches erreicht haben oder unter Berücksichtigung der Zuzahlung nach Satz 4 erreichen, sind hinsichtlich des die Belastungsgrenze überschreitenden Betrags von der Zuzahlung nach diesem Buch befreit. ₇Lehnen Versicherte die teilweise Überlassung eines Pflegehilfsmittels ohne zwingenden Grund ab, haben sie die Kosten des Pflegehilfsmittels in vollem Umfang selbst zu tragen.

(4) ₁Die Pflegekassen können subsidiär finanzielle Zuschüsse für Maßnahmen zur Verbesserung des individuellen Wohnumfeldes des Pflegebedürftigen gewähren, beispielsweise für technische Hilfen im Haushalt, wenn dadurch im Einzelfall die häusliche Pflege ermöglicht oder erheblich erleichtert oder eine möglichst selbständige Lebensführung des Pflegebedürftigen wiederhergestellt wird. ₂Die Zuschüsse dürfen einen Betrag in Höhe von 4000 Euro je Maßnahme nicht übersteigen. ₃Leben mehrere Pflegebedürftige in einer gemeinsamen Wohnung, dürfen die Zuschüsse für Maßnahmen zur Verbesserung des gemeinsamen Wohnumfeldes einen Betrag in Höhe von 4000 Euro je Pflegebedürftigem nicht übersteigen. ₄Der Gesamtbetrag je Maßnahme nach Satz 3 ist auf 16 000 Euro begrenzt und wird bei mehr als vier Anspruchsberechtigten anteilig auf die Versicherungsträger der Anspruchsberechtigten aufgeteilt.

(5) ₁Für Hilfsmittel und Pflegehilfsmittel, die sowohl den in § 23 und § 33 des Fünften Buches als auch den in Absatz 1 genannten Zwecken dienen können, prüft der Leistungsträger, bei dem die Leistung beantragt wird,

ob ein Anspruch gegenüber der Krankenkasse oder der Pflegekasse besteht und entscheidet über die Bewilligung der Hilfsmittel und Pflegehilfsmittel. ₂Zur Gewährleistung einer Absatz 1 Satz 1 entsprechenden Abgrenzung der Leistungsverpflichtungen der gesetzlichen Krankenversicherung und der sozialen Pflegeversicherung werden die Ausgaben für Hilfsmittel und Pflegehilfsmittel zwischen der jeweiligen Krankenkasse und der bei ihr errichteten Pflegekasse in einem bestimmten Verhältnis pauschal aufgeteilt. ₃Der Spitzenverband Bund der Krankenkassen bestimmt in Richtlinien, die erstmals bis zum 30. April 2012 zu beschließen sind, die Hilfsmittel und Pflegehilfsmittel nach Satz 1, das Verhältnis, in dem die Ausgaben aufzuteilen sind, sowie die Einzelheiten zur Umsetzung der Pauschalierung. ₄Er berücksichtigt dabei die bisherigen Ausgaben der Kranken- und Pflegekassen und stellt sicher, dass bei der Aufteilung der Zielsetzung der Vorschriften des Fünften Buches und dieses Buches zur Hilfsmittelversorgung sowie die Belange der Versicherten gewahrt bleiben. ₅Die Richtlinien bedürfen der Genehmigung des Bundesministeriums für Gesundheit und treten am ersten Tag des auf die Genehmigung folgenden Monats in Kraft; die Genehmigung kann mit Auflagen verbunden werden. ₆Die Richtlinien sind für die Kranken- und Pflegekassen verbindlich. ₇Für die nach Satz 3 bestimmten Hilfsmittel und Pflegehilfsmittel richtet sich die Zuzahlung nach den §§ 33, 61 und 62 des Fünften Buches; für die Prüfung des Leistungsanspruchs gilt § 275 Absatz 3 des Fünften Buches. ₈Die Regelungen dieses Absatzes gelten nicht für Ansprüche auf Hilfsmittel oder Pflegehilfsmittel von Pflegebedürftigen, die sich in vollstationärer Pflege befinden, sowie von Pflegebedürftigen nach § 28 Absatz 2.

Zweiter Titel
Teilstationäre Pflege und Kurzzeitpflege

§ 41 Tagespflege und Nachtpflege

(1) ₁Pflegebedürftige der Pflegegrade 2 bis 5 haben Anspruch auf teilstationäre Pflege in Einrichtungen der Tages- oder Nachtpflege, wenn häusliche Pflege nicht in ausreichen-

dem Umfang sichergestellt werden kann oder wenn dies zur Ergänzung oder Stärkung der häuslichen Pflege erforderlich ist. ₂Die teilstationäre Pflege umfaßt auch die notwendige Beförderung des Pflegebedürftigen von der Wohnung zur Einrichtung der Tagespflege oder der Nachtpflege und zurück.

(2) ₁Die Pflegekasse übernimmt im Rahmen der Leistungsbeträge nach Satz 2 die pflegebedingten Aufwendungen der teilstationären Pflege einschließlich der Aufwendungen für Betreuung und die Aufwendungen für die in der Einrichtung notwendigen Leistungen der medizinischen Behandlungspflege. ₂Der Anspruch auf teilstationäre Pflege umfasst je Kalendermonat

1. für Pflegebedürftige des Pflegegrades 2 einen Gesamtwert bis zu 689 Euro,

2. für Pflegebedürftige des Pflegegrades 3 einen Gesamtwert bis zu 1298 Euro,

3. für Pflegebedürftige des Pflegegrades 4 einen Gesamtwert bis zu 1612 Euro,

4. für Pflegebedürftige des Pflegegrades 5 einen Gesamtwert bis zu 1995 Euro.

(3) Pflegebedürftige der Pflegegrade 2 bis 5 können teilstationäre Tages- und Nachtpflege zusätzlich zu ambulanten Pflegesachleistungen, Pflegegeld oder der Kombinationsleistung nach § 38 in Anspruch nehmen, ohne dass eine Anrechnung auf diese Ansprüche erfolgt.

§ 42 Kurzzeitpflege

(1) ₁Kann die häusliche Pflege zeitweise nicht, noch nicht oder nicht im erforderlichen Umfang erbracht werden und reicht auch teilstationäre Pflege nicht aus, besteht für Pflegebedürftige der Pflegegrade 2 bis 5 Anspruch auf Pflege in einer vollstationären Einrichtung. ₂Dies gilt:

1. für eine Übergangszeit im Anschluß an eine stationäre Behandlung des Pflegebedürftigen oder

2. in sonstigen Krisensituationen, in denen vorübergehend häusliche oder teilstationäre Pflege nicht möglich oder nicht ausreichend ist.

(2) ₁Der Anspruch auf Kurzzeitpflege ist auf acht Wochen pro Kalenderjahr beschränkt. ₂Die Pflegekasse übernimmt die pflegebe-

8

dingten Aufwendungen einschließlich der Aufwendungen für Betreuung sowie die Aufwendungen für Leistungen der medizinischen Behandlungspflege bis zu dem Gesamtbetrag von 1612 Euro im Kalenderjahr. ₃Der Leistungsbetrag nach Satz 2 kann um bis zu 1612 Euro aus noch nicht in Anspruch genommenen Mitteln der Verhinderungspflege nach § 39 Absatz 1 Satz 3 auf insgesamt bis zu 3224 Euro im Kalenderjahr erhöht werden. ₄Der für die Kurzzeitpflege in Anspruch genommene Erhöhungsbetrag wird auf den Leistungsbetrag für eine Verhinderungspflege nach § 39 Absatz 1 Satz 3 angerechnet. (3) ₁Abweichend von den Absätzen 1 und 2 besteht der Anspruch auf Kurzzeitpflege in begründeten Einzelfällen bei zu Hause gepflegten Pflegebedürftigen auch in geeigneten Einrichtungen der Hilfe für behinderte Menschen und anderen geeigneten Einrichtungen, wenn die Pflege in einer von den Pflegekassen zur Kurzzeitpflege zugelassenen Pflegeeinrichtung nicht möglich ist oder nicht zumutbar erscheint. ₂§ 34 Abs. 2 Satz 1 findet keine Anwendung. ₃Sind in dem Entgelt für die Einrichtung Kosten für Unterkunft und Verpflegung sowie Aufwendungen für Investitionen enthalten, ohne gesondert ausgewiesen zu sein, so sind 60 vom Hundert des Entgelts zuschussfähig. ₄In begründeten Einzelfällen kann die Pflegekasse in Ansehung der Kosten für Unterkunft und Verpflegung sowie der Aufwendungen für Investitionen davon abweichende pauschale Abschläge vornehmen.

(4) Abweichend von den Absätzen 1 und 2 besteht der Anspruch auf Kurzzeitpflege auch in Einrichtungen, die stationäre Leistungen zur medizinischen Vorsorge oder Rehabilitation erbringen, wenn während einer Maßnahme der medizinischen Vorsorge oder Rehabilitation für eine Pflegeperson eine gleichzeitige Unterbringung und Pflege des Pflegebedürftigen erforderlich ist.

Dritter Titel
Vollstationäre Pflege

§ 43 Inhalt der Leistung

(1) Pflegebedürftige der Pflegegrade 2 bis 5 haben Anspruch auf Pflege in vollstationären Einrichtungen.

(2) ₁Für Pflegebedürftige in vollstationären Einrichtungen übernimmt die Pflegekasse im Rahmen der pauschalen Leistungsbeträge nach Satz 2 die pflegebedingten Aufwendungen einschließlich der Aufwendungen für Betreuung und die Aufwendungen für Leistungen der medizinischen Behandlungspflege. ₂Der Anspruch beträgt je Kalendermonat

1. 770 Euro für Pflegebedürftige des Pflegegrades 2,

2. 1262 Euro für Pflegebedürftige des Pflegegrades 3,

3. 1775 Euro für Pflegebedürftige des Pflegegrades 4,

4. 2005 Euro für Pflegebedürftige des Pflegegrades 5.

₃Abweichend von Satz 1 übernimmt die Pflegekasse auch Aufwendungen für Unterkunft und Verpflegung, soweit der nach Satz 2 gewährte Leistungsbetrag die in Satz 1 genannten Aufwendungen übersteigt.

(3) Wählen Pflegebedürftige des Pflegegrades 1 vollstationäre Pflege, erhalten sie für die in Absatz 2 Satz 1 genannten Aufwendungen einen Zuschuss in Höhe von 125 Euro monatlich.

(4) Bei vorübergehender Abwesenheit von Pflegebedürftigen aus dem Pflegeheim werden die Leistungen für vollstationäre Pflege erbracht, solange die Voraussetzungen des § 87a Abs. 1 Satz 5 und 6 vorliegen.

Vierter Titel
Pflege in vollstationären Einrichtungen der Hilfe für behinderte Menschen

§ 43a Inhalt der Leistung

₁Für Pflegebedürftige der Pflegegrade 2 bis 5 in einer vollstationären Einrichtung der Hilfe für behinderte Menschen, in der die Teilhabe am Arbeitsleben und am Leben in der Gemeinschaft, die schulische Ausbildung oder die Erziehung behinderter Menschen im Vordergrund des Einrichtungszwecks stehen (§ 71 Abs. 4), übernimmt die Pflegekasse zur Abgeltung der in § 43 Abs. 2 genannten Aufwendungen zehn vom Hundert des nach § 75 Abs. 3 des Zwölften Buches vereinbarten Heimentgelts. ₂Die Aufwendungen der Pflegekasse dürfen im Einzelfall je Kalendermonat 266 Euro nicht überschreiten. ₃Wird für die Tage, an denen die pflegebedürftigen Behinderten zu Hause gepflegt und betreut werden, anteiliges Pflegegeld beansprucht, gelten die Tage der An- und Abreise als volle Tage der häuslichen Pflege.

Fünfter Titel
Zusätzliche Betreuung und Aktivierung in stationären Pflegeeinrichtungen

§ 43b Inhalt der Leistung

Pflegebedürftige in stationären Pflegeeinrichtungen haben nach Maßgabe von § 84 Absatz 8 und § 85 Absatz 8 Anspruch auf zusätzliche Betreuung und Aktivierung, die über die nach Art und Schwere der Pflegebedürftigkeit notwendige Versorgung hinausgeht.

Vierter Abschnitt
Leistungen für Pflegepersonen

§ 44 Leistungen zur sozialen Sicherung der Pflegepersonen

(1) ₁Zur Verbesserung der sozialen Sicherung der Pflegepersonen im Sinne des § 19, die einen Pflegebedürftigen mit mindestens Pflegegrad 2 pflegen, entrichten die Pflegekassen und die privaten Versicherungsunternehmen, bei denen eine private Pflege-Pflichtversicherung durchgeführt wird, sowie die sonstigen in § 170 Absatz 1 Nummer 6 des Sechsten Buches genannten Stellen Beiträge nach Maßgabe des § 166 Absatz 2 des Sechsten Buches an den zuständigen Träger der gesetzlichen Rentenversicherung, wenn die Pflegeperson regelmäßig nicht mehr als 30 Stunden wöchentlich erwerbstätig ist. ₂Der Medizinische Dienst der Krankenversicherung oder ein anderer von der Pflegekasse beauftragter unabhängiger Gutachter ermittelt im Einzelfall, ob die Pflegeperson eine oder mehrere pflegebedürftige Personen we-

nigstens zehn Stunden wöchentlich, verteilt auf regelmäßig mindestens zwei Tage in der Woche, pflegt. ₃Wird die Pflege eines Pflegebedürftigen von mehreren Pflegepersonen erbracht (Mehrfachpflege), wird zudem der Umfang der jeweiligen Pflegetätigkeit je Pflegeperson im Verhältnis zum Umfang der von den Pflegepersonen zu leistenden Pflegetätigkeit insgesamt (Gesamtpflegeaufwand) ermittelt. ₄Dabei werden die Angaben der beteiligten Pflegepersonen zugrunde gelegt. ₅Werden keine oder keine übereinstimmenden Angaben gemacht, erfolgt eine Aufteilung zu gleichen Teilen. ₆Die Feststellungen zu den Pflegezeiten und zum Pflegeaufwand der Pflegeperson sowie bei Mehrfachpflege zum Einzel- und Gesamtpflegeaufwand trifft die für die Pflegeleistungen nach diesem Buch zuständige Stelle. ₇Diese Feststellungen sind der Pflegeperson auf Wunsch zu übermitteln.

(2) Für Pflegepersonen, die wegen einer Pflichtmitgliedschaft in einer berufsständischen Versorgungseinrichtung auch in ihrer Pflegetätigkeit von der Versicherungspflicht in der gesetzlichen Rentenversicherung befreit sind oder befreit wären, wenn sie in der gesetzlichen Rentenversicherung versicherungspflichtig wären und einen Befreiungsantrag gestellt hätten, werden die nach Absatz 1 zu entrichtenden Beiträge auf Antrag an die berufsständische Versorgungseinrichtung gezahlt.

(2a) Während der pflegerischen Tätigkeit sind Pflegepersonen im Sinne des § 19, die einen Pflegebedürftigen mit mindestens Pflegegrad 2 pflegen, nach Maßgabe des § 2 Absatz 1 Nummer 17 des Siebten Buches in den Versicherungsschutz der gesetzlichen Unfallversicherung einbezogen.

(2b) ₁Während der pflegerischen Tätigkeit sind Pflegepersonen im Sinne des § 19, die einen Pflegebedürftigen mit mindestens Pflegegrad 2 pflegen, nach Maßgabe des § 26 Absatz 2b des Dritten Buches nach dem Recht der Arbeitsförderung versichert. ₂Die Pflegekassen und die privaten Versicherungsunternehmen, bei denen eine private Pflege-Pflichtversicherung durchgeführt wird, sowie die sonstigen in § 347 Nummer 10 Buchstabe c des Dritten Buches genannten Stellen

8

entrichten für die Pflegepersonen Beiträge an die Bundesagentur für Arbeit. ₃Näheres zu den Beiträgen und zum Verfahren regeln die §§ 345, 347 und 349 des Dritten Buches.

(3) ₁Die Pflegekasse und das private Versicherungsunternehmen haben die in der Renten- und Unfallversicherung sowie nach dem Dritten Buch zu versichernde Pflegeperson den zuständigen Renten- und Unfallversicherungsträgern sowie der Bundesagentur für Arbeit zu melden. ₂Die Meldung für die Pflegeperson enthält:

1. ihre Versicherungsnummer, soweit bekannt,

2. ihren Familien- und Vornamen,

3. ihr Geburtsdatum,

4. ihre Staatsangehörigkeit,

5. ihre Anschrift,

6. Beginn und Ende der Pflegetätigkeit,

7. den Pflegegrad des Pflegebedürftigen und

8. die nach § 166 Absatz 2 des Sechsten Buches maßgeblichen beitragspflichtigen Einnahmen.

₃Der Spitzenverband Bund der Pflegekassen sowie der Verband der privaten Krankenversicherung e. V. können mit der Deutschen Rentenversicherung Bund und mit den Trägern der Unfallversicherung sowie mit der Bundesagentur für Arbeit Näheres über das Meldeverfahren vereinbaren.

(4) Der Inhalt der Meldung nach Absatz 3 Satz 2 Nr. 1 bis 6 und 8 ist der Pflegeperson, der Inhalt der Meldung nach Absatz 3 Satz 2 Nr. 7 dem Pflegebedürftigen schriftlich mitzuteilen.

(5) ₁Die Pflegekasse und das private Versicherungsunternehmen haben in den Fällen, in denen eine nicht erwerbsmäßig tätige Pflegeperson einen Pflegebedürftigen mit mindestens Pflegegrad 2 pflegt, der Anspruch auf Beihilfeleistungen oder Leistungen der Heilfürsorge hat, und für die die Beiträge an die gesetzliche Rentenversicherung nach § 170 Absatz 1 Nummer 6 Buchstabe c des Sechsten Buches oder an die Bundesagentur für Arbeit nach § 347 Nummer 10 Buchstabe c des Dritten Buches anteilig getragen werden, im Antragsverfahren auf Leistungen der Pflegeversicherung von dem

Pflegebedürftigen die zuständige Festsetzungsstelle für die Beihilfe oder den Dienstherrn unter Hinweis auf die beabsichtigte Weiterleitung der in Satz 2 genannten Angaben an diese Stelle zu erfragen. ₂Der angegebenen Festsetzungsstelle für die Beihilfe oder dem Dienstherrn sind bei Feststellung der Beitragspflicht sowie bei Änderungen in den Verhältnissen des Pflegebedürftigen oder der Pflegeperson, insbesondere bei einer Änderung des Pflegegrades, einer Unterbrechung der Pflegetätigkeit oder einem Wechsel der Pflegeperson, die in Absatz 3 Satz 2 genannten Angaben mitzuteilen. ₃Absatz 4 findet auf Satz 2 entsprechende Anwendung. ₄Für die Mitteilungen nach Satz 2 haben die Pflegekassen und privaten Versicherungsunternehmen spätestens zum 1. Januar 2020 ein elektronisches Verfahren vorzusehen, bei dem die Mitteilungen an die Beihilfefestsetzungsstellen oder die Dienstherren automatisch erfolgen. ₅Die Pflegekassen und privaten Versicherungsunternehmen haben technisch sicherzustellen, dass die Meldungen nach Absatz 3 an die Träger der gesetzlichen Rentenversicherung erst erfolgen, wenn die erforderliche Mitteilung an die Beihilfefestsetzungsstelle oder den Dienstherrn erfolgt ist. ₆Für Beiträge, die von den Beihilfestellen und Dienstherren nicht bis zum Ablauf des Fälligkeitstages gezahlt worden sind, weil die Pflegekassen und privaten Versicherungsunternehmen die Mitteilungen nach Satz 2 nicht, nicht unverzüglich, nicht vollständig oder fehlerhaft durchgeführt haben, ist von den Pflegekassen und privaten Versicherungsunternehmen ein Säumniszuschlag entsprechend § 24 Absatz 1 Satz 1 des Vierten Buches zu zahlen; dies gilt nicht, wenn im Einzelfall kein Verschulden der Pflegekassen und privaten Versicherungsunternehmen vorliegt.

(6) ₁Für Pflegepersonen, bei denen die Mindeststundenzahl von zehn Stunden wöchentlicher Pflege, verteilt auf regelmäßig mindestens zwei Tage in der Woche, nur durch die Pflege mehrerer Pflegebedürftiger erreicht wird, haben der Spitzenverband Bund der Pflegekassen, der Verband der privaten Krankenversicherung e. V., die Deutsche Rentenversicherung Bund und die Bundes-

agentur für Arbeit das Verfahren und die Mitteilungspflichten zwischen den an einer Addition von Pflegezeiten und Pflegeaufwänden beteiligten Pflegekassen und Versicherungsunternehmen durch Vereinbarung zu regeln. ₂Die Pflegekassen und Versicherungsunternehmen dürfen die in Absatz 3 Satz 2 Nummer 1 bis 3 und 6 und, soweit dies für eine sichere Identifikation der Pflegeperson erforderlich ist, die in den Nummern 4 und 5 genannten Daten sowie die Angabe des zeitlichen Umfangs der Pflegetätigkeit der Pflegeperson an andere Pflegekassen und Versicherungsunternehmen, die an einer Addition von Pflegezeiten und Pflegeaufwänden beteiligt sind, zur Überprüfung der Voraussetzungen der Rentenversicherungspflicht oder der Versicherungspflicht nach dem Dritten Buch der Pflegeperson übermitteln und ihnen übermittelte Daten verarbeiten und nutzen.

§ 44a Zusätzliche Leistungen bei Pflegezeit und kurzzeitiger Arbeitsverhinderung

(1) ₁Beschäftigte, die nach § 3 des Pflegezeitgesetzes von der Arbeitsleistung vollständig freigestellt wurden oder deren Beschäftigung durch Reduzierung der Arbeitszeit zu einer geringfügigen Beschäftigung im Sinne des § 8 Abs. 1 Nr. 1 des Vierten Buches wird, erhalten auf Antrag Zuschüsse zur Kranken- und Pflegeversicherung. ₂Zuschüsse werden gewährt für eine freiwillige Versicherung in der gesetzlichen Krankenversicherung, eine Pflichtversicherung nach § 5 Abs. 1 Nr. 13 des Fünften Buches oder nach § 2 Abs. 1 Nr. 7 des Zweiten Gesetzes über die Krankenversicherung der Landwirte, eine Versicherung bei einem privaten Krankenversicherungsunternehmen, eine Versicherung bei der Postbeamtenkrankenkasse oder der Krankenversorgung der Bundesbahnbeamten, soweit im Einzelfall keine beitragsfreie Familienversicherung möglich ist, sowie für eine damit in Zusammenhang stehende Pflege-Pflichtversicherung. ₃Die Zuschüsse belaufen sich auf die Höhe der Mindestbeiträge, die von freiwillig in der gesetzlichen Krankenversicherung versicherten Personen zur gesetzlichen Krankenversicherung (§ 240 Abs. 4 Satz 1 des Fünften Buches) und zur sozialen Pflegeversicherung

(§ 57 Abs. 4) zu entrichten sind und dürfen die tatsächliche Höhe der Beiträge nicht übersteigen. ₄Für die Berechnung der Mindestbeiträge zur gesetzlichen Krankenversicherung werden bei Mitgliedern der gesetzlichen Krankenversicherung der allgemeine Beitragssatz nach § 241 des Fünften Buches sowie der kassenindividuelle Zusatzbeitragssatz nach § 242 Absatz 1 des Fünften Buches zugrunde gelegt. ₅Bei Mitgliedern der landwirtschaftlichen Krankenversicherung sowie bei Personen, die nicht in der gesetzlichen Krankenversicherung versichert sind, werden der allgemeine Beitragssatz nach § 241 des Fünften Buches sowie der durchschnittliche Zusatzbeitragssatz nach § 242a des Fünften Buches zugrunde gelegt. ₆Beschäftigte haben Änderungen in den Verhältnissen, die sich auf die Zuschussgewährung auswirken können, unverzüglich der Pflegekasse oder dem privaten Versicherungsunternehmen, bei dem der Pflegebedürftige versichert ist, mitzuteilen.

(2) (weggefallen)

(3) ₁Für kurzzeitige Arbeitsverhinderung nach § 2 des Pflegezeitgesetzes hat eine Beschäftigte oder ein Beschäftigter im Sinne des § 7 Absatz 1 des Pflegezeitgesetzes, die oder der für diesen Zeitraum keine Entgeltfortzahlung vom Arbeitgeber und kein Kranken- oder Verletztengeld bei Erkrankung oder Unfall eines Kindes nach § 45 des Fünften Buches oder nach § 45 Absatz 4 des Siebten Buches beanspruchen kann, Anspruch auf einen Ausgleich für entgangenes Arbeitsentgelt (Pflegeunterstützungsgeld) für bis zu insgesamt zehn Arbeitstage. ₂Wenn mehrere Beschäftigte den Anspruch nach § 2 Absatz 1 des Pflegezeitgesetzes für einen pflegebedürftigen nahen Angehörigen geltend machen, ist deren Anspruch auf Pflegeunterstützungsgeld auf insgesamt bis zu zehn Arbeitstage begrenzt. ₃Das Pflegeunterstützungsgeld wird auf Antrag, der unverzüglich zu stellen ist, unter Vorlage der ärztlichen Bescheinigung nach § 2 Absatz 2 Satz 2 des Pflegezeitgesetzes von der Pflegekasse oder dem Versicherungsunternehmen des pflegebedürftigen nahen Angehörigen gewährt. ₄Für die Höhe des Pflegeunterstützungsgeldes gilt § 45 Absatz 2 Satz 3 bis 5 des Fünften Buches entsprechend.

8

(4) ₁Beschäftigte, die Pflegeunterstützungsgeld nach Absatz 3 beziehen, erhalten für die Dauer des Leistungsbezuges von den in Absatz 3 bezeichneten Organisationen auf Antrag Zuschüsse zur Krankenversicherung. ₂Zuschüsse werden gewährt für eine Versicherung bei einem privaten Krankenversicherungsunternehmen, eine Versicherung bei der Postbeamtenkrankenkasse oder der Krankenversorgung der Bundesbahnbeamten. ₃Die Zuschüsse belaufen sich auf den Betrag, der bei Versicherungspflicht in der gesetzlichen Krankenversicherung als Leistungsträgeranteil nach § 249c des Fünften Buches aufzubringen wäre und dürfen die tatsächliche Höhe der Beiträge nicht übersteigen. ₄Für die Berechnung nach Satz 3 werden der allgemeine Beitragssatz nach § 241 des Fünften Buches sowie der durchschnittliche Zusatzbeitragssatz nach § 242a Absatz 2 des Fünften Buches zugrunde gelegt. ₅Für Beschäftigte, die Pflegeunterstützungsgeld nach Absatz 3 beziehen und wegen einer Pflichtmitgliedschaft in einer berufsständischen Versorgungseinrichtung von der Versicherungspflicht in der gesetzlichen Rentenversicherung befreit sind, zahlen die in § 170 Absatz 1 Nummer 2 Buchstabe e des Sechsten Buches genannten Stellen auf Antrag Beiträge an die zuständige berufsständische Versorgungseinrichtung in der Höhe, wie sie bei Eintritt von Versicherungspflicht nach § 3 Satz 1 Nummer 3 des Sechsten Buches an die gesetzliche Rentenversicherung zu entrichten wären. ₆Die von den in § 170 Absatz 1 Nummer 2 Buchstabe e des Sechsten Buches genannten Stellen zu zahlenden Beiträge sind auf die Höhe der Beiträge begrenzt, die von diesen Stellen ohne die Befreiung von der Versicherungspflicht in der gesetzlichen Rentenversicherung für die Dauer des Leistungsbezugs zu tragen wären; die Beiträge dürfen die Hälfte der in der Zeit des Leistungsbezugs vom Beschäftigten an die berufsständische Versorgungseinrichtung zu zahlenden Beiträge nicht übersteigen.

(5) ₁Die Pflegekasse oder das private Pflegeversicherungsunternehmen des pflegebedürftigen nahen Angehörigen stellt dem Leistungsbezieher nach Absatz 3 mit der Leistungsbewilligung eine Bescheinigung über den Zeitraum des Bezugs und die Höhe des gewährten Pflegeunterstützungsgeldes aus. ₂Der Leistungsbezieher hat diese Bescheinigung unverzüglich seinem Arbeitgeber vorzulegen. ₃In den Fällen des § 170 Absatz 1 Nummer 2 Buchstabe e Doppelbuchstabe cc des Sechsten Buches bescheinigt die Pflegekasse oder das private Versicherungsunternehmen die gesamte Höhe der Leistung.

(6) ₁Landwirtschaftlichen Unternehmern im Sinne des § 2 Absatz 1 Nummer 1 und 2 des Zweiten Gesetzes über die Krankenversicherung der Landwirte, die an der Führung des Unternehmens gehindert sind, weil sie für einen pflegebedürftigen nahen Angehörigen in einer akut aufgetretenen Pflegesituation eine bedarfsgerechte Pflege organisieren oder eine pflegerische Versorgung in dieser Zeit sicherstellen müssen, wird anstelle des Pflegeunterstützungsgeldes für bis zu zehn Arbeitstage Betriebshilfe entsprechend § 9 des Zweiten Gesetzes über die Krankenversicherung der Landwirte gewährt. ₂Diese Kosten der Leistungen für die Betriebshilfe werden der landwirtschaftlichen Pflegekasse von der Pflegeversicherung des pflegebedürftigen nahen Angehörigen erstattet; innerhalb der sozialen Pflegeversicherung wird von einer Erstattung abgesehen. ₃Privat pflegeversicherte landwirtschaftliche Unternehmer, die an der Führung des Unternehmens gehindert sind, weil dies erforderlich ist, um für einen pflegebedürftigen nahen Angehörigen in einer akut aufgetretenen Pflegesituation eine bedarfsgerechte Pflege zu organisieren oder eine pflegerische Versorgung in dieser Zeit sicherzustellen, erhalten von der Pflegekasse des Pflegebedürftigen oder in Höhe des tariflichen Erstattungssatzes von dem privaten Versicherungsunternehmen des Pflegebedürftigen eine Kostenerstattung für bis zu zehn Arbeitstage Betriebshilfe; dabei werden nicht die tatsächlichen Kosten, sondern ein pauschaler Betrag in Höhe von 200 Euro je Tag Betriebshilfe zugrunde gelegt.

(7) ₁Die Pflegekasse und das private Versicherungsunternehmen haben in den Fällen, in denen ein Leistungsbezieher nach Absatz 3 einen pflegebedürftigen nahen Angehörigen pflegt, der Anspruch auf Beihilfeleistungen oder Leistungen der Heilfürsorge hat, und für

den Beiträge anteilig getragen werden, im Antragsverfahren auf Pflegeunterstützungsgeld von dem Pflegebedürftigen die zuständige Festsetzungsstelle für die Beihilfe oder den Diensttherrn unter Hinweis auf die beabsichtigte Information dieser Stelle über den beitragspflichtigen Bezug von Pflegeunterstützungsgeld zu erfragen. ₂Der angegebenen Festsetzungsstelle für die Beihilfe oder dem angegebenen Diensttherrn sind bei Feststellung der Beitragspflicht folgende Angaben zum Leistungsbezieher mitzuteilen:

1. die Versicherungsnummer, soweit bekannt,

2. der Familien- und der Vorname,

3. das Geburtsdatum,

4. die Staatsangehörigkeit,

5. die Anschrift,

6. der Beginn des Bezugs von Pflegeunterstützungsgeld,

7. die Höhe des dem Pflegeunterstützungsgeld zugrunde liegenden ausgefallenen Arbeitsentgelts und

8. Name und Anschrift der Krankenkasse oder des privaten Krankenversicherungsunternehmens.

§ 45 Pflegekurse für Angehörige und ehrenamtliche Pflegepersonen

(1) ₁Die Pflegekassen haben für Angehörige und sonstige an einer ehrenamtlichen Pflegetätigkeit interessierte Personen unentgeltlich Schulungskurse durchzuführen, um soziales Engagement im Bereich der Pflege zu fördern und zu stärken, Pflege und Betreuung zu erleichtern und zu verbessern sowie pflegebedingte körperliche und seelische Belastungen zu mindern und ihrer Entstehung vorzubeugen. ₂Die Kurse sollen Fertigkeiten für eine eigenständige Durchführung der Pflege vermitteln. ₃Auf Wunsch der Pflegeperson und der pflegebedürftigen Person findet die Schulung auch in der häuslichen Umgebung des Pflegebedürftigen statt. ₄§ 114a Absatz 3a gilt entsprechend.

(2) Die Pflegekasse kann die Kurse entweder selbst oder gemeinsam mit anderen Pflegekassen durchführen oder geeignete andere Einrichtungen mit der Durchführung beauftragen.

(3) Über die einheitliche Durchführung sowie über die inhaltliche Ausgestaltung der Kurse können die Landesverbände der Pflegekassen Rahmenvereinbarungen mit den Trägern der Einrichtungen schließen, die die Pflegekurse durchführen.

Fünfter Abschnitt
Angebote zur Unterstützung im Alltag, Entlastungsbetrag, Förderung der Weiterentwicklung der Versorgungsstrukturen und des Ehrenamts sowie der Selbsthilfe

§ 45a Angebote zur Unterstützung im Alltag, Umwandlung des ambulanten Sachleistungsbetrags (Umwandlungsanspruch), Verordnungsermächtigung

(1) ₁Angebote zur Unterstützung im Alltag tragen dazu bei, Pflegepersonen zu entlasten, und helfen Pflegebedürftigen, möglichst lange in ihrer häuslichen Umgebung zu bleiben, soziale Kontakte aufrechtzuerhalten und ihren Alltag weiterhin möglichst selbständig bewältigen zu können. ₂Angebote zur Unterstützung im Alltag sind

1. Angebote, in denen insbesondere ehrenamtliche Helferinnen und Helfer unter pflegefachlicher Anleitung die Betreuung von Pflegebedürftigen mit allgemeinem oder mit besonderem Betreuungsbedarf in Gruppen oder im häuslichen Bereich übernehmen (Betreuungsangebote),

2. Angebote, die der gezielten Entlastung und beratenden Unterstützung von pflegenden Angehörigen und vergleichbar nahestehenden Pflegepersonen in ihrer Eigenschaft als Pflegende dienen (Angebote zur Entlastung von Pflegenden),

3. Angebote, die dazu dienen, die Pflegebedürftigen bei der Bewältigung von allgemeinen oder pflegebedingten Anforderungen des Alltags oder im Haushalt, insbesondere bei der Haushaltsführung, oder bei der eigenverantwortlichen Organisation individuell benötigter Hilfeleistungen zu unterstützen (Angebote zur Entlastung im Alltag).

₃Die Angebote benötigen eine Anerkennung durch die zuständige Behörde nach Maßgabe

8

des gemäß Absatz 3 erlassenen Landesrechts. 4Durch ein Angebot zur Unterstützung im Alltag können auch mehrere der in Satz 2 Nummer 1 bis 3 genannten Bereiche abgedeckt werden. 5In Betracht kommen als Angebote zur Unterstützung im Alltag insbesondere Betreuungsgruppen für an Demenz erkrankte Menschen, Helferinnen- und Helferkreise zur stundenweisen Entlastung pflegender Angehöriger oder vergleichbar nahestehender Pflegepersonen im häuslichen Bereich, die Tagesbetreuung in Kleingruppen oder Einzelbetreuung durch anerkannte Helferinnen oder Helfer, Agenturen zur Vermittlung von Betreuungs- und Entlastungsleistungen für Pflegebedürftige und pflegende Angehörige sowie vergleichbar nahestehende Pflegepersonen, Familienentlastende Dienste, Alltagsbegleiter, Pflegebegleiter und Serviceangebote für haushaltsnahe Dienstleistungen.

(2) 1Angebote zur Unterstützung im Alltag beinhalten die Übernahme von Betreuung und allgemeiner Beaufsichtigung, eine die vorhandenen Ressourcen und Fähigkeiten stärkende oder stabilisierende Alltagsbegleitung, Unterstützungsleistungen für Angehörige und vergleichbar Nahestehende in ihrer Eigenschaft als Pflegende zur besseren Bewältigung des Pflegealltags, die Erbringung von Dienstleistungen, organisatorische Hilfestellungen oder andere geeignete Maßnahmen. 2Die Angebote verfügen über ein Konzept, das Angaben zur Qualitätssicherung des Angebots sowie eine Übersicht über die Leistungen, die angeboten werden sollen, und die Höhe der den Pflegebedürftigen hierfür in Rechnung gestellten Kosten enthält. 3Das Konzept umfasst ferner Angaben zur zielgruppen- und tätigkeitsgerechten Qualifikation der Helfenden und zu dem Vorhandensein von Grund- und Notfallwissen im Umgang mit Pflegebedürftigen sowie dazu, wie eine angemessene Schulung und Fortbildung der Helfenden sowie eine kontinuierliche fachliche Begleitung und Unterstützung insbesondere von ehrenamtlich Helfenden in ihrer Arbeit gesichert werden. 4Bei wesentlichen Änderungen hinsichtlich der angebotenen Leistungen ist das Konzept entsprechend fortzuschreiben; bei Änderung der hierfür in Rechnung gestellten Kosten sind die entsprechenden Angaben zu aktualisieren.

(3) 1Die Landesregierungen werden ermächtigt, durch Rechtsverordnung das Nähere über die Anerkennung der Angebote zur Unterstützung im Alltag im Sinne der Absätze 1 und 2 einschließlich der Vorgaben zur regelmäßigen Qualitätssicherung der Angebote und zur regelmäßigen Übermittlung einer Übersicht über die aktuell angebotenen Leistungen und die Höhe der hierfür erhobenen Kosten zu bestimmen. 2Beim Erlass der Rechtsverordnung sollen sie die gemäß § 45c Absatz 7 beschlossenen Empfehlungen berücksichtigen.

(4) 1Pflegebedürftige in häuslicher Pflege mit mindestens Pflegegrad 2 können eine Kostenerstattung zum Ersatz von Aufwendungen für Leistungen der nach Landesrecht anerkannten Angebote zur Unterstützung im Alltag unter Anrechnung auf ihren Anspruch auf ambulante Pflegesachleistungen nach § 36 erhalten, soweit für den entsprechenden Leistungsbetrag nach § 36 in dem jeweiligen Kalendermonat keine ambulanten Pflegesachleistungen bezogen wurden. 2Der hierfür verwendete Betrag darf je Kalendermonat 40 Prozent des nach § 36 für den jeweiligen Pflegegrad vorgesehenen Höchstleistungsbetrags nicht überschreiten. 3Die Anspruchsberechtigten erhalten die Kostenerstattung nach Satz 1 auf Antrag von der zuständigen Pflegekasse oder dem zuständigen privaten Versicherungsunternehmen sowie im Fall der Beihilfeberechtigung anteilig von der Beihilfefestsetzungsstelle gegen Vorlage entsprechender Belege über Eigenbelastungen, die ihnen im Zusammenhang mit der Inanspruchnahme der in Satz 1 genannten Leistungen entstanden sind. 4Die Vergütungen für ambulante Pflegesachleistungen nach § 36 sind vorrangig abzurechnen. 5Im Rahmen der Kombinationsleistung nach § 38 gilt die Erstattung der Aufwendungen nach Satz 1 als Inanspruchnahme der dem Anspruchsberechtigten nach § 36 Absatz 3 zustehenden Sachleistung. 6Beziehen Anspruchsberechtigte die Leistung nach Satz 1, findet § 37 Absatz 3 bis 5, 7 und 8 Anwendung; § 37 Absatz 6 findet mit der Maßgabe entsprechende Anwendung, dass eine Kür-

8

zung oder Entziehung in Bezug auf die Kostenerstattung nach Satz 1 erfolgt. 7Das Bundesministerium für Gesundheit evaluiert die Möglichkeit zur anteiligen Verwendung der in § 36 für den Bezug ambulanter Pflegesachleistungen vorgesehenen Leistungsbeträge auch für Leistungen nach Landesrecht anerkannter Angebote zur Unterstützung im Alltag nach den Sätzen 1 bis 6 spätestens bis zum 31. Dezember 2018. 8Die Inanspruchnahme der Umwandlung des ambulanten Sachleistungsbetrags nach Satz 1 und die Inanspruchnahme des Entlastungsbetrags nach § 45b erfolgen unabhängig voneinander.

§ 45b Entlastungsbetrag

(1) 1Pflegebedürftige in häuslicher Pflege haben Anspruch auf einen Entlastungsbetrag in Höhe von bis zu 125 Euro monatlich. 2Der Betrag ist zweckgebunden einzusetzen für qualitätsgesicherte Leistungen zur Entlastung pflegender Angehöriger und vergleichbar Nahestehender in ihrer Eigenschaft als Pflegende sowie zur Förderung der Selbständigkeit und Selbstbestimmtheit der Pflegebedürftigen bei der Gestaltung ihres Alltags. 3Er dient der Erstattung von Aufwendungen, die den Versicherten entstehen im Zusammenhang mit der Inanspruchnahme von

1. Leistungen der Tages- oder Nachtpflege,
2. Leistungen der Kurzzeitpflege,
3. Leistungen der ambulanten Pflegedienste im Sinne des § 36, in den Pflegegraden 2 bis 5 jedoch nicht von Leistungen im Bereich der Selbstversorgung,
4. Leistungen der nach Landesrecht anerkannten Angebote zur Unterstützung im Alltag im Sinne des § 45a.

4Die Erstattung der Aufwendungen erfolgt auch, wenn für die Finanzierung der in Satz 3 genannten Leistungen Mittel der Verhinderungspflege gemäß § 39 eingesetzt werden. 5Die Leistung nach Satz 1 kann innerhalb des jeweiligen Kalenderjahres in Anspruch genommen werden; wird die Leistung in einem Kalenderjahr nicht ausgeschöpft, kann der nicht verbrauchte Betrag in das folgende Kalenderhalbjahr übertragen werden.

(2) 1Der Anspruch auf den Entlastungsbetrag entsteht, sobald die in Absatz 1 Satz 1 ge-

nannten Anspruchsvoraussetzungen vorliegen, ohne dass es einer vorherigen Antragstellung bedarf. 2Die Kostenerstattung in Höhe des Entlastungsbetrags nach Absatz 1 erhalten die Pflegebedürftigen von der zuständigen Pflegekasse oder dem zuständigen privaten Versicherungsunternehmen sowie im Fall der Beihilfeberechtigung anteilig von der Beihilfefestsetzungsstelle bei Beantragung der dafür erforderlichen finanziellen Mittel gegen Vorlage entsprechender Belege über entstandene Eigenbelastungen im Zusammenhang mit der Inanspruchnahme der in Absatz 1 Satz 3 genannten Leistungen. 3Für Zwecke der statistischen Erfassung bei den Pflegekassen und den privaten Versicherungsunternehmen muss auf den Belegen eindeutig und deutlich erkennbar angegeben sein, im Zusammenhang mit welcher der in Absatz 1 Satz 3 Nummer 1 bis 4 genannten Leistungen die Aufwendungen jeweils entstanden sind.

(3) 1Der Entlastungsbetrag nach Absatz 1 Satz 1 findet bei den Fürsorgeleistungen zur Pflege nach § 13 Absatz 3 Satz 1 keine Berücksichtigung. 2§ 63b Absatz 1 des Zwölften Buches findet auf den Entlastungsbetrag keine Anwendung. 3Abweichend von den Sätzen 1 und 2 darf der Entlastungsbetrag hinsichtlich der Leistungen nach § 64i oder § 66 des Zwölften Buches bei der Hilfe zur Pflege Berücksichtigung finden, soweit nach diesen Vorschriften Leistungen zu gewähren sind, deren Inhalte den Leistungen nach Absatz 1 Satz 3 entsprechen.

(4) 1Die für die Erbringung von Leistungen nach Absatz 1 Satz 3 Nummer 1 bis 4 verlangte Vergütung darf die Preise für vergleichbare Sachleistungen von zugelassenen Pflegeeinrichtungen nicht übersteigen. 2Näheres zur Ausgestaltung einer entsprechenden Begrenzung der Vergütung, die für die Erbringung von Leistungen nach Absatz 1 Satz 3 Nummer 4 durch nach Landesrecht anerkannte Angebote zur Unterstützung im Alltag verlangt werden darf, können die Landesregierungen in der Rechtsverordnung nach § 45a Absatz 3 bestimmen.

8

§ 45c Förderung der Weiterentwicklung der Versorgungsstrukturen und des Ehrenamts, Verordnungsermächtigung

(1) ₁Zur Weiterentwicklung der Versorgungsstrukturen und Versorgungskonzepte und zur Förderung ehrenamtlicher Strukturen fördert der Spitzenverband Bund der Pflegekassen im Wege der Anteilsfinanzierung aus Mitteln des Ausgleichsfonds mit 25 Millionen Euro je Kalenderjahr

1. den Auf- und Ausbau von Angeboten zur Unterstützung im Alltag im Sinne des § 45a,

2. den Auf- und Ausbau und die Unterstützung von Gruppen ehrenamtlich tätiger sowie sonstiger zum bürgerschaftlichen Engagement bereiter Personen und entsprechender ehrenamtlicher Strukturen sowie

3. Modellvorhaben zur Erprobung neuer Versorgungskonzepte und Versorgungsstrukturen insbesondere für an Demenz erkrankte Pflegebedürftige sowie andere Gruppen von Pflegebedürftigen, deren Versorgung in besonderem Maße der strukturellen Weiterentwicklung bedarf.

₂Die privaten Versicherungsunternehmen, die die private Pflege-Pflichtversicherung durchführen, beteiligen sich an dieser Förderung mit insgesamt 10 Prozent des in Satz 1 genannten Fördervolumens. ₃Darüber hinaus fördert der Spitzenverband Bund der Pflegekassen aus Mitteln des Ausgleichsfonds mit 10 Millionen Euro je Kalenderjahr die strukturierte Zusammenarbeit in regionalen Netzwerken nach Absatz 9; Satz 2 gilt entsprechend. ₄Fördermittel nach Satz 3, die in dem jeweiligen Kalenderjahr nicht in Anspruch genommen worden sind, erhöhen im Folgejahr das Fördervolumen nach Satz 1; dadurch erhöht sich auch das in Absatz 2 Satz 2 genannte Gesamtfördervolumen entsprechend.

(2) ₁Der Zuschuss aus Mitteln der sozialen und privaten Pflegeversicherung ergänzt eine Förderung der in Absatz 1 Satz 1 genannten Zwecke durch das jeweilige Land oder die jeweilige kommunale Gebietskörperschaft. ₂Der Zuschuss wird jeweils in gleicher Höhe gewährt wie der Zuschuss, der vom Land oder von der kommunalen Gebietskörperschaft für die einzelne Fördermaßnahme geleistet wird, sodass insgesamt ein Fördervolumen von 50 Millionen Euro im Kalenderjahr erreicht wird. ₃Im Einvernehmen mit allen Fördergebern können Zuschüsse der kommunalen Gebietskörperschaften auch als Personal- oder Sachmittel eingebracht werden, sofern diese Mittel nachweislich ausschließlich und unmittelbar dazu dienen, den jeweiligen Förderzweck zu erreichen. ₄Soweit Mittel der Arbeitsförderung bei einem Projekt eingesetzt werden, sind diese einem vom Land oder von der Kommune geleisteten Zuschuss gleichgestellt.

(3) ₁Die Förderung des Auf- und Ausbaus von Angeboten zur Unterstützung im Alltag im Sinne des § 45a nach Absatz 1 Satz 1 Nummer 1 erfolgt als Projektförderung und dient insbesondere dazu, Aufwandsentschädigungen für die ehrenamtlich tätigen Helfenden zu finanzieren sowie notwendige Personal- und Sachkosten, die mit der Koordination und Organisation der Hilfen und der fachlichen Anleitung und Schulung der Helfenden durch Fachkräfte verbunden sind. ₂Dem Antrag auf Förderung ist ein Konzept zur Qualitätssicherung des Angebots beizufügen. ₃Aus dem Konzept muss sich ergeben, dass eine angemessene Schulung und Fortbildung der Helfenden sowie eine kontinuierliche fachliche Begleitung und Unterstützung der ehrenamtlich Helfenden in ihrer Arbeit gesichert sind.

(4) Die Förderung des Auf- und Ausbaus und der Unterstützung von Gruppen ehrenamtlich tätiger sowie sonstiger zum bürgerschaftlichen Engagement bereiter Personen und entsprechender ehrenamtlicher Strukturen nach Absatz 1 Satz 1 Nummer 2 erfolgt zur Förderung von Initiativen, die sich die Unterstützung, allgemeine Betreuung und Entlastung von Pflegebedürftigen und deren Angehörigen sowie vergleichbar nahestehenden Pflegepersonen zum Ziel gesetzt haben.

(5) ₁Im Rahmen der Modellförderung nach Absatz 1 Satz 1 Nummer 3 sollen insbesondere modellhaft Möglichkeiten einer wirksamen Vernetzung der erforderlichen Hilfen für an Demenz erkrankte Pflegebedürftige und andere Gruppen von Pflegebedürftigen, deren Versorgung in besonderem Maße der

strukturellen Weiterentwicklung bedarf, in einzelnen Regionen erprobt werden. ₂Dabei können auch stationäre Versorgungsangebote berücksichtigt werden. ₃Die Modellvorhaben sind auf längstens fünf Jahre zu befristen. ₄Bei der Vereinbarung und Durchführung von Modellvorhaben kann im Einzelfall von den Regelungen des Siebten Kapitels abgewichen werden. ₅Für die Modellvorhaben sind eine wissenschaftliche Begleitung und Auswertung vorzusehen. ₆Soweit im Rahmen der Modellvorhaben personenbezogene Daten benötigt werden, können diese nur mit Einwilligung des Pflegebedürftigen erhoben, verarbeitet und genutzt werden.

(6) ₁Um eine gerechte Verteilung der Fördermittel der Pflegeversicherung auf die Länder zu gewährleisten, werden die nach Absatz 1 Satz 1 und 2 zur Verfügung stehenden Fördermittel der sozialen und privaten Pflegeversicherung nach dem Königsteiner Schlüssel aufgeteilt. ₂Mittel, die in einem Land im jeweiligen Haushaltsjahr nicht in Anspruch genommen werden, können in das Folgejahr übertragen werden. ₃Nach Satz 2 übertragene Mittel, die am Ende des Folgejahres nicht in Anspruch genommen worden sind, können für Projekte, für die bis zum Stichtag nach Satz 5 mindestens Art, Region und geplante Förderhöhe konkret benannt werden, im darauf folgenden Jahr von Ländern beantragt werden, die im Jahr vor der Übertragung der Mittel nach Satz 2 mindestens 80 Prozent der auf sie nach dem Königsteiner Schlüssel entfallenden Mittel ausgeschöpft haben. ₄Die Verausgabung der nach Satz 3 beantragten Fördermittel durch die Länder oder kommunalen Gebietskörperschaften darf sich für die entsprechend benannten Projekte über einen Zeitraum von maximal drei Jahren erstrecken. ₅Der Ausgleichsfonds sammelt die nach Satz 3 eingereichten Anträge bis zum 30. April des auf das Folgejahr folgenden Jahres und stellt anschließend fest, in welchem Umfang die Mittel jeweils auf die beantragenden Länder entfallen. ₆Die Auszahlung der Mittel für ein Projekt erfolgt, sobald für das Projekt eine konkrete Förderzusage durch das Land oder die kommunale Gebietskörperschaft vorliegt. ₇Ist die Summe der bis zum 30. April beantragten Mittel insge-

samt größer als der dafür vorhandene Mittelbestand, so werden die vorhandenen Mittel nach dem Königsteiner Schlüssel auf die beantragenden Länder verteilt. ₈Nach dem 30. April eingehende Anträge werden in der Reihenfolge des Antragseingangs bearbeitet, bis die Fördermittel verbraucht sind. ₉Fördermittel, die bis zum Ende des auf das Folgejahr folgenden Jahres nicht beantragt sind, verfallen.

(7) ₁Der Spitzenverband Bund der Pflegekassen beschließt mit dem Verband der privaten Krankenversicherung e. V. nach Anhörung der Verbände der Behinderten und Pflegebedürftigen auf Bundesebene Empfehlungen über die Voraussetzungen, Ziele, Dauer, Inhalte und Durchführung der Förderung sowie zu dem Verfahren zur Vergabe der Fördermittel für die in Absatz 1 Satz 1 genannten Zwecke. ₂In den Empfehlungen ist unter anderem auch festzulegen, welchen Anforderungen die Einbringung von Zuschüssen der kommunalen Gebietskörperschaften als Personal- oder Sachmittel genügen muss und dass jeweils im Einzelfall zu prüfen ist, ob im Rahmen der in Absatz 1 Satz 1 genannten Zwecke Mittel und Möglichkeiten der Arbeitsförderung genutzt werden können. ₃Die Empfehlungen bedürfen der Zustimmung des Bundesministeriums für Gesundheit und der Länder. ₄Soweit Belange des Ehrenamts betroffen sind, erteilt das Bundesministerium für Gesundheit seine Zustimmung im Benehmen mit dem Bundesministerium für Familie, Senioren, Frauen und Jugend. ₅Die Landesregierungen werden ermächtigt, durch Rechtsverordnung das Nähere über die Umsetzung der Empfehlungen zu bestimmen.

(8) ₁Der Finanzierungsanteil, der auf die privaten Versicherungsunternehmen entfällt, kann von dem Verband der privaten Krankenversicherung e. V. unmittelbar an das Bundesversicherungsamt zugunsten des Ausgleichsfonds der Pflegeversicherung (§ 65) überwiesen werden. ₂Näheres über das Verfahren der Auszahlung der Fördermittel, die aus dem Ausgleichsfonds zu finanzieren sind, sowie über die Zahlung und Abrechnung des Finanzierungsanteils der privaten Versicherungsunternehmen regeln das Bundesversicherungsamt, der Spitzenverband Bund der

8

Pflegekassen und der Verband der privaten Krankenversicherung e. V. durch Vereinbarung.

(9) ₁Zur Verbesserung der Versorgung und Unterstützung von Pflegebedürftigen und deren Angehörigen sowie vergleichbar nahestehenden Pflegepersonen können die in Absatz 1 Satz 3 genannten Mittel für die Beteiligung von Pflegekassen an regionalen Netzwerken verwendet werden, die der strukturierten Zusammenarbeit von Akteuren dienen, die an der Versorgung Pflegebedürftiger beteiligt sind und die sich im Rahmen einer freiwilligen Vereinbarung vernetzen. ₂Die Förderung der strukturierten regionalen Zusammenarbeit erfolgt, indem sich die Pflegekassen einzeln oder gemeinsam im Wege einer Anteilsfinanzierung an den netzwerkbedingten Kosten beteiligen. ₃Je Kreis oder kreisfreier Stadt darf der Förderbetrag dabei 20 000 Euro je Kalenderjahr nicht überschreiten. ₄Den Kreisen und kreisfreien Städten, Selbsthilfegruppen, -organisationen und -kontaktstellen im Sinne des § 45d sowie organisierten Gruppen ehrenamtlich tätiger sowie sonstiger zum bürgerschaftlichen Engagement bereiter Personen im Sinne des Absatzes 4 ist in ihrem jeweiligen Einzugsgebiet die Teilnahme an der geförderten strukturierten regionalen Zusammenarbeit zu ermöglichen. ₅Für private Versicherungsunternehmen, die die private Pflege-Pflichtversicherung durchführen, gelten die Sätze 1 bis 4 entsprechend. ₆Absatz 7 Satz 1 bis 4 und Absatz 8 finden entsprechende Anwendung. ₇Die Absätze 2 und 6 finden keine Anwendung.

§ 45d Förderung der Selbsthilfe, Verordnungsermächtigung

₁Je Kalenderjahr werden 0,15 Euro je Versicherten verwendet zur Förderung und zum Auf- und Ausbau von Selbsthilfegruppen, -organisationen und -kontaktstellen, die sich die Unterstützung von Pflegebedürftigen sowie von deren Angehörigen und vergleichbar Nahestehenden zum Ziel gesetzt haben; um eine gerechte Verteilung dieser Fördermittel auf die Länder zu gewährleisten, werden die Fördermittel der Pflegeversicherung nach dem Königsteiner Schlüssel aufgeteilt. ₂Der Zuschuss aus den Mitteln der sozialen und privaten Pflegeversicherung nach Satz 1 ergänzt eine Förderung durch das jeweilige Land oder die jeweilige kommunale Gebietskörperschaft und wird jeweils in Höhe von 75 Prozent des Zuschusses gewährt, der für die einzelne Fördermaßnahme insgesamt geleistet wird. ₃Davon abweichend können von den nach Satz 1 auf die Länder aufgeteilten Mitteln Fördermittel in Höhe von insgesamt je Kalenderjahr bis zu 0,01 Euro je Versicherten als Gründungszuschüsse für neue Selbsthilfegruppen, -organisationen und -kontaktstellen verwendet werden, ohne dass es für die Förderung einer Mitfinanzierung durch das Land oder durch eine kommunale Gebietskörperschaft bedarf. ₄Die Gründungszuschüsse sind von den Selbsthilfegruppen, -organisationen und -kontaktstellen unmittelbar beim Spitzenverband Bund der Pflegekassen zu beantragen; das Nähere zur Durchführung der Förderung und zum Verfahren wird in den Empfehlungen nach § 45c Absatz 7 festgelegt. ₅Im Übrigen werden für die Förderung der Selbsthilfe die Vorgaben des § 45c und das dortige Verfahren, einschließlich § 45c Absatz 2 Satz 3 und 4 und Absatz 6 Satz 2, entsprechend angewendet. ₆§ 45c Absatz 6 Satz 3 bis 9 findet mit der Maßgabe entsprechende Anwendung, dass von den in das Folgejahr übertragenen Mitteln nach Satz 1, die am Ende des Folgejahres nicht in Anspruch genommen worden sind, Fördermittel in Höhe von 0,01 Euro je Versicherten in dem auf das Folgejahr folgenden Jahr von einer Übertragung auf die Länder ausgenommen sind. ₇Die nach Satz 6 von der Übertragung ausgenommenen Mittel werden zur Förderung von bundesweiten Tätigkeiten von Selbsthilfegruppen, -organisationen und -kontaktstellen verwendet. ₈Die Förderung der bundesweiten Selbsthilfetätigkeiten erfolgt durch den Spitzenverband Bund der Pflegekassen, ohne dass es einer Mitfinanzierung durch das Land oder durch eine kommunale Gebietskörperschaft bedarf. ₉Die Förderung der bundesweiten Selbsthilfetätigkeiten ist von den Selbsthilfegruppen, -organisationen und -kontaktstellen unmittelbar beim Spitzenverband Bund der Pflegekassen zu beantragen. ₁₀Die Bewilligung der Fördermittel aus den gemäß den Sätzen 6 und 7 zur

Verfügung stehenden Mitteln durch den Spitzenverband Bund der Pflegekassen darf jeweils für einen Zeitraum von maximal fünf Jahren erfolgen. ₁₁Nach erneuter Antragstellung kann eine Förderung erneut bewilligt werden. ₁₂Die Einzelheiten zu den Voraussetzungen, Zielen, Inhalten und der Durchführung der Förderung sowie zu dem Verfahren zur Vergabe der Fördermittel nach Satz 7 werden in den Empfehlungen nach § 45c Absatz 7 festgelegt. ₁₃Selbsthilfegruppen im Sinne dieser Vorschrift sind freiwillige, neutrale, unabhängige und nicht gewinnorientierte Zusammenschlüsse von Personen, die entweder aufgrund eigener Betroffenheit oder als Angehörige oder vergleichbar Nahestehende das Ziel verfolgen, durch persönliche, wechselseitige Unterstützung, auch unter Zuhilfenahme von Angeboten ehrenamtlicher und sonstiger zum bürgerschaftlichen Engagement bereiter Personen, die Lebenssituation von Pflegebedürftigen sowie von deren Angehörigen und vergleichbar Nahestehenden zu verbessern. ₁₄Selbsthilfeorganisationen sind die Zusammenschlüsse von Selbsthilfegruppen in Verbänden. ₁₅Selbsthilfekontaktstellen sind örtlich oder regional arbeitende professionelle Beratungseinrichtungen mit hauptamtlichem Personal, die das Ziel verfolgen, die Lebenssituation von Pflegebedürftigen sowie von deren Angehörigen und vergleichbar Nahestehenden zu verbessern. ₁₆Eine Förderung der Selbsthilfe nach dieser Vorschrift ist ausgeschlossen, soweit für dieselbe Zweckbestimmung eine Förderung nach § 20h des Fünften Buches erfolgt. ₁₇§ 45c Absatz 7 Satz 5 gilt entsprechend.

Sechster Abschnitt
Initiativprogramm zur Förderung neuer Wohnformen

§ 45e Anschubfinanzierung zur Gründung von ambulant betreuten Wohngruppen

(1) ₁Zur Förderung der Gründung von ambulant betreuten Wohngruppen wird Pflegebedürftigen, die Anspruch auf Leistungen nach § 38a haben und die an der gemeinsamen Gründung beteiligt sind, für die altersgerechte oder barrierearme Umgestaltung der gemeinsamen Wohnung zusätzlich zu dem Betrag nach § 40 Absatz 4 einmalig ein Betrag von bis zu 2500 Euro gewährt. ₂Der Gesamtbetrag ist je Wohngruppe auf 10 000 Euro begrenzt und wird bei mehr als vier Anspruchsberechtigten anteilig auf die Versicherungsträger der Anspruchsberechtigten aufgeteilt. ₃Der Antrag ist innerhalb eines Jahres nach Vorliegen der Anspruchsvoraussetzungen zu stellen. ₄Dabei kann die Umgestaltungsmaßnahme auch vor der Gründung und dem Einzug erfolgen. ₅Die Sätze 1 bis 4 gelten für die Versicherten der privaten Pflege-Pflichtversicherung entsprechend.

(2) ₁Die Pflegekassen zahlen den Förderbetrag aus, wenn die Gründung einer ambulant betreuten Wohngruppe nachgewiesen wird. ₂Der Anspruch endet mit Ablauf des Monats, in dem das Bundesversicherungsamt den Pflegekassen und dem Verband der privaten Krankenversicherung e. V. mitteilt, dass mit der Förderung eine Gesamthöhe von 30 Millionen Euro erreicht worden ist. Einzelheiten zu den Voraussetzungen und dem Verfahren der Förderung regelt der Spitzenverband Bund der Pflegekassen im Einvernehmen mit dem Verband der privaten Krankenversicherung e. V.

§ 45f Weiterentwicklung neuer Wohnformen

(1) ₁Zur wissenschaftlich gestützten Weiterentwicklung und Förderung neuer Wohnformen werden zusätzlich 10 Millionen Euro zur Verfügung gestellt. ₂Dabei sind insbesondere solche Konzepte einzubeziehen, die es alternativ zu stationären Einrichtungen ermöglichen, außerhalb der vollstationären Betreuung bewohnerorientiert individuelle Versorgung anzubieten.

(2) ₁Einrichtungen, die aus diesem Grund bereits eine Modellförderung, insbesondere nach § 8 Absatz 3, erfahren haben, sind von der Förderung nach Absatz 1 Satz 1 ausgenommen. ₂Für die Förderung gilt § 8 Absatz 3 entsprechend.

8

Fünftes Kapitel
Organisation

Erster Abschnitt
Träger der Pflegeversicherung

§46 Pflegekassen

(1) ₁Träger der Pflegeversicherung sind die Pflegekassen. ₂Bei jeder Krankenkasse (§4 Abs. 2 des Fünften Buches) wird eine Pflegekasse errichtet. ₃Die Deutsche Rentenversicherung Knappschaft-Bahn-See als Träger der Krankenversicherung führt die Pflegeversicherung für die Versicherten durch.

(2) ₁Die Pflegekassen sind rechtsfähige Körperschaften des öffentlichen Rechts mit Selbstverwaltung. ₂Organe der Pflegekassen sind die Organe der Krankenkassen, bei denen sie errichtet sind. ₃Arbeitgeber (Dienstherr) der für die Pflegekasse tätigen Beschäftigten ist die Krankenkasse, bei der die Pflegekasse errichtet ist. ₄Krankenkassen und Pflegekassen können für Mitglieder, die ihre Kranken- und Pflegeversicherungsbeiträge selbst zu zahlen haben, die Höhe der Beiträge zur Kranken- und Pflegeversicherung in einem gemeinsamen Beitragsbescheid festsetzen. ₅Das Mitglied ist darauf hinzuweisen, dass der Bescheid über den Beitrag zur Pflegeversicherung im Namen der Pflegekasse ergeht. ₆In den Fällen des Satzes 4 kann auch ein gemeinsamer Widerspruchsbescheid erlassen werden; Satz 5 gilt entsprechend. ₇Die Erstattung zu Unrecht gezahlter Pflegeversicherungsbeiträge erfolgt durch die Krankenkasse, bei der die Pflegekasse errichtet ist. ₈Bei der Ausführung dieses Buches ist das Erste Kapitel des Zehnten Buches anzuwenden.

(3) ₁Die Verwaltungskosten einschließlich der Personalkosten, die den Krankenkassen auf Grund dieses Buches entstehen, werden von den Pflegekassen in Höhe von 3,2 Prozent des Mittelwertes von Leistungsaufwendungen und Beitragseinnahmen erstattet; dabei ist der Erstattungsbetrag für die einzelne Krankenkasse um die Hälfte der Aufwendungen der jeweiligen Pflegekasse für Pflegeberatung nach §7a Abs. 4 Satz 5 und um die Aufwendungen für Zahlungen nach §18 Absatz 3b zu vermindern. ₂Bei der Berechnung der Erstattung sind die Beitragseinnahmen um die Beitragseinnahmen zu vermindern, die dazu bestimmt sind, nach §135 dem Vorsorgefonds der sozialen Pflegeversicherung zugeführt zu werden. ₃Der Gesamtbetrag der nach Satz 1 zu erstattenden Verwaltungskosten aller Krankenkassen ist nach dem tatsächlich entstehenden Aufwand (Beitragseinzug/Leistungsgewährung) auf die Krankenkassen zu verteilen. ₄Der Spitzenverband Bund der Pflegekassen bestimmt das Nähere über die Verteilung. ₅Außerdem übernehmen die Pflegekassen 50 vom Hundert der umlagefinanzierten Kosten des Medizinischen Dienstes der Krankenversicherung. ₆Personelle Verwaltungskosten, die einer Betriebskrankenkasse von der Pflegekasse erstattet werden, sind an den Arbeitgeber weiterzuleiten, wenn er die Personalkosten der Betriebskrankenkasse nach §147 Abs. 2 des Fünften Buches trägt. ₇Der Verwaltungsaufwand in der sozialen Pflegeversicherung ist nach Ablauf von einem Jahr nach Inkrafttreten dieses Gesetzes zu überprüfen.

(4) Das Bundesministerium für Gesundheit wird ermächtigt, durch Rechtsverordnung mit Zustimmung des Bundesrates Näheres über die Erstattung der Verwaltungskosten zu regeln sowie die Höhe der Verwaltungskostenerstattung neu festzusetzen, wenn die Überprüfung des Verwaltungsaufwandes nach Absatz 3 Satz 6 dies rechtfertigt.

(5) Bei Vereinigung, Auflösung und Schließung einer Krankenkasse gelten die §§143 bis 172 des Fünften Buches für die bei ihr errichtete Pflegekasse entsprechend.

(6) ₁Die Aufsicht über die Pflegekassen führen die für die Aufsicht über die Krankenkassen zuständigen Stellen. ₂Das Bundesversicherungsamt und die für die Sozialversicherung zuständigen obersten Verwaltungsbehörden der Länder haben mindestens alle fünf Jahre die Geschäfts-, Rechnungs- und Betriebsführung der ihrer Aufsicht unterstehenden Pflegekassen und deren Arbeitsgemeinschaften zu prüfen. ₃Das Bundesministerium für Gesundheit kann die Prüfung der bundesunmittelbaren Pflegekassen und deren Arbeitsgemeinschaften, die für die Sozialversicherung zuständigen obersten Verwaltungsbehörden der Länder können die Prüfung der landes-

unmittelbaren Pflegekassen und deren Arbeitsgemeinschaften auf eine öffentlich-rechtliche Prüfungseinrichtung übertragen, die bei der Durchführung der Prüfung unabhängig ist. ₄Die Prüfung hat sich auf den gesamten Geschäftsbetrieb zu erstrecken; sie umfaßt die Prüfung seiner Gesetzmäßigkeit und Wirtschaftlichkeit. ₅Die Pflegekassen und deren Arbeitsgemeinschaften haben auf Verlangen alle Unterlagen vorzulegen und Auskünfte zu erteilen, die zur Durchführung der Prüfung erforderlich sind. ₆Die mit der Prüfung nach diesem Absatz befassten Stellen können nach Anhörung des Spitzenverbandes Bund der Krankenkassen als Spitzenverband Bund der Pflegekassen bestimmen, dass die Pflegekassen die zu prüfenden Daten elektronisch und in einer bestimmen Form zur Verfügung stellen.₇§ 274 Abs. 2 und 3 des Fünften Buches gilt entsprechend.

§ 47 Satzung

(1) Die Satzung muß Bestimmungen enthalten über:

1. Name und Sitz der Pflegekasse,

2. Bezirk der Pflegekasse und Kreis der Mitglieder,

3. Rechte und Pflichten der Organe,

4. Art der Beschlußfassung der Vertreterversammlung,

5. Bemessung der Entschädigungen für Organmitglieder, soweit sie Aufgaben der Pflegeversicherung wahrnehmen,

6. jährliche Prüfung der Betriebs- und Rechnungsführung und Abnahme der Jahresrechnung,

7. Zusammensetzung und Sitz der Widerspruchsstelle und

8. Art der Bekanntmachungen.

(2) Die Satzung kann eine Bestimmung enthalten, dass die Pflegekasse den Abschluss privater Pflege-Zusatzversicherungen zwischen ihren Versicherten und privaten Krankenversicherungsunternehmen vermitteln kann.

(3) Die Satzung und ihre Änderungen bedürfen der Genehmigung der Behörde, die für die Genehmigung der Satzung der Krankenkasse, bei der die Pflegekasse errichtet ist, zuständig ist.

§ 47a Stellen zur Bekämpfung von Fehlverhalten im Gesundheitswesen

(1) ₁§ 197a des Fünften Buches gilt entsprechend; § 197a Absatz 3 des Fünften Buches gilt mit der Maßgabe, auch mit den nach Landesrecht bestimmten Trägern der Sozialhilfe, die für die Hilfe zur Pflege im Sinne des Siebten Kapitels des Zwölften Buches zuständig sind, zusammenzuarbeiten. ₂Die organisatorischen Einheiten nach § 197a Abs. 1 des Fünften Buches sind die Stellen zur Bekämpfung von Fehlverhalten im Gesundheitswesen bei den Pflegekassen, ihren Landesverbänden und dem Spitzenverband Bund der Pflegekassen.

(2) ₁Die Einrichtungen nach Absatz 1 Satz 2 dürfen personenbezogene Daten, die von ihnen zur Erfüllung ihrer Aufgaben nach Absatz 1 erhoben oder an sie weitergegeben oder übermittelt wurden, untereinander übermitteln, soweit dies für die Feststellung und Bekämpfung von Fehlverhalten im Gesundheitswesen beim Empfänger erforderlich ist. ₂An die nach Landesrecht bestimmten Träger der Sozialhilfe, die für die Hilfe zur Pflege im Sinne des Siebten Kapitels des Zwölften Buches zuständig sind, dürfen die Einrichtungen nach Absatz 1 Satz 2 personenbezogene Daten nur übermitteln, soweit dies für die Feststellung und Bekämpfung von Fehlverhalten im Zusammenhang mit den Regelungen des Siebten Kapitels des Zwölften Buches erforderlich ist und im Einzelfall konkrete Anhaltspunkte dafür vorliegen. ₃Der Empfänger darf diese Daten nur zu dem Zweck verarbeiten und nutzen, zu dem sie ihm übermittelt worden sind. ₄Ebenso dürfen die nach Landesrecht bestimmten Träger der Sozialhilfe, die für die Hilfe zur Pflege im Sinne des Siebten Kapitels des Zwölften Buches zuständig sind, personenbezogene Daten, die von ihnen zur Erfüllung ihrer Aufgaben erhoben oder an sie weitergegeben oder übermittelt wurden, an die in Absatz 1 Satz 2 genannten Einrichtungen übermitteln, soweit dies für die Feststellung und Bekämpfung von Fehlverhalten im Gesundheitswesen beim Empfänger erforderlich ist. ₅Die in Absatz 1 Satz 2 genannten Einrichtungen dürfen diese nur zu dem Zweck verarbeiten und nutzen, zu

8

dem sie ihnen übermittelt worden sind. ₆Die Einrichtungen nach Absatz 1 Satz 2 sowie die nach Landesrecht bestimmten Träger der Sozialhilfe, die für die Hilfe zur Pflege im Sinne des Siebten Kapitels des Zwölften Buches zuständig sind, haben sicherzustellen, dass die personenbezogenen Daten nur Befugten zugänglich sind oder nur an diese weitergegeben werden.

(3) ₁Die Einrichtungen nach Absatz 1 Satz 2 dürfen personenbezogene Daten an die folgenden Stellen übermitteln, soweit dies für die Verhinderung oder Aufdeckung von Fehlverhalten im Zuständigkeitsbereich der jeweiligen Stelle erforderlich ist:

1. die Stellen, die für die Entscheidung über die Teilnahme von Leistungserbringern an der Versorgung in der sozialen Pflegeversicherung sowie in der Hilfe zur Pflege zuständig sind,

2. die Stellen, die für die Leistungsgewährung in der sozialen Pflegeversicherung sowie in der Hilfe zur Pflege zuständig sind,

3. die Stellen, die für die Abrechnung von Leistungen in der sozialen Pflegeversicherung sowie in der Hilfe zur Pflege zuständig sind,

4. die Stellen, die nach Landesrecht für eine Förderung nach § 9 zuständig sind,

5. den Medizinischen Dienst der Krankenversicherung, den Prüfdienst des Verbandes der privaten Krankenversicherung e. V. sowie die für Prüfaufträge nach § 114 bestellten Sachverständigen und

6. die Behörden und berufsständischen Kammern, die für Entscheidungen über die Erteilung, die Rücknahme, den Widerruf oder die Anordnung des Ruhens einer Erlaubnis zum Führen der Berufsbezeichnung in den Pflegeberufen oder für berufsrechtliche Verfahren zuständig sind.

₂Die nach Satz 1 übermittelten Daten dürfen von dem jeweiligen Empfänger nur zu dem Zweck verarbeitet werden, zu dem sie ihm übermittelt worden sind. ₃Die Stellen nach Satz 1 Nummer 4 dürfen personenbezogene Daten, die von ihnen zur Erfüllung ihrer Aufgaben nach diesem Buch erhoben oder an sie übermittelt wurden, an die Einrichtungen nach Absatz 1 Satz 2 übermitteln, soweit dies für die Feststellung und Bekämpfung von Fehlverhalten im Gesundheitswesen durch die Einrichtungen nach Absatz 1 Satz 2 erforderlich ist. ₄Die nach Satz 3 übermittelten Daten dürfen von den Einrichtungen nach Absatz 1 Satz 2 nur zu dem Zweck verarbeitet werden, zu dem sie ihnen übermittelt worden sind.

Zweiter Abschnitt
Zuständigkeit, Mitgliedschaft

§ 48 Zuständigkeit für Versicherte einer Krankenkasse und sonstige Versicherte

(1) ₁Für die Durchführung der Pflegeversicherung ist jeweils die Pflegekasse zuständig, die bei der Krankenkasse errichtet ist, bei der eine Pflichtmitgliedschaft oder freiwillige Mitgliedschaft besteht. ₂Für Familienversicherte nach § 25 ist die Pflegekasse des Mitglieds zuständig.

(2) ₁Für Personen, die nach § 21 Nr. 1 bis 5 versichert sind, ist die Pflegekasse zuständig, die bei der Krankenkasse errichtet ist, die mit der Leistungserbringung im Krankheitsfalle beauftragt ist. ₂Ist keine Krankenkasse mit der Leistungserbringung im Krankheitsfall beauftragt, kann der Versicherte die Pflegekasse nach Maßgabe des Absatzes 3 wählen.

(3) ₁Personen, die nach § 21 Nr. 6 versichert sind, können die Mitgliedschaft wählen bei der Pflegekasse, die bei

1. der Krankenkasse errichtet ist, der sie angehören würde₁₁, wenn sie in der gesetzlichen Krankenversicherung versicherungspflichtig wären,

2. der Allgemeinen Ortskrankenkasse ihres Wohnsitzes oder gewöhnlichen Aufenthaltes errichtet ist,

3. einer Ersatzkasse errichtet ist, wenn sie zu dem Mitgliederkreis gehören, den die gewählte Ersatzkasse aufnehmen darf.

₂Ab 1. Januar 1996 können sie die Mitgliedschaft bei der Pflegekasse wählen, die bei der Krankenkasse errichtet ist, die nach § 173 Abs. 2 des Fünften Buches wählen könnten, wenn sie in der gesetzlichen Krankenversicherung versicherungspflichtig wären.

§ 49 Mitgliedschaft

(1) ₁Die Mitgliedschaft bei einer Pflegekasse beginnt mit dem Tag, an dem die Voraussetzungen des § 20 oder des § 21 vorliegen. ₂Sie endet mit dem Tod des Mitglieds oder mit Ablauf des Tages, an dem die Voraussetzungen des § 20 oder des § 21 entfallen, sofern nicht das Recht zur Weiterversicherung nach § 26 ausgeübt wird. ₃Für die nach § 20 Abs. 1 Satz 2 Nr. 12 Versicherten gelten § 186 Abs. 11 und § 190 Abs. 13 des Fünften Buches entsprechend.

(2) Für das Fortbestehen der Mitgliedschaft gelten die §§ 189, 192 des Fünften Buches sowie § 25 des Zweiten Gesetzes über die Krankenversicherung der Landwirte entsprechend.

(3) Die Mitgliedschaft freiwillig Versicherter nach den §§ 26 und 26a endet:

1. mit dem Tod des Mitglieds oder

2. mit Ablauf des übernächsten Kalendermonats, gerechnet von dem Monat, in dem das Mitglied den Austritt erklärt, wenn die Satzung nicht einen früheren Zeitpunkt bestimmt.

Dritter Abschnitt
Meldungen

§ 50 Melde- und Auskunftspflichten bei Mitgliedern der sozialen Pflegeversicherung

(1) ₁Alle nach § 20 versicherungspflichtigen Mitglieder haben sich selbst unverzüglich bei der für sie zuständigen Pflegekasse anzumelden. ₂Dies gilt nicht, wenn ein Dritter bereits eine Meldung nach den §§ 28a bis 28c des Vierten Buches, §§ 199 bis 205 des Fünften Buches oder §§ 27 bis 29 des Zweiten Gesetzes über die Krankenversicherung der Landwirte zur gesetzlichen Krankenversicherung abgegeben hat; die Meldung zur gesetzlichen Krankenversicherung schließt die Meldung zur sozialen Pflegeversicherung ein. ₃Bei freiwillig versicherten Mitgliedern der gesetzlichen Krankenversicherung gilt die Beitrittserklärung zur gesetzlichen Krankenversicherung als Meldung zur sozialen Pflegeversicherung.

(2) Für die nach § 21 versicherungspflichtigen Mitglieder haben eine Meldung an die zuständige Pflegekasse zu erstatten:

1. das Versorgungsamt für Leistungsempfänger nach dem Bundesversorgungsgesetz oder nach den Gesetzen, die eine entsprechende Anwendung des Bundesversorgungsgesetzes vorsehen,

2. das Ausgleichsamt für Leistungsempfänger von Kriegsschadenrente oder vergleichbaren Leistungen nach dem Lastenausgleichsgesetz oder dem Reparationsschädengesetz oder von laufender Beihilfe nach dem Flüchtlingshilfegesetz,

3. der Träger der Kriegsopferfürsorge für Empfänger von laufenden Leistungen der ergänzenden Hilfe zum Lebensunterhalt nach dem Bundesversorgungsgesetz oder nach den Gesetzen, die eine entsprechende Anwendung des Bundesversorgungsgesetzes vorsehen,

4. der Leistungsträger der Jugendhilfe für Empfänger von laufenden Leistungen zum Unterhalt nach dem Achten Buch,

5. der Leistungsträger für Krankenversorgungsberechtigte nach dem Bundesentschädigungsgesetz,

6. der Dienstherr für Soldaten auf Zeit.

(3) ₁Personen, die versichert sind oder als Versicherte in Betracht kommen, haben der Pflegekasse, soweit sie nicht nach § 28o des Vierten Buches auskunftspflichtig sind,

1. auf Verlangen über alle für die Feststellung der Versicherungs- und Beitragspflicht und für die Durchführung der der Pflegekasse übertragenen Aufgaben erforderlichen Tatsachen unverzüglich Auskunft zu erteilen,

2. Änderungen in den Verhältnissen, die für die Feststellung der Versicherungs- und Beitragspflicht erheblich sind und nicht durch Dritte gemeldet werden, unverzüglich mitzuteilen.

₂Sie haben auf Verlangen die Unterlagen, aus denen die Tatsachen oder die Änderung der Verhältnisse hervorgehen, der Pflegekasse in deren Geschäftsräumen unverzüglich vorzulegen.

8

(4) Entstehen der Pflegekasse durch eine Verletzung der Pflichten nach Absatz 3 zusätzliche Aufwendungen, kann sie von dem Verpflichteten die Erstattung verlangen.

(5) Die Krankenkassen übermitteln den Pflegekassen die zur Erfüllung ihrer Aufgaben erforderlichen personenbezogenen Daten.

(6) Für die Meldungen der Pflegekassen an die Rentenversicherungsträger gilt § 201 des Fünften Buches entsprechend.

§ 51 Meldungen bei Mitgliedern der privaten Pflegeversicherung

(1) ₁Das private Versicherungsunternehmen hat Personen, die bei ihm gegen Krankheit versichert sind und trotz Aufforderung innerhalb von sechs Monaten nach Inkrafttreten des Pflege-Versicherungsgesetzes, bei Neuabschlüssen von Krankenversicherungsverträgen innerhalb von drei Monaten nach Abschluß des Vertrages, keinen privaten Pflegeversicherungsvertrag abgeschlossen haben, unverzüglich elektronisch dem Bundesversicherungsamt zu melden. ₂Das Versicherungsunternehmen hat auch Versicherungsnehmer zu melden, sobald diese mit der Entrichtung von sechs insgesamt vollen Monatsprämien in Verzug geraten sind. ₃Das Bundesversicherungsamt und der Verband der privaten Krankenversicherung e. V. haben bis zum 31. Dezember 2017 Näheres über das elektronische Meldeverfahren zu vereinbaren.

(2) ₁Der Dienstherr hat für Heilfürsorgeberechtigte, die weder privat krankenversichert noch Mitglied in der gesetzlichen Krankenversicherung sind, eine Meldung an das Bundesversicherungsamt zu erstatten. ₂Die Postbeamtenkrankenkasse und die Krankenversorgung der Bundesbahnbeamten melden die im Zeitpunkt des Inkrafttretens des Gesetzes bei diesen Einrichtungen versicherten Mitglieder und mitversicherten Familienangehörigen an das Bundesversicherungsamt.

(3) Die Meldepflichten bestehen auch für die Fälle, in denen eine bestehende private Pflegeversicherung gekündigt und der Abschluß eines neuen Vertrages bei einem anderen Versicherungsunternehmen nicht nachgewiesen wird.

Vierter Abschnitt
Wahrnehmung der Verbandsaufgaben

§ 52 Aufgaben auf Landesebene

(1) ₁Die Landesverbände der Ortskrankenkassen, der Betriebskrankenkassen und der Innungskrankenkassen, die Deutsche Rentenversicherung Knappschaft-Bahn-See, die nach § 36 des Zweiten Gesetzes über die Krankenversicherung der Landwirte als Landesverband tätige landwirtschaftliche Krankenkasse sowie die Ersatzkassen nehmen die Aufgaben der Landesverbände der Pflegekassen wahr. ₂§ 211a und § 212 Abs. 5 Satz 4 bis 10 des Fünften Buches gelten entsprechend.

(2) ₁Für die Aufgaben der Landesverbände nach Absatz 1 gilt § 211 des Fünften Buches entsprechend. ₂Die Landesverbände haben insbesondere den Spitzenverband Bund der Pflegekassen bei der Erfüllung seiner Aufgaben zu unterstützen.

(3) Für die Aufsicht über die Landesverbände im Bereich der Aufgaben nach Absatz 1 gilt § 208 des Fünften Buches entsprechend.

(4) Soweit in diesem Buch die Landesverbände der Pflegekassen Aufgaben wahrnehmen, handeln die in Absatz 1 aufgeführten Stellen.

§ 53 Aufgaben auf Bundesebene

₁Der Spitzenverband Bund der Krankenkassen nimmt die Aufgaben des Spitzenverbandes Bund der Pflegekassen wahr. ₂Die §§ 217b, 217d und 217f des Fünften Buches gelten entsprechend.

§ 53a Zusammenarbeit der Medizinischen Dienste

₁Der Spitzenverband Bund der Pflegekassen erlässt für den Bereich der sozialen Pflegeversicherung Richtlinien

1. über die Zusammenarbeit der Pflegekassen mit den Medizinischen Diensten,

2. zur Durchführung und Sicherstellung einer einheitlichen Begutachtung,

3. über die von den Medizinischen Diensten zu übermittelnden Berichte und Statistiken,

4. zur Qualitätssicherung der Begutachtung und Beratung sowie über das Verfahren zur Durchführung von Qualitätsprüfungen

8

und zur Qualitätssicherung der Qualitätsprüfungen,

5. über Grundsätze zur Fort- und Weiterbildung.

₂Die Richtlinien bedürfen der Zustimmung des Bundesministeriums für Gesundheit. ₃Sie sind für die Medizinischen Dienste verbindlich.

§ 53b Beauftragung von anderen unabhängigen Gutachtern durch die Pflegekassen im Verfahren zur Feststellung der Pflegebedürftigkeit

(1) ₁Der Spitzenverband Bund der Pflegekassen erlässt bis zum 31. März 2013 mit dem Ziel einer einheitlichen Rechtsanwendung Richtlinien zur Zusammenarbeit der Pflegekassen mit anderen unabhängigen Gutachtern im Verfahren zur Feststellung der Pflegebedürftigkeit. ₂Die Richtlinien sind für die Pflegekassen verbindlich.

(2) Die Richtlinien regeln insbesondere Folgendes:

1. die Anforderungen an die Qualifikation und die Unabhängigkeit der Gutachter,

2. das Verfahren, mit dem sichergestellt wird, dass die von den Pflegekassen beauftragten unabhängigen Gutachter bei der Feststellung der Pflegebedürftigkeit und bei der Zuordnung zu einem Pflegegrad dieselben Maßstäbe wie der Medizinische Dienst der Krankenversicherung anlegen,

3. die Sicherstellung der Dienstleistungsorientierung im Begutachtungsverfahren und

4. die Einbeziehung der Gutachten der von den Pflegekassen beauftragten Gutachter in das Qualitätssicherungsverfahren der Medizinischen Dienste.

(3) Die Richtlinien bedürfen der Zustimmung des Bundesministeriums für Gesundheit.

§ 53c Richtlinien zur Qualifikation und zu den Aufgaben zusätzlicher Betreuungskräfte

₁Der Spitzenverband Bund der Pflegekassen hat für die zusätzlich einzusetzenden Betreuungskräfte für die Leistungen nach § 43b Richtlinien zur Qualifikation und zu den Auf

gaben in stationären Pflegeeinrichtungen zu beschließen. ₂Er hat hierzu die Bundesvereinigungen der Träger stationärer Pflegeeinrichtungen und die Verbände der Pflegeberufe auf Bundesebene anzuhören und den allgemein anerkannten Stand medizinisch-pflegerischer Erkenntnisse zu beachten. ₃Die Richtlinien werden für alle Pflegekassen und deren Verbände sowie für die stationären Pflegeeinrichtungen erst nach Genehmigung durch das Bundesministerium für Gesundheit wirksam. ₄§ 17 Absatz 2 Satz 2 und 3 gilt entsprechend.

Sechstes Kapitel
Finanzierung

Erster Abschnitt
Beiträge

§ 54 Grundsatz

(1) Die Mittel für die Pflegeversicherung werden durch Beiträge sowie sonstige Einnahmen gedeckt.

(2) ₁Die Beiträge werden nach einem Vomhundertsatz (Beitragssatz) von den beitragspflichtigen Einnahmen der Mitglieder bis zur Beitragsbemessungsgrenze (§ 55) erhoben. ₂Die Beiträge sind für jeden Kalendertag der Mitgliedschaft zu zahlen, soweit dieses Buch nichts Abweichendes bestimmt. ₃Für die Berechnung der Beiträge ist die Woche zu sieben, der Monat zu 30 und das Jahr zu 360 Tagen anzusetzen.

(3) Die Vorschriften des Zwölften Kapitels des Fünften Buches gelten entsprechend.

§ 55 Beitragssatz, Beitragsbemessungsgrenze

(1) ₁Der Beitragssatz beträgt bundeseinheitlich 3,05 Prozent der beitragspflichtigen Einnahmen der Mitglieder; er wird durch Gesetz festgesetzt. ₂Für Personen, bei denen § 28 Abs. 2 Anwendung findet, beträgt der Beitragssatz die Hälfte des Beitragssatzes nach Satz 1.

(2) Beitragspflichtige Einnahmen sind bis zu einem Betrag von 1/360 der in § 6 Abs. 7 des Fünften Buches festgelegten Jahresarbeits

8

entgeltgrenze für den Kalendertag zu berücksichtigen (Beitragsbemessungsgrenze).

(3) ₁Der Beitragssatz nach Absatz 1 Satz 1 und 2 erhöht sich für Mitglieder nach Ablauf des Monats, in dem sie das 23. Lebensjahr vollendet haben, um einen Beitragszuschlag in Höhe von 0,25 Beitragssatzpunkten (Beitragszuschlag für Kinderlose). ₂Satz 1 gilt nicht für Eltern im Sinne des § 56 Abs. 1 Satz 1 Nr. 3 und Abs. 3 Nr. 2 und 3 des Ersten Buches. ₃Die Elterneigenschaft ist in geeigneter Form gegenüber der beitragsabführenden Stelle, von Selbstzahlern gegenüber der Pflegekasse, nachzuweisen, sofern diesen die Elterneigenschaft nicht bereits aus anderen Gründen bekannt ist. ₄Der Spitzenverband Bund der Pflegekassen gibt Empfehlungen darüber, welche Nachweise geeignet sind. ₅Erfolgt die Vorlage des Nachweises innerhalb von drei Monaten nach der Geburt des Kindes, gilt der Nachweis mit Beginn des Monats der Geburt als erbracht, ansonsten wirkt der Nachweis ab Beginn des Monats, der dem Monat folgt, in dem der Nachweis erbracht wird. ₆Nachweise für vor dem 1. Januar 2005 geborene Kinder, die bis zum 30. Juni 2005 erbracht werden, wirken vom 1. Januar 2005 an. ₇Satz 1 gilt nicht für Mitglieder, die vor dem 1. Januar 1940 geboren wurden, für Wehr- und Zivildienstleistende sowie für Bezieher von Arbeitslosengeld II.

(3a) Zu den Eltern im Sinne des Absatzes 3 Satz 2 gehören nicht

1. Adoptiveltern, wenn das Kind zum Zeitpunkt des Wirksamwerdens der Adoption bereits die in § 25 Abs. 2 vorgesehenen Altersgrenzen erreicht hat,

2. Stiefeltern, wenn das Kind zum Zeitpunkt der Eheschließung oder der Begründung der eingetragenen Lebenspartnerschaft gemäß § 1 des Lebenspartnerschaftsgesetzes mit dem Elternteil des Kindes bereits die in § 25 Abs. 2 vorgesehenen Altersgrenzen erreicht hat oder wenn das Kind vor Erreichen dieser Altersgrenzen nicht in den gemeinsamen Haushalt mit dem Mitglied aufgenommen worden ist.

(4) ₁Der Beitragszuschlag für die Monate Januar bis März 2005 auf Renten der gesetzlichen Rentenversicherung wird für Rentenbezieher, die nach dem 31. Dezember 1939 ge-

boren wurden, in der Weise abgegolten, dass der Beitragszuschlag im Monat April 2005 1 vom Hundert der im April 2005 beitragspflichtigen Rente beträgt. ₂Für die Rentenbezieher, die in den Monaten Januar bis April 2005 zeitweise nicht beitrags- oder zuschlagspflichtig sind, wird der Beitragszuschlag des Monats April 2005 entsprechend der Dauer dieser Zeit reduziert.

(5) ₁Sind landwirtschaftliche Unternehmer, die nicht zugleich Arbeitslosengeld II beziehen, sowie mitarbeitende Familienangehörige Mitglied der landwirtschaftlichen Krankenkasse, wird der Beitrag abweichend von den Absätzen 1 bis 3 in Form eines Zuschlags auf den Krankenversicherungsbeitrag, den sie nach den Vorschriften des Zweiten Gesetzes über die Krankenversicherung der Landwirte aus dem Arbeitseinkommen aus Land- und Forstwirtschaft zu zahlen haben, erhoben. ₂Die Höhe des Zuschlags ergibt sich aus dem Verhältnis des Beitragssatzes nach Absatz 1 Satz 1 zu dem um den durchschnittlichen Zusatzbeitragssatz erhöhten allgemeinen Beitragssatz nach § 241 des Fünften Buches. ₃Sind die Voraussetzungen für einen Beitragszuschlag für Kinderlose nach Absatz 3 erfüllt, erhöht sich der Zuschlag nach Satz 2 um das Verhältnis des Beitragszuschlags für Kinderlose nach Absatz 3 Satz 1 zu dem Beitragssatz nach Absatz 1 Satz 1.

§ 56 Beitragsfreiheit

(1) Familienangehörige sind für die Dauer der Familienversicherung nach § 25 beitragsfrei.

(2) ₁Beitragsfreiheit besteht vom Zeitpunkt der Rentenantragstellung bis zum Beginn der Rente einschließlich einer Rente nach dem Gesetz über die Alterssicherung der Landwirte für:

1. den hinterbliebenen Ehegatten oder hinterbliebenen Lebenspartner eines Rentners, der bereits Rente bezogen hat, wenn Hinterbliebenenrente beantragt wird,

2. die Waise eines Rentners, der bereits Rente bezogen hat, vor Vollendung des 18. Lebensjahres; dies gilt auch für Waisen, deren verstorbener Elternteil eine Rente nach dem Gesetz über die Alterssicherung der Landwirte bezogen hat,

3. den hinterbliebenen Ehegatten oder hinterbliebenen Lebenspartner eines Beziehers einer Rente nach dem Gesetz über die Alterssicherung der Landwirte, wenn die Ehe vor Vollendung des 65. Lebensjahres des Verstorbenen geschlossen oder die eingetragene Lebenspartnerschaft vor Vollendung des 65. Lebensjahres des Verstorbenen gemäß § 1 des Lebenspartnerschaftsgesetzes begründet wurde,

4. den hinterbliebenen Ehegatten oder hinterbliebenen Lebenspartner eines Beziehers von Landabgaberente.

₂Satz 1 gilt nicht, wenn der Rentenantragsteller eine eigene Rente, Arbeitsentgelt, Arbeitseinkommen oder Versorgungsbezüge erhält.

(3) ₁Beitragsfrei sind Mitglieder für die Dauer des Bezuges von Mutterschafts-, Eltern- oder Betreuungsgeld. ₂Die Beitragsfreiheit erstreckt sich nur auf die in Satz 1 genannten Leistungen.

(4) Beitragsfrei sind auf Antrag Mitglieder, die sich auf nicht absehbare Dauer in stationärer Pflege befinden und bereits Leistungen nach § 35 Abs. 6 des Bundesversorgungsgesetzes, nach § 44 des Siebten Buches, nach § 34 des Beamtenversorgungsgesetzes oder nach den Gesetzen erhalten, die eine entsprechende Anwendung des Bundesversorgungsgesetzes vorsehen, wenn sie keine Familienangehörigen haben, für die eine Versicherung nach § 25 besteht.

(5) ₁Beitragsfrei sind Mitglieder für die Dauer des Bezuges von Pflegeunterstützungsgeld. ₂Die Beitragsfreiheit erstreckt sich nur auf die in Satz 1 genannten Leistungen.

§ 57 Beitragspflichtige Einnahmen

(1) ₁Bei Mitgliedern der Pflegekasse, die in der gesetzlichen Krankenversicherung pflichtversichert sind, gelten für die Beitragsbemessung die §§ 226 bis 232a, 233 bis 238 und § 244 des Fünften Buches sowie die §§ 23a und 23b Abs. 2 bis 4 des Vierten Buches. ₂Bei Personen, die Arbeitslosengeld II beziehen, ist abweichend von § 232a Abs. 1 Satz 1 Nr. 2 des Fünften Buches das 0,2266fache der monatlichen Bezugsgröße zugrunde zu legen und sind abweichend von § 54 Absatz 2 Satz 2 die Beiträge für jeden

Kalendermonat, in dem mindestens für einen Tag eine Mitgliedschaft besteht, zu zahlen; § 232a Absatz 1a des Fünften Buches gilt entsprechend.

(2) ₁Bei Beziehern von Krankengeld gilt als beitragspflichtige Einnahme 80 vom Hundert des Arbeitsentgelts, das der Bemessung des Krankengeldes zugrundeliegt. ₂Dies gilt auch für den Krankengeldbezug eines rentenversicherungspflichtigen mitarbeitenden Familienangehörigen eines landwirtschaftlichen Unternehmers. ₃Beim Krankengeldbezug eines nicht rentenversicherungspflichtigen mitarbeitenden Familienangehörigen ist der Zahlbetrag der Leistung der Beitragsbemessung zugrunde zu legen. ₄Bei Personen, die Krankengeld nach § 44a des Fünften Buches beziehen, wird das der Leistung zugrunde liegende Arbeitsentgelt oder Arbeitseinkommen zugrunde gelegt; wird dieses Krankengeld nach § 47b des Fünften Buches gezahlt, gelten die Sätze 1 bis 3. ₅Bei Personen, die Leistungen für den Ausfall von Arbeitseinkünften von einem privaten Krankenversicherungsunternehmen, von einem Beihilfeträger des Bundes, von einem sonstigen öffentlich-rechtlichen Träger von Kosten in Krankheitsfällen auf Bundesebene, von dem Träger der Heilfürsorge des Bundes, von dem Träger der truppenärztlichen Versorgung oder von einem öffentlich-rechtlichen Träger von Kosten in Krankheitsfällen auf Landesebene, soweit Landesrecht dies vorsieht, im Zusammenhang mit einer nach den §§ 8 und 8a des Transplantationsgesetzes erfolgenden Spende von Organen oder Geweben oder im Zusammenhang mit einer im Sinne von § 9 des Transfusionsgesetzes erfolgenden Spende von Blut zur Separation von Blutstammzellen oder anderen Blutbestandteilen erhalten, wird das diesen Leistungen zugrunde liegende Arbeitsentgelt oder Arbeitseinkommen zugrunde gelegt. ₆Bei Personen, die Krankengeld nach § 45 Absatz 1 des Fünften Buches beziehen, gelten als beitragspflichtige Einnahmen 80 Prozent des während der Freistellung ausgefallenen, laufenden Arbeitsentgelts oder des der Leistung zugrunde liegenden Arbeitseinkommens.

(3) Für die Beitragsbemessung der in § 20 Absatz 1 Satz 2 Nummer 3 genannten Alten-

8

teiler gilt § 45 des Zweiten Gesetzes über die Krankenversicherung der Landwirte.

(4) ₁Bei freiwilligen Mitgliedern der gesetzlichen Krankenversicherung und bei Mitgliedern der sozialen Pflegeversicherung, die nicht in der gesetzlichen Krankenversicherung versichert sind, ist für die Beitragsbemessung § 240 des Fünften Buches entsprechend anzuwenden. ₂Für die Beitragsbemessung der in der gesetzlichen Krankenversicherung versicherten Rentenantragsteller und freiwillig versicherten Rentner finden darüber hinaus die §§ 238a und 239 des Fünften Buches entsprechende Anwendung. ₃Abweichend von Satz 1 ist bei Mitgliedern nach § 20 Abs. 1 Nr. 10, die in der gesetzlichen Krankenversicherung freiwillig versichert sind, § 236 des Fünften Buches entsprechend anzuwenden; als beitragspflichtige Einnahmen der satzungsmäßigen Mitglieder geistlicher Genossenschaften, Diakonissen und ähnlicher Personen, die freiwillig in der gesetzlichen Krankenversicherung versichert sind, sind der Wert für gewährte Sachbezüge oder das ihnen zur Beschaffung der unmittelbaren Lebensbedürfnisse an Wohnung, Verpflegung, Kleidung und dergleichen gezahlte Entgelt zugrunde zu legen. ₄Bei freiwilligen Mitgliedern der gesetzlichen Krankenversicherung, die von einem Rehabilitationsträger Verletztengeld, Versorgungskrankengeld oder Übergangsgeld erhalten, gilt für die Beitragsbemessung § 235 Abs. 2 des Fünften Buches entsprechend; für die in der landwirtschaftlichen Krankenversicherung freiwillig Versicherten gilt § 46 des Zweiten Gesetzes über die Krankenversicherung der Landwirte.

(5) Der Beitragsberechnung von Personen, die nach § 26 Abs. 2 weiterversichert sind, werden für den Kalendertag der 180. Teil der monatlichen Bezugsgröße nach § 18 des Vierten Buches zugrunde gelegt.

§ 58 Tragung der Beiträge bei versicherungspflichtig Beschäftigten

(1) ₁Die nach § 20 Abs. 1 Satz 2 Nr. 1 und 12 versicherungspflichtig Beschäftigten, die in der gesetzlichen Krankenversicherung pflichtversichert sind, und ihre Arbeitgeber tragen die nach dem Arbeitsentgelt zu bemessenden Beiträge jeweils zur Hälfte. ₂So-

weit für Beschäftigte Beiträge für Kurzarbeitergeld zu zahlen sind, trägt der Arbeitgeber den Beitrag allein. ₃Den Beitragszuschlag für Kinderlose nach § 55 Abs. 3 tragen die Beschäftigten.

(2) Zum Ausgleich der mit den Arbeitgeberbeiträgen verbundenen Belastungen der Wirtschaft werden die Länder einen gesetzlichen landesweiten Feiertag, der stets auf einen Werktag fällt, aufheben.

(3) ₁Die in Absatz 1 genannten Beschäftigten tragen die Beiträge in Höhe von 1 vom Hundert allein, wenn der Beschäftigungsort in einem Land liegt, in dem die am 31. Dezember 1993 bestehende Anzahl der gesetzlichen landesweiten Feiertage nicht um einen Feiertag, der stets auf einen Werktag fiel, vermindert worden ist. ₂In Fällen des § 55 Abs. 1 Satz 2 werden die Beiträge in Höhe von 0,5 vom Hundert allein getragen. ₃Im Übrigen findet Absatz 1 Anwendung, soweit es sich nicht um eine versicherungspflichtige Beschäftigung mit einem monatlichen Arbeitsentgelt innerhalb des Übergangsbereichs nach § 20 Absatz 2 des Vierten Buches handelt, für die Absatz 5 Satz 2 Anwendung findet. ₄Die Beiträge der Beschäftigten erhöhen sich nicht, wenn Länder im Jahr 2017 den Reformationstag einmalig zu einem gesetzlichen Feiertag erheben.

(4) ₁Die Aufhebung eines Feiertages wirkt für das gesamte Kalenderjahr. ₂Handelt es sich um einen Feiertag, der im laufenden Kalenderjahr vor dem Zeitpunkt des Inkrafttretens der Regelung über die Streichung liegt, wirkt die Aufhebung erst im folgenden Kalenderjahr.

(5) ₁§ 249 Abs. 2 des Fünften Buches gilt entsprechend. ₂§ 249 Absatz 3 des Fünften Buches gilt mit der Maßgabe, dass statt des Beitragssatzes der Krankenkasse der Beitragssatz der Pflegeversicherung und bei den in Absatz 3 Satz 1 genannten Beschäftigten für die Berechnung des Beitragsanteils des Arbeitgebers ein Beitragssatz in Höhe des um einen Prozentpunkt verminderten Beitragssatzes der Pflegeversicherung Anwendung findet.

§ 59 Beitragstragung bei anderen Mitgliedern

(1) ₁Für die nach § 20 Abs. 1 Satz 2 Nr. 2 bis 12 versicherten Mitglieder der sozialen Pflege-

versicherung, die in der gesetzlichen Krankenversicherung pflichtversichert sind, gelten für die Tragung der Beiträge § 250 Abs. 1 und 3 und § 251 des Fünften Buches sowie § 48 des Zweiten Gesetzes über die Krankenversicherung der Landwirte entsprechend; die Beiträge aus der Rente der gesetzlichen Rentenversicherung sind von dem Mitglied allein zu tragen. ₂Bei Beziehern einer Rente nach dem Gesetz über die Alterssicherung der Landwirte, die nach § 20 Abs. 1 Satz 2 Nr. 3 versichert sind, und bei Beziehern von Produktionsaufgabenrente oder Ausgleichsgeld, die nach § 14 Abs. 4 des Gesetzes zur Förderung der Einstellung der landwirtschaftlichen Erwerbstätigkeit versichert sind, werden die Beiträge aus diesen Leistungen von den Beziehern der Leistung allein getragen.

(2) ₁Die Beiträge für Bezieher von Krankengeld werden von den Leistungsbeziehern und den Krankenkassen je zur Hälfte getragen, soweit sie auf das Krankengeld entfallen und dieses nicht in Höhe der Leistungen der Bundesagentur für Arbeit zu zahlen ist, im übrigen von den Krankenkassen; die Beiträge werden auch dann von den Krankenkassen getragen, wenn das dem Krankengeld zugrunde liegende monatliche Arbeitsentgelt 450 Euro nicht übersteigt. ₂Die Beträge für Bezieher von Krankengeld nach § 44a des Fünften Buches oder für den Ausfall von Arbeitseinkünften im Zusammenhang mit einer nach den §§ 8 und 8a des Transplantationsgesetzes erfolgenden Spende von Organen oder Geweben oder im Zusammenhang mit einer im Sinne von § 9 des Transfusionsgesetzes erfolgenden Spende von Blut zur Separation von Blutstammzellen oder anderen Blutbestandteilen sind von der Stelle zu tragen, die die Leistung erbringt; wird die Leistung von mehreren Stellen erbracht, sind die Beiträge entsprechend anteilig zu tragen.

(3) ₁Die Beiträge für die nach § 21 Nr. 1 bis 5 versicherten Leistungsempfänger werden vom jeweiligen Leistungsträger getragen. ₂Beiträge auf Grund des Leistungsbezugs im Rahmen der Kriegsopferfürsorge gelten als Aufwendungen für die Kriegsopferfürsorge.

(4) ₁Mitglieder der sozialen Pflegeversicherung, die in der gesetzlichen Krankenversicherung freiwillig versichert sind, sowie Mitglieder, deren Mitgliedschaft nach § 49 Abs. 2 Satz 1 erhalten bleibt oder nach den §§ 26 und 26a freiwillig versichert sind, und die nach § 21 Nr. 6 versicherten Soldaten auf Zeit tragen den Beitrag allein.

₂Abweichend von Satz 1 werden

1. die auf Grund des Bezuges von Verletztengeld, Versorgungskrankengeld oder Übergangsgeld zu zahlenden Beiträge von dem zuständigen Rehabilitationsträger,

2. die Beiträge für satzungsmäßige Mitglieder geistlicher Genossenschaften, Diakonissen und ähnliche Personen einschließlich der Beiträge bei einer Weiterversicherung nach § 26 von der Gemeinschaft

allein getragen.

(5) Den Beitragszuschlag für Kinderlose nach § 55 Abs. 3 trägt das Mitglied.

§ 60 Beitragszahlung

(1) ₁Soweit gesetzlich nichts Abweichendes bestimmt ist, sind die Beiträge von demjenigen zu zahlen, der sie zu tragen hat. ₂§ 252 Abs. 1 Satz 2, die §§ 253 bis 256a des Fünften Buches und § 49 Satz 2, die §§ 50 und 50a des Zweiten Gesetzes über die Krankenversicherung der Landwirte gelten entsprechend. ₃Die aus einer Rente nach dem Gesetz über die Alterssicherung der Landwirte und einer laufenden Geldleistung nach dem Gesetz zur Förderung der Einstellung der landwirtschaftlichen Erwerbstätigkeit zu entrichtenden Beiträge werden von der Alterskasse gezahlt; § 28g Satz 1 des Vierten Buches gilt entsprechend.

(2) ₁Für Bezieher von Krankengeld zahlen die Krankenkassen die Beiträge; für den Beitragsabzug gilt § 28g Satz 1 des Vierten Buches entsprechend. ₂Die zur Tragung der Beiträge für die in § 21 Nr. 1 bis 5 genannten Mitglieder Verpflichteten können einen Dritten mit der Zahlung der Beiträge beauftragen und mit den Pflegekassen Näheres über die Zahlung und Abrechnung der Beiträge vereinbaren.

(3) ₁Die Beiträge sind an die Krankenkassen zu zahlen; in den in § 252 Abs. 2 Satz 1 des Fünften Buches geregelten Fällen sind sie an den Gesundheitsfonds zu zahlen, der sie un-

8

verzüglich an den Ausgleichsfonds weiterzuleiten hat. ₂Die nach Satz 1 eingegangenen Beiträge zur Pflegeversicherung sind von der Krankenkasse unverzüglich an die Pflegekasse weiterzuleiten. ₃In den Fällen des § 252 Absatz 2 Satz 1 des Fünften Buches ist das Bundesversicherungsamt als Verwalter des Gesundheitsfonds, im Übrigen sind die Pflegekassen zur Prüfung der ordnungsgemäßen Beitragszahlung berechtigt; § 251 Absatz 5 Satz 3 bis 7 des Fünften Buches gilt entsprechend. ₄§ 24 Abs. 1 des Vierten Buches gilt. ₅§ 252 Abs. 3 des Fünften Buches gilt mit der Maßgabe, dass die Beiträge zur Pflegeversicherung den Beiträgen zur Krankenversicherung gleichstehen.

(4) ₁Die Deutsche Rentenversicherung Bund leitet alle Pflegeversicherungsbeiträge aus Rentenleistungen der allgemeinen Rentenversicherung am fünften Arbeitstag des Monats, der dem Monat folgt, in dem die Rente fällig war, an den Ausgleichsfonds der Pflegeversicherung (§ 65) weiter. ₂Werden Rentenleistungen am letzten Bankarbeitstag des Monats ausgezahlt, der dem Monat vorausgeht, in dem sie fällig werden (§ 272a des Sechsten Buches), leitet die Deutsche Rentenversicherung Bund die darauf entfallenden Pflegeversicherungsbeiträge am fünften Arbeitstag des laufenden Monats an den Ausgleichsfonds der Pflegeversicherung weiter.

(5) ₁Der Beitragszuschlag nach § 55 Abs. 3 ist von demjenigen zu zahlen, der die Beiträge zu zahlen hat. ₂Wird der Pflegeversicherungsbeitrag von einem Dritten gezahlt, hat dieser einen Anspruch gegen das Mitglied auf den von dem Mitglied zu tragenden Beitragszuschlag. ₃Dieser Anspruch kann von dem Dritten durch Abzug von der an das Mitglied zu erbringenden Geldleistung geltend gemacht werden.

(6) Wenn kein Abzug nach Absatz 5 möglich ist, weil der Dritte keine laufende Geldleistung an das Mitglied erbringen muss, hat das Mitglied den sich aus dem Beitragszuschlag ergebenden Betrag an die Pflegekasse zu zahlen.

(7) ₁Die Beitragszuschläge für die Bezieher von Arbeitslosengeld, Unterhaltsgeld, Kurzarbeitergeld, Ausbildungsgeld, Übergangsgeld und, soweit die Bundesagentur beitragszahlungspflichtig ist, für Bezieher von Berufsausbildungsbeihilfe nach dem Dritten Buch werden von der Bundesagentur für Arbeit pauschal in Höhe von 20 Millionen Euro pro Jahr an den Ausgleichsfonds der Pflegeversicherung (§ 66) überwiesen. ₂Die Bundesagentur für Arbeit kann mit Zustimmung des Bundesministeriums für Arbeit und Soziales hinsichtlich der übernommenen Beträge Rückgriff bei den genannten Leistungsbeziehern nach dem Dritten Buch nehmen. ₃Die Bundesagentur für Arbeit kann mit dem Bundesversicherungsamt Näheres zur Zahlung der Pauschale vereinbaren.

Zweiter Abschnitt
Beitragszuschüsse

§ 61 Beitragszuschüsse für freiwillige Mitglieder der gesetzlichen Krankenversicherung und Privatversicherte

(1) ₁Beschäftigte, die in der gesetzlichen Krankenversicherung freiwillig versichert sind, erhalten unter den Voraussetzungen des § 58 von ihrem Arbeitgeber einen Beitragszuschuß, der in der Höhe begrenzt ist, auf den Betrag, der als Arbeitgeberanteil nach § 58 zu zahlen wäre. ₂Bestehen innerhalb desselben Zeitraums mehrere Beschäftigungsverhältnisse, sind die beteiligten Arbeitgeber anteilmäßig nach dem Verhältnis der Höhe der jeweiligen Arbeitsentgelte zur Zahlung des Beitragszuschusses verpflichtet. ₃Für Beschäftigte, die Kurzarbeitergeld nach dem Dritten Buch beziehen, ist zusätzlich zum Zuschuß nach Satz 1 die Hälfte des Betrages zu zahlen, den der Arbeitgeber bei Versicherungspflicht des Beschäftigten nach § 58 Abs. 1 Satz 2 als Beitrag zu tragen hätte.

(2) ₁Beschäftigte, die in Erfüllung ihrer Versicherungspflicht nach den §§ 22 und 23 bei einem privaten Krankenversicherungsunternehmen versichert sind und für sich und ihre Angehörigen oder Lebenspartner, die bei Versicherungspflicht des Beschäftigten in der sozialen Pflegeversicherung nach § 25 versichert wären, Vertragsleistungen beanspruchen können, die nach Art und Umfang den Leistungen dieses Buches gleichwertig sind, erhalten unter den Voraussetzungen des § 58 von ihrem Arbeitgeber einen Beitragszuschuß. ₂Der Zuschuß ist in der Höhe begrenzt

auf den Betrag, der als Arbeitgeberanteil bei Versicherungspflicht in der sozialen Pflegeversicherung als Beitragsanteil zu zahlen wäre, höchstens jedoch auf die Hälfte des Betrages, den der Beschäftigte für seine private Pflegeversicherung zu zahlen hat. ₃Für Beschäftigte, die Kurzarbeitergeld nach dem Dritten Buch beziehen, gilt Absatz 1 Satz 3 mit der Maßgabe, daß sie höchstens den Betrag erhalten, den sie tatsächlich zu zahlen haben. ₄Bestehen innerhalb desselben Zeitraumes mehrere Beschäftigungsverhältnisse, sind die beteiligten Arbeitgeber anteilig nach dem Verhältnis der Höhe der jeweiligen Arbeitsentgelte zur Zahlung des Beitragszuschusses verpflichtet.

(3) ₁Für Bezieher von Vorruhestandsgeld, die als Beschäftigte bis unmittelbar vor Beginn der Vorruhestandsleistungen Anspruch auf den vollen oder anteiligen Beitragszuschuß nach Absatz 1 oder 2 hatten, sowie für Bezieher von Leistungen nach § 9 Abs. 1 Nr. 1 und 2 des Anspruchs- und Anwartschaftsüberführungsgesetzes und Bezieher einer Übergangsversorgung nach § 7 des Tarifvertrages über einen sozialverträglichen Personalabbau im Bereich des Bundesministeriums der Verteidigung vom 30. November 1991 bleibt der Anspruch für die Dauer der Vorruhestandsleistungen gegen den zur Zahlung des Vorruhestandsgeldes Verpflichteten erhalten. ₂Der Zuschuss beträgt die Hälfte des Beitrages, den Bezieher von Vorruhestandsgeld als versicherungspflichtig Beschäftigte ohne den Beitragszuschlag nach § 55 Abs. 3 zu zahlen hätten, höchstens jedoch die Hälfte des Betrages, den sie ohne den Beitragszuschlag nach § 55 Abs. 3 zu zahlen haben. ₃Absatz 1 Satz 2 gilt entsprechend.

(4) ₁Die in § 20 Abs. 1 Satz 2 Nr. 6, 7 oder 8 genannten Personen, für die nach § 23 Versicherungspflicht in der privaten Pflegeversicherung besteht, erhalten vom zuständigen Leistungsträger einen Zuschuß zu ihrem privaten Pflegeversicherungsbeitrag. ₂Als Zuschuß ist der Betrag zu zahlen, der von dem Leistungsträger als Beitrag bei Versicherungspflicht in der sozialen Pflegeversicherung zu zahlen wäre, höchstens jedoch der Betrag, der an das private Versicherungsunternehmen zu zahlen ist.

(5) Der Zuschuß nach den Absätzen 2, 3 und 4 wird für eine private Pflegeversicherung nur gezahlt, wenn das Versicherungsunternehmen:

1. die Pflegeversicherung nach Art der Lebensversicherung betreibt,

2. sich verpflichtet, den überwiegenden Teil der Überschüsse, die sich aus dem selbst abgeschlossenen Versicherungsgeschäft ergeben, zugunsten der Versicherten zu verwenden,

3. die Pflegeversicherung nur zusammen mit der Krankenversicherung, nicht zusammen mit anderen Versicherungssparten betreibt oder, wenn das Versicherungsunternehmen seinen Sitz in einem anderen Mitgliedstaat der Europäischen Union hat, den Teil der Prämien, für den Berechtigte den Zuschuss erhalten, nur für die Kranken- und Pflegeversicherung verwendet.

(6) ₁Das Krankenversicherungsunternehmen hat dem Versicherungsnehmer eine Bescheinigung darüber auszuhändigen, daß ihm die Aufsichtsbehörde bestätigt hat, daß es die Versicherung, die Grundlage des Versicherungsvertrages ist, nach den in Absatz 5 genannten Voraussetzungen betreibt. ₂Der Versicherungsnehmer hat diese Bescheinigung dem zur Zahlung des Beitragszuschusses Verpflichteten jeweils nach Ablauf von drei Jahren vorzulegen.

(7) Personen, die nach beamtenrechtlichen Vorschriften oder Grundsätzen bei Krankheit und Pflege Anspruch auf Beihilfe oder Heilfürsorge haben und bei einem privaten Versicherungsunternehmen pflegeversichert sind, sowie Personen, für die der halbe Beitragssatz nach § 55 Abs. 1 Satz 2 gilt, haben gegenüber dem Arbeitgeber oder Dienstherrn, der die Beihilfe und Heilfürsorge zu Aufwendungen aus Anlaß der Pflege gewährt, keinen Anspruch auf einen Beitragszuschuß.

Dritter Abschnitt
Verwendung und Verwaltung der Mittel

§ 62 Mittel der Pflegekasse

Die Mittel der Pflegekasse umfassen die Betriebsmittel und die Rücklage.

§ 63 Betriebsmittel

(1) Die Betriebsmittel dürfen nur verwendet werden:

1. für die gesetzlich oder durch die Satzung vorgesehenen Aufgaben sowie für die Verwaltungskosten,

2. zur Auffüllung der Rücklage und zur Finanzierung des Ausgleichsfonds.

(2) ₁Die Betriebsmittel dürfen im Durchschnitt des Haushaltsjahres monatlich das Einfache des nach dem Haushaltsplan der Pflegekasse auf einen Monat entfallenden Betrages der in Absatz 1 Nr. 1 genannten Aufwendungen nicht übersteigen. ₂Bei der Feststellung der vorhandenen Betriebsmittel sind die Forderungen und Verpflichtungen der Pflegekasse zu berücksichtigen, soweit sie nicht der Rücklage zuzuordnen sind. ₃Durchlaufende Gelder bleiben außer Betracht.

(3) Die Betriebsmittel sind im erforderlichen Umfang bereitzuhalten und im übrigen so anzulegen, daß sie für den in Absatz 1 bestimmten Zweck verfügbar sind.

§ 64 Rücklage

(1) Die Pflegekasse hat zur Sicherstellung ihrer Leistungsfähigkeit eine Rücklage zu bilden.

(2) Die Rücklage beträgt 50 vom Hundert des nach dem Haushaltsplan durchschnittlich auf den Monat entfallenden Betrages der Ausgaben (Rücklagesoll).

(3) Die Pflegekasse hat Mittel aus der Rücklage den Betriebsmitteln zuzuführen, wenn Einnahme- und Ausgabeschwankungen innerhalb eines Haushaltsjahres nicht durch die Betriebsmittel ausgeglichen werden können.

(4) ₁Übersteigt die Rücklage das Rücklagesoll, so ist der übersteigende Betrag den Betriebsmitteln bis zu der in § 63 Abs. 2 genannten Höhe zuzuführen. ₂Darüber hinaus verbleibende Überschüsse sind bis zum 15. des Monats an den Ausgleichsfonds nach § 65 zu überweisen.

(5) ₁Die Rücklage ist getrennt von den sonstigen Mitteln so anzulegen, daß sie für den nach Absatz 1 bestimmten Zweck verfügbar ist. ₂Sie wird von der Pflegekasse verwaltet.

Vierter Abschnitt
Ausgleichsfonds, Finanzausgleich

§ 65 Ausgleichsfonds

(1) Das Bundesversicherungsamt verwaltet als Sondervermögen (Ausgleichsfonds) die eingehenden Beträge aus:

1. den Beiträgen aus den Rentenzahlungen,

2. den von den Pflegekassen überwiesenen Überschüssen aus Betriebsmitteln und Rücklage (§ 64 Abs. 4),

3. den vom Gesundheitsfonds überwiesenen Beiträgen der Versicherten.

(2) Die im Laufe eines Jahres entstehenden Kapitalerträge werden dem Sondervermögen gutgeschrieben.

(3) Die Mittel des Ausgleichsfonds sind so anzulegen, daß sie für den in den §§ 67, 68 genannten Zweck verfügbar sind.

(4) ₁Die dem Bundesversicherungsamt bei der Verwaltung des Ausgleichsfonds entstehenden Kosten werden durch die Mittel des Ausgleichsfonds gedeckt. ₂Das Bundesministerium für Gesundheit wird ermächtigt, im Einvernehmen mit dem Bundesministerium der Finanzen und dem Bundesministerium für Arbeit und Soziales durch Rechtsverordnung ohne Zustimmung des Bundesrates Vorschriften zu erlassen, die Näheres zu der Erstattung der Verwaltungskosten regeln.

§ 66 Finanzausgleich

(1) ₁Die Leistungsaufwendungen sowie die Verwaltungskosten der Pflegekassen werden von allen Pflegekassen nach dem Verhältnis ihrer Beitragseinnahmen gemeinsam getragen. ₂Zu diesem Zweck findet zwischen allen Pflegekassen ein Finanzausgleich statt. ₃Das Bundesversicherungsamt führt den Finanzausgleich zwischen den Pflegekassen durch. ₄Es hat Näheres zur Durchführung des Finanzausgleichs mit dem Spitzenverband Bund der Pflegekassen zu vereinbaren. ₅Die Vereinbarung ist für die Pflegekasse verbindlich.

(2) Das Bundesversicherungsamt kann zur Durchführung des Zahlungsverkehrs nähere Regelungen mit der Deutsche Rentenversicherung Bund treffen.

§ 67 Monatlicher Ausgleich

(1) Jede Pflegekasse ermittelt bis zum 10. des Monats

1. die bis zum Ende des Vormonats gebuchten Ausgaben,

2. die bis zum Ende des Vormonats gebuchten Einnahmen (Beitragsist),

3. das Betriebsmittel- und Rücklagesoll,

4. den am Ersten des laufenden Monats vorhandenen Betriebsmittelbestand (Betriebsmittelist) und die Höhe der Rücklage.

(2) ₁Sind die Ausgaben zuzüglich des Betriebsmittel- und Rücklagesolls höher als die Einnahmen zuzüglich des vorhandenen Betriebsmittelbestands und der Rücklage am Ersten des laufenden Monats, erhält die Pflegekasse bis zum Monatsende den Unterschiedsbetrag aus dem Ausgleichsfonds. ₂Sind die Einnahmen zuzüglich des am Ersten des laufenden Monats vorhandenen Betriebsmittelbestands und der Rücklage höher als die Ausgaben zuzüglich des Betriebsmittel- und Rücklagesolls, überweist die Pflegekasse den Unterschiedsbetrag an den Ausgleichsfonds.

(3) Die Pflegekasse hat dem Bundesversicherungsamt die notwendigen Berechnungsgrundlagen mitzuteilen.

§ 68 Jahresausgleich

(1) ₁Nach Ablauf des Kalenderjahres wird zwischen den Pflegekassen ein Jahresausgleich durchgeführt. ₂Nach Vorliegen der Geschäfts- und Rechnungsergebnisse aller Pflegekassen und der Jahresrechnung der Deutschen Rentenversicherung Knappschaft-Bahn-See als Träger für die knappschaftlichen Pflegeversicherung für das abgelaufene Kalenderjahr werden die Ergebnisse nach § 67 bereinigt.

(2) Werden nach Abschluß des Jahresausgleichs sachliche oder rechnerische Fehler in den Berechnungsgrundlagen festgestellt, hat das Bundesversicherungsamt diese bei der Ermittlung des nächsten Jahresausgleichs nach dem zu diesem Zeitpunkt geltenden Vorschriften zu berücksichtigen.

(3) Das Bundesministerium für Gesundheit kann durch Rechtsverordnung mit Zustimmung des Bundesrates das Nähere über:

1. die inhaltliche und zeitliche Abgrenzung und Ermittlung der Beträge nach den §§ 66 bis 68,

2. die Fälligkeit der Beträge und Verzinsung bei Verzug,

3. das Verfahren bei der Durchführung des Finanzausgleichs sowie die hierfür von den Pflegekassen mitzuteilenden Angaben

regeln.

Siebtes Kapitel
Beziehungen der Pflegekassen zu den Leistungserbringern

Erster Abschnitt
Allgemeine Grundsätze

§ 69 Sicherstellungsauftrag

₁Die Pflegekassen haben im Rahmen ihrer Leistungsverpflichtung eine bedarfsgerechte und gleichmäßige, dem allgemein anerkannten Stand medizinisch-pflegerischer Erkenntnisse entsprechende pflegerische Versorgung der Versicherten zu gewährleisten (Sicherstellungsauftrag). ₂Sie schließen hierzu Versorgungsverträge sowie Vergütungsvereinbarungen mit den Trägern von Pflegeeinrichtungen (§ 71) und sonstigen Leistungserbringern. ₃Dabei sind die Vielfalt, die Unabhängigkeit und Selbständigkeit sowie das Selbstverständnis der Träger von Pflegeeinrichtungen in Zielsetzung und Durchführung ihrer Aufgaben zu achten.

§ 70 Beitragssatzstabilität

(1) Die Pflegekassen stellen in den Verträgen mit den Leistungserbringern über Art, Umfang und Vergütung der Leistungen sicher, daß ihre Leistungsausgaben die Beitragseinnahmen nicht überschreiten (Grundsatz der Beitragssatzstabilität).

(2) Vereinbarungen über die Höhe der Vergütungen, die dem Grundsatz der Beitragssatzstabilität widersprechen, sind unwirksam.

Zweiter Abschnitt
Beziehungen zu den Pflegeeinrichtungen

§ 71 Pflegeeinrichtungen

(1) Ambulante Pflegeeinrichtungen (Pflegedienste) im Sinne dieses Buches sind selb-

8

ständig wirtschaftende Einrichtungen, die unter ständiger Verantwortung einer ausgebildeten Pflegefachkraft Pflegebedürftige in ihrer Wohnung mit Leistungen der häuslichen Pflegehilfe im Sinne des § 36 versorgen.

(1a) Auf ambulante Betreuungseinrichtungen, die für Pflegebedürftige dauerhaft pflegerische Betreuungsmaßnahmen und Hilfen bei der Haushaltsführung erbringen (Betreuungsdienste), sind die Vorschriften dieses Buches, die für Pflegedienste gelten, entsprechend anzuwenden, soweit keine davon abweichende Regelung bestimmt ist.

(2) Stationäre Pflegeeinrichtungen (Pflegeheime) im Sinne dieses Buches sind selbständig wirtschaftende Einrichtungen, in denen Pflegebedürftige:

1. unter ständiger Verantwortung einer ausgebildeten Pflegefachkraft gepflegt werden,

2. ganztägig (vollstationär) oder tagsüber oder nachts (teilstationär) untergebracht und verpflegt werden können.

(3) ₁Für die Anerkennung als verantwortliche Pflegefachkraft im Sinne von Absatz 1 und 2 ist neben dem Abschluss einer Ausbildung als

1. Gesundheits- und Krankenpflegerin oder Gesundheits- und Krankenpfleger,

2. Gesundheits- und Kinderkrankenpflegerin oder Gesundheits- und Kinderkrankenpfleger oder

3. Altenpflegerin oder Altenpfleger

eine praktische Berufserfahrung in dem erlernten Ausbildungsberuf von zwei Jahren innerhalb der letzten acht Jahre erforderlich. ₂Bei ambulanten Pflegeeinrichtungen, die überwiegend behinderte Menschen pflegen und betreuen, gelten auch nach Landesrecht ausgebildete Heilerziehungspflegerinnen und Heilerziehungspfleger sowie Heilerzieherinnen und Heilerzieher mit einer praktischen Berufserfahrung von zwei Jahren innerhalb der letzten acht Jahre als ausgebildete Pflegefachkraft. ₃Bei Betreuungsdiensten kann anstelle der verantwortlichen Pflegefachkraft eine entsprechend qualifizierte, fachlich geeignete und zuverlässige Fachkraft mit praktischer Berufserfahrung im erlernten Beruf von zwei Jahren innerhalb der letzten acht Jahre (verantwortliche Fachkraft) eingesetzt

werden. ₄Die Rahmenfrist nach den Sätzen 1, 2 oder 3 beginnt acht Jahre vor dem Tag, zu dem die verantwortliche Pflegefachkraft im Sinne des Absatzes 1 oder 2 bestellt werden soll. ₅Für die Anerkennung als verantwortliche Pflegefachkraft ist ferner Voraussetzung, dass eine Weiterbildungsmaßnahme für leitende Funktionen mit einer Mindeststundenzahl, die 460 Stunden nicht unterschreiten soll, erfolgreich durchgeführt wurde. ₆Anerkennungen als verantwortliche Fachkraft, die im Rahmen der Durchführung des Modellvorhabens zur Erprobung von Leistungen der häuslichen Betreuung durch Betreuungsdienste erfolgt sind, gelten fort. ₇Für die Anerkennung einer verantwortlichen Fachkraft ist ferner ab dem 1. Juni 2021 ebenfalls Voraussetzung, dass eine Weiterbildungsmaßnahme im Sinne von Satz 5 durchgeführt wurde.

(4) Stationäre Einrichtungen, in denen die Leistungen zur medizinischen Vorsorge, zur medizinischen Rehabilitation, zur Teilhabe am Arbeitsleben oder am Leben in der Gemeinschaft, die schulische Ausbildung oder die Erziehung kranker oder behinderter Menschen im Vordergrund des Zweckes der Einrichtung stehen, sowie Krankenhäuser sind keine Pflegeeinrichtungen im Sinne des Absatzes 2.

(5) ₁Mit dem Ziel, eine einheitliche Rechtsanwendung zu fördern, erlässt der Spitzenverband Bund der Pflegekassen spätestens bis zum 1. Juli 2019 Richtlinien zur näheren Abgrenzung, wann die in Absatz 4 Nummer 3 Buchstabe c in der ab dem 1. Januar 2020 geltenden Fassung genannten Merkmale vorliegen und welche Kriterien bei der Prüfung dieser Merkmale mindestens heranzuziehen sind. ₂Die Richtlinien nach Satz 1 sind im Benehmen mit dem Verband der privaten Krankenversicherung e. V., der Bundesarbeitsgemeinschaft der überörtlichen Träger der Sozialhilfe und den kommunalen Spitzenverbänden auf Bundesebene zu beschließen; die Länder, die Bundesarbeitsgemeinschaft der Freien Wohlfahrtspflege sowie die Vereinigungen der Träger der Pflegeeinrichtungen auf Bundesebene sind zu beteiligen. ₃Für die Richtlinien nach Satz 1 gilt § 17 Absatz 2 entsprechend mit der Maßgabe, dass das

8

Bundesministerium für Gesundheit die Genehmigung im Einvernehmen mit dem Bundesministerium für Arbeit und Soziales erteilt und die Genehmigung als erteilt gilt, wenn die Richtlinien nicht innerhalb von zwei Monaten, nachdem sie dem Bundesministerium für Gesundheit vorgelegt worden sind, beanstandet werden.

§ 72 Zulassung zur Pflege durch Versorgungsvertrag

(1) ₁Die Pflegekassen dürfen ambulante und stationäre Pflege nur durch Pflegeeinrichtungen gewähren, mit denen ein Versorgungsvertrag besteht (zugelassene Pflegeeinrichtungen). ₂In dem Versorgungsvertrag sind Art, Inhalt und Umfang der allgemeinen Pflegeleistungen (§ 84 Abs. 4) festzulegen, die von der Pflegeeinrichtung während der Dauer des Vertrages für die Versicherten zu erbringen sind (Versorgungsauftrag).

(2) ₁Der Versorgungsvertrag wird zwischen dem Träger der Pflegeeinrichtung oder einer vertretungsberechtigten Vereinigung gleicher Träger und den Landesverbänden der Pflegekassen im Einvernehmen mit den überörtlichen Trägern der Sozialhilfe im Land abgeschlossen, soweit nicht nach Landesrecht die örtliche Träger für die Pflegeeinrichtung zuständig ist; für mehrere oder alle selbständig wirtschaftenden Einrichtungen (§ 71 Abs. 1 und 2) einschließlich für einzelne, eingestreute Pflegeplätze eines Pflegeeinrichtungsträgers, die vor Ort organisatorisch miteinander verbunden sind, kann, insbesondere zur Sicherstellung einer quartiersnahen Unterstützung zwischen den verschiedenen Versorgungsbereichen, ein einheitlicher Versorgungsvertrag (Gesamtversorgungsvertrag) geschlossen werden. ₂Er ist für die Pflegeeinrichtung und für alle Pflegekassen im Inland unmittelbar verbindlich. ₃Bei Betreuungsdiensten nach § 71 Absatz 1a sind bereits vorliegende Vereinbarungen aus der Durchführung des Modellvorhabens zur Erprobung von Leistungen der häuslichen Betreuung durch Betreuungsdienste zu beachten.

(3) ₁Versorgungsverträge dürfen nur mit Pflegeeinrichtungen abgeschlossen werden, die

1. den Anforderungen des § 71 genügen,

2. die Gewähr für eine leistungsfähige und wirtschaftliche pflegerische Versorgung bieten sowie eine in Pflegeeinrichtungen ortsübliche Arbeitsvergütung an ihre Beschäftigten zahlen, soweit diese nicht von einer Verordnung über Mindestentgeltsätze aufgrund des Gesetzes über zwingende Arbeitsbedingungen für grenzüberschreitend entsandte und für regelmäßig im Inland beschäftigte Arbeitnehmer und Arbeitnehmerinnen (Arbeitnehmer-Entsendegesetz) erfasst sind,

3. sich verpflichten, nach Maßgabe der Vereinbarungen nach § 113 einrichtungsintern ein Qualitätsmanagement einzuführen und weiterzuentwickeln,

4. sich verpflichten, alle Expertenstandards nach § 113a anzuwenden;

ein Anspruch auf Abschluß eines Versorgungsvertrages besteht, soweit und solange die Pflegeeinrichtung diese Voraussetzungen erfüllt. ₂Bei notwendiger Auswahl zwischen mehreren geeigneten Pflegeeinrichtungen sollen die Versorgungsverträge vorrangig mit freigemeinnützigen und privaten Trägern abgeschlossen werden. ₃Bei ambulanten Pflegediensten ist in den Versorgungsverträgen der Einzugsbereich festzulegen, in dem die Leistungen zu erbringen sind.

(4) ₁Mit Abschluß des Versorgungsvertrages wird die Pflegeeinrichtung für die Dauer des Vertrages zur pflegerischen Versorgung der Versicherten zugelassen. ₂Die zugelassene Pflegeeinrichtung ist im Rahmen ihres Versorgungsauftrages zur pflegerischen Versorgung der Versicherten verpflichtet; dazu gehört bei ambulanten Pflegediensten auch die Durchführung von Beratungseinsätzen nach § 37 Absatz 3 auf Anforderung des Pflegebedürftigen. ₃Die Pflegekassen sind verpflichtet, die Leistungen der Pflegeeinrichtung nach Maßgabe des Achten Kapitels zu vergüten.

§ 73 Abschluß von Versorgungsverträgen

(1) Der Versorgungsvertrag ist schriftlich abzuschließen.

(2) ₁Gegen die Ablehnung eines Versorgungsvertrages durch die Landesverbände der Pflegekassen ist der Rechtsweg zu den Sozialgerichten gegeben. ₂Ein Vorverfahren

8

findet nicht statt; die Klage hat keine aufschiebende Wirkung.

(3) ₁Mit Pflegeeinrichtungen, die vor dem 1. Januar 1995 ambulante Pflege, teilstationäre Pflege oder Kurzzeitpflege auf Grund von Vereinbarungen mit Sozialleistungsträgern erbracht haben, gilt ein Versorgungsvertrag als abgeschlossen. ₂Satz 1 gilt nicht, wenn die Pflegeeinrichtung die Anforderungen nach § 72 Abs. 3 Satz 1 nicht erfüllt und die zuständigen Landesverbände der Pflegekassen dies im Einvernehmen mit dem zuständigen Träger der Sozialhilfe (§ 72 Abs. 2 Satz 1) bis zum 30. Juni 1995 gegenüber dem Träger der Einrichtung schriftlich geltend machen. ₃Satz 1 gilt auch dann nicht, wenn die Pflegeeinrichtung die Anforderungen nach § 72 Abs. 3 Satz 1 offensichtlich nicht erfüllt. ₄Die Pflegeeinrichtung hat bis spätestens zum 31. März 1995 die Voraussetzungen für den Bestandschutz nach den Sätzen 1 und 2 durch Vorlage von Vereinbarungen mit Sozialleistungsträgern sowie geeigneter Unterlagen zur Prüfung und Beurteilung der Leistungsfähigkeit und Wirtschaftlichkeit gegenüber einem Landesverband der Pflegekassen nachzuweisen. ₅Der Versorgungsvertrag bleibt wirksam, bis er durch einen neuen Versorgungsvertrag abgelöst oder gemäß § 74 gekündigt wird.

(4) Für vollstationäre Pflegeeinrichtungen gilt Absatz 3 entsprechend mit der Maßgabe, daß der für die Vorlage der Unterlagen nach Satz 3 maßgebliche Zeitpunkt der 30. September 1995 und der Stichtag nach Satz 2 der 30. Juni 1996 ist.

§ 74 Kündigung von Versorgungsverträgen

(1) ₁Der Versorgungsvertrag kann von jeder Vertragspartei mit einer Frist von einem Jahr ganz oder teilweise gekündigt werden, von den Landesverbänden der Pflegekassen jedoch nur, wenn die zugelassene Pflegeeinrichtung nicht nur vorübergehend eine der Voraussetzungen des § 72 Abs. 3 Satz 1 nicht oder nicht mehr erfüllt; dies gilt auch, wenn die Pflegeeinrichtung ihre Pflicht wiederholt gröblich verletzt, Pflegebedürftigen ein möglichst selbständiges und selbstbestimmtes Leben zu bieten, die Hilfen darauf auszurichten, die körperlichen, geistigen und seelischen Kräfte der Pflegebedürftigen wiederzugewinnen oder zu erhalten und angemessenen Wünschen der Pflegebedürftigen zur Gestaltung der Hilfe zu entsprechen. ₂Vor Kündigung durch die Landesverbände der Pflegekassen ist das Einvernehmen mit dem zuständigen Träger der Sozialhilfe (§ 72 Abs. 2 Satz 1) herzustellen. ₃Die Landesverbände der Pflegekassen können im Einvernehmen mit dem zuständigen Träger der Sozialhilfe zur Vermeidung der Kündigung des Versorgungsvertrages mit dem Träger der Pflegeeinrichtung insbesondere vereinbaren, dass

1. die verantwortliche Pflegefachkraft sowie weitere Leitungskräfte zeitnah erfolgreich geeignete Fort- und Weiterbildungsmaßnahmen absolvieren,

2. die Pflege, Versorgung und Betreuung weiterer Pflegebedürftiger bis zur Beseitigung der Kündigungsgründe ganz oder teilweise vorläufig ausgeschlossen ist.

(2) ₁Der Versorgungsvertrag kann von den Landesverbänden der Pflegekassen auch ohne Einhaltung einer Kündigungsfrist gekündigt werden, wenn die Einrichtung ihre gesetzlichen oder vertraglichen Verpflichtungen gegenüber den Pflegebedürftigen oder deren Kostenträgern derart gröblich verletzt, daß ein Festhalten an dem Vertrag nicht zumutbar ist. ₂Das gilt insbesondere dann, wenn Pflegebedürftige infolge der Pflichtverletzung zu Schaden kommen oder die Einrichtung nicht erbrachte Leistungen gegenüber den Kostenträgern abrechnet. ₃Das gleiche gilt, wenn dem Träger eines Pflegeheimes nach den heimrechtlichen Vorschriften die Betriebserlaubnis entzogen oder der Betrieb des Heimes untersagt wird. ₄Absatz 1 Satz 2 gilt entsprechend.

(3) ₁Die Kündigung bedarf der Schriftform. ₂Für Klagen gegen die Kündigung gilt § 73 Abs. 2 entsprechend.

§ 75 Rahmenverträge, Bundesempfehlungen und -vereinbarungen über die pflegerische Versorgung

(1) ₁Die Landesverbände der Pflegekassen schließen unter Beteiligung des Medizinischen Dienstes der Krankenversicherung so-

wie des Verbandes der privaten Krankenversicherung e. V. im Land mit den Vereinigungen der Träger der ambulanten oder stationären Pflegeeinrichtungen im Land gemeinsam und einheitlich Rahmenverträge mit dem Ziel, eine wirksame und wirtschaftliche pflegerische Versorgung der Versicherten sicherzustellen. ₂Für Pflegeeinrichtungen, die einer Kirche oder Religionsgemeinschaft des öffentlichen Rechts oder einem sonstigen freigemeinnützigen Träger zuzuordnen sind, können die Rahmenverträge auch von der Kirche oder Religionsgemeinschaft oder von dem Wohlfahrtsverband abgeschlossen werden, dem die Pflegeeinrichtung angehört. ₃Bei Rahmenverträgen über ambulante Pflege sind die Arbeitsgemeinschaften der örtlichen Träger der Sozialhilfe, bei Rahmenverträgen über stationäre Pflege die überörtlichen Träger der Sozialhilfe und die Arbeitsgemeinschaften der örtlichen Träger der Sozialhilfe als Vertragspartei am Vertragsschluß zu beteiligen. ₄Die Rahmenverträge sind für die Pflegekassen und die zugelassenen Pflegeeinrichtungen im Inland unmittelbar verbindlich.

(2) ₁Die Verträge regeln insbesondere:

1. den Inhalt der Pflegeleistungen einschließlich der Sterbebegleitung sowie bei stationärer Pflege die Abgrenzung zwischen den allgemeinen Pflegeleistungen, den Leistungen bei Unterkunft und Verpflegung und den Zusatzleistungen,

2. die allgemeinen Bedingungen der Pflege einschließlich der Vertragsvoraussetzungen und der Vertragserfüllung für eine leistungsfähige und wirtschaftliche pflegerische Versorgung, der Kostenübernahme, der Abrechnung der Entgelte und der hierzu erforderlichen Bescheinigungen und Berichte,

3. Maßstäbe und Grundsätze für eine wirtschaftliche und leistungsbezogene, am Versorgungsauftrag orientierte personelle und sächliche Ausstattung der Pflegeeinrichtungen,

4. die Überprüfung der Notwendigkeit und Dauer der Pflege,

5. Abschläge von der Pflegevergütung bei vorübergehender Abwesenheit (Krankenhausaufenthalt, Beurlaubung) des Pflegebedürftigen aus dem Pflegeheim,

6. den Zugang des Medizinischen Dienstes und sonstiger von den Pflegekassen beauftragter Prüfer zu den Pflegeeinrichtungen,

7. die Verfahrens- und Prüfungsgrundsätze für Wirtschaftlichkeits- und Abrechnungsprüfungen,

8. die Grundsätze zur Festlegung der örtlichen oder regionalen Einzugsbereiche der Pflegeeinrichtungen, um Pflegeleistungen ohne lange Wege möglichst ortsund bürgernah anzubieten,

9. die Möglichkeiten, unter denen sich Mitglieder von Selbsthilfegruppen, ehrenamtliche Pflegepersonen und sonstige zum bürgerschaftlichen Engagement bereite Personen und Organisationen in der häuslichen Pflege sowie in ambulanten und stationären Pflegeeinrichtungen an der Betreuung Pflegebedürftiger beteiligen können,

10. die Verfahrens- und Prüfungsgrundsätze für die Zahlung einer ortsüblichen Vergütung an die Beschäftigten nach § 72 Absatz 3 Satz 1 Nummer 2,

11. die Anforderungen an die nach § 85 Absatz 3 geeigneten Nachweise bei den Vergütungsverhandlungen.

₂Durch die Regelung der sächlichen Ausstattung in Satz 1 Nr. 3 werden Ansprüche der Pflegeheimbewohner nach § 33 des Fünften Buches auf Versorgung mit Hilfsmitteln weder aufgehoben noch eingeschränkt.

(3) ₁Als Teil der Verträge nach Absatz 2 Nr. 3 sind entweder

1. landesweite Verfahren zur Ermittlung des Personalbedarfs oder zur Bemessung der Pflegezeiten oder

2. landesweite Personalrichtwerte

zu vereinbaren. ₂Dabei ist jeweils der besondere Pflege- und Betreuungsbedarf Pflegebedürftiger mit geistigen Behinderungen, psychischen Erkrankungen, demenzbedingten Fähigkeitsstörungen und anderen Leiden des Nervensystems zu beachten. ₃Bei der Vereinbarung der Verfahren nach Satz 1 Nr. 1 sind auch in Deutschland erprobte und bewährte

8

internationale Erfahrungen zu berücksichtigen. 4Die Personalrichtwerte nach Satz 1 Nr. 2 können als Bandbreiten vereinbart werden und umfassen bei teil- oder vollstationärer Pflege wenigstens

1. das Verhältnis zwischen der Zahl der Heimbewohner und der Zahl der Pflege- und Betreuungskräfte (in Vollzeitkräfte umgerechnet), unterteilt nach Pflegegrad (Personalanhaltszahlen), sowie

2. im Bereich der Pflege, der Betreuung und der medizinischen Behandlungspflege zusätzlich den Anteil der ausgebildeten Fachkräfte am Pflege- und Betreuungspersonal.

5Die Maßstäbe und Grundsätze nach Absatz 2 Nummer 3 sind auch daraufhin auszurichten, dass das Personal bei demselben Einrichtungsträger in verschiedenen Versorgungsbereichen flexibel eingesetzt werden kann.

(4) 1Kommt ein Vertrag nach Absatz 1 innerhalb von sechs Monaten ganz oder teilweise nicht zustande, nachdem eine Vertragspartei schriftlich zu Vertragsverhandlungen aufgefordert hat, wird sein Inhalt auf Antrag einer Vertragspartei durch die Schiedsstelle nach § 76 festgesetzt. 2Satz 1 gilt auch für Verträge, mit denen bestehende Rahmenverträge geändert oder durch neue Verträge abgelöst werden sollen.

(5) 1Die Verträge nach Absatz 1 können von jeder Vertragspartei mit einer Frist von einem Jahr ganz oder teilweise gekündigt werden. 2Satz 1 gilt entsprechend für die von der Schiedsstelle nach Absatz 4 getroffenen Regelungen. 3Diese können auch ohne Kündigung jederzeit durch einen Vertrag nach Absatz 1 ersetzt werden.

(6) 1Der Spitzenverband Bund der Pflegekassen und die Vereinigungen der Träger der Pflegeeinrichtungen auf Bundesebene sollen unter Beteiligung des Medizinischen Dienstes des Spitzenverbandes Bund der Krankenkassen, des Verbandes der privaten Krankenversicherung e. V. sowie unabhängiger Sachverständiger gemeinsam mit der Bundesvereinigung der kommunalen Spitzenverbände und der Bundesarbeitsgemeinschaft der überörtlichen Träger der Sozialhilfe Empfehlungen

zum Inhalt der Verträge nach Absatz 1 abgeben. 2Sie arbeiten dabei mit den Verbänden der Pflegeberufe sowie den Verbänden der Behinderten und der Pflegebedürftigen eng zusammen.

(7) 1Der Spitzenverband Bund der Pflegekassen, die Bundesarbeitsgemeinschaft der überörtlichen Träger der Sozialhilfe, die Bundesvereinigung der kommunalen Spitzenverbände und die Vereinigungen der Träger der Pflegeeinrichtungen auf Bundesebene vereinbaren gemeinsam und einheitlich Grundsätze ordnungsgemäßer Pflegebuchführung für die ambulanten und stationären Pflegeeinrichtungen. 2Die Vereinbarung nach Satz 1 tritt unmittelbar nach Aufhebung der gemäß § 83 Abs. 1 Satz 1 Nr. 3 erlassenen Rechtsverordnung in Kraft und ist den im Land tätigen zugelassenen Pflegeeinrichtungen von den Landesverbänden der Pflegekassen unverzüglich bekannt zu geben. 3Sie ist für alle Pflegekassen und deren Verbände sowie für die zugelassenen Pflegeeinrichtungen unmittelbar verbindlich.

§ 76 Schiedsstelle

(1) 1Die Landesverbände der Pflegekassen und die Vereinigungen der Träger der Pflegeeinrichtungen im Land bilden gemeinsam für jedes Land eine Schiedsstelle. 2Diese entscheidet in den ihr nach diesem Buch zugewiesenen Angelegenheiten.

(2) 1Die Schiedsstelle besteht aus Vertretern der Pflegekassen und Pflegeeinrichtungen in gleicher Zahl sowie einem unparteiischen Vorsitzenden und zwei weiteren unparteiischen Mitgliedern; für den Vorsitzenden und die unparteiischen Mitglieder können Stellvertreter bestellt werden. 2Der Schiedsstelle gehört auch ein Vertreter des Verbandes der privaten Krankenversicherung e. V. sowie der überörtlichen oder, sofern Landesrecht dies bestimmt, ein örtlicher Träger der Sozialhilfe im Land an, die auf die Zahl der Vertreter der Pflegekassen angerechnet werden. 3Die Vertreter der Pflegekassen und deren Stellvertreter werden von den Landesverbänden der Pflegekassen, die Vertreter der Pflegeeinrichtungen und deren Stellvertreter von den Vereinigungen der Träger der Pflegedienste und Pflegeheime im Land bestellt; bei der Bestel-

8

lung der Vertreter der Pflegeeinrichtungen ist die Trägervielfalt zu beachten. ₄Der Vorsitzende und die weiteren unparteiischen Mitglieder werden von den beteiligten Organisationen gemeinsam bestellt. ₅Kommt eine Einigung nicht zustande, werden sie durch Los bestimmt. ₆Soweit beteiligte Organisationen keinen Vertreter bestellen oder im Verfahren nach Satz 4 keine Kandidaten für das Amt des Vorsitzenden oder der weiteren unparteiischen Mitglieder benennen, bestellt die zuständige Landesbehörde auf Antrag einer der beteiligten Organisationen die Vertreter und benennt die Kandidaten.

(3) ₁Die Mitglieder der Schiedsstelle führen ihr Amt als Ehrenamt. ₂Sie sind an Weisungen nicht gebunden. ₃Jedes Mitglied hat eine Stimme. ₄Die Entscheidungen werden mit der Mehrheit der Mitglieder getroffen. ₅Ergibt sich keine Mehrheit, gibt die Stimme des Vorsitzenden den Ausschlag.

(4) Die Rechtsaufsicht über die Schiedsstelle führt die zuständige Landesbehörde.

(5) Die Landesregierungen werden ermächtigt, durch Rechtsverordnung das Nähere über die Zahl, die Bestellung, die Amtsdauer und die Amtsführung, die Erstattung der baren Auslagen und die Entschädigung für Zeitaufwand der Mitglieder der Schiedsstelle, die Geschäftsführung, das Verfahren, die Erhebung und die Höhe der Gebühren sowie über die Verteilung der Kosten zu bestimmen.

(6) ₁Abweichend von § 85 Abs. 5 können die Parteien der Pflegesatzvereinbarung (§ 85 Abs. 2) gemeinsam eine unabhängige Schiedsperson bestellen. ₂Diese setzt spätestens bis zum Ablauf von 28 Kalendertagen nach ihrer Bestellung die Pflegesätze und den Zeitpunkt ihres Inkrafttretens fest. ₃Gegen die Festsetzungsentscheidung kann ein Antrag auf gerichtliche Aufhebung nur gestellt werden, wenn die Festsetzung der öffentlichen Ordnung widerspricht. ₄Die Kosten des Schiedsverfahrens tragen die Vertragspartner zu gleichen Teilen. ₅§ 85 Abs. 6 gilt entsprechend.

Dritter Abschnitt
Beziehungen zu sonstigen Leistungserbringern

§ 77 Häusliche Pflege durch Einzelpersonen

(1) ₁Zur Sicherstellung der körperbezogenen Pflege, der pflegerischen Betreuung sowie der Haushaltsführung im Sinne des § 36 soll die Pflegekasse Verträge mit einzelnen geeigneten Pflegekräften schließen, um am Pflegebedürftigen zu helfen, ein möglichst selbständiges und selbstbestimmtes Leben zu führen oder dem besonderen Wunsch des Pflegebedürftigen zur Gestaltung der Hilfe zu entsprechen; Verträge mit Verwandten oder Verschwägerten des Pflegebedürftigen bis zum dritten Grad sowie mit Personen, die mit dem Pflegebedürftigen in häuslicher Gemeinschaft leben, sind unzulässig. ₂In dem Vertrag sind Inhalt, Umfang, Qualität, Qualitätssicherung, Vergütung sowie Prüfung der Qualität und Wirtschaftlichkeit der vereinbarten Leistungen zu regeln; § 112 ist entsprechend anzuwenden. ₃Die Vergütungen sind für Leistungen der häuslichen Pflegehilfe nach § 36 Absatz 1 zu vereinbaren. ₄In dem Vertrag ist weiter zu regeln, dass die Pflegekräfte mit dem Pflegebedürftigen, dem sie Leistungen der häuslichen Pflegehilfe erbringen, kein Beschäftigungsverhältnis eingehen dürfen. ₅Soweit davon abweichend Verträge geschlossen sind, sind sie zu kündigen. ₆Die Sätze 4 und 5 gelten nicht, wenn

1. das Beschäftigungsverhältnis vor dem 1. Mai 1996 bestanden hat und

2. die vor dem 1. Mai 1996 erbrachten Pflegeleistungen von der zuständigen Pflegekasse aufgrund eines von ihr mit der Pflegekraft abgeschlossenen Vertrages vergütet worden sind.

₇In den Pflegeverträgen zwischen den Pflegebedürftigen und den Pflegekräften sind mindestens Art, Inhalt und Umfang der Leistungen einschließlich der dafür mit den Kostenträgern vereinbarten Vergütungen zu beschreiben. ₈§ 120 Absatz 1 Satz 2 gilt entsprechend.

(2) Die Pflegekassen können bei Bedarf einzelne Pflegekräfte zur Sicherstellung der körperbezogenen Pflege, der pflegerischen Be-

8

treuung sowie der Haushaltsführung im Sinne des § 36 anstellen, für die hinsichtlich der Wirtschaftlichkeit und Qualität ihrer Leistungen die gleichen Anforderungen wie für die zugelassenen Pflegedienste nach diesem Buch gelten.

§ 78 Verträge über Pflegehilfsmittel

(1) ₁Der Spitzenverband Bund der Pflegekassen schließt mit den Leistungserbringern oder deren Verbänden Verträge über die Versorgung der Versicherten mit Pflegehilfsmitteln, soweit diese nicht nach den Vorschriften des Fünften Buches über die Hilfsmittel zu vergüten sind. ₂Abweichend von Satz 1 können die Pflegekassen Verträge über die Versorgung der Versicherten mit Pflegehilfsmitteln schließen, um dem Wirtschaftlichkeitsgebot verstärkt Rechnung zu tragen. ₃Die §§ 36, 126 und 127 des Fünften Buches gelten entsprechend.

(2) ₁Der Spitzenverband Bund der Pflegekassen erstellt als Anlage zu dem Hilfsmittelverzeichnis nach § 139 des Fünften Buches ein systematisch strukturiertes Pflegehilfsmittelverzeichnis. ₂Darin sind die von der Leistungspflicht der Pflegeversicherung umfassten Pflegehilfsmittel aufzuführen, soweit diese nicht bereits im Hilfsmittelverzeichnis enthalten sind. ₃Pflegehilfsmittel, die für eine leihweise Überlassung an die Versicherten geeignet sind, sind gesondert auszuweisen. ₄Im Übrigen gilt § 139 des Fünften Buches entsprechend mit der Maßgabe, dass die Verbände der Pflegeberufe und der behinderten Menschen vor Erstellung und Fortschreibung des Pflegehilfsmittelverzeichnisses ebenfalls anzuhören sind.

(3) ₁Die Landesverbände der Pflegekassen vereinbaren untereinander oder mit geeigneten Pflegeeinrichtungen das Nähere zur Ausleihe der hierfür nach Absatz 2 Satz 4 geeigneten Pflegehilfsmittel einschließlich ihrer Beschaffung, Lagerung, Wartung und Kontrolle. ₂Die Pflegebedürftigen und die zugelassenen Pflegeeinrichtungen sind von den Pflegekassen oder deren Verbänden in geeigneter Form über die Möglichkeit der Ausleihe zu unterrichten.

(4) Das Bundesministerium für Gesundheit wird ermächtigt, das Pflegehilfsmittelver-

zeichnis nach Absatz 2 durch Rechtsverordnung im Einvernehmen mit dem Bundesministerium für Arbeit und Soziales und dem Bundesministerium für Familie, Senioren, Frauen und Jugend und mit Zustimmung des Bundesrates zu bestimmen; § 40 Abs. 5 bleibt unberührt.

Vierter Abschnitt
Wirtschaftlichkeitsprüfungen

§ 79 Wirtschaftlichkeits- und Abrechnungsprüfungen

(1) ₁Die Landesverbände der Pflegekassen können die Wirtschaftlichkeit und Wirksamkeit der ambulanten, teilstationären und vollstationären Pflegeleistungen durch von ihnen bestellte Sachverständige prüfen lassen; vor Bestellung der Sachverständigen ist der Träger der Pflegeeinrichtung zu hören. ₂Eine Prüfung ist nur zulässig, wenn tatsächliche Anhaltspunkte dafür bestehen, dass die Pflegeeinrichtung die Anforderungen des § 72 Abs. 3 Satz 1 ganz oder teilweise nicht oder nicht mehr erfüllt. ₃Die Anhaltspunkte sind der Pflegeeinrichtung rechtzeitig vor der Anhörung mitzuteilen. ₄Personenbezogene Daten sind zu anonymisieren.

(2) Die Träger der Pflegeeinrichtungen sind verpflichtet, dem Sachverständigen auf Verlangen die für die Wahrnehmung seiner Aufgaben notwendigen Unterlagen vorzulegen und Auskünfte zu erteilen.

(3) Das Prüfungsergebnis ist, unabhängig von den sich daraus ergebenden Folgerungen für eine Kündigung des Versorgungsvertrags nach § 74, in der nächstmöglichen Vergütungsvereinbarung, mit Wirkung für die Zukunft zu berücksichtigen.

(4) ₁Die Landesverbände der Pflegekassen können eine Abrechnungsprüfung selbst oder durch von ihnen bestellte Sachverständige durchführen lassen, wenn tatsächliche Anhaltspunkte dafür bestehen, dass die Pflegeeinrichtung fehlerhaft abrechnet. ₂Die Abrechnungsprüfung bezieht sich

1. auf die Abrechnung von Leistungen, die zu Lasten der Pflegeversicherung erbracht oder erstattet werden, sowie

2. auf die Abrechnung der Leistungen für Unterkunft und Verpflegung (§ 87).

₃Für die Abrechnungsprüfung sind Absatz 1 Satz 3 und 4 sowie die Absätze 2 und 3 entsprechend anzuwenden.

§ 80 (weggefallen)

§ 81 Verfahrensregelungen

(1) ₁Die Landesverbände der Pflegekassen (§ 52) erfüllen die ihnen nach dem Siebten und Achten Kapitel zugewiesenen Aufgaben gemeinsam. ₂Kommt eine Einigung ganz oder teilweise nicht zustande, erfolgt die Beschlussfassung durch die Mehrheit der in § 52 Abs. 1 Satz 1 genannten Stellen mit der Maßgabe, dass die Beschlüsse durch drei Vertreter der Ortskrankenkassen und durch zwei Vertreter der Ersatzkassen sowie durch je einen Vertreter der weiteren Stellen gefasst werden.

(2) ₁Bei Entscheidungen, die von den Landesverbänden der Pflegekassen mit den Arbeitsgemeinschaften der örtlichen Träger der Sozialhilfe oder den überörtlichen Trägern der Sozialhilfe gemeinsam zu treffen sind, werden die Arbeitsgemeinschaften oder die überörtlichen Träger mit zwei Vertretern an der Beschlussfassung nach Absatz 1 Satz 2 beteiligt. ₂Kommt bei zwei Beschlussfassungen nacheinander eine Einigung mit den Vertretern der Träger der Sozialhilfe nicht zustande, kann jeder Beteiligte nach Satz 1 die Entscheidung des Vorsitzenden und der weiteren unparteiischen Mitglieder der Schiedsstelle nach § 76 verlangen. ₃Sie entscheiden für alle Beteiligten verbindlich über die streitbefangenen Punkte unter Ausschluss des Rechtswegs. ₄Die Kosten des Verfahrens nach Satz 2 und das Honorar des Vorsitzenden sind von allen Beteiligten anteilig zu tragen.

(3) ₁Bei Entscheidungen nach dem Siebten Kapitel, die der Spitzenverband Bund der Pflegekassen mit den Vertretern der Träger der Sozialhilfe gemeinsam zu treffen hat, stehen dem Spitzenverband Bund der Pflegekassen in entsprechender Anwendung von Absatz 2 Satz 1 in Verbindung mit Absatz 1 Satz 2 neun und den Vertretern der Träger der Sozialhilfe zwei Stimmen zu. ₂Absatz 2 Satz 2 bis 4 gilt mit der Maßgabe entsprechend, dass bei Nichteinigung ein Schiedsstellenvorsitzender zur Entscheidung von den Beteiligten einvernehmlich auszuwählen ist.

Achtes Kapitel
Pflegevergütung

Erster Abschnitt
Allgemeine Vorschriften

§ 82 Finanzierung der Pflegeeinrichtungen

(1) ₁Zugelassene Pflegeheime und Pflegedienste erhalten nach Maßgabe dieses Kapitels

1. eine leistungsgerechte Vergütung für die allgemeinen Pflegeleistungen (Pflegevergütung) sowie

2. bei stationärer Pflege ein angemessenes Entgelt für Unterkunft und Verpflegung.

₂Die Pflegevergütung ist von den Pflegebedürftigen oder deren Kostenträgern zu tragen. ₃Sie umfasst auch die Betreuung und, soweit bei stationärer Pflege kein Anspruch auf Krankenpflege nach § 37 des Fünften Buches besteht, die medizinische Behandlungspflege. ₄Für Unterkunft und Verpflegung bei stationärer Pflege hat der Pflegebedürftige selbst aufzukommen.

(2) In der Pflegevergütung und in den Entgelten für Unterkunft und Verpflegung dürfen keine Aufwendungen berücksichtigt werden für

1. Maßnahmen einschließlich Kapitalkosten, die dazu bestimmt sind, die für den Betrieb der Pflegeeinrichtung notwendigen Gebäude und sonstigen abschreibungsfähigen Anlagegüter herzustellen, anzuschaffen, wiederzubeschaffen, zu ergänzen, instandzuhalten oder instandzusetzen; ausgenommen sind die zum Verbrauch bestimmten Güter (Verbrauchsgüter), die der Pflegevergütung nach Absatz 1 Satz 1 Nr. 1 zuzuordnen sind,

2. den Erwerb und die Erschließung von Grundstücken,

3. Miete, Pacht, Erbbauzins, Nutzung oder Mitbenutzung von Grundstücken, Gebäuden oder sonstigen Anlagegütern,

8

4. den Anlauf oder die innerbetriebliche Umstellung von Pflegeeinrichtungen,

5. die Schließung von Pflegeeinrichtungen oder ihre Umstellung auf andere Aufgaben.

(3) ₁Soweit betriebsnotwendige Investitionsaufwendungen nach Absatz 2 Nr. 1 oder Aufwendungen für Miete, Pacht, Erbbauzins, Nutzung oder Mitbenutzung von Gebäuden oder sonstige abschreibungsfähige Anlagegüter nach Absatz 2 Nr. 3 durch öffentliche Förderung gemäß § 9 nicht vollständig gedeckt sind, kann die Pflegeeinrichtung diesen Teil der Aufwendungen den Pflegebedürftigen gesondert berechnen. ₂Gleiches gilt, soweit die Aufwendungen nach Satz 1 vom Land durch Darlehen oder sonstige rückzahlbare Zuschüsse gefördert werden. ₃Die gesonderte Berechnung bedarf der Zustimmung der zuständigen Landesbehörde; das Nähere hierzu, insbesondere auch zu Art, Höhe und Laufzeit sowie die Verteilung der gesondert berechenbaren Aufwendungen auf die Pflegebedürftigen einschließlich der Berücksichtigung pauschalierter Instandhaltungs- und Instandsetzungsaufwendungen sowie der zugrunde zu legenden Belegungsquote, wird durch Landesrecht bestimmt. ₄Die Pauschalen müssen in einem angemessenen Verhältnis zur tatsächlichen Höhe der Instandhaltungs- und Instandsetzungsaufwendungen stehen.

(4) ₁Pflegeeinrichtungen, die nicht nach Landesrecht gefördert werden, können ihre betriebsnotwendigen Investitionsaufwendungen den Pflegebedürftigen ohne Zustimmung der zuständigen Landesbehörde gesondert berechnen. ₂Die gesonderte Berechnung ist der zuständigen Landesbehörde mitzuteilen.

(5) Öffentliche Zuschüsse zu den laufenden Aufwendungen einer Pflegeeinrichtung (Betriebskostenzuschüsse) sind von der Pflegevergütung abzuziehen.

§ 82a Ausbildungsvergütung

(1) Die Ausbildungsvergütung im Sinne dieser Vorschrift umfasst die Vergütung, die aufgrund von Rechtsvorschriften, Tarifverträgen, entsprechenden allgemeinen Vergütungsregelungen oder aufgrund vertraglicher Vereinbarungen an Personen, die nach Bundesrecht in der Altenpflege oder nach Landesrecht in der Altenpflegehilfe ausgebildet werden, während der Dauer ihrer praktischen oder theoretischen Ausbildung zu zahlen ist, sowie nach § 17 Abs. 1a des Altenpflegegesetzes zu erstattenden Weiterbildungskosten.

(2) ₁Soweit eine nach diesem Gesetz zugelassene Pflegeeinrichtung nach Bundesrecht zur Ausbildung in der Altenpflege oder nach Landesrecht zur Ausbildung in der Altenpflegehilfe berechtigt oder verpflichtet ist, ist die Ausbildungsvergütung der Personen, die aufgrund eines entsprechenden Ausbildungsvertrages mit der Einrichtung oder ihrem Träger zum Zwecke der Ausbildung in der Einrichtung tätig sind, während der Dauer des Ausbildungsverhältnisses in der Vergütung der allgemeinen Pflegeleistungen (§ 84 Abs. 1, § 89) berücksichtigungsfähig. ₂Betreut die Einrichtung auch Personen, die nicht pflegebedürftig im Sinne dieses Buches sind, so ist in der Pflegevergütung nach Satz 1 nur der Anteil an der Gesamtsumme der Ausbildungsvergütungen berücksichtigungsfähig, der bei einer gleichmäßigen Verteilung der Gesamtsumme auf alle betreuten Personen auf die Pflegebedürftigen im Sinne dieses Buches entfällt. ₃Soweit die Ausbildungsvergütung im Pflegesatz eines zugelassenen Pflegeheimes zu berücksichtigen ist, ist der Anteil, der auf die Pflegebedürftigen im Sinne dieses Buches entfällt, gleichmäßig auf alle pflegebedürftigen Heimbewohner zu verteilen. ₄Satz 1 gilt nicht, soweit

1. die Ausbildungsvergütung oder eine entsprechende Vergütung nach anderen Vorschriften aufgebracht wird oder

2. die Ausbildungsvergütung durch ein landesrechtliches Umlageverfahren nach Absatz 3 finanziert wird.

₅Die Ausbildungsvergütung ist in der Vergütungsvereinbarung über die allgemeinen Pflegeleistungen gesondert auszuweisen; die §§ 84 bis 86 und 89 gelten entsprechend.

(3) Wird die Ausbildungsvergütung ganz oder teilweise durch ein landesrechtliches Umlageverfahren finanziert, so ist die Umlage in der Vergütung der allgemeinen Pflegeleistungen nur insoweit berücksichtigungsfähig, als sie auf der Grundlage nachfolgender Berechnungsgrundsätze ermittelt wird:

1. Die Kosten der Ausbildungsvergütung werden nach einheitlichen Grundsätzen gleichmäßig auf alle zugelassenen ambulanten, teilstationären und stationären Pflegeeinrichtungen und die Altenheime im Land verteilt. Bei der Bemessung und Verteilung der Umlage ist sicherzustellen, daß der Verteilungsmaßstab nicht einseitig zu Lasten der zugelassenen Pflegeeinrichtungen gewichtet ist. Im übrigen gilt Absatz 2 Satz 2 und 3 entsprechend.

2. Die Gesamthöhe der Umlage darf den voraussichtlichen Mittelbedarf zur Finanzierung eines angemessenen Angebots an Ausbildungsplätzen nicht überschreiten.

3. Aufwendungen für die Vorhaltung, Instandsetzung und Instandhaltung von Ausbildungsstätten (§§ 9, 82 Abs. 2 bis 4), für deren laufende Betriebskosten (Personal- und Sachkosten) sowie für die Verwaltungskosten der nach Landesrecht für das Umlageverfahren zuständigen Stelle bleiben unberücksichtigt.

(4) ₁Die Höhe der Umlage nach Absatz 3 sowie ihre Berechnungsfaktoren sind von der dafür nach Landesrecht zuständigen Stelle den Landesverbänden der Pflegekassen rechtzeitig vor Beginn der Pflegesatzverhandlungen mitzuteilen. ₂Es genügt die Mitteilung an einen Landesverband; dieser leitet die Mitteilung unverzüglich an die übrigen Landesverbände und an die zuständigen Träger der Sozialhilfe weiter. ₃Bei Meinungsverschiedenheiten zwischen den nach Satz 1 Beteiligten über die ordnungsgemäße Bemessung und die Höhe des von den zugelassenen Pflegeeinrichtungen zu zahlenden Anteils an der Umlage entscheidet die Schiedsstelle nach § 76 unter Ausschluß des Rechtsweges. ₄Die Entscheidung ist für alle Beteiligten nach Satz 1 sowie für die Parteien der Vergütungsvereinbarungen nach dem Kapitel verbindlich; § 85 Abs. 5 Satz 1 und 2, erster Halbsatz, sowie Abs. 6 gilt entsprechend.

§ 82b Ehrenamtliche Unterstützung

(1) ₁Soweit und solange einer nach diesem Gesetz zugelassenen Pflegeeinrichtung, insbesondere

1. für die vorbereitende und begleitende Schulung,

2. für die Planung und Organisation des Einsatzes oder

3. für den Ersatz des angemessenen Aufwands

der Mitglieder von Selbsthilfegruppen sowie der ehrenamtlichen und sonstigen zum bürgerschaftlichen Engagement bereiten Personen und Organisationen, für von der Pflegeversicherung versorgte Leistungsempfänger nicht anderweitig gedeckte Aufwendungen entstehen, sind diese bei stationären Pflegeeinrichtungen in den Pflegesätzen (§ 84 Abs. 1) und bei ambulanten Pflegeeinrichtungen in den Vergütungen (§ 89) berücksichtigungsfähig. ₂Die Aufwendungen können in der Vergütungsvereinbarung über die allgemeinen Pflegeleistungen gesondert ausgewiesen werden.

(2) ₁Stationäre Pflegeeinrichtungen können für ehrenamtliche Unterstützung als ergänzendes Engagement bei allgemeinen Pflegeleistungen Aufwandsentschädigungen zahlen. ₂Absatz 1 gilt entsprechend.

§ 83 Verordnung zur Regelung der Pflegevergütung

(1) Die Bundesregierung wird ermächtigt, durch Rechtsverordnung mit Zustimmung des Bundesrates Vorschriften zu erlassen über

1. die Pflegevergütung der Pflegeeinrichtungen einschließlich der Verfahrensregelungen zu ihrer Vereinbarung nach diesem Kapitel,

2. den Inhalt der Pflegeleistungen sowie bei stationärer Pflege die Abgrenzung zwischen den allgemeinen Pflegeleistungen (§ 84 Abs. 4), den Leistungen bei Unterkunft und Verpflegung (§ 87) und den Zusatzleistungen (§ 88),

3. die Rechnungs- und Buchführungsvorschriften der Pflegeeinrichtungen einschließlich einer Kosten- und Leistungsrechnung; bei zugelassenen Pflegeeinrichtungen, die neben den Leistungen nach diesem Buch auch andere Sozialleistungen im Sinne des Ersten Buches (gemischte Einrichtung) erbringen, kann der Anwendungsbereich der Verordnung auf den Gesamtbetrieb erstreckt werden,

8

4. Maßstäbe und Grundsätze für eine wirtschaftliche und leistungsbezogene, am Versorgungsauftrag (§ 72 Abs. 1) orientierte personelle Ausstattung der Pflegeeinrichtungen,

5. die nähere Abgrenzung der Leistungsaufwendungen nach Nummer 2 von den Investitionsaufwendungen und sonstigen Aufwendungen nach § 82 Abs. 2,

§ 90 bleibt unberührt.

(2) Nach Erlass der Rechtsverordnung sind Rahmenverträge und Schiedsstellenregelungen nach § 75 zu den von der Verordnung erfassten Regelungsbereichen nicht mehr zulässig.

**Zweiter Abschnitt
Vergütung der stationären
Pflegeleistungen**

§ 84 Bemessungsgrundsätze

(1) ₁Pflegesätze sind die Entgelte der Heimbewohner oder ihrer Kostenträger für die teil- oder vollstationären Pflegeleistungen des Pflegeheims sowie für die Betreuung und, soweit kein Anspruch auf Krankenpflege nach § 37 des Fünften Buches besteht, für die medizinische Behandlungspflege. ₂In den Pflegesätzen dürfen keine Aufwendungen berücksichtigt werden, die nicht der Finanzierungszuständigkeit der sozialen Pflegeversicherung unterliegen.

(2) ₁Die Pflegesätze müssen leistungsgerecht sein. ₂Sie sind nach dem Versorgungsaufwand, den der Pflegebedürftige nach Art und Schwere seiner Pflegebedürftigkeit benötigt, entsprechend den fünf Pflegegraden einzuteilen. ₃Davon ausgehend sind bei vollstationärer Pflege nach § 43 für die Pflegegrade 2 bis 5 einrichtungseinheitliche Eigenanteile zu ermitteln; dies gilt auch bei Änderungen der Leistungsbeträge. ₄Die Pflegesätze müssen einem Pflegeheim bei wirtschaftlicher Betriebsführung ermöglichen, seine Aufwendungen zu finanzieren und seinen Versorgungsauftrag zu erfüllen unter Berücksichtigung einer angemessenen Vergütung ihres Unternehmerrisikos. ₅Die Bezahlung von Gehältern bis zur Höhe tarifvertraglich vereinbarter Vergütungen sowie entsprechender

Vergütungen nach kirchlichen Arbeitsrechtsregelungen kann dabei nicht als unwirtschaftlich abgelehnt werden. ₆Für eine darüber hinausgehende Bezahlung bedarf es eines sachlichen Grundes. ₇Überschüsse verbleiben dem Pflegeheim; Verluste sind von ihm zu tragen. ₈Der Grundsatz der Beitragssatzstabilität ist zu beachten. ₉Bei der Bemessung der Pflegesätze einer Pflegeeinrichtung können die Pflegesätze derjenigen Pflegeeinrichtungen, die nach Art und Größe sowie hinsichtlich der in Absatz 5 genannten Leistungs- und Qualitätsmerkmale im Wesentlichen gleichartig sind, angemessen berücksichtigt werden.

(3) Die Pflegesätze sind für alle Heimbewohner des Pflegeheimes nach einheitlichen Grundsätzen zu bemessen; eine Differenzierung nach Kostenträgern ist unzulässig.

(4) ₁Mit den Pflegesätzen sind alle für die Versorgung der Pflegebedürftigen nach Art und Schwere ihrer Pflegebedürftigkeit erforderlichen Pflegeleistungen der Pflegeeinrichtung (allgemeine Pflegeleistungen) abgegolten. ₂Für die allgemeinen Pflegeleistungen dürfen, soweit nichts anderes bestimmt ist, ausschließlich die nach § 85 oder § 86 vereinbarten oder nach § 85 Abs. 5 festgesetzten Pflegesätze berechnet werden, ohne Rücksicht darauf, wer zu ihrer Zahlung verpflichtet ist.

(5) ₁In der Pflegesatzvereinbarung sind die wesentlichen Leistungs- und Qualitätsmerkmale der Einrichtung festzulegen. ₂Hierzu gehören insbesondere

1. die Zuordnung des voraussichtlich zu versorgenden Personenkreises sowie Art, Inhalt und Umfang der Leistungen, die von der Einrichtung während des nächsten Pflegesatzzeitraums erwartet werden,

2. die von der Einrichtung für den voraussichtlich zu versorgenden Personenkreis individuell vorzuhaltende personelle Ausstattung, gegliedert nach Berufsgruppen, sowie

3. Art und Umfang der Ausstattung der Einrichtung mit Verbrauchsgütern (§ 82 Abs. 2 Nr. 1).

(6) ₁Der Träger der Einrichtung ist verpflichtet, mit der vereinbarten personellen Ausstattung

die Versorgung der Pflegebedürftigen jederzeit sicherzustellen. ₂Er hat bei Personalengpässen oder -ausfällen durch geeignete Maßnahmen sicherzustellen, dass die Versorgung der Pflegebedürftigen nicht beeinträchtigt wird. ₃Auf Verlangen einer Vertragspartei hat der Träger der Einrichtung in einem Personalabgleich nachzuweisen, dass die vereinbarte Personalausstattung tatsächlich bereitgestellt und bestimmungsgemäß eingesetzt wird. ₄Das Nähere zur Durchführung des Personalabgleichs wird in den Verträgen nach § 75 Abs. 1 und 2 geregelt.

(7) ₁Der Träger der Einrichtung ist verpflichtet, im Falle einer Vereinbarung der Pflegesätze auf Grundlage der Bezahlung von Gehältern bis zur Höhe tarifvertraglich vereinbarter Vergütungen sowie entsprechender Vergütungen nach kirchlichen Arbeitsrechtsregelungen, die entsprechende Bezahlung der Beschäftigten jederzeit einzuhalten. ₂Auf Verlangen einer Vertragspartei hat der Träger der Einrichtung dieses nachzuweisen. ₃Personenbezogene Daten sind zu anonymisieren. ₄Das Nähere zur Durchführung des Nachweises wird in den Verträgen nach § 75 Absatz 1 und 2 geregelt.

(8) ₁Vergütungszuschläge sind abweichend von Absatz 2 Satz 2 und Absatz 4 Satz 1 sowie unter entsprechender Anwendung des Absatzes 2 Satz 1 und 5, des Absatzes 7 und des § 87a zusätzliche Entgelte zur Pflegevergütung für die Leistungen nach § 43b. ₂Der Vergütungszuschlag ist von der Pflegekasse zu tragen und von dem privaten Versicherungsunternehmen im Rahmen des vereinbarten Versicherungsschutzes zu erstatten; § 28 Absatz 2 ist entsprechend anzuwenden. ₃Mit den Vergütungszuschlägen sind alle zusätzlichen Leistungen der Betreuung und Aktivierung in stationären Pflegeeinrichtungen abgegolten. ₄Pflegebedürftige dürfen mit den Vergütungszuschlägen weder ganz noch teilweise belastet werden.

§ 85 Pflegesatzverfahren

(1) Art, Höhe und Laufzeit der Pflegesätze werden zwischen dem Träger des Pflegeheimes und den Leistungsträgern nach Absatz 2 vereinbart.

(2) ₁Parteien der Pflegesatzvereinbarung (Vertragsparteien) sind der Träger des einzelnen zugelassenen Pflegeheimes sowie

1. die Pflegekassen oder sonstige Sozialversicherungsträger,

2. die für die Bewohner des Pflegeheimes zuständigen Träger der Sozialhilfe sowie

3. die Arbeitsgemeinschaften der unter Nummer 1 und 2 genannten Träger,

soweit auf den jeweiligen Kostenträger oder die Arbeitsgemeinschaft im Jahr vor Beginn der Pflegesatzverhandlungen jeweils mehr als fünf vom Hundert der Berechnungstage des Pflegeheimes entfallen. ₂Die Pflegesatzvereinbarung ist für jedes zugelassene Pflegeheim gesondert abzuschließen; § 86 Abs. 2 bleibt unberührt. ₃Die Vereinigungen der Pflegeheime im Land, die Landesverbände der Pflegekassen sowie der Verband der privaten Krankenversicherung e. V. im Land können sich am Pflegesatzverfahren beteiligen.

(3) ₁Die Pflegesatzvereinbarung ist im voraus, vor Beginn der jeweiligen Wirtschaftsperiode des Pflegeheimes, für einen zukünftigen Zeitraum (Pflegesatzzeitraum) zu treffen. ₂Das Pflegeheim hat Art, Inhalt, Umfang und Kosten der Leistungen, für die es eine Vergütung beansprucht, durch Pflegedokumentationen und andere geeignete Nachweise rechtzeitig vor Beginn der Pflegesatzverhandlungen darzulegen; es hat außerdem die schriftliche Stellungnahme der nach heimrechtlichen Vorschriften vorgesehenen Interessenvertretung der Bewohnerinnen und Bewohner beizufügen. ₃Soweit dies zur Beurteilung seiner Wirtschaftlichkeit und Leistungsfähigkeit im Einzelfall erforderlich ist, hat das Pflegeheim auf Verlangen einer Vertragspartei zusätzliche Unterlagen vorzulegen und Auskünfte zu erteilen. ₄Hierzu gehören auch pflegesatzerhebliche Angaben zum Jahresabschluß entsprechend den Grundsätzen ordnungsgemäßer Pflegebuchführung, zur personellen und sachlichen Ausstattung des Pflegeheims einschließlich der Kosten sowie zur tatsächlichen Stellenbesetzung und Eingruppierung. ₅Dabei sind insbesondere die in der Pflegesatzverhandlung geltend gemachten, voraussichtlichen Personalkosten einschließlich entsprechender Erhöhungen im Vergleich zum bishe-

8

rigen Pflegesatzzeitraum vorzuweisen. ₆Personenbezogene Daten sind zu anonymisieren.

(4) ₁Die Pflegesatzvereinbarung kommt durch Einigung zwischen dem Träger des Pflegeheimes und der Mehrheit der Kostenträger nach Absatz 2 Satz 1 zustande, die an der Pflegesatzverhandlung teilgenommen haben. ₂Sie ist schriftlich abzuschließen. ₃Soweit Vertragsparteien sich bei den Pflegesatzverhandlungen durch Dritte vertreten lassen, haben diese vor Verhandlungsbeginn den übrigen Vertragsparteien eine schriftliche Verhandlungs- und Abschlußvollmacht vorzulegen.

(5) ₁Kommt eine Pflegesatzvereinbarung innerhalb von sechs Wochen nicht zustande, nachdem eine Vertragspartei schriftlich zu Pflegesatzverhandlungen aufgefordert hat, setzt die Schiedsstelle nach § 76 auf Antrag einer Vertragspartei die Pflegesätze unverzüglich, in der Regel binnen drei Monaten, fest. ₂Satz 1 gilt auch, soweit der nach Absatz 2 Satz 1 Nr. 2 zuständige Träger der Sozialhilfe der Pflegesatzvereinbarung innerhalb von zwei Wochen nach Vertragsschluß widerspricht; der Träger der Sozialhilfe kann im voraus verlangen, daß an Stelle der gesamten Schiedsstelle nur der Vorsitzende und die beiden weiteren unparteiischen Mitglieder oder nur der Vorsitzende allein entscheiden. ₃Gegen die Festsetzung ist der Rechtsweg zu den Sozialgerichten gegeben. ₄Ein Vorverfahren findet nicht statt; die Klage hat keine aufschiebende Wirkung.

(6) ₁Pflegesatzvereinbarungen sowie Schiedsstellenentscheidungen nach Absatz 5 Satz 1 oder 2 treten zu dem darin unter angemessener Berücksichtigung der Interessen der Pflegeheimbewohner bestimmten Zeitpunkt in Kraft; sie sind für das Pflegeheim sowie für die in dem Heim versorgten Pflegebedürftigen und deren Kostenträger unmittelbar verbindlich. ₂Ein rückwirkendes Inkrafttreten von Pflegesätzen ist nicht zulässig. ₃Nach Ablauf des Pflegesatzzeitraums gelten die vereinbarten oder festgesetzten Pflegesätze bis zum Inkrafttreten neuer Pflegesätze weiter.

(7) ₁Bei unvorhersehbaren wesentlichen Veränderungen der Annahmen, die der Verein-

barung oder Festsetzung der Pflegesätze zugrunde lagen, sind die Pflegesätze auf Verlangen einer Vertragspartei für den laufenden Pflegesatzzeitraum neu zu verhandeln. ₂Dies gilt insbesondere bei einer erheblichen Abweichung der tatsächlichen Bewohnerstruktur. ₃Die Absätze 3 bis 6 gelten entsprechend. ₄Im Fall von Satz 2 kann eine Festsetzung der Pflegesätze durch die Schiedsstelle abweichend von Satz 3 in Verbindung mit Absatz 5 Satz 1 bereits nach einem Monat beantragt werden.

(8) ₁Die Vereinbarung des Vergütungszuschlags nach § 84 Absatz 8 erfolgt auf der Grundlage, dass

1. die stationäre Pflegeeinrichtung für die zusätzliche Betreuung und Aktivierung der Pflegebedürftigen über zusätzliches Betreuungspersonal, in vollstationären Pflegeeinrichtungen in sozialversicherungspflichtiger Beschäftigung verfügt und die Aufwendungen für dieses Personal weder bei der Bemessung der Pflegesätze noch bei den Zusatzleistungen nach § 88 berücksichtigt werden,

2. in der Regel für jeden Pflegebedürftigen 5 Prozent der Personalaufwendungen für eine zusätzliche Vollzeitkraft finanziert wird und

3. die Vertragsparteien Einvernehmen erzielt haben, dass der vereinbarte Vergütungszuschlag nicht berechnet werden darf, soweit die zusätzliche Betreuung und Aktivierung für Pflegebedürftige nicht erbracht wird.

₂Pflegebedürftige und ihre Angehörigen sind von der stationären Pflegeeinrichtung im Rahmen der Verhandlung und des Abschlusses des stationären Pflegevertrages nachprüfbar und deutlich darauf hinzuweisen, dass ein zusätzliches Betreuungsangebot besteht. ₃Im Übrigen gelten die Absätze 1 bis 7 entsprechend.

§ 86 Pflegesatzkommission

(1) ₁Die Landesverbände der Pflegekassen, der Verband der privaten Krankenversicherung e. V., die überörtlichen oder nach Landesrecht bestimmter Träger der Sozialhilfe und die Vereinigungen der Pflegeheimträger im Land bilden regional oder landesweit

tätige Pflegesatzkommissionen, die anstelle der Vertragsparteien nach § 85 Abs. 2 die Pflegesätze mit Zustimmung der betroffenen Pflegeheimträger vereinbaren können. ₂§ 85 Abs. 3 bis 7 gilt entsprechend.

(2) ₁Für Pflegeheime, die in derselben kreisfreien Gemeinde oder in demselben Landkreis liegen, kann die Pflegesatzkommission mit Zustimmung der betroffenen Pflegeheimträger für die gleichen Leistungen einheitliche Pflegesätze vereinbaren. ₂Die beteiligten Pflegeheime sind befugt, ihre Leistungen unterhalb der nach Satz 1 vereinbarten Pflegesätze anzubieten.

(3) ₁Die Pflegesatzkommission oder die Vertragsparteien nach § 85 Abs. 2 können auch Rahmenvereinbarungen abschließen, die insbesondere ihre Rechte und Pflichten, die Vorbereitung, den Beginn und das Verfahren der Pflegesatzverhandlungen sowie Art, Umfang und Zeitpunkt der vom Pflegeheim vorzulegenden Leistungsnachweise und sonstigen Verhandlungsunterlagen näher bestimmen. ₂Satz 1 gilt nicht, soweit für das Pflegeheim verbindliche Regelungen nach § 75 getroffen worden sind.

§ 87 Unterkunft und Verpflegung

₁Die als Pflegesatzparteien betroffenen Leistungsträger (§ 85 Abs. 2) vereinbaren mit dem Träger des Pflegeheimes die von den Pflegebedürftigen zu tragenden Entgelte für die Unterkunft und für die Verpflegung jeweils getrennt. ₂Die Entgelte müssen in einem angemessenen Verhältnis zu den Leistungen stehen. ₃§ 84 Abs. 3 und 4 und die §§ 85 und 86 gelten entsprechend; § 88 bleibt unberührt.

§ 87a Berechnung und Zahlung des Heimentgelts

(1) ₁Die Pflegesätze, die Entgelte für Unterkunft und Verpflegung sowie die gesondert berechenbaren Investitionskosten (Gesamtheimentgelt) werden für den Tag der Aufnahme des Pflegebedürftigen in das Pflegeheim sowie für jeden weiteren Tag des Heimaufenthalts berechnet (Berechnungstag). ₂Die Zahlungspflicht der Heimbewohner oder ihrer Kostenträger endet mit dem Tag, an dem der Heimbewohner aus dem Heim entlassen wird oder verstirbt. ₃Zieht ein Pflegebedürftiger in ein anderes Heim um, darf nur das aufnehmende Pflegeheim ein Gesamtheimentgelt für den Verlegungstag berechnen. ₄Von den Sätzen 1 bis 3 abweichende Vereinbarungen zwischen dem Pflegeheim und dem Heimbewohner oder dessen Kostenträger sind nichtig. ₅Der Pflegeplatz ist im Fall vorübergehender Abwesenheit vom Pflegeheim für einen Abwesenheitszeitraum von bis zu 42 Tagen im Kalenderjahr für den Pflegebedürftigen freizuhalten. ₆Abweichend hiervon verlängert sich der Abwesenheitszeitraum bei Krankenhausaufenthalten und bei Aufenthalten in Rehabilitationseinrichtungen für die Dauer dieser Aufenthalte. ₇In den Rahmenverträgen nach § 75 sind für die nach den Sätzen 5 und 6 bestimmten Abwesenheitszeiträume, soweit drei Kalendertage überschritten werden, Abschläge von mindestens 25 vom Hundert der Pflegevergütung, der Entgelte für Unterkunft und Verpflegung und der Zuschläge nach § 92b vorzusehen.

(2) ₁Bestehen Anhaltspunkte dafür, dass der pflegebedürftige Heimbewohner auf Grund der Entwicklung seines Zustands einem höheren Pflegegrad zuzuordnen ist, so ist er auf schriftliche Aufforderung des Heimträgers verpflichtet, bei seiner Pflegekasse die Zuordnung zu einem höheren Pflegegrad zu beantragen. ₂Die Aufforderung ist zu begründen und auch der Pflegekasse sowie bei Sozialhilfeempfängern dem zuständigen Träger der Sozialhilfe zuzuleiten. ₃Weigert sich der Heimbewohner, den Antrag zu stellen, kann der Heimträger ihm oder seinem Kostenträger ab dem ersten Tag des zweiten Monats nach der Aufforderung vorläufig den Pflegesatz nach dem nächsthöheren Pflegegrad berechnen. ₄Werden die Voraussetzungen eines höheren Pflegegrad vom Medizinischen Dienst nicht bestätigt und lehnt die Pflegekasse eine Höherstufung deswegen ab, hat das Pflegeheim dem Pflegebedürftigen den überzahlten Betrag unverzüglich zurückzuzahlen; der Rückzahlungsbetrag ist rückwirkend ab dem in Satz 3 genannten Zeitpunkt mit wenigstens 5 vom Hundert zu verzinsen.

(3) ₁Die dem pflegebedürftigen Heimbewohner nach den §§ 41 bis 43 zustehenden Leis-

8

tungsbeträge sind von seiner Pflegekasse mit befreiender Wirkung unmittelbar an das Pflegeheim zu zahlen. ₂Maßgebend für die Höhe des zu zahlenden Leistungsbetrags ist der Leistungsbescheid der Pflegekasse, unabhängig davon, ob der Bescheid bestandskräftig ist oder nicht. ₃Die von den Pflegekassen zu zahlenden Leistungsbeträge werden bei vollstationärer Pflege (§ 43) zum 15. eines jeden Monats fällig.

(4) ₁Pflegeeinrichtungen, die Leistungen im Sinne des § 43 erbringen, erhalten von der Pflegekasse zusätzlich den Betrag von 2952 Euro, wenn der Pflegebedürftige nach der Durchführung aktivierender oder rehabilitativer Maßnahmen in einen niedrigeren Pflegegrad zurückgestuft wurde oder festgestellt wurde, dass er nicht mehr pflegebedürftig im Sinne der §§ 14 und 15 ist. ₂Der Betrag wird entsprechend § 30 angepasst. ₃Der von der Pflegekasse gezahlte Betrag ist von der Pflegeeinrichtung zurückzuzahlen, wenn der Pflegebedürftige innerhalb von sechs Monaten in einen höheren Pflegegrad oder wieder als pflegebedürftig im Sinne der §§ 14 und 15 eingestuft wird.

§ 88 Zusatzleistungen

(1) ₁Neben den Pflegesätzen nach § 85 und den Entgelten nach § 87 darf das Pflegeheim mit den Pflegebedürftigen über die im Versorgungsvertrag vereinbarten notwendigen Leistungen hinaus (§ 72 Abs. 1 Satz 2) gesondert ausgewiesene Zuschläge für

1. besondere Komfortleistungen bei Unterkunft und Verpflegung sowie

2. zusätzliche pflegerisch-betreuende Leistungen

vereinbaren (Zusatzleistungen). ₂Der Inhalt der notwendigen Leistungen und deren Abgrenzung von den Zusatzleistungen werden in den Rahmenverträgen nach § 75 festgelegt.

(2) Die Gewährung und Berechnung von Zusatzleistungen ist nur zulässig, wenn:

1. dadurch die notwendigen stationären oder teilstationären Leistungen des Pflegeheimes (§ 84 Abs. 4 und § 87) nicht beeinträchtigt werden,

2. die angebotenen Zusatzleistungen nach Art, Umfang, Dauer und Zeitabfolge sowie die Höhe der Zuschläge und die Zahlungsbedingungen vorher schriftlich zwischen dem Pflegeheim und dem Pflegebedürftigen vereinbart worden sind,

3. das Leistungsangebot und die Leistungsbedingungen den Landesverbänden der Pflegekassen und den überörtlichen Trägern der Sozialhilfe im Land vor Leistungsbeginn schriftlich mitgeteilt worden sind.

Dritter Abschnitt
Vergütung der ambulanten Pflegeleistungen

§ 89 Grundsätze für die Vergütungsregelung

(1) ₁Die Vergütung der ambulanten Leistungen der häuslichen Pflegehilfe wird, soweit nicht die Gebührenordnung nach § 90 Anwendung findet, zwischen dem Träger des Pflegedienstes und den Leistungsträgern nach Absatz 2 für alle Pflegebedürftigen nach einheitlichen Grundsätzen vereinbart. ₂Sie muß leistungsgerecht sein. ₃Die Vergütung muss einem Pflegedienst bei wirtschaftlicher Betriebsführung ermöglichen, seine Aufwendungen zu finanzieren und seinen Versorgungsauftrag zu erfüllen unter Berücksichtigung einer angemessenen Vergütung ihres Unternehmerrisikos. ₄Die Bezahlung von Gehältern bis zur Höhe tarifvertraglich vereinbarter Vergütungen sowie entsprechender Vergütungen nach kirchlichen Arbeitsrechtsregelungen kann dabei nicht als unwirtschaftlich abgelehnt werden. ₅Für eine darüber hinausgehende Bezahlung bedarf es eines sachlichen Grundes. ₆Eine Differenzierung in der Vergütung nach Kostenträgern ist unzulässig.

(2) ₁Vertragsparteien der Vergütungsvereinbarung sind die Träger des Pflegedienstes sowie

1. die Pflegekassen oder sonstige Sozialversicherungsträger,

2. die Träger der Sozialhilfe, die für die durch den Pflegedienst versorgten Pflegebedürftigen zuständig sind, sowie

3. die Arbeitsgemeinschaften der unter Nummer 1 und 2 genannten Träger,

soweit auf den jeweiligen Kostenträger oder die Arbeitsgemeinschaft im Jahr vor Beginn der Vergütungsverhandlungen jeweils mehr als 5 vom Hundert der vom Pflegedienst betreuten Pflegebedürftigen entfallen. ₂Die Vergütungsvereinbarung ist für jeden Pflegedienst gesondert abzuschließen und gilt für den nach § 72 Abs. 3 Satz 3 vereinbarten Einzugsbereich, soweit nicht ausdrücklich etwas Abweichendes vereinbart wird.

(3) ₁Die Vergütungen können, je nach Art und Umfang der Pflegeleistung, nach dem dafür erforderlichen Zeitaufwand oder unabhängig vom Zeitaufwand nach dem Leistungsinhalt des jeweiligen Pflegeeinsatzes, nach Komplexleistungen oder in Ausnahmefällen auch nach Einzelleistungen bemessen werden; sonstige Leistungen wie hauswirtschaftliche Versorgung, Behördengänge oder Fahrkosten können auch mit Pauschalen vergütet werden. ₂Die Vergütungen haben zu berücksichtigen, dass Leistungen von mehreren Pflegebedürftigen gemeinsam abgerufen und in Anspruch genommen werden können; die sich aus einer gemeinsamen Leistungsinanspruchnahme ergebenden Zeit- und Kostenersparnisse kommen den Pflegebedürftigen zugute. ₃Bei der Vereinbarung der Vergütung sind die Grundsätze für die Vergütung von längeren Wegezeiten, insbesondere in ländlichen Räumen, die in den Rahmenempfehlungen nach § 132a Absatz 1 Satz 4 Nummer 5 des Fünften Buches vorzusehen sind, zu berücksichtigen. ₄§ 84 Absatz 4 Satz 2 und Absatz 7, § 85 Absatz 3 bis 7 und § 86 gelten entsprechend.

§ 90 Gebührenordnung für ambulante Pflegeleistungen

(1) ₁Das Bundesministerium für Gesundheit wird ermächtigt, im Einvernehmen mit dem Bundesministerium für Familie, Senioren, Frauen und Jugend und dem Bundesministerium für Arbeit und Soziales durch Rechtsverordnung mit Zustimmung des Bundesrates eine Gebührenordnung für die Vergütung der ambulanten Leistungen der häuslichen Pflegehilfe zu erlassen, soweit die Versorgung von der Leistungspflicht der Pflegever-

sicherung umfaßt ist. ₂Die Vergütung muß leistungsgerecht sein, den Bemessungsgrundsätzen nach § 89 entsprechen und hinsichtlich ihrer Höhe regionale Unterschiede berücksichtigen. ₃§ 82 Abs. 2 gilt entsprechend. ₄In der Verordnung ist auch das Nähere zur Abrechnung der Vergütung zwischen den Pflegekassen und den Pflegediensten zu regeln.

(2) ₁Die Gebührenordnung gilt nicht für die Vergütung von ambulanten Leistungen der häuslichen Pflegehilfe durch Familienangehörige und sonstige Personen, die mit dem Pflegebedürftigen in häuslicher Gemeinschaft leben. ₂Soweit die Gebührenordnung Anwendung findet, sind die davon betroffenen Pflegeeinrichtungen und Pflegepersonen nicht berechtigt, über die Berechnung der Gebühren hinaus weitergehende Ansprüche an die Pflegebedürftigen oder deren Kostenträger zu stellen.

Vierter Abschnitt
Kostenerstattung, Pflegeheimvergleich

§ 91 Kostenerstattung

(1) Zugelassene Pflegeeinrichtungen, die auf eine vertragliche Regelung der Pflegevergütung nach den §§ 85 und 89 verzichten oder mit denen eine solche Regelung nicht zustande kommt, können den Preis für ihre ambulanten oder stationären Leistungen unmittelbar mit den Pflegebedürftigen vereinbaren.

(2) ₁Den Pflegebedürftigen werden die ihnen von den Einrichtungen nach Absatz 1 berechneten Kosten für die pflegebedingten Aufwendungen erstattet. ₂Die Erstattung darf jedoch 80 vom Hundert des Betrages nicht überschreiten, den die Pflegekasse für den einzelnen Pflegebedürftigen nach Art und Schwere seiner Pflegebedürftigkeit nach dem Dritten Abschnitt des Vierten Kapitels zu leisten hat. ₃Eine weitergehende Kostenerstattung durch einen Träger der Sozialhilfe ist unzulässig.

(3) Die Absätze 1 und 2 gelten entsprechend für Pflegebedürftige, die nach Maßgabe dieses Buches bei einem privaten Versicherungsunternehmen versichert sind.

(4) Die Pflegebedürftigen und ihre Angehörigen sind von der Pflegekasse und der Pflegeeinrichtung rechtzeitig auf die Rechtsfolgen der Absätze 2 und 3 hinzuweisen.

§ 92 (weggefallen)

§ 92a Pflegeheimvergleich

(1) ₁Die Bundesregierung wird ermächtigt, durch Rechtsverordnung mit Zustimmung des Bundesrates einen Pflegeheimvergleich anzuordnen, insbesondere mit dem Ziel,

1. die Landesverbände der Pflegekassen bei der Durchführung von Wirtschaftlichkeits- und Qualitätsprüfungen (§ 79, Elftes Kapitel),

2. die Vertragsparteien nach § 85 Abs. 2 bei der Bemessung der Vergütungen und Entgelte sowie

3. die Pflegekassen bei der Erstellung der Leistungs- und Preisvergleichslisten (§ 7 Abs. 3)

zu unterstützen. ₂Die Pflegeheime sind länderbezogen, Einrichtung für Einrichtung, insbesondere hinsichtlich ihrer Leistungs- und Belegungsstrukturen, ihrer Pflegesätze und Entgelte sowie ihrer gesondert berechenbaren Investitionskosten miteinander zu vergleichen.

(2) In der Verordnung nach Absatz 1 sind insbesondere zu regeln:

1. die Organisation und Durchführung des Pflegeheimvergleichs durch eine oder mehrere von dem Spitzenverband Bund der Pflegekassen oder den Landesverbänden der Pflegekassen gemeinsam beauftragte Stellen,

2. die Finanzierung des Pflegeheimvergleichs aus Verwaltungsmitteln der Pflegekassen,

3. die Erhebung der vergleichsnotwendigen Daten einschließlich ihrer Verarbeitung.

(3) ₁Zur Ermittlung der Vergleichsdaten ist vorrangig auf die verfügbaren Daten aus den Versorgungsverträgen, sowie den Pflegesatz- und Entgeltvereinbarungen über

1. die Versorgungsstrukturen einschließlich der personellen und sächlichen Ausstattung,

2. die Leistungen, Pflegesätze und sonstigen Entgelte der Pflegeheime

und auf die Daten aus den Vereinbarungen über Zusatzleistungen zurückzugreifen. ₂Soweit dies für die Zwecke des Pflegeheimvergleichs erforderlich ist, haben die Pflegeheime der mit der Durchführung des Pflegeheimvergleichs beauftragten Stelle auf Verlangen zusätzliche Unterlagen vorzulegen und Auskünfte zu erteilen, insbesondere auch über die von ihnen gesondert berechneten Investitionskosten (§ 82 Abs. 3 und 4).

(4) ₁Durch die Verordnung nach Absatz 1 ist sicherzustellen, dass die Vergleichsdaten

1. den zuständigen Landesbehörden,

2. den Vereinigungen der Pflegeheimträger im Land,

3. den Landesverbänden der Pflegekassen,

4. dem Medizinischen Dienst der Krankenversicherung,

5. dem Verband der privaten Krankenversicherung e. V. im Land sowie

6. den nach Landesrecht zuständigen Trägern der Sozialhilfe

zugänglich gemacht werden. ₂Die Beteiligten nach Satz 1 sind befugt, die Vergleichsdaten ihren Verbänden oder Vereinigungen auf Bundesebene zu übermitteln; die Landesverbände der Pflegekassen sind verpflichtet, die für Prüfzwecke erforderlichen Vergleichsdaten den von ihnen zur Durchführung von Wirtschaftlichkeits- und Qualitätsprüfungen bestellten Sachverständigen zugänglich zu machen.

(5) ₁Vor Erlass der Rechtsverordnung nach Absatz 1 sind der Spitzenverband Bund der Pflegekassen, der Verband der privaten Krankenversicherung e. V., die Bundesarbeitsgemeinschaft der überörtlichen Träger der Sozialhilfe, die Bundesvereinigung der kommunalen Spitzenverbände und die Vereinigungen der Träger der Pflegeheime auf Bundesebene anzuhören. ₂Im Rahmen der Anhörung können diese auch Vorschläge für eine Rechtsverordnung nach Absatz 1 oder für einzelne Regelungen einer solchen Rechtsverordnung machen.

(6) Der Spitzenverband Bund der Pflegekassen oder die Landesverbände der Pflegekassen sind berechtigt, jährlich Verzeichnisse der Pflegeheime mit den im Pflegeheimvergleich

8

ermittelten Leistungs-, Belegungs- und Vergütungsdaten zu veröffentlichen.

(7) Personenbezogene Daten sind vor der Datenübermittlung oder der Erteilung von Auskünften zu anonymisieren.

(8) Die Bundesregierung wird ermächtigt, durch Rechtsverordnung mit Zustimmung des Bundesrates einen länderbezogenen Vergleich über die zugelassenen Pflegedienste (Pflegedienstvergleich) in entsprechender Anwendung der vorstehenden Absätze anzuordnen.

Fünfter Abschnitt
Integrierte Versorgung

§ 92b Integrierte Versorgung

(1) Die Pflegekassen können mit zugelassenen Pflegeeinrichtungen und den weiteren Vertragspartnern nach § 140a Absatz 3 Satz 1 des Fünften Buches Verträge zur integrierten Versorgung schließen oder derartigen Verträgen mit Zustimmung der Vertragspartner beitreten.

(2) ₁In den Verträgen nach Absatz 1 ist das Nähere über Art, Inhalt und Umfang der zu erbringenden Leistungen der integrierten Versorgung sowie deren Vergütung zu regeln. ₂Diese Verträge können von den Vorschriften der §§ 75, 85 und 89 abweichende Regelungen treffen, wenn sie dem Sinn und der Eigenart der integrierten Versorgung entsprechen, die Qualität, die Wirksamkeit und die Wirtschaftlichkeit der Versorgung durch die Pflegeeinrichtungen verbessern oder aus sonstigen Gründen zur Durchführung der integrierten Versorgung erforderlich sind. ₃In den Pflegevergütungen dürfen keine Aufwendungen berücksichtigt werden, die nicht der Finanzierungszuständigkeit der sozialen Pflegeversicherung unterliegen. ₄Soweit Pflegeeinrichtungen durch die integrierte Versorgung Mehraufwendungen für Pflegeleistungen entstehen, vereinbaren die Beteiligten leistungsgerechte Zuschläge zu den Pflegevergütungen (§§ 85 und 89). ₅§ 140a Absatz 2 Satz 1 bis 3 des Fünften Buches gilt für Leistungsansprüche der Pflegeversicherten gegenüber ihrer Pflegekasse entsprechend.

(3) § 140a Absatz 4 des Fünften Buches gilt für die Teilnahme der Pflegeversicherten an den integrierten Versorgungsformen entsprechend.

Neuntes Kapitel
Datenschutz und Statistik

Erster Abschnitt
Informationsgrundlagen

Erster Titel
Grundsätze der Datenverwendung

§ 93 Anzuwendende Vorschriften

Für den Schutz personenbezogener Daten bei der Erhebung, Verarbeitung und Nutzung in der Pflegeversicherung gelten der § 35 des Ersten Buches, die §§ 67 bis 85 des Zehnten Buches sowie die Vorschriften dieses Buches.

§ 94 Personenbezogene Daten bei den Pflegekassen

(1) Die Pflegekassen dürfen personenbezogene Daten für Zwecke der Pflegeversicherung nur erheben, verarbeiten und nutzen, soweit dies für:

1. die Feststellung des Versicherungsverhältnisses (§§ 20 bis 26) und der Mitgliedschaft (§ 49),

2. die Feststellung der Beitragspflicht und der Beiträge, deren Tragung und Zahlung (§§ 54 bis 61),

3. die Prüfung der Leistungspflicht und die Gewährung von Leistungen an Versicherte (§§ 4, 28 und 28a) sowie die Durchführung von Erstattungs- und Ersatzansprüchen,

4. die Beteiligung des Medizinischen Dienstes (§§ 18 und 40),

5. die Abrechnung mit den Leistungserbringern und die Kostenerstattung (§§ 84 bis 91 und 105),

6. die Überwachung der Wirtschaftlichkeit, der Abrechnung und der Qualität der Leistungserbringung (§§ 79, 112, 113, 114, 114a, 115 und 117),

6a. den Abschluss und die Durchführung von Pflegesatzvereinbarungen (§§ 85, 86), Vergütungsvereinbarungen (§ 89) sowie

Verträgen zur integrierten Versorgung (§ 92b),

7. die Aufklärung und Auskunft (§ 7),

8. die Koordinierung pflegerischer Hilfen (§ 12), die Pflegeberatung (§ 7a), das Ausstellen von Beratungsgutscheinen (§ 7b) sowie die Wahrnehmung der Aufgaben in den Pflegestützpunkten (§ 7c),

9. die Abrechnung mit anderen Leistungsträgern,

10. statistische Zwecke (§ 109),

11. die Unterstützung der Versicherten bei der Verfolgung von Schadensersatzansprüchen (§ 115 Abs. 3 Satz 7)

erforderlich ist.

(2) ₁Die nach Absatz 1 erhobenen und gespeicherten personenbezogenen Daten dürfen für andere Zwecke nur verarbeitet oder genutzt werden, soweit dies durch Rechtsvorschriften des Sozialgesetzbuches angeordnet oder erlaubt ist. ₂Auf Ersuchen des Betreuungsgerichts hat die Pflegekasse diesem zu dem in § 282 Abs. 1 des Gesetzes über das Verfahren in Familiensachen und in den Angelegenheiten der freiwilligen Gerichtsbarkeit genannten Zweck das nach § 18 zur Feststellung der Pflegebedürftigkeit erstellte Gutachten einschließlich der Befunde des Medizinischen Dienstes der Krankenversicherung zu übermitteln.

(3) Versicherungs- und Leistungsdaten der für Aufgaben der Pflegekasse eingesetzten Beschäftigten einschließlich der Daten ihrer mitversicherten Angehörigen dürfen Personen, die kasseninterne Personalentscheidungen treffen oder daran mitwirken können, weder zugänglich sein noch diesen Personen von Zugriffsberechtigten offenbart werden.

§ 95 Personenbezogene Daten bei den Verbänden der Pflegekassen

(1) Die Verbände der Pflegekassen dürfen personenbezogene Daten für Zwecke der Pflegeversicherung nur erheben, verarbeiten und nutzen, soweit diese für:

1. die Überwachung der Wirtschaftlichkeit, der Abrechnung und der Qualitätssicherung der Leistungserbringung (§§ 79, 112, 113, 114, 114a, 115 und 117),

1a. die Information über die Erbringer von Leistungen der Prävention, Teilhabe sowie von Leistungen und Hilfen zur Pflege (§ 7),

2. den Abschluss und die Durchführung von Versorgungsverträgen (§§ 72 bis 74), Pflegesatzvereinbarungen (§§ 85, 86), Vergütungsvereinbarungen (§ 89) sowie Verträgen zur integrierten Versorgung (§ 92b),

3. die Wahrnehmung der ihnen nach §§ 52 und 53 zugewiesenen Aufgaben,

4. die Unterstützung der Versicherten bei der Verfolgung von Schadensersatzansprüchen (§ 115 Abs. 3 Satz 7)

erforderlich sind.

(2) § 94 Abs. 2 und 3 gilt entsprechend.

§ 96 Gemeinsame Verarbeitung und Nutzung personenbezogener Daten

(1) ₁Die Pflegekassen und die Krankenkassen dürfen personenbezogene Daten, die zur Erfüllung gesetzlicher Aufgaben jeder Stelle erforderlich sind, gemeinsam verarbeiten und nutzen. ₂Insoweit findet § 76 des Zehnten Buches im Verhältnis zwischen der Pflegekasse und der Krankenkasse, bei der sie errichtet ist (§ 46), keine Anwendung.

(2) § 286 des Fünften Buches gilt für die Pflegekassen entsprechend.

(3) Die Absätze 1 und 2 gelten entsprechend für die Verbände der Pflege- und Krankenkassen.

§ 97 Personenbezogene Daten beim Medizinischen Dienst

(1) ₁Der Medizinische Dienst darf personenbezogene Daten für Zwecke der Pflegeversicherung nur erheben, verarbeiten und nutzen, soweit dies für die Prüfungen, Beratungen und gutachtlichen Stellungnahmen nach den §§ 18, 38a, 40, 112, 113, 114, 114a, 115 und 117 erforderlich ist. ₂Die Daten dürfen für andere Zwecke nur verarbeitet und genutzt werden, soweit dies durch Rechtsvorschriften des Sozialgesetzbuches angeordnet oder erlaubt ist.

(2) Der Medizinische Dienst darf personenbezogene Daten, die er für die Aufgabenerfüllung nach dem Fünften oder Elften Buch

erhebt, verarbeitet oder nutzt, auch für die Aufgaben des jeweils anderen Buches verarbeiten oder nutzen, wenn ohne die vorhandenen Daten diese Aufgaben nicht ordnungsgemäß erfüllt werden können.

(3) ₁Die personenbezogenen Daten sind nach fünf Jahren zu löschen. ₂§ 96 Abs. 2, § 98 und § 107 Abs. 1 Satz 2 und 3 und Abs. 2 gelten für den Medizinischen Dienst entsprechend. ₃Der Medizinische Dienst hat Sozialdaten zur Identifikation des Versicherten getrennt von den medizinischen Sozialdaten des Versicherten zu speichern. ₄Durch technische und organisatorische Maßnahmen ist sicherzustellen, dass die Sozialdaten nur den Personen zugänglich sind, die sie zur Erfüllung ihrer Aufgaben benötigen. ₅Der Schlüssel für die Zusammenführung der Daten ist vom Beauftragten für den Datenschutz des Medizinischen Dienstes aufzubewahren und darf anderen Personen nicht zugänglich gemacht werden. ₆Jede Zusammenführung ist zu protokollieren.

(4) Für das Akteneinsichtsrecht des Versicherten gilt § 25 des Zehnten Buches entsprechend.

§ 97a Qualitätssicherung durch Sachverständige

(1) ₁Von den Landesverbänden der Pflegekassen bestellte sonstige Sachverständige (§ 114 Abs. 1 Satz 1) sind berechtigt, für Zwecke der Qualitätssicherung und -prüfung Daten nach den §§ 112, 113, 114, 114a, 115 und 117 zu erheben, zu verarbeiten und zu nutzen; sie dürfen die Daten an die Pflegekassen und deren Verbände sowie an die in den §§ 112, 114, 114a, 115 und 117 genannten Stellen übermitteln, soweit dies zur Erfüllung der gesetzlichen Aufgaben auf dem Gebiet der Qualitätssicherung und Qualitätsprüfung dieser Stellen erforderlich ist. ₂Die Daten sind vertraulich zu behandeln.

(2) § 107 gilt entsprechend.

§ 97b Personenbezogene Daten bei den nach heimrechtlichen Vorschriften zuständigen Aufsichtsbehörden und den Trägern der Sozialhilfe

Die nach heimrechtlichen Vorschriften zuständigen Aufsichtsbehörden und die zu-

ständigen Träger der Sozialhilfe sind berechtigt, die für Zwecke der Pflegeversicherung nach den §§ 112, 113, 114, 114a, 115 und 117 erhobenen personenbezogenen Daten zu verarbeiten und zu nutzen, soweit dies zur Erfüllung ihrer gesetzlichen Aufgaben erforderlich ist; § 107 findet entsprechende Anwendung.

§ 97c Qualitätssicherung durch den Prüfdienst des Verbandes der privaten Krankenversicherung e. V.

₁Bei Wahrnehmung der Aufgaben auf dem Gebiet der Qualitätssicherung und Qualitätsprüfung im Sinne dieses Buches durch den Prüfdienst des Verbandes der privaten Krankenversicherung e. V. gilt der Prüfdienst als Stelle im Sinne des § 35 Absatz 1 Satz 1 des Ersten Buches. ₂Die §§ 97 und 97a gelten entsprechend.

§ 97d Begutachtung durch unabhängige Gutachter

(1) ₁Von den Pflegekassen gemäß § 18 Absatz 1 Satz 1 beauftragte unabhängige Gutachter sind berechtigt, personenbezogene Daten des Antragstellers zu erheben, zu verarbeiten und zu nutzen, soweit dies für die Zwecke der Begutachtung gemäß § 18 erforderlich ist. ₂Die Daten sind vertraulich zu behandeln. ₃Durch technische und organisatorische Maßnahmen ist sicherzustellen, dass die Daten nur den Personen zugänglich sind, die sie zur Erfüllung den Gutachten von den Pflegekassen nach § 18 Absatz 1 Satz 1 erteilten Auftrags benötigen.

(2) ₁Die unabhängigen Gutachter dürfen das Ergebnis der Prüfung zur Feststellung der Pflegebedürftigkeit sowie die Präventions- und Rehabilitationsempfehlung gemäß § 18 an die sie beauftragende Pflegekasse übermitteln, soweit dies zur Erfüllung der gesetzlichen Aufgaben der Pflegekasse erforderlich ist; § 35 des Ersten Buches gilt entsprechend. ₂Dabei ist sicherzustellen, dass das Ergebnis der Prüfung zur Feststellung der Pflegebedürftigkeit sowie die Präventions- und Rehabilitationsempfehlung nur den Personen zugänglich gemacht werden, die sie zur Erfüllung ihrer Aufgaben benötigen.

8

(3) ₁Die personenbezogenen Daten sind nach fünf Jahren zu löschen. ₂§ 107 Absatz 1 Satz 2 gilt entsprechend.

§ 98 Forschungsvorhaben

(1) Die Pflegekassen dürfen mit der Erlaubnis der Aufsichtsbehörde die Datenbestände leistungserbringer- und fallbeziehbar für zeitlich befristete und im Umfang begrenzte Forschungsvorhaben selbst auswerten und zur Durchführung eines Forschungsvorhabens über die sich aus § 107 ergebenden Fristen hinaus aufbewahren.

(2) Personenbezogene Daten sind zu anonymisieren.

Zweiter Titel
Informationsgrundlagen der Pflegekassen

§ 99 Versichertenverzeichnis

₁Die Pflegekasse hat ein Versichertenverzeichnis zu führen. ₂Sie hat in das Versichertenverzeichnis alle Angaben einzutragen, die zur Feststellung der Versicherungspflicht oder -berechtigung und des Anspruchs auf Familienversicherung, zur Bemessung und Einziehung der Beiträge sowie zur Feststellung des Leistungsanspruchs erforderlich sind.

§ 100 Nachweispflicht bei Familienversicherung

Die Pflegekasse kann die für den Nachweis einer Familienversicherung (§ 25) erforderlichen Daten vom Angehörigen oder mit dessen Zustimmung vom Mitglied erheben.

§ 101 Pflegeversichertennummer

₁Die Pflegekasse verwendet für jeden Versicherten eine Versichertennummer, die mit der Krankenversichertennummer ganz oder teilweise übereinstimmen darf. ₂Bei der Vergabe der Nummer für Versicherte nach § 25 ist sicherzustellen, daß der Bezug zu dem Angehörigen, der Mitglied ist, hergestellt werden kann.

§ 102 Angaben über Leistungsvoraussetzungen

₁Die Pflegekasse hat Angaben über Leistungen, die zur Prüfung der Voraussetzungen späterer Leistungsgewährung erforderlich sind, aufzuzeichnen. ₂Hierzu gehören insbesondere Angaben zur Feststellung der Voraussetzungen von Leistungsansprüchen und zur Leistung von Zuschüssen.

§ 103 Kennzeichen für Leistungsträger und Leistungserbringer

(1) Die Pflegekassen, die anderen Träger der Sozialversicherung und die Vertragspartner der Pflegekassen einschließlich deren Mitglieder verwenden im Schriftverkehr und für Abrechnungszwecke untereinander bundeseinheitliche Kennzeichen.

(2) § 293 Abs. 2 und 3 des Fünften Buches gilt entsprechend.

Zweiter Abschnitt
Übermittlung von Leistungsdaten

§ 104 Pflichten der Leistungserbringer

(1) Die Leistungserbringer sind berechtigt und verpflichtet:

1. im Falle der Überprüfung der Notwendigkeit von Pflegehilfsmitteln (§ 40 Abs. 1),

2. im Falle eines Prüfverfahrens, soweit die Wirtschaftlichkeit oder die Qualität der Leistungen im Einzelfall zu beurteilen sind (§§ 79, 112, 113, 114, 114a, 115 und 117),

2a. im Falle des Abschlusses und der Durchführung von Versorgungsverträgen (§§ 72 bis 74), Pflegesatzvereinbarungen (§§ 85, 86), Vergütungsvereinbarungen (§ 89), sowie Verträgen zur integrierten Versorgung (§ 92b),

3. im Falle der Abrechnung pflegerischer Leistungen (§ 105)

die für die Erfüllung der Aufgaben der Pflegekassen und ihrer Verbände erforderlichen Angaben aufzuzeichnen und den Pflegekassen sowie den Verbänden oder den mit der Datenverarbeitung beauftragten Stellen zu übermitteln.

(2) Soweit dies für die in Absatz 1 Nr. 2 und 2a genannten Zwecke erforderlich ist, sind die Leistungserbringer berechtigt, die personenbezogenen Daten auch an die Medizinischen Dienste und die in den §§ 112, 113, 114,

8

114a, 115 und 117 genannten Stellen zu übermitteln.

(3) Trägervereinigungen dürfen personenbezogene Daten verarbeiten und nutzen, soweit dies für ihre Beteiligung an Qualitätsprüfungen oder Maßnahmen der Qualitätssicherung nach diesem Buch erforderlich ist.

§ 105 Abrechnung pflegerischer Leistungen

(1) ₁Die an der Pflegeversorgung teilnehmenden Leistungserbringer sind verpflichtet,

1. in den Abrechnungsunterlagen die von ihnen erbrachten Leistungen nach Art, Menge und Preis einschließlich des Tages und der Zeit der Leistungserbringung aufzuzeichnen,

2. in den Abrechnungsunterlagen ihr Kennzeichen (§ 103) sowie die Versichertennummer des Pflegebedürftigen anzugeben,

3. bei der Abrechnung über die Abgabe von Hilfsmitteln die Bezeichnungen des Hilfsmittelverzeichnisses nach § 78 zu verwenden.

₂Vom 1. Januar 1996 an sind maschinenlesbare Abrechnungsunterlagen zu verwenden.

(2) ₁Das Nähere über Form und Inhalt der Abrechnungsunterlagen sowie Einzelheiten des Datenträgeraustausches werden vom Spitzenverband Bund der Pflegekassen im Einvernehmen mit den Verbänden der Leistungserbringer festgelegt. ₂Der Spitzenverband Bund der Pflegekassen und die Verbände der Leistungserbringer legen bis zum 1. Januar 2018 die Einzelheiten für eine elektronische Datenübertragung aller Angaben und Nachweise fest, die für die Abrechnung pflegerischer Leistungen in der Form elektronischer Dokumente erforderlich sind. ₃Für die elektronische Datenübertragung elektronischer Dokumente ist neben der qualifizierten elektronischen Signatur auch ein anderes sicheres Verfahren vorzusehen, das den Absender der Daten authentifiziert und die Integrität des elektronisch übermittelten Datensatzes gewährleistet. ₄Zur Authentifizierung des Absenders der Daten können auch der elektronische Heilberufs- oder Berufsausweis nach § 291a Absatz 5 Satz 5 des Fünften Buches, die elektronische Gesundheitskarte nach § 291 des Fünften Buches sowie der elektronische Identitätsnachweis des Personalausweises genutzt werden; die zur Authentifizierung des Absenders der Daten erforderlichen Daten dürfen zusammen mit den übrigen übermittelten Daten gespeichert und verwendet werden.₅§ 302 Absatz 2 Satz 2 und 3 des Fünften Buches gilt entsprechend.

§ 106 Abweichende Vereinbarungen

Die Landesverbände der Pflegekassen (§ 52) können mit den Leistungserbringern oder ihren Verbänden vereinbaren, daß

1. der Umfang der zu übermittelnden Abrechnungsbelege eingeschränkt,

2. bei der Abrechnung von Leistungen von einzelnen Angaben ganz oder teilweise abgesehen

wird, wenn dadurch eine ordnungsgemäße Abrechnung und die Erfüllung der gesetzlichen Aufgaben der Pflegekassen nicht gefährdet werden.

§ 106a Mitteilungspflichten

₁Zugelassene Pflegedienste, anerkannte Beratungsstellen, beauftragte Pflegefachkräfte sowie Beratungspersonen der kommunalen Gebietskörperschaften, die Beratungseinsätze nach § 37 Absatz 3 durchführen, sind mit Einwilligung des Versicherten berechtigt und verpflichtet, die für die Erfüllung der Aufgaben der Pflegekassen, der privaten Versicherungsunternehmen sowie der Beihilfefestsetzungsstellen erforderlichen Angaben zur Qualität der Pflegesituation und zur Notwendigkeit einer Verbesserung der zuständigen Pflegekasse, dem zuständigen privaten Versicherungsunternehmen und der zuständigen Beihilfefestsetzungsstelle zu übermitteln. ₂Das Formular nach § 37 Abs. 4 Satz 2 wird unter Beteiligung des Bundesbeauftragten für den Datenschutz und die Informationsfreiheit und des Bundesministeriums für Gesundheit erstellt. ₃Erteilt die pflegebedürftige Person die Einwilligung nicht, ist jedoch nach Überzeugung der Beratungsperson eine weitergehende Beratung angezeigt, übermittelt die jeweilige Beratungsstelle diese Einschätzung über die Erforderlichkeit einer weiterge-

8

henden Beratung der zuständigen Pflegekasse oder dem zuständigen privaten Versicherungsunternehmen.

Dritter Abschnitt
Datenlöschung, Auskunftspflicht

§ 107 Löschen von Daten

(1) ₁Für das Löschen der für Aufgaben der Pflegekassen und ihrer Verbände gespeicherten personenbezogenen Daten gilt § 84 des Zehnten Buches entsprechend mit der Maßgabe, daß

1. die Daten nach § 102 spätestens nach Ablauf von zehn Jahren,

2. sonstige Daten aus der Abrechnung pflegerischer Leistungen (§ 105), aus Wirtschaftlichkeitsprüfungen (§ 79), aus Prüfungen zur Qualitätssicherung (§§ 112, 113, 114, 114a, 115 und 117) und aus dem Abschluss oder der Durchführung von Verträgen (§§ 72 bis 74, 85, 86 oder 89) spätestens nach zwei Jahren

zu löschen sind. ₂Die Fristen beginnen mit dem Ende des Geschäftsjahres, in dem die Leistungen gewährt oder abgerechnet wurden. ₃Die Pflegekassen können für Zwecke der Pflegeversicherung Leistungsdaten länger aufbewahren, wenn sichergestellt ist, daß ein Bezug zu natürlichen Personen nicht mehr herstellbar ist.

(2) Im Falle des Wechsels der Pflegekasse ist die bisher zuständige Pflegekasse verpflichtet, auf Verlangen die für die Fortführung der Versicherung erforderlichen Angaben nach den §§ 99 und 102 der neuen Pflegekasse mitzuteilen.

§ 108 Auskünfte an Versicherte

₁Die Pflegekassen unterrichten die Versicherten auf deren Antrag über die in einem Zeitraum von mindestens 18 Monaten vor Antragstellung in Anspruch genommenen Leistungen und deren Kosten. ₂Eine Mitteilung an die Leistungserbringer über die Unterrichtung des Versicherten ist nicht zulässig. ₃Die Pflegekassen können in ihren Satzungen das Nähere über das Verfahren der Unterrichtung regeln.

Vierter Abschnitt
Statistik

§ 109 Pflegestatistiken

(1) ₁Die Bundesregierung wird ermächtigt, für Zwecke dieses Buches durch Rechtsverordnung mit Zustimmung des Bundesrates jährliche Erhebungen über ambulante und stationäre Pflegeeinrichtungen sowie über die häusliche Pflege als Bundesstatistik anzuordnen. ₂Die Bundesstatistik kann folgende Sachverhalte umfassen:

1. Art der Pflegeeinrichtung und der Trägerschaft,

2. Art des Leistungsträgers und des privaten Versicherungsunternehmens,

3. in der ambulanten und stationären Pflege tätige Personen nach Geschlecht, Geburtsjahr, Beschäftigungsverhältnis, Tätigkeitsbereich, Dienststellung, Berufsabschluß auf Grund einer Ausbildung, Weiterbildung oder Umschulung, zusätzlich bei Auszubildenden und Umschülern Art der Ausbildung und Ausbildungsjahr, Beginn und Ende der Pflegetätigkeit,

4. sachliche Ausstattung und organisatorische Einheiten der Pflegeeinrichtung, Ausbildungsstätten an Pflegeeinrichtungen,

5. Pflegebedürftige nach Geschlecht, Geburtsjahr, Wohnort, Postleitzahl des Wohnorts vor dem Einzug in eine vollstationäre Pflegeeinrichtung, Art, Ursache, Grad und Dauer der Pflegebedürftigkeit, Art des Versicherungsverhältnisses,

6. in Anspruch genommene Pflegeleistungen nach Art, Dauer und Häufigkeit sowie nach Art des Kostenträgers,

7. Kosten der Pflegeeinrichtungen nach Kostenarten sowie Erlöse nach Art, Höhe und Kostenträgern.

₃Auskunftspflichtig sind die Träger der Pflegeeinrichtungen, die Träger der Pflegeversicherung sowie die privaten Versicherungsunternehmen gegenüber den statistischen Ämtern der Länder; die Rechtsverordnung kann Ausnahmen von der Auskunftspflicht vorsehen.

(2) ₁Die Bundesregierung wird ermächtigt, für Zwecke dieses Buches durch Rechtsverordnung mit Zustimmung des Bundesrates jährliche Erhebungen über die Situation Pflege-

8

bedürftiger und ehrenamtlich Pflegender als Bundesstatistik anzuordnen. ₂Die Bundesstatistik kann folgende Sachverhalte umfassen:

1. Ursachen von Pflegebedürftigkeit,

2. Pflege- und Betreuungsbedarf der Pflegebedürftigen,

3. Pflege- und Betreuungsleistungen durch Pflegefachkräfte, Angehörige und ehrenamtliche Helfer sowie Angebote zur Unterstützung im Alltag,

4. Leistungen zur Prävention und Teilhabe,

5. Maßnahmen zur Erhaltung und Verbesserung der Pflegequalität,

6. Bedarf an Pflegehilfsmitteln und technischen Hilfen,

7. Maßnahmen zur Verbesserung des Wohnumfeldes.

₃Auskunftspflichtig ist der Medizinische Dienst gegenüber den statistischen Ämtern der Länder; Absatz 1 Satz 3 zweiter Halbsatz gilt entsprechend.

(3) ₁Die nach Absatz 1 Satz 3 und Absatz 2 Satz 3 Auskunftspflichtigen teilen die von der jeweiligen Statistik umfaßten Sachverhalte gleichzeitig den für die Planung und Investitionsfinanzierung der Pflegeeinrichtungen zuständigen Landesbehörden mit. ₂Die Befugnis der Länder, zusätzliche, von den Absätzen 1 und 2 nicht erfaßte Erhebungen über Sachverhalte des Pflegewesens als Landesstatistik anzuordnen, bleibt unberührt. ₃Die Verordnung nach Absatz 1 Satz 1 hat sicherzustellen, daß die Pflegeeinrichtungen diesen Auskunftsverpflichtungen gemeinsam mit der Auskunftsverpflichtung nach Absatz 1 durch eine einheitliche Auskunftserteilung nachkommen können.

(4) Daten der Pflegebedürftigen, der in der Pflege tätigen Personen, der Angehörigen und ehrenamtlichen Helfer dürfen für Zwecke der Bundesstatistik nur in anonymisierter Form an die statistischen Ämter der Länder übermittelt werden.

(5) Die Statistiken nach den Absätzen 1 und 2 sind für die Bereiche der ambulanten Pflege und der Kurzzeitpflege erstmals im Jahr 1996 für das Jahr 1995 vorzulegen, für den Bereich der stationären Pflege im Jahr 1998 für das Jahr 1997.

Zehntes Kapitel
Private Pflegeversicherung

§ 110 Regelungen für die private Pflegeversicherung

(1) Um sicherzustellen, daß die Belange der Personen, die nach § 23 zum Abschluß eines Pflegeversicherungsvertrages bei einem privaten Krankenversicherungsunternehmen verpflichtet sind, ausreichend gewahrt werden und daß die Verträge auf Dauer erfüllbar bleiben, ohne die Interessen der Versicherten anderer Tarife zu vernachlässigen, werden die im Geltungsbereich dieses Gesetzes zum Betrieb der Pflegeversicherung befugten privaten Krankenversicherungsunternehmen verpflichtet,

1. mit allen in § 22 und § 23 Abs. 1, 3 und 4 genannten versicherungspflichtigen Personen auf Antrag einen Versicherungsvertrag abzuschließen, der einen Versicherungsschutz in dem in § 23 Abs. 1 und 3 festgelegten Umfang vorsieht (Kontrahierungszwang); dies gilt auch für das nach § 23 Abs. 2 gewählte Versicherungsunternehmen,

2. in den Verträgen, die Versicherungspflichtige in dem nach § 23 Abs. 1 und 3 vorgeschriebenen Umfang abschließen,

   a) keinen Ausschluß von Vorerkrankungen der Versicherten,

   b) keinen Ausschluß bereits pflegebedürftiger Personen,

   c) keine längeren Wartezeiten als in der sozialen Pflegeversicherung (§ 33 Abs. 2),

   d) keine Staffelung der Prämien nach Geschlecht und Gesundheitszustand der Versicherten,

   e) keine Prämienhöhe, die den Höchstbeitrag der sozialen Pflegeversicherung übersteigt, bei Personen, die nach § 23 Abs. 3 ein Teilkostentarif abgeschlossen haben, keine Prämienhöhe, die 50 vom Hundert des Höchstbeitrages der sozialen Pflegeversicherung übersteigt,

   f) die beitragsfreie Mitversicherung der Kinder des Versicherungsnehmers unter denselben Voraussetzungen, wie in § 25 festgelegt,

8

g) für Ehegatten oder Lebenspartner ab dem Zeitpunkt des Nachweises der zur Inanspruchnahme der Beitragsermäßigung berechtigenden Umstände keine Prämie in Höhe von mehr als 150 vom Hundert des Höchstbeitrages der sozialen Pflegeversicherung, wenn ein Ehegatte oder ein Lebenspartner kein Gesamteinkommen hat, das die in § 25 Abs. 1 Satz 1 Nr. 5 genannten Einkommensgrenzen überschreitet,

vorzusehen.

(2) ₁Die in Absatz 1 genannten Bedingungen gelten für Versicherungsverträge, die mit Personen abgeschlossen werden, die zum Zeitpunkt des Inkrafttretens dieses Gesetzes Mitglied bei einem privaten Krankenversicherungsunternehmen mit Anspruch auf allgemeine Krankenhausleistungen sind oder sich nach Artikel 41 des Pflege-Versicherungsgesetzes innerhalb von sechs Monaten nach Inkrafttreten dieses Gesetzes von der Versicherungspflicht in der privaten Pflegeversicherung befreien lassen. ₂Die in Absatz 1 Nr. 1 und 2 Buchstabe a bis f genannten Bedingungen gelten auch für Verträge mit Personen, die im Basistarif nach § 152 des Versicherungsaufsichtsgesetzes versichert sind. ₃Für Personen, die im Basistarif nach § 152 des Versicherungsaufsichtsgesetzes versichert sind und deren Beitrag zur Krankenversicherung sich nach § 152 Absatz 4 des Versicherungsaufsichtsgesetzes vermindert, darf der Beitrag 50 vom Hundert des sich nach Absatz 1 Nr. 2 Buchstabe e ergebenden Beitrags nicht übersteigen; die Beitragsbegrenzung für Ehegatten oder Lebenspartner nach Absatz 1 Nr. 2 Buchstabe g gilt für diese Versicherten nicht. ₄Würde allein durch die Zahlung des Beitrags zur Pflegeversicherung nach Satz 2 Hilfebedürftigkeit im Sinne des Zweiten oder Zwölften Buches entstehen, gilt Satz 3 entsprechend; die Hilfebedürftigkeit ist vom zuständigen Träger nach dem Zweiten oder Zwölften Buch auf Antrag des Versicherten zu prüfen und zu bescheinigen.

(3) Für Versicherungsverträge, die mit Personen abgeschlossen werden, die erst nach Inkrafttreten dieses Gesetzes Mitglied eines privaten Krankenversicherungsunternehmens mit Anspruch auf allgemeine Krankenhausleistungen werden oder die der Versicherungspflicht nach § 193 Abs. 3 des Versicherungsvertragsgesetzes genügen, gelten, sofern sie in Erfüllung der Vorsorgepflicht nach § 22 Abs. 1 und § 23 Abs. 1, 3 und 4 geschlossen werden und Vertragsleistungen in dem in § 23 Abs. 1 und 3 festgelegten Umfang vorsehen, folgende Bedingungen:

1. Kontrahierungszwang,

2. kein Ausschluß von Vorerkrankungen der Versicherten,

3. keine Staffelung der Prämien nach Geschlecht,

4. keine längeren Wartezeiten als in der sozialen Pflegeversicherung,

5. für Versicherungsnehmer, die über eine Vorversicherungszeit von mindestens fünf Jahren in ihrer privaten Pflegeversicherung oder privaten Krankenversicherung verfügen, keine Prämienhöhe, die den Höchstbeitrag der sozialen Pflegeversicherung übersteigt; Absatz 1 Nr. 2 Buchstabe e gilt,

6. beitragsfreie Mitversicherung der Kinder des Versicherungsnehmers unter denselben Voraussetzungen, wie in § 25 festgelegt.

(4) Rücktritts- und Kündigungsrechte der Versicherungsunternehmen sind ausgeschlossen, solange der Kontrahierungszwang besteht.

(5) ₁Die Versicherungsunternehmen haben den Versicherten Akteneinsicht zu gewähren. ₂Sie haben die Berechtigten über das Recht auf Akteneinsicht zu informieren, wenn sie das Ergebnis einer Prüfung auf Pflegebedürftigkeit mitteilen. ₃§ 25 des Zehnten Buches gilt entsprechend.

§ 111 Risikoausgleich

(1) ₁Die Versicherungsunternehmen, die eine private Pflegeversicherung im Sinne dieses Buches betreiben, müssen sich zur dauerhaften Gewährleistung der Regelungen für die private Pflegeversicherung nach § 110 sowie zur Aufbringung der Fördermittel nach § 45c und der Mittel nach § 8 Absatz 9 Satz 1 und 2 am Ausgleich der Versicherungsrisiken beteiligen und dazu ein Ausgleichssystem schaffen und erhalten, dem sie angehören. ₂Das Aus-

gleichssystem muß einen dauerhaften, wirksamen Ausgleich der unterschiedlichen Belastungen gewährleisten; es darf den Marktzugang neuer Anbieter der privaten Pflegeversicherung nicht erschweren und muß diesen eine Beteiligung an dem Ausgleichssystem zu gleichen Bedingungen ermöglichen. ₃In diesem System werden die Beiträge ohne die Kosten auf der Basis gemeinsamer Kalkulationsgrundlagen einheitlich für alle Unternehmen, die eine private Pflegeversicherung betreiben, ermittelt.

(2) Die Errichtung, die Ausgestaltung, die Änderung und die Durchführung des Ausgleichs unterliegen der Aufsicht der Bundesanstalt für Finanzdienstleistungsaufsicht.

Elftes Kapitel
Qualitätssicherung, Sonstige Regelungen zum Schutz der Pflegebedürftigen

§ 112 Qualitätsverantwortung

(1) ₁Die Träger der Pflegeeinrichtungen bleiben, unbeschadet des Sicherstellungsauftrags der Pflegekassen (§ 69), für die Qualität der Leistungen ihrer Einrichtungen einschließlich der Sicherung und Weiterentwicklung der Pflegequalität verantwortlich. ₂Maßstäbe für die Beurteilung der Leistungsfähigkeit einer Pflegeeinrichtung und die Qualität ihrer Leistungen sind die für sie verbindlichen Anforderungen in den Vereinbarungen nach § 113 sowie die vereinbarten Leistungs- und Qualitätsmerkmale (§ 84 Abs. 5).

(2) ₁Die zugelassenen Pflegeeinrichtungen sind verpflichtet, Maßnahmen der Qualitätssicherung sowie ein Qualitätsmanagement nach Maßgabe der Vereinbarungen nach § 113 durchzuführen, Expertenstandards nach § 113a anzuwenden sowie bei Qualitätsprüfungen nach § 114 mitzuwirken. ₂Bei stationärer Pflege erstreckt sich die Qualitätssicherung neben den allgemeinen Pflegeleistungen auch auf die medizinische Behandlungspflege, die Betreuung, die Leistungen bei Unterkunft und Verpflegung (§ 87) sowie auf die Zusatzleistungen (§ 88).

(3) Der Medizinische Dienst der Krankenversicherung und der Prüfdienst des Verbandes der privaten Krankenversicherung e. V. beraten die Pflegeeinrichtungen in Fragen der Qualitätssicherung mit dem Ziel, Qualitätsmängeln rechtzeitig vorzubeugen und die Eigenverantwortung der Pflegeeinrichtungen und ihrer Träger für die Sicherung und Weiterentwicklung der Pflegequalität zu stärken.

§ 112a Übergangsregelung zur Qualitätssicherung bei Betreuungsdiensten

(1) Bis zur Einführung des neuen Qualitätssystems nach § 113b Absatz 4 Satz 2 Nummer 1 gelten für die Betreuungsdienste die Vorschriften des Elften Kapitels für ambulante Pflegedienste nach Maßgabe der folgenden Absätze.

(2) ₁Der Spitzenverband Bund der Pflegekassen beschließt bis zum 31. Juli 2019 unter Beteiligung des Medizinischen Dienstes des Spitzenverbandes Bund der Krankenkassen und des Prüfdienstes des Verbandes der privaten Krankenversicherung e. V. Richtlinien zu den Anforderungen an das Qualitätsmanagement und die Qualitätssicherung für ambulante Betreuungsdienste. ₂Dabei sind die in dem Modellvorhaben zugrunde gelegten Vorgaben zu beachten. ₃Die auf Bundesebene maßgeblichen Organisationen für die Wahrnehmung der Interessen und der Selbsthilfe der pflegebedürftigen und behinderten Menschen wirken nach Maßgabe von § 118 bei der Erarbeitung oder bei einer Änderung des Beschlusses mit.

(3) ₁Der Spitzenverband Bund der Pflegekassen hat die Vereinigungen der Träger der Pflegeeinrichtungen auf Bundesebene, die Verbände der Pflegeberufe auf Bundesebene, den Verband der privaten Krankenversicherung e. V. sowie die Bundesarbeitsgemeinschaft der überörtlichen Träger der Sozialhilfe und die kommunalen Spitzenverbände auf Bundesebene bei der Erarbeitung oder bei einer Änderung des Beschlusses zu beteiligen. ₂Ihnen ist innerhalb einer angemessenen Frist vor der Beschlussfassung und unter Übermittlung der hierfür erforderlichen Informationen Gelegenheit zur Stellungnahme zu geben. ₃Die Stellungnahmen sind in die Ent-

8

scheidung über den Inhalt der Richtlinien einzubeziehen.

(4) ₁Die Richtlinien sind durch das Bundesministerium für Gesundheit zu genehmigen. ₂Beanstandungen des Bundesministeriums für Gesundheit sind innerhalb der von ihm gesetzten Frist zu beheben.

(5) Eine Qualitätsberichterstattung zu Betreuungsdiensten findet in der Übergangszeit bis zur Einführung des neuen Qualitätssystems nach § 113b Absatz 4 Satz 2 Nummer 1 nicht statt.

(6) Die Qualitätsprüfungs-Richtlinien des Spitzenverbandes Bund der Pflegekassen sind unverzüglich im Anschluss an den Richtlinienbeschluss nach Absatz 2 Satz 1 entsprechend anzupassen.

§ 113 Maßstäbe und Grundsätze zur Sicherung und Weiterentwicklung der Pflegequalität

(1) ₁Der Spitzenverband Bund der Pflegekassen, die Bundesarbeitsgemeinschaft der überörtlichen Träger der Sozialhilfe, die kommunalen Spitzenverbände auf Bundesebene und die Vereinigungen der Träger der Pflegeeinrichtungen auf Bundesebene vereinbaren unter Beteiligung des Medizinischen Dienstes des Spitzenverbandes Bund der Krankenkassen, des Verbandes der privaten Krankenversicherung e. V., der Verbände der Pflegeberufe auf Bundesebene, der maßgeblichen Organisationen für die Wahrnehmung der Interessen und der Selbsthilfe der pflegebedürftigen und behinderten Menschen nach Maßgabe von § 118 sowie unabhängiger Sachverständiger Maßstäbe und Grundsätze für die Qualität, Qualitätssicherung und Qualitätsdarstellung in der ambulanten und stationären Pflege sowie für die Entwicklung eines einrichtungsinternen Qualitätsmanagements, das auf eine stetige Sicherung und Weiterentwicklung der Pflegequalität ausgerichtet ist. ₂In den Vereinbarungen sind insbesondere auch Anforderungen an eine praxistaugliche, den Pflegeprozess unterstützende und die Pflegequalität fördernde Pflegedokumentation zu regeln. ₃Die Anforderungen dürfen über ein für die Pflegeeinrichtungen vertretbares und wirtschaftliches Maß nicht hinausgehen und sollen den Aufwand

für Pflegedokumentation in ein angemessenes Verhältnis zu den Aufgaben der pflegerischen Versorgung setzen. ₄Die Maßstäbe und Grundsätze für die stationäre Pflege sind bis zum 30. Juni 2017, die Maßstäbe und Grundsätze für die ambulante Pflege bis zum 30. Juni 2018 zu vereinbaren. ₅Sie sind in regelmäßigen Abständen an den medizinisch-pflegefachlichen Fortschritt anzupassen. ₆Soweit sich in den Pflegeeinrichtungen zeitliche Einsparungen ergeben, die Ergebnis der Weiterentwicklung der Pflegedokumentation auf Grundlage des pflegefachlichen Fortschritts durch neue, den Anforderungen nach Satz 3 entsprechende Pflegedokumentationsmodelle sind, führen diese nicht zu einer Absenkung der Pflegevergütung, sondern wirken der Arbeitsverdichtung entgegen. ₇Die Vereinbarungen sind im Bundesanzeiger zu veröffentlichen und gelten vom ersten Tag des auf die Veröffentlichung folgenden Monats. ₈Sie sind für alle Pflegekassen und deren Verbände sowie für die zugelassenen Pflegeeinrichtungen unmittelbar verbindlich.

(1a) ₁In den Maßstäben und Grundsätzen für die stationäre Pflege nach Absatz 1 ist insbesondere das indikatorengestützte Verfahren zur vergleichenden Messung und Darstellung von Ergebnisqualität im stationären Bereich, das auf der Grundlage einer strukturierten Datenerhebung im Rahmen des internen Qualitätsmanagements eine Qualitätsberichterstattung und die externe Qualitätsprüfung ermöglicht, zu beschreiben. ₂Insbesondere sind die Indikatoren, das Datenerhebungsinstrument sowie das bundesweite Verfahren für die Übermittlung, Auswertung und Bewertung der Daten sowie die von Externen durchzuführende Prüfung der Daten festzulegen. ₃Die datenschutzrechtlichen Bestimmungen sind zu beachten, insbesondere sind personenbezogene Daten von Versicherten vor der Übermittlung an die fachlich unabhängige Institution nach Absatz 1b zu pseudonymisieren. ₄Eine Wiederherstellung des Personenbezugs durch die fachlich unabhängige Institution nach Absatz 1b ist ausgeschlossen. ₅Ein Datenschutzkonzept ist mit den zuständigen Datenschutzaufsichtsbehörden abzustimmen ₆Zur Sicherstellung der Wissenschaftlichkeit beschließen die Vertragsparteien nach Absatz 1 Satz 1 unverzüglich die Vergabe der Aufträge nach § 113b Absatz 4 Satz 2 Nummer 1 und 2.

(1b) ₁Die Vertragsparteien nach Absatz 1 Satz 1 beauftragen im Rahmen eines Vergabeverfahrens eine fachlich unabhängige Institution, die entsprechend den Festlegungen nach Absatz 1a erhobenen Daten zusammenzuführen sowie leistungserbringerbeziehbar und fallbeziehbar nach Maßgabe von Absatz 1a auszuwerten. ₂Das Vergabeverfahren ist spätestens bis zum 15. Januar 2018 einzuleiten und es ist sicherzustellen, dass ein Zuschlag unter Beachtung der vergaberechtlichen Vorgaben zum frühestmöglichen Zeitpunkt erfolgt. ₃Zum Zweck der Prüfung der von den Pflegeeinrichtungen erbrachten Leistungen und deren Qualität nach den §§ 114 und 114a sowie zum Zweck der Qualitätsdarstellung nach § 115 Absatz 1a leitet die beauftragte Institution die Ergebnisse der nach Absatz 1a ausgewerteten Daten an die Landesverbände der Pflegekassen und die von ihnen beauftragten Prüfinstitutionen und Sachverständigen weiter; diese dürfen die übermittelten Daten zu den genannten Zwecken verarbeiten und nutzen. ₄Die Vertragsparteien nach Absatz 1 Satz 1 vereinbaren diesbezüglich entsprechende Verfahren zur Weiterleitung der Daten. ₅Die datenschutzrechtlichen Bestimmungen sind jeweils zu beachten. ₆Die Vertragsparteien nach Absatz 1 Satz 1 sind verpflichtet, dem Bundesministerium für Gesundheit auf Verlangen unverzüglich Auskunft über den Stand der Bearbeitung ihrer Aufgaben zu geben. ₇Die Vertragsparteien nach Absatz 1 Satz 1 legen dem Bundesministerium für Gesundheit spätestens bis zum 31. Januar 2018 einen konkreten Zeitplan für die Bearbeitung ihrer Aufgaben vor, aus dem einzelne Umsetzungsschritte erkennbar sind. ₈§ 113b Absatz 8 Satz 3 bis 5 gilt entsprechend.

(2) ₁Die Vereinbarungen nach Absatz 1 können von jeder Partei mit einer Frist von einem Jahr ganz oder teilweise gekündigt werden. ₂Nach Ablauf des Vereinbarungszeitraums oder der Kündigungsfrist gilt die Vereinbarung bis zum Abschluss einer neuen Vereinbarung weiter. ₃Die am 1. Januar 2016 bestehenden Maßstäbe und Grundsätze zur Sicherung und Weiterentwicklung der Pflege gelten bis zum Abschluss der Vereinbarungen nach Absatz 1 fort.

§ 113a Expertenstandards zur Sicherung und Weiterentwicklung der Qualität in der Pflege

(1) ₁Die Vertragsparteien nach § 113 stellen die Entwicklung und Aktualisierung wissenschaftlich fundierter und fachlich abgestimmter Expertenstandards zur Sicherung und Weiterentwicklung der Qualität in der Pflege sicher. ₂Expertenstandards tragen für ihren Themenbereich zur Konkretisierung des allgemein anerkannten Standes der medizinisch-pflegerischen Erkenntnisse bei. ₃Dabei ist das Ziel, auch nach Eintritt der Pflegebedürftigkeit Leistungen zur Prävention und zur medizinischen Rehabilitation einzusetzen, zu berücksichtigen. ₄Der Medizinische Dienst des Spitzenverbandes Bund der Krankenkassen, der Verband der privaten Krankenversicherung e. V., die Verbände der Pflegeberufe auf Bundesebene sowie unabhängige Sachverständige sind zu beteiligen. ₅Sie und die nach § 118 zu beteiligenden Organisationen für die Wahrnehmung der Interessen und der Selbsthilfe der pflegebedürftigen und behinderten Menschen können vorschlagen, zu welchen Themen Expertenstandards entwickelt werden sollen. ₆Der Auftrag zur Entwicklung oder Aktualisierung und die Einführung von Expertenstandards erfolgen jeweils durch einen Beschluss der Vertragsparteien.

(2) ₁Die Vertragsparteien stellen die methodische und pflegefachliche Qualität des Verfahrens der Entwicklung und Aktualisierung von Expertenstandards und die Transparenz des Verfahrens sicher. ₂Die Anforderungen an die Entwicklung von Expertenstandards sind in einer Verfahrensordnung zu regeln. ₃In der Verfahrensordnung ist das Vorgehen auf anerkannter methodischer Grundlage, insbesondere die wissenschaftliche Fundierung und Unabhängigkeit, die Schrittfolge der Entwicklung, der fachlichen Abstimmung, der Praxiserprobung und der modellhaften Umsetzung eines Expertenstandards sowie die Transparenz des Verfahrens festzulegen. ₄Die Verfahrensordnung ist durch das Bundesministerium für Gesundheit im Benehmen mit

8

dem Bundesministerium für Familie, Senioren, Frauen und Jugend zu genehmigen.

(3) ₁Die Expertenstandards sind im Bundesanzeiger zu veröffentlichen. ₂Sie sind für alle Pflegekassen und deren Verbände sowie für die zugelassenen Pflegeeinrichtungen unmittelbar verbindlich. ₃Die Vertragsparteien unterstützen die Einführung der Expertenstandards in die Praxis.

(4) ₁Die Kosten für die Entwicklung und Aktualisierung von Expertenstandards, mit Ausnahme der Kosten für die qualifizierte Geschäftsstelle nach § 113b Absatz 6, sind Verwaltungskosten, die vom Spitzenverband Bund der Pflegekassen getragen werden. ₂Die privaten Versicherungsunternehmen, die die private Pflege-Pflichtversicherung durchführen, beteiligen sich mit einem Anteil von 10 vom Hundert an den Aufwendungen nach Satz 1. ₃Der Finanzierungsanteil, der auf die privaten Versicherungsunternehmen entfällt, kann von dem Verband der privaten Krankenversicherung e. V. unmittelbar an den Spitzenverband Bund der Pflegekassen geleistet werden.

§ 113b Qualitätsausschuss

(1) ₁Die von den Vertragsparteien nach § 113 im Jahr 2008 eingerichtete Schiedsstelle Qualitätssicherung entscheidet als Qualitätsausschuss nach Maßgabe der Absätze 2 bis 8. ₂Die Vertragsparteien nach § 113 treffen die Vereinbarungen und erlassen die Beschlüsse nach § 37 Absatz 5, den §§ 113, 113a, 115 Absatz 1a, 1c und 3b sowie § 115a Absatz 1 und 2 durch diesen Qualitätsausschuss. ₃Die Vertragsparteien nach § 113 treffen auch die zur Wahrnehmung ihrer Aufgaben und Pflichten nach den Absätzen 4 und 8 sowie nach § 8 Absatz 5 Satz 2 notwendigen Entscheidungen durch den Qualitätsausschuss.

(2) ₁Der Qualitätsausschuss besteht aus Vertretern des Spitzenverbandes Bund der Pflegekassen (Leistungsträger) und aus Vertretern der Vereinigungen der Träger der Pflegeeinrichtungen auf Bundesebene (Leistungserbringer) in gleicher Zahl; Leistungsträger und Leistungserbringer können jeweils höchstens zehn Mitglieder entsenden. ₂Dem Qualitätsausschuss gehören auch ein Vertreter der Bundesarbeitsgemeinschaft der über-

örtlichen Träger der Sozialhilfe und ein Vertreter der kommunalen Spitzenverbände auf Bundesebene an; sie werden auf die Zahl der Leistungsträger angerechnet. ₃Dem Qualitätsausschuss kann auch ein Vertreter des Verbandes der privaten Krankenversicherung e. V. angehören; die Entscheidung hierüber obliegt dem Verband der privaten Krankenversicherung e. V. ₄Sofern der Verband der privaten Krankenversicherung e. V. ein Mitglied entsendet, wird dieses Mitglied auf die Zahl der Leistungsträger angerechnet. ₅Dem Qualitätsausschuss soll auch ein Vertreter der Verbände der Pflegeberufe angehören; er wird auf die Zahl der Leistungserbringer angerechnet. ₆Eine Organisation kann nicht gleichzeitig der Leistungsträgerseite und der Leistungserbringerseite zugerechnet werden. ₇Jedes Mitglied erhält eine Stimme; die Stimmen sind gleich zu gewichten. ₈Der Medizinische Dienst des Spitzenverbandes Bund der Krankenkassen wirkt in den Sitzungen und an den Beschlussfassungen im Qualitätsausschuss, auch in seiner erweiterten Form nach Absatz 3, beratend mit. ₉Die auf Bundesebene maßgeblichen Organisationen für die Wahrnehmung der Interessen und der Selbsthilfe pflegebedürftiger und behinderter Menschen wirken in den Sitzungen und an den Beschlussfassungen im Qualitätsausschuss, auch in seiner erweiterten Form nach Absatz 3, nach Maßgabe von § 118 mit.

(3) ₁Kommt im Qualitätsausschuss eine Vereinbarung, ein Beschluss oder eine Entscheidung nach Absatz 1 Satz 2 und 3 ganz oder teilweise nicht durch einvernehmliche Einigung zustande, so wird der Qualitätsausschuss auf Verlangen von mindestens einer Vertragspartei nach § 113, eines Mitglieds des Qualitätsausschusses oder des Bundesministeriums für Gesundheit um einen unparteiischen Vorsitzenden und zwei weitere unparteiische Mitglieder erweitert (erweiterter Qualitätsausschuss). ₂Sofern die Organisationen, die Mitglieder in den Qualitätsausschuss entsenden, nicht bis zum 31. März 2016 die Mitglieder nach Maßgabe von Absatz 2 Satz 1 benannt haben, wird der Qualitätsausschuss durch die drei unparteiischen Mitglieder gebildet. ₃Der unparteiische Vorsitzende und die weiteren unparteiischen Mitglieder sowie de-

8

ren Stellvertreter führen ihr Amt als Ehrenamt. ₄Der unparteiische Vorsitzende wird vom Bundesministerium für Gesundheit benannt; der Stellvertreter des unparteiischen Vorsitzenden und die weiteren unparteiischen Mitglieder sowie deren Stellvertreter werden von den Vertragsparteien nach § 113 gemeinsam benannt. ₅Mitglieder des Qualitätsausschusses können nicht als Stellvertreter des unparteiischen Vorsitzenden oder der weiteren unparteiischen Mitglieder benannt werden. ₆Kommt eine Einigung über die Benennung der unparteiischen Mitglieder nicht innerhalb einer vom Bundesministerium für Gesundheit gesetzten Frist zustande, erfolgt die Benennung durch das Bundesministerium für Gesundheit. ₇Der erweiterte Qualitätsausschuss setzt mit der Mehrheit seiner Mitglieder den Inhalt der Vereinbarungen oder der Beschlüsse der Vertragsparteien nach § 113 fest. ₈Die Festsetzungen des erweiterten Qualitätsausschusses haben die Rechtswirkung einer vertraglichen Vereinbarung, Beschlussfassung oder Entscheidung im Sinne der Absätze 4 und 8, des § 8 Absatz 5 Satz 2, des § 37 Absatz 5, der §§ 113, 113a und 115 Absatz 1a, 1c und 3b.

(4) ₁Die Vertragsparteien nach § 113 beauftragen zur Sicherstellung der Wissenschaftlichkeit bei der Wahrnehmung ihrer Aufgaben mit Unterstützung der qualifizierten Geschäftsstelle nach Absatz 6 fachlich unabhängige wissenschaftliche Einrichtungen oder Sachverständige. ₂Diese wissenschaftlichen Einrichtungen oder Sachverständigen werden beauftragt, insbesondere

1. bis zum 31. März 2017 die Instrumente für die Prüfung der Qualität der Leistungen, die von den stationären Pflegeeinrichtungen erbracht werden, und für die Qualitätsberichterstattung in der stationären Pflege zu entwickeln, wobei

    a) insbesondere die 2011 vorgelegten Ergebnisse des vom Bundesministerium für Gesundheit und vom Bundesministerium für Familie, Senioren, Frauen und Jugend geförderten Projektes „Entwicklung und Erprobung von Instrumenten zur Beurteilung der Ergebnisqualität in der stationären Altenhilfe" und die Ergebnisse der dazu durch-

geführten Umsetzungsprojekte einzubeziehen sind und

    b) Aspekte der Prozess- und Strukturqualität zu berücksichtigen sind;

2. bis zum 31. März 2017 auf der Grundlage der Ergebnisse nach Nummer 1 unter Beachtung des Prinzips der Datensparsamkeit ein bundesweites Datenerhebungsinstrument, bundesweite Verfahren für die Übermittlung und Auswertung der Daten einschließlich einer Bewertungssystematik sowie für die von Externen durchzuführende Prüfung der Daten zu entwickeln;

3. bis zum 30. Juni 2017 die Instrumente für die Prüfung der Qualität der von den ambulanten Pflegeeinrichtungen erbrachten Leistungen und für die Qualitätsberichterstattung in der ambulanten Pflege zu entwickeln, eine anschließende Pilotierung durchzuführen und einen Abschlussbericht bis zum 31. März 2018 vorzulegen;

4. ergänzende Instrumente für die Ermittlung und Bewertung von Lebensqualität zu entwickeln;

5. die Umsetzung der nach den Nummern 1 bis 3 entwickelten Verfahren zur Qualitätsmessung und Qualitätsdarstellung wissenschaftlich zu evaluieren und den Vertragsparteien nach § 113 Vorschläge zur Anpassung der Verfahren an den neuesten Stand der wissenschaftlichen Erkenntnisse zu unterbreiten sowie

6. bis zum 31. März 2018 ein Konzept für eine Qualitätssicherung in neuen Wohnformen zu entwickeln und zu erproben, insbesondere Instrumente zur internen und externen Qualitätssicherung sowie für eine angemessene Qualitätsberichterstattung zu entwickeln und ihre Eignung zu erproben.

₃Das Bundesministerium für Gesundheit sowie das Bundesministerium für Familie, Senioren, Frauen und Jugend in Abstimmung mit dem Bundesministerium für Gesundheit können den Vertragsparteien nach § 113 weitere Themen zur wissenschaftlichen Bearbeitung vorschlagen.

(5) ₁Die Finanzierung der Aufträge nach Absatz 4 erfolgt aus Mitteln des Ausgleichsfonds der Pflegeversicherung nach § 8 Ab-

8

satz 4. ₂Bei der Bearbeitung der Aufträge nach Absatz 4 Satz 2 ist zu gewährleisten, dass die Arbeitsergebnisse umsetzbar sind. ₃Der jeweilige Auftragnehmer hat darzulegen, zu welchen finanziellen Auswirkungen die Umsetzung der Arbeitsergebnisse führen wird. ₄Den Arbeitsergebnissen ist diesbezüglich eine Praktikabilitäts- und Kostenanalyse beizufügen. ₅Die Ergebnisse der Arbeiten nach Absatz 4 Satz 2 sind dem Bundesministerium für Gesundheit zur Kenntnisnahme vor der Veröffentlichung vorzulegen.

(6) ₁Die Vertragsparteien nach § 113 richten gemeinsam bis zum 31. März 2016 eine unabhängige qualifizierte Geschäftsstelle des Qualitätsausschusses für die Dauer von fünf Jahren ein. ₂Die Geschäftsstelle nimmt auch die Aufgaben einer wissenschaftlichen Beratungs- und Koordinierungsstelle wahr. ₃Sie soll insbesondere den Qualitätsausschuss und seine Mitglieder fachwissenschaftlich beraten, die Auftragsverfahren nach Absatz 4 koordinieren und die wissenschaftlichen Arbeitsergebnisse für die Entscheidungen im Qualitätsausschuss aufbereiten. ₄Näheres zur Zusammensetzung und Arbeitsweise der qualifizierten Geschäftsstelle regeln die Vertragsparteien nach § 113 in der Geschäftsordnung nach Absatz 7.

(7) ₁Die Vertragsparteien nach § 113 vereinbaren in einer Geschäftsordnung mit dem Verband der privaten Krankenversicherung e. V., mit den Verbänden der Pflegeberufe auf Bundesebene und mit den auf Bundesebene maßgeblichen Organisationen für die Wahrnehmung der Interessen und der Selbsthilfe pflegebedürftiger und behinderter Menschen das Nähere zur Arbeitsweise des Qualitätsausschusses, insbesondere

1. zur Benennung der Mitglieder und der unparteiischen Mitglieder,

2. zur Amtsdauer, Amtsführung und Entschädigung für den Zeitaufwand der unparteiischen Mitglieder,

3. zum Vorsitz,

4. zu den Beschlussverfahren,

5. zur Errichtung einer qualifizierten Geschäftsstelle auch mit der Aufgabe als wissenschaftliche Beratungs- und Koordinierungsstelle nach Absatz 6,

6. zur Sicherstellung der jeweiligen Auftragserteilung nach Absatz 4,

7. zur Einbeziehung weiterer Sachverständiger oder Gutachter,

8. zur Bildung von Arbeitsgruppen,

9. zur Gewährleistung der Beteiligungs- und Mitberatungsrechte nach diesem Gesetz einschließlich der Erstattung von Reisekosten nach § 118 Absatz 1 Satz 6 sowie

10. zur Verteilung der Kosten für die Entschädigung der unparteiischen Mitglieder und der einbezogenen weiteren Sachverständigen und Gutachter sowie für die Erstattung von Reisekosten nach § 118 Absatz 1 Satz 6; die Kosten können auch den Kosten der qualifizierten Geschäftsstelle nach Absatz 6 zugerechnet werden.

₂Die Geschäftsordnung und die Änderung der Geschäftsordnung sind durch das Bundesministerium für Gesundheit im Benehmen mit dem Bundesministerium für Familie, Senioren, Frauen und Jugend zu genehmigen. ₃Kommt die Geschäftsordnung nicht bis zum 29. Februar 2016 zustande, wird ihr Inhalt durch das Bundesministerium für Gesundheit im Benehmen mit dem Bundesministerium für Familie, Senioren, Frauen und Jugend bestimmt.

(8) ₁Die Vertragsparteien nach § 113 sind verpflichtet, dem Bundesministerium für Gesundheit auf Verlangen unverzüglich Auskunft über den Stand der Bearbeitung der mit gesetzlichen Fristen versehenen Aufgaben nach Absatz 1 Satz 2 und über den Stand der Auftragserteilung und Bearbeitung der nach Absatz 4 zu erteilenden Aufträge sowie über erforderliche besondere Maßnahmen zur Einhaltung der gesetzlichen Fristen zu geben. ₂Die Vertragsparteien legen dem Bundesministerium für Gesundheit bis zum 15. Januar 2017 einen konkreten Zeitplan für die Bearbeitung der mit gesetzlichen Fristen versehenen Aufgaben nach Absatz 1 Satz 2 und der Aufträge nach Absatz 4 vor, aus dem einzelne Umsetzungsschritte erkennbar sind. ₃Der Zeitplan ist durch das Bundesministerium für Gesundheit im Benehmen mit dem Bundesministerium für Familie, Senioren, Frauen und

8

Jugend zu genehmigen. ₄Die Vertragsparteien nach § 113 sind verpflichtet, das Bundesministerium für Gesundheit unverzüglich zu informieren, wenn absehbar ist, dass ein Zeitziel des Zeitplans nicht eingehalten werden kann. ₅In diesem Fall kann das Bundesministerium für Gesundheit im Benehmen mit dem Bundesministerium für Familie, Senioren, Frauen und Jugend einzelne Umsetzungsschritte im Wege der Ersatzvornahme selbst vornehmen.

(9) ₁Die durch den Qualitätsausschuss getroffenen Entscheidungen sind dem Bundesministerium für Gesundheit vorzulegen, ausgenommen sind die zur Wahrnehmung der Aufgabe nach § 8 Absatz 5 Satz 2 getroffenen Entscheidungen. ₂Es kann die Entscheidungen innerhalb von zwei Monaten beanstanden. ₃Das Bundesministerium für Gesundheit kann im Rahmen der Prüfung vom Qualitätsausschuss zusätzliche Informationen und ergänzende Stellungnahmen anfordern; bis zu deren Eingang ist der Lauf der Frist nach Satz 2 unterbrochen. ₄Beanstandungen des Bundesministeriums für Gesundheit sind innerhalb der von ihm gesetzten Frist zu beheben. ₅Die Nichtbeanstandung von Entscheidungen kann vom Bundesministerium für Gesundheit mit Auflagen verbunden werden. ₆Kommen Entscheidungen des Qualitätsausschusses ganz oder teilweise nicht fristgerecht zustande oder werden die Beanstandungen des Bundesministeriums für Gesundheit nicht innerhalb der von ihm gesetzten Frist behoben, kann das Bundesministerium für Gesundheit den Inhalt der Vereinbarungen und der Beschlüsse nach Absatz 1 Satz 2 festsetzen. ₇Bei den Verfahren nach den Sätzen 1 bis 6 setzt sich das Bundesministerium für Gesundheit mit dem Bundesministerium für Familie, Senioren, Frauen und Jugend ins Benehmen. ₈Bezüglich der Vereinbarungen nach § 115 Absatz 3b setzt sich das Bundesministerium für Gesundheit bei den Verfahren nach den Sätzen 1 bis 6 darüber hinaus mit dem Bundesministerium für Arbeit und Soziales ins Benehmen.

§ 113c Personalbemessung in Pflegeeinrichtungen

(1) ₁Die Vertragsparteien nach § 113 stellen im Einvernehmen mit dem Bundesministerium für

Gesundheit und dem Bundesministerium für Familie, Senioren, Frauen und Jugend die Entwicklung und Erprobung eines wissenschaftlich fundierten Verfahrens zur einheitlichen Bemessung des Personalbedarfs in Pflegeeinrichtungen nach qualitativen und quantitativen Maßstäben sicher. ₂Die Entwicklung und Erprobung ist bis zum 30. Juni 2020 abzuschließen. ₃Es ist ein strukturiertes, empirisch abgesichertes und valides Verfahren zur Personalbemessung in Pflegeeinrichtungen auf der Basis des durchschnittlichen Versorgungsaufwands für direkte und indirekte pflegerische Maßnahmen sowie für Hilfen bei der Haushaltsführung unter Berücksichtigung der fachlichen Ziele und Konzeption des ab dem 1. Januar 2017 geltenden Pflegebedürftigkeitsbegriffs zu erstellen. ₄Hierzu sind einheitliche Maßstäbe zu ermitteln, die insbesondere Qualifikationsanforderungen, quantitative Bedarfe und die fachliche Angemessenheit der Maßnahmen berücksichtigen. ₅Die Vertragsparteien beauftragen zur Sicherstellung der Wissenschaftlichkeit des Verfahrens fachlich unabhängige wissenschaftliche Einrichtungen oder Sachverständige. ₆Soweit bei der Entwicklung und Erprobung des Verfahrens eine modellhafte Vorgehensweise erforderlich ist, kann im Einzelfall von den Regelungen des Siebten Kapitels sowie von § 36 und zur Entwicklung besonders pauschalierter Pflegesätze von § 84 Absatz 2 Satz 2 abgewichen werden. ₇Bei den Aufgaben nach den Sätzen 1 bis 6 sollen die Vertragsparteien von der unabhängigen qualifizierten Geschäftsstelle nach § 113b Absatz 6 unterstützt werden.

(2) ₁Der Medizinische Dienst des Spitzenverbandes Bund der Krankenkassen, der Verband der privaten Krankenversicherung e. V. und die Verbände der Pflegeberufe auf Bundesebene wirken beratend mit. ₂Die auf Bundesebene maßgeblichen Organisationen für die Wahrnehmung der Interessen und der Selbsthilfe pflegebedürftiger und behinderter Menschen wirken nach Maßgabe von § 118 mit. ₃Für die Arbeitsweise der Vertragsparteien soll im Übrigen die Geschäftsordnung nach § 113b Absatz 7 entsprechende Anwendung finden.

(3) ₁Das Bundesministerium für Gesundheit legt im Einvernehmen mit dem Bundesminis-

8

terium für Familie, Senioren, Frauen und Jugend unter Beteiligung der Vertragsparteien nach § 113 unverzüglich in einem Zeitplan konkrete Zeitziele für die Entwicklung, Erprobung und die Auftragsvergabe fest. ₂Die Vertragsparteien nach § 113 sind verpflichtet, dem Bundesministerium für Gesundheit auf Verlangen unverzüglich Auskunft über den Bearbeitungsstand der Entwicklung, Erprobung und der Auftragsvergabe sowie über Problembereiche und mögliche Lösungen zu geben.

(4) ₁Wird ein Zeitziel nach Absatz 3 nicht fristgerecht erreicht und ist deshalb die fristgerechte Entwicklung, Erprobung oder Auftragsvergabe gefährdet, kann das Bundesministerium für Gesundheit im Einvernehmen mit dem Bundesministerium für Familie, Senioren, Frauen und Jugend einzelne Verfahrensschritte im Wege der Ersatzvornahme selbst durchführen. ₂Haben die Vertragsparteien nach § 113 sich bis zum 31. Dezember 2016 nicht über die Beauftragung gemäß Absatz 1 Satz 2 geeinigt, bestimmen das Bundesministerium für Gesundheit und das Bundesministerium für Familie, Senioren, Frauen und Jugend innerhalb von vier Monaten das Verfahren und die Inhalte der Beauftragung.

§ 114 Qualitätsprüfungen

(1) ₁Zur Durchführung einer Qualitätsprüfung erteilen die Landesverbände der Pflegekassen dem Medizinischen Dienst der Krankenversicherung, dem Prüfdienst des Verbandes der privaten Krankenversicherung e. V. im Umfang von 10 Prozent der in einem Jahr anfallenden Prüfaufträge oder den von ihnen bestellten Sachverständigen einen Prüfauftrag. ₂Der Prüfauftrag enthält Angaben zur Prüfart, zum Prüfgegenstand und zum Prüfumfang. ₃Die Prüfung erfolgt als Regelprüfung, Anlassprüfung oder Wiederholungsprüfung. ₄Die Pflegeeinrichtungen haben die ordnungsgemäße Durchführung der Prüfungen zu ermöglichen. ₅Vollstationäre Pflegeeinrichtungen sind ab dem 1. Januar 2014 verpflichtet, die Landesverbände der Pflegekassen unmittelbar nach einer Regelprüfung darüber zu informieren, wie die ärztliche, fachärztliche und zahnärztliche Versorgung sowie die Arzneimittelversorgung in den Ein-

richtungen geregelt sind. ₆Sie sollen insbesondere auf Folgendes hinweisen:

1. auf den Abschluss und den Inhalt von Kooperationsverträgen oder die Einbindung der Einrichtung in Ärztenetze,

2. auf den Abschluss von Vereinbarungen mit Apotheken sowie

3. ab dem 1. Juli 2016 auf die Zusammenarbeit mit einem Hospiz- und Palliativnetz. ₇Wesentliche Änderungen hinsichtlich der ärztlichen, fachärztlichen und zahnärztlichen Versorgung, der Arzneimittelversorgung sowie der Zusammenarbeit mit einem Hospiz- und Palliativnetz sind den Landesverbänden der Pflegekassen innerhalb von vier Wochen zu melden.

(2) ₁Die Landesverbände der Pflegekassen veranlassen in zugelassenen Pflegeeinrichtungen bis zum 31. Dezember 2010 mindestens einmal und ab dem Jahre 2011 regelmäßig im Abstand von höchstens einem Jahr eine Prüfung durch den Medizinischen Dienst der Krankenversicherung, den Prüfdienst des Verbandes der privaten Krankenversicherung e. V. oder durch von ihnen bestellte Sachverständige (Regelprüfung). ₂Abweichend von Satz 1 ist im Zeitraum vom 1. November 2019 bis zum 31. Dezember 2020 in allen zugelassenen vollstationären Pflegeeinrichtungen nur mindestens einmal eine Prüfung durchzuführen. ₃Die Richtlinien nach § 114c zur Verlängerung des Prüfrhythmus bei guter Qualität sind zu beachten. ₄Die Landesverbände der Pflegekassen erteilen die Prüfaufträge für zugelassene vollstationäre Pflegeeinrichtungen auf der Grundlage der von der Datenauswertungsstelle nach § 113 Absatz 1b Satz 3 übermittelten Ergebnisse. ₅Zu prüfen ist, ob die Qualitätsanforderungen nach diesem Buch und nach den auf dieser Grundlage abgeschlossenen vertraglichen Vereinbarungen erfüllt sind. ₆Die Regelprüfung erfasst insbesondere wesentliche Aspekte des Pflegezustandes und die Wirksamkeit der Pflege- und Betreuungsmaßnahmen (Ergebnisqualität). ₇Sie kann auch auf den Ablauf, die Durchführung und die Evaluation der Leistungserbringung (Prozessqualität) sowie die unmittelbaren Rahmenbedingungen der Leistungserbringung (Strukturqualität) erstreckt werden. ₈Die Regelprüfung bezieht

8

sich auf die Qualität der allgemeinen Pflege-leistungen, der medizinischen Behandlungs-pflege, der Betreuung einschließlich der zu-sätzlichen Betreuung und Aktivierung im Sinne des § 43b, der Leistungen bei Unter-kunft und Verpflegung (§ 87) und der Zu-satzleistungen (§ 88). ₉Auch die nach § 37 des Fünften Buches erbrachten Leistungen der häuslichen Krankenpflege sind in die Re-gelprüfung einzubeziehen, unabhängig da-von, ob von der Pflegeversicherung Leistun-gen nach § 36 erbracht werden. ₁₀Die Regel-prüfung umfasst auch die Abrechnung der genannten Leistungen. ₁₁Zu prüfen ist auch, ob die Versorgung der Pflegebedürftigen den Empfehlungen der Kommission für Kranken-haushygiene und Infektionsprävention nach § 23 Absatz 1 des Infektionsschutzgesetzes entspricht.

(3) ₁Die Landesverbände der Pflegekassen haben im Rahmen der Zusammenarbeit mit den nach heimrechtlichen Vorschriften zu-ständigen Aufsichtsbehörden (§ 117) oder ei-ner Regelprüfung insbesondere zu erfragen, ob Qualitätsanforderungen nach diesem Buch und den auf seiner Grundlage abge-schlossenen vertraglichen Vereinbarungen in einer Prüfung der nach heimrechtlichen Vor-schriften zuständigen Aufsichtsbehörde oder in einem nach Landesrecht durchgeführten Prüfverfahren berücksichtigt worden sind. ₂Hierzu können auch Vereinbarungen auf Landesebene zwischen den Landesverbän-den der Pflegekassen und den nach heim-rechtlichen Vorschriften zuständigen Auf-sichtsbehörden sowie den für weitere Prüf-verfahren zuständigen Aufsichtsbehörden getroffen werden. ₃Um Doppelprüfungen zu vermeiden, haben die Landesverbände der Pflegekassen den Prüfumfang der Regelprü-fung in angemessener Weise zu verringern, wenn

1. die Prüfungen nicht länger als neun Mo-nate zurückliegen,

2. die Prüfergebnisse nach pflegefachlichen Kriterien den Ergebnissen einer Regelprü-fung gleichwertig sind und

3. die Veröffentlichung der von den Pflege-einrichtungen erbrachten Leistungen und deren Qualität gemäß § 115 Absatz 1a gewährleistet ist.

₄Die Pflegeeinrichtung kann verlangen, dass von einer Verringerung der Prüfpflicht abge-sehen wird.

(4) ₁Bei Anlassprüfungen geht der Prüfauf-trag in der Regel über den jeweiligen Prüfan-lass hinaus; er umfasst eine vollständige Prüfung mit dem Schwerpunkt der Ergebnis-qualität. ₂Gibt es im Rahmen einer Anlass-, Regel- oder Wiederholungsprüfung sachlich begründete Hinweise auf eine nicht fachge-rechte Pflege bei Pflegebedürftigen, auf die sich die Prüfung nicht erstreckt, sind die be-troffenen Pflegebedürftigen unter Beachtung der datenschutzrechtlichen Bestimmungen in die Prüfung einzubeziehen. ₃Die Prüfung ist insgesamt als Anlassprüfung durchzuführen. ₄Im Zusammenhang mit einer zuvor durchge-führten Regel- oder Anlassprüfung kann von den Landesverbänden der Pflegekassen eine Wiederholungsprüfung veranlasst werden, um zu überprüfen, ob die festgestellten Qua-litätsmängel durch die nach § 115 Abs. 2 an-geordneten Maßnahmen beseitigt worden sind.

§ 114a Durchführung der Qualitäts-prüfungen

(1) ₁Der Medizinische Dienst der Krankenver-sicherung, der Prüfdienst des Verbandes der privaten Krankenversicherung e. V. und die von den Landesverbänden der Pflegekassen bestellten Sachverständigen sind im Rahmen ihres Prüfauftrags nach § 114 jeweils be-rechtigt und verpflichtet, an Ort und Stelle zu überprüfen, ob die zugelassenen Pflegeein-richtungen die Leistungs- und Qualitätsan-forderungen nach diesem Buch erfüllen. ₂Der Prüfungen sind grundsätzlich am Tag zuvor anzukündigen; Anlassprüfungen sollen unan-gemeldet erfolgen. ₃Die Prüfungen in zuge-lassenen vollstationären Pflegeeinrichtungen sollen unangekündigt erfolgen, wenn die Einrichtung ihrer Verpflichtung nach § 114b Absatz 1 gar nicht nachkommt, die Daten-übermittlung unvollständig war oder von der Datenauswertungsstelle nach § 113 Ab-satz 1b mangelnde Plausibilität der übermit-telten Daten festgestellt wurde. ₄Der Medizi-nische Dienst der Krankenversicherung, der Prüfdienst des Verbandes der privaten Kran-kenversicherung e. V. und die von den Lan-

8

desverbänden der Pflegekassen bestellten Sachverständigen beraten im Rahmen der Qualitätsprüfungen die Pflegeeinrichtungen in Fragen der Qualitätssicherung. ₅§ 112 Abs. 3 gilt entsprechend.

(2) ₁Sowohl bei teil- als auch bei vollstationärer Pflege sind der Medizinische Dienst der Krankenversicherung, der Prüfdienst des Verbandes der privaten Krankenversicherung e. V. und die von den Landesverbänden der Pflegekassen bestellten Sachverständigen jeweils berechtigt, zum Zwecke der Qualitätssicherung die für das Pflegeheim benutzten Grundstücke und Räume jederzeit zu betreten, dort Prüfungen und Besichtigungen vorzunehmen, sich mit den Pflegebedürftigen, ihren Angehörigen, vertretungsberechtigten Personen und Betreuern in Verbindung zu setzen sowie die Beschäftigten und die Interessenvertretung der Bewohnerinnen und Bewohner zu befragen. ₂Prüfungen und Besichtigungen zur Nachtzeit sind nur zulässig, wenn und soweit das Ziel der Qualitätssicherung zu anderen Tageszeiten nicht erreicht werden kann. ₃Soweit Räume einem Wohnrecht der Heimbewohner unterliegen, dürfen sie ohne deren Einwilligung nur betreten werden, soweit dies zur Verhütung dringender Gefahren für die öffentliche Sicherheit und Ordnung erforderlich ist; das Grundrecht der Unverletzlichkeit der Wohnung (Artikel 13 Abs. 1 des Grundgesetzes) wird insoweit eingeschränkt. ₄Bei der ambulanten Pflege sind der Medizinische Dienst der Krankenversicherung, der Prüfdienst des Verbandes der privaten Krankenversicherung e. V. und die von den Landesverbänden der Pflegekassen bestellten Sachverständigen berechtigt, die Qualität der Leistungen des Pflegedienstes mit Einwilligung der von dem Pflegedienst versorgten Person auch in deren Wohnung zu überprüfen. ₅Der Medizinische Dienst der Krankenversicherung und der Prüfdienst des Verbandes der privaten Krankenversicherung e. V. sollen die nach heimrechtlichen Vorschriften zuständige Aufsichtsbehörde an Prüfungen beteiligen, soweit dadurch die Prüfung nicht verzögert wird.

(3) ₁Die Prüfungen beinhalten auch Inaugenscheinnahmen des gesundheitlichen und pflegerischen Zustands von durch die Pflegeeinrichtung versorgten Personen. ₂Zum gesundheitlichen und pflegerischen Zustand der durch Inaugenscheinnahme in die Prüfung einbezogenen Personen können sowohl diese Personen selbst als auch Beschäftigte der Pflegeeinrichtungen, Betreuer und Angehörige sowie Mitglieder der heimrechtlichen Interessenvertretungen der Bewohnerinnen und Bewohner befragt werden. ₃Bei der Beurteilung der Pflegequalität sind die Pflegedokumentation, die Inaugenscheinnahme von Personen nach Satz 1 und Befragungen der Beschäftigten der Pflegeeinrichtungen sowie der durch Inaugenscheinnahme in die Prüfung einbezogenen Personen, ihrer Angehörigen und der vertretungsberechtigten Personen angemessen zu berücksichtigen. ₄Die Teilnahme an Inaugenscheinnahmen und Befragungen ist freiwillig. ₅Durch die Ablehnung dürfen keine Nachteile entstehen. ₆Einsichtnahmen in Pflegedokumentationen, Inaugenscheinnahmen von Personen nach Satz 1 und Befragungen von Personen nach Satz 2 sowie die damit jeweils zusammenhängende Erhebung, Verarbeitung und Nutzung personenbezogener Daten von durch Inaugenscheinnahme in die Prüfung einbezogenen Personen zum Zwecke der Erstellung eines Prüfberichts bedürfen der Einwilligung der betroffenen Personen.

(3a) ₁Die Pflegeeinrichtungen haben im Rahmen ihrer Mitwirkungspflicht nach § 114 Absatz 1 Satz 4 insbesondere die Namen und Kontaktdaten der von ihnen versorgten Personen an die jeweiligen Prüfer weiterzuleiten. ₂Die Prüfer sind jeweils verpflichtet, die durch Inaugenscheinnahme nach Absatz 3 Satz 1 in die Qualitätsprüfung einzubeziehenden Personen vor der Durchführung der Qualitätsprüfung in verständlicher Weise über die für die Einwilligung in die Prüfhandlungen nach Absatz 3 Satz 6 wesentlichen Umstände aufzuklären. ₃Ergänzend kann auch auf Unterlagen Bezug genommen werden, die die durch Inaugenscheinnahme in die Prüfung einzubeziehende Person in Textform erhält. ₄Die Aufklärung muss so rechtzeitig erfolgen, dass die durch Inaugenscheinnahme in die Prüfung einzubeziehende Person ihre Entscheidung über die Einwilli-

8

gung wohlüberlegt treffen kann. ₅Die Einwilligung nach Absatz 2 oder Absatz 3 kann erst nach Bekanntgabe der Einbeziehung der in Augenschein zu nehmenden Person in die Qualitätsprüfung erklärt werden und muss in einer Urkunde oder auf andere zur dauerhaften Wiedergabe in Schriftzeichen geeignete Weise gegenüber den Prüfern abgegeben werden, die Person des Erklärenden benennen und den Abschluss der Erklärung durch Nachbildung der Namensunterschrift oder anders erkennbar machen (Textform). ₆Ist die durch Inaugenscheinnahme in die Prüfung einzubeziehende Person einwilligungsunfähig, ist die Einwilligung eines hierzu Berechtigten einzuholen, wobei dieser nach Maßgabe der Sätze 2 bis 4 aufzuklären ist. ₇Ist ein Berechtigter nicht am Ort einer unangemeldeten Prüfung anwesend und ist eine rechtzeitige Einholung der Einwilligung in Textform nicht möglich, so genügt nach einer den Maßgaben der Sätze 2 bis 4 entsprechenden Aufklärung durch die Prüfer ausnahmsweise eine mündliche Einwilligung, wenn andernfalls die Durchführung der Prüfung erschwert würde. ₈Die mündliche Einwilligung oder Nichteinwilligung des Berechtigten sowie die Gründe für ein ausnahmsweises Abweichen von der erforderlichen Textform sind schriftlich oder elektronisch zu dokumentieren.

(4) ₁Auf Verlangen sind Vertreter der betroffenen Pflegekassen oder ihrer Verbände, des zuständigen Sozialhilfeträgers sowie der Verbandes der privaten Krankenversicherung e. V. an den Prüfungen nach den Absätzen 1 bis 3 zu beteiligen. ₂Der Träger der Pflegeeinrichtung kann verlangen, dass eine Vereinigung, deren Mitglied er ist (Trägervereinigung), an der Prüfung nach den Absätzen 1 bis 3 beteiligt wird. ₃Ausgenommen ist eine Beteiligung nach Satz 1 oder nach Satz 2, soweit dadurch die Durchführung einer Prüfung voraussichtlich verzögert wird. ₄Unabhängig von ihren eigenen Prüfungsbefugnissen nach den Absätzen 1 bis 3 sind der Medizinische Dienst der Krankenversicherung, der Prüfdienst des Verbandes der privaten Krankenversicherung e. V. und die von den Landesverbänden der Pflegekassen bestellten Sachverständigen jeweils befugt, sich an Überprüfungen von zugelassenen Pflegeein-

richtungen zu beteiligen, soweit sie von der nach heimrechtlichen Vorschriften zuständigen Aufsichtsbehörde nach Maßgabe heimrechtlicher Vorschriften durchgeführt werden. ₅Sie haben in diesem Fall ihre Mitwirkung an der Überprüfung der Pflegeeinrichtung auf den Bereich der Qualitätssicherung nach diesem Buch zu beschränken.

(5) ₁Unterschreitet der Prüfdienst des Verbandes der privaten Krankenversicherung e. V. die in § 114 Absatz 1 Satz 1 genannte, auf das Bundesgebiet bezogene Prüfquote, beteiligen sich die privaten Versicherungsunternehmen, die die private Pflege-Pflichtversicherung durchführen, anteilig bis zu einem Betrag von 10 Prozent an den Kosten der Qualitätsprüfungen der ambulanten und stationären Pflegeeinrichtungen. ₂Das Bundesversicherungsamt stellt jeweils am Ende eines Jahres die Einhaltung der Prüfquote oder die Höhe der Unter- oder Überschreitung sowie die Höhe der durchschnittlichen Kosten von Prüfungen im Wege einer Schätzung nach Anhörung des Verbandes der privaten Krankenversicherung e. V. und des Spitzenverbandes Bund der Pflegekassen fest und teilt diesen jährlich die Anzahl der durchgeführten Prüfungen und bei Unterschreitung der Prüfquote den Finanzierungsanteil der privaten Versicherungsunternehmen mit; der Finanzierungsanteil ergibt sich aus der Multiplikation der Durchschnittskosten mit der Differenz zwischen der Anzahl der vom Prüfdienst des Verbandes der privaten Krankenversicherung e. V. durchgeführten Prüfungen und der in § 114 Absatz 1 Satz 1 genannten Prüfquote. ₃Der Finanzierungsanteil, der auf die privaten Versicherungsunternehmen entfällt, ist vom Verband der privaten Krankenversicherung e. V. jährlich unmittelbar an das Bundesversicherungsamt zugunsten des Ausgleichsfonds der Pflegeversicherung (§ 65) zu überweisen. ₄Der Verband der privaten Krankenversicherung e. V. muss der Zahlungsaufforderung durch das Bundesversicherungsamt keine Folge leisten, wenn er innerhalb von vier Wochen nach der Zahlungsaufforderung nachweist, dass die Unterschreitung der Prüfquote nicht von ihm oder seinem Prüfdienst zu vertreten ist.

(5a) Der Spitzenverband Bund der Pflegekassen vereinbart bis zum 31. Oktober 2011 mit

8

dem Verband der privaten Krankenversicherung e. V. das Nähere über die Zusammenarbeit bei der Durchführung von Qualitätsprüfungen durch den Prüfdienst des Verbandes der privaten Krankenversicherung e. e. V., insbesondere über Maßgaben zur Prüfquote, Auswahlverfahren der zu prüfenden Pflegeeinrichtungen und Maßnahmen der Qualitätssicherung, sowie zur einheitlichen Veröffentlichung von Ergebnissen der Qualitätsprüfungen durch den Verband der privaten Krankenversicherung e. V.

(6) ₁Die Medizinischen Dienste der Krankenversicherung und der Prüfdienst des Verbandes der privaten Krankenversicherung e. V. berichten dem Medizinischen Dienst des Spitzenverbandes Bund der Krankenkassen zum 30. Juni 2011, danach in Abständen von drei Jahren, über ihre Erfahrungen mit der Anwendung der Beratungs- und Prüfvorschriften nach diesem Buch, über die Ergebnisse ihrer Qualitätsprüfungen sowie über ihre Erkenntnisse zum Stand und zur Entwicklung der Pflegequalität und der Qualitätssicherung. ₂Sie stellen unter Beteiligung des Medizinischen Dienstes des Spitzenverbandes Bund der Krankenkassen die Vergleichbarkeit der gewonnenen Daten sicher. ₃Der Medizinische Dienst des Spitzenverbandes Bund der Krankenkassen führt die Berichte der Medizinischen Dienste der Krankenversicherung, des Prüfdienstes des Verbandes der privaten Krankenversicherung e. V. und seine eigenen Erkenntnisse und Erfahrungen zur Entwicklung der Pflegequalität und der Qualitätssicherung zu einem Bericht zusammen und legt diesen innerhalb eines halben Jahres dem Spitzenverband Bund der Pflegekassen, dem Bundesministerium für Gesundheit, dem Bundesministerium für Familie, Senioren, Frauen und Jugend sowie dem Bundesministerium für Arbeit und Soziales und den zuständigen Länderministerien vor.

(7) ₁Der Spitzenverband Bund der Pflegekassen beschließt unter Beteiligung des Medizinischen Dienstes des Spitzenverbandes Bund der Krankenkassen und des Prüfdienstes des Verbandes der privaten Krankenversicherung e. V. zur verfahrensrechtlichen Konkretisierung Richtlinien über die Durchführung der Prüfung der in Pflegeeinrichtungen erbrachten Leistungen und

deren Qualität nach § 114 sowohl für den ambulanten als auch für den stationären Bereich. ₂In den Richtlinien sind die Maßstäbe und Grundsätze zur Sicherung und Weiterentwicklung der Pflegequalität nach § 113 zu berücksichtigen. ₃Die Richtlinien für den stationären Bereich sind bis zum 31. Oktober 2017, die Richtlinien für den ambulanten Bereich bis zum 31. Oktober 2018 zu beschließen. ₄Sie treten jeweils gleichzeitig mit der entsprechenden Qualitätsdarstellungsvereinbarung nach § 115 Absatz 1a in Kraft. ₅Die maßgeblichen Organisationen für die Wahrnehmung der Interessen und der Selbsthilfe der pflegebedürftigen und behinderten Menschen wirken nach Maßgabe von § 118 mit. ₆Der Spitzenverband Bund der Pflegekassen hat die Vereinigungen der Träger der Pflegeeinrichtungen auf Bundesebene, die Verbände der Pflegeberufe auf Bundesebene, den Verband der privaten Krankenversicherung e. V. sowie die Bundesarbeitsgemeinschaft der überörtlichen Träger der Sozialhilfe und die kommunalen Spitzenverbände auf Bundesebene zu beteiligen. ₇Ihnen ist unter Übermittlung der hierfür erforderlichen Informationen innerhalb einer angemessenen Frist vor der Entscheidung Gelegenheit zur Stellungnahme zu geben; die Stellungnahmen sind in die Entscheidung einzubeziehen. ₈Die Richtlinien sind in regelmäßigen Abständen an den medizinisch-pflegefachlichen Fortschritt anzupassen. ₉Sie sind durch das Bundesministerium für Gesundheit im Benehmen mit dem Bundesministerium für Familie, Senioren, Frauen und Jugend zu genehmigen. Beanstandungen des Bundesministeriums für Gesundheit sind innerhalb der von ihm gesetzten Frist zu beheben. ₁₀Die Richtlinien über die Durchführung der Qualitätsprüfung sind für die Medizinischen Dienst der Krankenversicherung und den Prüfdienst des Verbandes der privaten Krankenversicherung e. V. verbindlich.

§ 114b Erhebung und Übermittlung von indikatorenbezogenen Daten zur vergleichenden Messung und Darstellung von Ergebnisqualität in vollstationären Pflegeeinrichtungen

(1) ₁Die zugelassenen vollstationären Pflegeeinrichtungen sind verpflichtet, ab dem 1. Oktober 2019 bis zum 30. Juni 2020 einmal

8

und ab dem 1. Juli 2020 halbjährlich zu einem bestimmten Stichtag indikatorenbezogene Daten zur vergleichenden Messung und Darstellung von Ergebnisqualität im vollstationären Bereich zu erheben und an die Datenauswertungsstelle nach § 113 Absatz 1b zu übermitteln. ₂Die indikatorenbezogenen Daten sind auf der Grundlage einer strukturierten Datenerhebung im Rahmen des internen Qualitätsmanagements zu erfassen. ₃Wenn die Datenauswertungsstelle nach § 113 Absatz 1b bis zum 15. September 2019 nicht eingerichtet ist, haben die Landesverbände der Pflegekassen die Erfüllung der Aufgaben nach § 113 Absatz 1b sicherzustellen.

(2) Die von den Einrichtungen gemäß Absatz 1 Satz 1 übermittelten indikatorenbezogenen Daten werden entsprechend den Qualitätsdarstellungsvereinbarungen nach § 115 Absatz 1a mit Ausnahme der zwischen dem 1. Oktober 2019 und dem 30. Juni 2020 erstmals erhobenen und übermittelten Daten veröffentlicht.

(3) ₁Aus den Mitteln des Ausgleichsfonds der Pflegeversicherung wird im Jahr 2019 ein einmaliger Förderbetrag in Höhe von 1000 Euro für jede zugelassene vollstationäre Pflegeeinrichtung bereitgestellt, um die für die Erhebung von indikatorenbezogenen Daten zur vergleichenden Messung und Darstellung von Ergebnisqualität notwendigen Schulungen in den Einrichtungen zu unterstützen. ₂Die Modalitäten der Auszahlung der Fördermittel durch eine Pflegekasse werden von den Landesverbänden der Pflegekassen festgelegt. ₃Die privaten Versicherungsunternehmen, die die private Pflege-Pflichtversicherung durchführen, beteiligen sich mit einem Anteil von 7 Prozent an den Kosten. ₄Der jeweilige Finanzierungsanteil, der auf die privaten Versicherungsunternehmen entfällt, kann von dem Verband der privaten Krankenversicherung e. V. unmittelbar an das Bundesversicherungsamt zugunsten des Ausgleichsfonds der Pflegeversicherung nach § 65 geleistet werden. ₅Der Spitzenverband Bund der Pflegekassen, der Verband der privaten Krankenversicherung e. V. und das Bundesversicherungsamt regeln das Nähere über das Verfahren zur Bereitstellung der notwendigen Finanzmittel aus dem Aus-

gleichsfonds der Pflegeversicherung sowie zur Feststellung und Erhebung der Beträge der privaten Versicherungsunternehmen, die die private Pflege-Pflichtversicherung durchführen, durch Vereinbarung.

§ 114c Richtlinien zur Verlängerung des Prüfrhythmus in vollstationären Einrichtungen bei guter Qualität und zur Veranlassung unangemeldeter Prüfungen; Berichtspflicht

(1) ₁Abweichend von § 114 Absatz 2 kann eine Prüfung in einer zugelassenen vollstationären Pflegeeinrichtung ab dem 1. Januar 2021 regelmäßig im Abstand von höchstens zwei Jahren stattfinden, wenn durch die jeweilige Einrichtung ein hohes Qualitätsniveau sichergestellt ist. ₂Der Spitzenverband Bund der Pflegekassen legt unter Beteiligung des Medizinischen Dienstes des Spitzenverbandes Bund der Krankenkassen und des Prüfdienstes des Verbandes der privaten Krankenversicherung e. V. bis zum 30. September 2019 in Richtlinien Kriterien zur Feststellung eines hohen Qualitätsniveaus sowie Kriterien für die Veranlassung unangemeldeter Prüfungen nach § 114a Absatz 1 Satz 3 fest. ₃Bei der Erstellung der Richtlinien sind die Empfehlungen heranzuziehen, die in dem Abschlussbericht des wissenschaftlichen Verfahrens zur Entwicklung der Instrumente und Verfahren für Qualitätsprüfungen nach den §§ 114 bis 114b und die Qualitätsdarstellung nach § 115 Absatz 1a in der stationären Pflege „Darstellung der Konzeption für das neue Prüfverfahren und die Qualitätsdarstellung" in der vom Qualitätsausschuss Pflege am 17. September 2018 abgenommenen Fassung zum indikatorengestützten Verfahren dargelegt wurden. ₄Die Feststellung, ob ein hohes Qualitätsniveau durch eine Einrichtung sichergestellt ist, soll von den Landesverbänden der Pflegekassen auf der Grundlage der durch die Datenauswertungsstelle nach § 113 Absatz 1b Satz 3 übermittelten Daten und der Ergebnisse der nach § 114 durchgeführten Qualitätsprüfungen erfolgen. ₅Die auf Bundesebene maßgeblichen Organisationen für die Wahrnehmung der Interessen und der Selbsthilfe pflegebedürftiger und behinderter Menschen wirken nach Maßgabe

8

von § 118 an der Erstellung und Änderung der Richtlinien mit. ₆Der Spitzenverband Bund der Pflegekassen hat die Vereinigungen der Träger der Pflegeeinrichtungen auf Bundesebene, die Verbände der Pflegeberufe auf Bundesebene, den Verband der privaten Krankenversicherung e. V., die Bundesarbeitsgemeinschaft der überörtlichen Träger der Sozialhilfe und die kommunalen Spitzenverbände auf Bundesebene zu beteiligen. ₇Ihnen ist unter Übermittlung der hierfür erforderlichen Informationen innerhalb einer angemessenen Frist vor der Entscheidung Gelegenheit zur Stellungnahme zu geben; die Stellungnahmen sind in die Entscheidung einzubeziehen. ₈Die Kriterien nach Satz 2 sind auf der Basis der empirischen Erkenntnisse der Datenauswertungsstelle nach § 113 Absatz 1b zur Messung und Bewertung der Qualität der Pflege in den Einrichtungen sowie des allgemein anerkannten Standes der medizinisch-pflegerischen Erkenntnisse regelmäßig, erstmals nach zwei Jahren, zu überprüfen.

(2) ₁Die Richtlinien werden erst wirksam, wenn das Bundesministerium für Gesundheit sie genehmigt. ₂Die Genehmigung gilt als erteilt, wenn die Richtlinien nicht innerhalb eines Monats, nachdem sie dem Bundesministerium für Gesundheit vorgelegt worden sind, beanstandet werden. ₃Beanstandungen des Bundesministeriums für Gesundheit sind innerhalb der von ihm gesetzten Frist zu beheben.

(3) ₁Der Spitzenverband Bund der Pflegekassen berichtet dem Bundesministerium für Gesundheit zum 30. September 2020, zum 31. März 2021 und danach jährlich über die Erfahrungen der Pflegekassen mit

1. der Erhebung und Übermittlung von indikatorenbezogenen Daten zur vergleichenden Messung und Darstellung von Ergebnisqualität in vollstationären Pflegeeinrichtungen nach § 114b Absatz 1 und

2. Qualitätsprüfungen, die ab dem 1. November 2019 nach § 114 in vollstationären Pflegeeinrichtungen durchgeführt werden.

₂Für die Berichterstattung zum 31. März 2021 beauftragt der Spitzenverband Bund der

Pflegekassen eine unabhängige wissenschaftliche Einrichtung oder einen unabhängigen Sachverständigen mit der Evaluation der in den Qualitätsdarstellungsvereinbarungen festgelegten Bewertungssystematik für die Ergebnisse der Qualitätsprüfungen.

§ 115 Ergebnisse von Qualitätsprüfungen, Qualitätsdarstellung, Vergütungskürzung

(1) ₁Die Medizinischen Dienste der Krankenversicherung, der Prüfdienst des Verbandes der privaten Krankenversicherung e. V. sowie die von den Landesverbänden der Pflegekassen für Qualitätsprüfungen bestellten Sachverständigen haben das Ergebnis einer jeden Qualitätsprüfung sowie die dabei gewonnenen Daten und Informationen den Landesverbänden der Pflegekassen und den zuständigen Trägern der Sozialhilfe sowie den nach heimrechtlichen Vorschriften zuständigen Aufsichtsbehörden im Rahmen ihrer Zuständigkeit und bei häuslicher Pflege den zuständigen Pflegekassen zum Zwecke der Erfüllung ihrer gesetzlichen Aufgaben sowie der betroffenen Pflegeeinrichtung mitzuteilen. ₂Die Landesverbände der Pflegekassen sind befugt und auf Anforderung verpflichtet, die ihnen nach Satz 1 bekannt gewordenen Daten und Informationen mit Zustimmung des Trägers der Pflegeeinrichtung auch seiner Trägervereinigung zu übermitteln, soweit deren Kenntnis für die Anhörung oder eine Stellungnahme der Pflegeeinrichtung zu einem Bescheid nach Absatz 2 erforderlich ist. ₃Gegenüber Dritten sind die Prüfer und die Empfänger der Daten zur Verschwiegenheit verpflichtet; dies gilt nicht für die zur Veröffentlichung der Ergebnisse von Qualitätsprüfungen nach Absatz 1a erforderlichen Daten und Informationen.

(1a) ₁Die Landesverbände der Pflegekassen stellen sicher, dass die von Pflegeeinrichtungen erbrachten Leistungen und deren Qualität für die Pflegebedürftigen und ihre Angehörigen verständlich, übersichtlich und vergleichbar sowohl im Internet als auch in anderer geeigneter Form kostenfrei veröffentlicht werden. ₂Die Vertragsparteien nach § 113 vereinbaren insbesondere auf der Grundlage der Maßstäbe und Grundsätze nach § 113 und der Richtlinien zur Durchführung der Prüfung der in Pflegeeinrichtungen erbrachten Leistungen und deren Qualität nach § 114a Absatz 7, welche Ergebnisse bei der Darstellung der Qualität für den ambulanten und den stationären Bereich zugrunde zu legen sind und inwieweit die Ergebnisse durch weitere Informationen ergänzt werden. ₃In den Vereinbarungen sind die Ergebnisse der nach § 113b Absatz 4 Satz 2 Nummer 1 bis 4 vergebenen Aufträge zu berücksichtigen. ₄Die Vereinbarungen umfassen auch die Form der Darstellung einschließlich einer Bewertungssystematik (Qualitätsdarstellungsvereinbarungen). ₅Bei Anlassprüfungen nach § 114 Absatz 5 bilden die Prüfergebnisse aller in die Prüfung einbezogenen Pflegebedürftigen die Grundlage für die Bewertung und Darstellung der Qualität. ₆Personenbezogene Daten sind zu anonymisieren. ₇Ergebnisse von Wiederholungsprüfungen sind zeitnah zu berücksichtigen. ₈Bei der Darstellung der Qualität ist die Art der Prüfung als Anlass-, Regel- oder Wiederholungsprüfung kenntlich zu machen. ₉Das Datum der letzten Prüfung durch den Medizinischen Dienst der Krankenversicherung oder durch den Prüfdienst des Verbandes der privaten Krankenversicherung e. V., eine Einordnung des Prüfergebnisses nach einer Bewertungssystematik sowie eine Zusammenfassung der Prüfergebnisse sind an gut sichtbarer Stelle in jeder Pflegeeinrichtung auszuhängen. ₁₀Die Qualitätsdarstellungsvereinbarungen für den stationären Bereich sind bis zum 31. Dezember 2017 und für den ambulanten Bereich bis zum 31. Dezember 2018 jeweils unter Beteiligung des Medizinischen Dienstes des Spitzenverbandes Bund der Krankenkassen, des Verbandes der privaten Krankenversicherung e. V. und der Verbände der Pflegeberufe auf Bundesebene zu schließen. ₁₁Die auf Bundesebene maßgeblichen Organisationen für die Wahrnehmung der Interessen und der Selbsthilfe der pflegebedürftigen und behinderten Menschen wirken nach Maßgabe von § 118 mit. ₁₂Die Qualitätsdarstellungsvereinbarungen sind an den medizinisch- pflegefachlichen Fortschritt anzupassen. ₁₃Bestehende Vereinbarungen gelten bis zum Abschluss einer neuen Vereinbarung fort; dies gilt entsprechend auch für die bestehenden Vereinbarungen über die Kriterien der Veröffentlichung einschließlich der Bewertungssystematik (Pflege-Transparenzvereinbarungen).

(1b) ₁Die Landesverbände der Pflegekassen stellen sicher, dass ab dem 1. Januar 2014 die Informationen gemäß § 114 Absatz 1 über die Regelungen zur ärztlichen, fachärztlichen und zahnärztlichen Versorgung sowie zur Arzneimittelversorgung und ab dem 1. Juli 2016 die Informationen gemäß § 114 Absatz 1 zur Zusammenarbeit mit einem Hospiz- und Palliativnetz in vollstationären Einrichtungen für die Pflegebedürftigen und ihre Angehörigen verständlich, übersichtlich und vergleichbar sowohl im Internet als auch in anderer geeigneter Form kostenfrei zur Verfügung gestellt werden. ₂Die Pflegeeinrichtungen sind verpflichtet, die Informationen nach Satz 1 an gut sichtbarer Stelle in der Pflegeeinrichtung auszuhängen. ₃Die Landesverbände der Pflegekassen übermitteln die Informationen nach Satz 1 an den Verband der privaten Krankenversicherung e. V. zum Zweck der einheitlichen Veröffentlichung.

(1c) ₁Die Landesverbände der Pflegekassen haben Dritten für eine zweckgerechte, nicht gewerbliche Nutzung die Daten, die nach den Qualitätsdarstellungsvereinbarungen nach Absatz 1a der Darstellung der Qualität zu Grunde liegen, sowie rückwirkend zum 1. Januar 2017 ab dem 1. April 2017 die Daten, die nach den nach § 115a übergeleiteten Pflege-Transparenzvereinbarungen der Darstellung der Qualität bis zum Inkrafttreten der Qualitätsdarstellungsvereinbarungen zu Grunde liegen, auf Antrag in maschinen- und menschenlesbarer sowie plattformunabhängiger Form zur Verarbeitung und Veröffentlichung zur Verfügung zu stellen. ₂Das Nähere zu der Übermittlung der Daten an Dritte, insbesondere zum Datenformat, zum Datennutzungsvertrag, zu den Nutzungsrechten und den Pflichten des Nutzers bei der Verwendung der Daten, bestimmen die Vertragsparteien nach § 113 bis zum 31. März 2017 in Nutzungsbedingungen, die dem Datennutzungsvertrag unabdingbar zu Grunde zu legen sind. ₃Mit den Nutzungsbedingungen ist eine nicht missbräuchliche, nicht wettbewerbsverzerrende und manipulationsfreie Verwendung

8

der Daten sicherzustellen. ₄Der Dritte hat zu gewährleisten, dass die Herkunft der Daten für die Endverbraucherin oder den Endverbraucher transparent bleibt. ₅Dies gilt insbesondere, wenn eine Verwendung der Daten in Zusammenhang mit anderen Daten erfolgt. ₆Für die Informationen nach Absatz 1b gelten die Sätze 1 bis 4 entsprechend. ₇Die Übermittlung der Daten erfolgt gegen Ersatz der entstehenden Verwaltungskosten, es sei denn, es handelt sich bei den Dritten um öffentlich-rechtliche Stellen. ₈Die entsprechenden Aufwendungen sind von den Landesverbänden der Pflegekassen nachzuweisen.

(2) ₁Soweit bei einer Prüfung nach diesem Buch Qualitätsmängel festgestellt werden, entscheiden die Landesverbände der Pflegekassen nach Anhörung des Trägers der Pflegeeinrichtung und der beteiligten Trägervereinigung unter Beteiligung des zuständigen Trägers der Sozialhilfe, welche Maßnahmen zu treffen sind, erteilen dem Träger der Einrichtung hierüber einen Bescheid und setzen ihm darin zugleich eine angemessene Frist zur Beseitigung der festgestellten Mängel. ₂Werden nach Satz 1 festgestellte Mängel nicht fristgerecht beseitigt, können die Landesverbände der Pflegekassen gemeinsam den Versorgungsvertrag gemäß § 74 Abs. 1, in schwerwiegenden Fällen nach § 74 Abs. 2, kündigen. ₃§ 73 Abs. 2 gilt entsprechend.

(3) ₁Hält die Pflegeeinrichtung ihre gesetzlichen oder vertraglichen Verpflichtungen, insbesondere ihre Verpflichtungen zu einer qualitätsgerechten Leistungserbringung aus dem Versorgungsvertrag (§ 72) ganz oder teilweise nicht ein, sind die nach dem Achten Kapitel vereinbarten Pflegevergütungen für die Dauer der Pflichtverletzung entsprechend zu kürzen. ₂Über die Höhe des Kürzungsbetrags ist zwischen den Vertragsparteien nach § 85 Abs. 2 Einvernehmen anzustreben. ₃Kommt eine Einigung nicht zustande, entscheidet auf Antrag einer Vertragspartei die Schiedsstelle nach § 76 in der Besetzung des Vorsitzenden und der beiden weiteren unparteiischen Mitglieder. ₄Gegen die Entscheidung nach Satz 3 ist der Rechtsweg zu den Sozialgerichten gegeben; ein Vorverfahren findet nicht statt, die Klage hat aufschiebende Wirkung. ₅Der vereinbarte oder festgesetzte Kürzungsbetrag

ist von der Pflegeeinrichtung bis zur Höhe ihres Eigenanteils an die betroffenen Pflegebedürftigen und im Weiteren an die Pflegekassen zurückzuzahlen; soweit die Pflegevergütung als nachrangige Sachleistung von einem anderen Leistungsträger übernommen wurde, ist der Kürzungsbetrag an diesen zurückzuzahlen. ₆Der Kürzungsbetrag kann nicht über die Vergütungen oder Entgelte nach dem Achten Kapitel refinanziert werden. ₇Schadensersatzansprüche der betroffenen Pflegebedürftigen nach anderen Vorschriften bleiben unberührt; § 66 des Fünften Buches gilt entsprechend.

(3a) ₁Eine Verletzung der Verpflichtungen zu einer qualitätsgerechten Leistungserbringung im Sinne des Absatzes 3 Satz 1 wird unwiderlegbar vermutet

1. bei einem planmäßigen und zielgerichteten Verstoß des Trägers der Einrichtung gegen seine Verpflichtung zur Einhaltung der nach § 84 Absatz 5 Satz 2 Nummer 2 vereinbarten Personalausstattung oder

2. bei nicht nur vorübergehenden Unterschreitungen der nach § 84 Absatz 5 Satz 2 Nummer 2 vereinbarten Personalausstattung.

₂Entsprechendes gilt bei Nichtbezahlung der nach § 84 Absatz 2 Satz 5 beziehungsweise nach § 89 Absatz 1 Satz 4 zu Grunde gelegten Gehälter. ₃Abweichend von Absatz 3 Satz 2 und 3 ist das Einvernehmen über den Kürzungsbetrag unverzüglich herbeizuführen und die Schiedsstelle hat in der Regel binnen drei Monaten zu entscheiden. ₄Bei Verstößen im Sinne von Satz 1 Nummer 1 können die Landesverbände der Pflegekassen gemeinsam den Versorgungsvertrag gemäß § 74 Absatz 1, in schwerwiegenden Fällen nach § 74 Absatz 2, kündigen; § 73 Absatz 2 gilt entsprechend.

(3b) ₁Die Vertragsparteien nach § 113 vereinbaren durch den Qualitätsausschuss gemäß § 113b bis zum 1. Januar 2018 das Verfahren zur Kürzung der Pflegevergütung nach den Absätzen 3 und 3a. ₂Die Vereinbarungen sind im Bundesanzeiger zu veröffentlichen und gelten vom ersten Tag des auf die Veröffentlichung folgenden Monats. ₃Sie sind für alle Pflegekassen und deren Verbände sowie

8

für die zugelassenen Pflegeeinrichtungen unmittelbar verbindlich.

(4) ₁Bei Feststellung schwerwiegender, kurzfristig nicht behebbarer Mängel in der stationären Pflege sind die Pflegekassen verpflichtet, den betroffenen Heimbewohnern auf deren Antrag eine andere geeignete Pflegeeinrichtung zu vermitteln, welche die Pflege, Versorgung und Betreuung nahtlos übernimmt. ₂Bei Sozialhilfeempfängern ist der zuständige Träger der Sozialhilfe zu beteiligen.

(5) ₁Stellen der Medizinische Dienst der Krankenversicherung oder der Prüfdienst des Verbandes der privaten Krankenversicherung e. V. schwerwiegende Mängel in der ambulanten Pflege fest, kann die zuständige Pflegekasse dem Pflegedienst auf Empfehlung des Medizinischen Dienstes der Krankenversicherung oder des Prüfdienstes des Verbandes der privaten Krankenversicherung e. V. die weitere Versorgung des Pflegebedürftigen vorläufig untersagen; § 73 Absatz 2 gilt entsprechend. ₂Die Pflegekasse hat dem Pflegebedürftigen in diesem Fall einen anderen geeigneten Pflegedienst zu vermitteln, der die Pflege nahtlos übernimmt; dabei ist so weit wie möglich das Wahlrecht des Pflegebedürftigen nach § 2 Abs. 2 zu beachten. ₃Absatz 4 Satz 2 gilt entsprechend.

(6) ₁In den Fällen der Absätze 4 und 5 haftet der Träger der Pflegeeinrichtung gegenüber den betroffenen Pflegebedürftigen und deren Kostenträgern für die Kosten der Vermittlung einer anderen ambulanten oder stationären Pflegeeinrichtung, soweit er die Mängel in entsprechender Anwendung des § 276 des Bürgerlichen Gesetzbuches zu vertreten hat. ₂Absatz 3 Satz 7 bleibt unberührt.

§ 115a Übergangsregelung für Pflege-Transparenzvereinbarungen und Qualitätsprüfungs-Richtlinien

(1) ₁Die Vertragsparteien nach § 113 passen unter Beteiligung des Medizinischen Dienstes des Spitzenverbandes Bund der Krankenkassen, des Verbandes der privaten Krankenversicherung e. V. und der Verbände der Pflegeberufe auf Bundesebene die Pflege-Transparenzvereinbarungen an dieses Gesetz in der am 1. Januar 2017 geltenden Fassung an

(übergeleitete Pflege-Transparenzvereinbarungen). ₂Die auf Bundesebene maßgeblichen Organisationen für die Wahrnehmung der Interessen und der Selbsthilfe der pflegebedürftigen und behinderten Menschen wirken nach Maßgabe von § 118 mit. Kommt bis zum 30. April 2016 keine einvernehmliche Einigung zustande, entscheidet der erweiterte Qualitätsausschuss nach § 113b Absatz 3 bis zum 30. Juni 2016. ₃Die übergeleiteten Pflege-Transparenzvereinbarungen gelten ab 1. Januar 2017 bis zum Inkrafttreten der in § 115 Absatz 1a vorgesehenen Qualitätsdarstellungsvereinbarungen.

(2) Schiedsstellenverfahren zu den Pflege-Transparenzvereinbarungen, die am 1. Januar 2016 anhängig sind, werden nach Maßgabe des § 113b Absatz 2, 3 und 8 durch den Qualitätsausschuss entschieden; die Verfahren sind bis zum 30. Juni 2016 abzuschließen.

(3) Die Richtlinien über die Prüfung der in Pflegeeinrichtungen erbrachten Leistungen und deren Qualität nach § 114 (Qualitätsprüfungs-Richtlinien) in der am 31. Dezember 2015 geltenden Fassung gelten nach Maßgabe der Absätze 4 und 5 bis zum Inkrafttreten der Richtlinien über die Durchführung der Prüfung der in Pflegeeinrichtungen erbrachten Leistungen und deren Qualität nach § 114a Absatz 7 fort und sind für den Medizinischen Dienst der Krankenversicherung und den Prüfdienst des Verbandes der privaten Krankenversicherung e. V. verbindlich.

(4) ₁Der Spitzenverband Bund der Pflegekassen passt unter Beteiligung des Medizinischen Dienstes des Spitzenverbandes Bund der Krankenkassen und des Prüfdienstes des Verbandes der privaten Krankenversicherung e. V. die Qualitätsprüfungs- Richtlinien unverzüglich an dieses Gesetz in der am 1. Januar 2016 geltenden Fassung an. ₂Die auf Bundesebene maßgeblichen Organisationen für die Wahrnehmung der Interessen und der Selbsthilfe der pflegebedürftigen und behinderten Menschen wirken nach Maßgabe von § 118 mit. ₃Der Spitzenverband Bund der Pflegekassen hat die Vereinigungen der Träger der Pflegeeinrichtungen auf Bundesebene, die Verbände der Pflegeberufe auf Bundesebene, den Verband der privaten Krankenversicherung e. V. sowie die Bundesar-

8

beitsgemeinschaft der überörtlichen Träger der Sozialhilfe und die kommunalen Spitzenverbände auf Bundesebene zu beteiligen. ₄Ihnen ist unter Übermittlung der hierfür erforderlichen Informationen innerhalb einer angemessenen Frist vor der Entscheidung Gelegenheit zur Stellungnahme zu geben; die Stellungnahmen sind in die Entscheidung einzubeziehen. ₅Die angepassten Qualitätsprüfungs-Richtlinien bedürfen der Genehmigung des Bundesministeriums für Gesundheit.

(5) ₁Der Spitzenverband Bund der Pflegekassen passt unter Beteiligung des Medizinischen Dienstes des Spitzenverbandes Bund der Krankenkassen und des Prüfdienstes des Verbandes der privaten Krankenversicherung e. V. die nach Absatz 4 angepassten Qualitätsprüfungs-Richtlinien bis zum 30. September 2016 an die nach Absatz 1 übergeleiteten und gegebenenfalls nach Absatz 2 geänderten Pflege-Transparenzvereinbarungen an. ₂Die auf Bundesebene maßgeblichen Organisationen für die Wahrnehmung der Interessen und der Selbsthilfe der pflegebedürftigen und behinderten Menschen wirken nach Maßgabe von § 118 mit. ₃Der Spitzenverband Bund der Pflegekassen hat die Vereinigungen der Träger der Pflegeeinrichtungen auf Bundesebene, die Verbände der Pflegeberufe auf Bundesebene, den Verband der privaten Krankenversicherung e. V. sowie die Bundesarbeitsgemeinschaft der überörtlichen Träger der Sozialhilfe und die kommunalen Spitzenverbände auf Bundesebene zu beteiligen. ₄Ihnen ist unter Übermittlung der hierfür erforderlichen Informationen innerhalb einer angemessenen Frist vor der Entscheidung Gelegenheit zur Stellungnahme zu geben; die Stellungnahmen sind in die Entscheidung einzubeziehen. ₅Die angepassten Qualitätsprüfungs-Richtlinien bedürfen der Genehmigung des Bundesministeriums für Gesundheit und treten zum 1. Januar 2017 in Kraft.

§ 116 Kostenregelungen

(1) Die Prüfkosten bei Wirksamkeits- und Wirtschaftlichkeitsprüfungen nach § 79 sind als Aufwand in der nächstmöglichen Vergütungsvereinbarung nach dem Achten Kapitel zu berücksichtigen; sie können auch auf

mehrere Vergütungszeiträume verteilt werden.

(2) ₁Die Kosten der Schiedsstellenentscheidung nach § 115 Abs. 3 Satz 3 trägt der Träger der Pflegeeinrichtung, soweit die Schiedsstelle eine Vergütungskürzung anordnet; andernfalls sind sie von den als Kostenträgern betroffenen Vertragsparteien gemeinsam zu tragen. ₂Setzt die Schiedsstelle einen niedrigeren Kürzungsbetrag fest als von den Kostenträgern gefordert, haben die Beteiligten die Verfahrenskosten anteilig zu zahlen.

(3) ₁Die Bundesregierung wird ermächtigt, durch Rechtsverordnung mit Zustimmung des Bundesrates die Entgelte für die Durchführung von Wirtschaftlichkeitsprüfungen zu regeln. ₂In der Rechtsverordnung können auch Mindest- und Höchstsätze festgelegt werden; dabei ist den berechtigten Interessen der Wirtschaftlichkeitsprüfer (§ 79) sowie der zur Zahlung der Entgelte verpflichteten Pflegeeinrichtungen Rechnung zu tragen.

§ 117 Zusammenarbeit mit den nach heimrechtlichen Vorschriften zuständigen Aufsichtsbehörden

(1) ₁Die Landesverbände der Pflegekassen sowie der Medizinische Dienst der Krankenversicherung und der Prüfdienst des Verbandes der privaten Krankenversicherung e. V. arbeiten mit den nach heimrechtlichen Vorschriften zuständigen Aufsichtsbehörden bei der Zulassung und der Überprüfung der Pflegeeinrichtungen eng zusammen, um ihre wechselseitigen Aufgaben nach diesem Buch und nach den heimrechtlichen Vorschriften insbesondere durch

1. regelmäßige gegenseitige Information und Beratung,

2. Terminabsprachen für eine gemeinsame oder arbeitsteilige Überprüfung von Pflegeeinrichtungen und

3. Verständigung über die im Einzelfall notwendigen Maßnahmen

wirksam aufeinander abzustimmen. ₂Dabei ist sicherzustellen, dass Doppelprüfungen nach Möglichkeit vermieden werden. ₃Zur Erfüllung dieser Aufgaben sind die Landesverbände der Pflegekassen sowie der Medizinische Dienst und der Prüfdienst des Verbandes der privaten Krankenversicherung e. V. verpflichtet, in den Arbeitsgemeinschaften nach den heimrechtlichen Vorschriften mitzuwirken und sich an entsprechenden Vereinbarungen zu beteiligen.

(2) ₁Die Landesverbände der Pflegekassen sowie der Medizinische Dienst und der Prüfdienst des Verbandes der privaten Krankenversicherung e. V. können mit den nach heimrechtlichen Vorschriften zuständigen Aufsichtsbehörden oder den obersten Landesbehörden ein Modellvorhaben vereinbaren, das darauf zielt, eine abgestimmte Vorgehensweise bei der Prüfung der Qualität von Pflegeeinrichtungen nach diesem Buch und nach heimrechtlichen Vorschriften zu erarbeiten. ₂Von den Richtlinien nach § 114a Absatz 7 und den nach § 115 Absatz 1a bundesweit getroffenen Vereinbarungen kann dabei für die Zwecke und die Dauer des Modellvorhabens abgewichen werden. ₃Die Verantwortung der Pflegekassen und ihrer Verbände für die inhaltliche Bestimmung, Sicherung und Prüfung der Pflege-, Versorgungs- und Betreuungsqualität nach diesem Buch kann durch eine Zusammenarbeit mit den nach heimrechtlichen Vorschriften zuständigen Aufsichtsbehörden oder den obersten Landesbehörden weder eingeschränkt noch erweitert werden.

(3) ₁Zur Verwirklichung der engen Zusammenarbeit sind die Landesverbände der Pflegekassen sowie der Medizinische Dienst der Krankenversicherung und der Prüfdienst des Verbandes der privaten Krankenversicherung e. V. berechtigt und auf Anforderung verpflichtet, den nach heimrechtlichen Vorschriften zuständigen Aufsichtsbehörde die ihnen nach diesem Buch zugänglichen Daten über die Pflegeeinrichtungen, insbesondere über die Zahl und Art der Pflegeplätze und der betreuten Personen (Belegung), über die personelle und sächliche Ausstattung sowie über die Leistungen und Vergütungen der Pflegeeinrichtungen, mitzuteilen. ₂Personenbezogene Daten sind vor der Datenübermittlung zu anonymisieren.

(4) ₁Erkenntnisse aus der Prüfung von Pflegeeinrichtungen sind vom Medizinischen Dienst der Krankenversicherung, dem Prüfdienst des Verbandes der privaten Krankenversicherung e. V. oder von den sonstigen Sachverständigen oder Stellen, die Qualitätsprüfungen nach diesem Buch durchführen, unverzüglich der nach heimrechtlichen Vorschriften zuständigen Aufsichtsbehörde mitzuteilen, soweit sie zur Vorbereitung und Durchführung von aufsichtsrechtlichen Maßnahmen nach den heimrechtlichen Vorschriften erforderlich sind. ₂§ 115 Abs. 1 Satz 1 bleibt hiervon unberührt.

(5) ₁Die Pflegekassen und ihre Verbände sowie der Medizinische Dienst der Krankenversicherung und der Prüfdienst des Verbandes der privaten Krankenversicherung e. V. tragen die ihnen durch die Zusammenarbeit mit den nach heimrechtlichen Vorschriften zuständigen Aufsichtsbehörden entstehenden Kosten. ₂Eine Beteiligung an den Kosten nach heimrechtlichen Vorschriften zuständigen Aufsichtsbehörden oder anderer von der nach heimrechtlichen Vorschriften zuständigen Aufsichtsbehörde beteiligter Stellen oder Gremien ist unzulässig.

(6) ₁Durch Anordnungen der nach heimrechtlichen Vorschriften zuständigen Aufsichtsbehörde bedingte Mehr- oder Minderkosten sind, soweit sie dem Grunde nach vergütungsfähig im Sinne des § 82 Abs. 1 sind, in der nächstmöglichen Pflegesatzvereinbarung zu berücksichtigen. ₂Der Widerspruch oder die Klage einer Vertragspartei oder eines Beteiligten nach § 85 Abs. 2 gegen die Anordnung hat keine aufschiebende Wirkung.

§ 118 Beteiligung von Interessenvertretungen, Verordnungsermächtigung

(1) ₁Bei Erarbeitung oder Änderung

1. der in § 17 Absatz 1, §§ 18b, 112a Absatz 2, § 114a Absatz 7, § 114c Absatz 1 und § 115a Absatz 3 bis 5 vorgesehenen Richtlinien des Spitzenverbandes Bund der Pflegekassen sowie

2. der Vereinbarungen und Beschlüsse nach § 37 Absatz 5 in der ab dem 1. Januar 2017 geltenden Fassung, den §§ 113, 113a, 115 Absatz 1a sowie § 115a Absatz 1 Satz 3 und Absatz 2 durch den Qualitätsausschuss nach § 113b sowie der Vereinbarungen und Beschlüsse nach § 113c und der Vereinbarungen nach § 115a Absatz 1 Satz 1

wirken die auf Bundesebene maßgeblichen Organisationen für die Wahrnehmung der Interessen und der Selbsthilfe pflegebedürftiger und behinderter Menschen nach Maßgabe der Verordnung nach Absatz 2 beratend mit. ₂Das Mitberatungsrecht beinhaltet auch das Recht zur Anwesenheit bei Beschlussfassungen. ₃Bei den durch den Qualitätsausschuss nach § 113b zu treffenden Entscheidungen erhalten diese Organisationen das Recht, Anträge zu stellen. ₄Der Qualitätsausschuss nach § 113b hat über solche Anträge in der nächsten Sitzung zu beraten. ₅Wenn über einen Antrag nicht entschieden werden kann, soll in der Sitzung das Verfahren hinsichtlich der weiteren Beratung und Entscheidung festgelegt werden. ₆Ehrenamtlich Tätige, die von den auf Bundesebene maßgeblichen Organisationen nach Maßgabe einer auf Grund des Absatzes 2 erlassenen Verordnung in die Gremien des Qualitätsausschusses nach § 113b entsandt werden, damit sie dort die in den Sätzen 1 und 3 genannten Rechte dieser Organisationen wahrnehmen, haben Anspruch auf Erstattung der Reisekosten, die ihnen durch die Entsendung entstanden sind. ₇Das Nähere zur Erstattung der Reisekosten regeln die Vereinbarungspartner in der Geschäftsordnung nach § 113b Absatz 7.

(2) Das Bundesministerium für Gesundheit wird ermächtigt, durch Rechtsverordnung mit Zustimmung des Bundesrates Einzelheiten festzulegen für

1. die Voraussetzungen der Anerkennung der für die Wahrnehmung der Interessen und der Selbsthilfe der pflegebedürftigen und behinderten Menschen maßgeblichen Organisationen auf Bundesebene, insbesondere zu den Erfordernissen an die Organisationsform und die Offenlegung der Finanzierung, sowie

2. das Verfahren der Beteiligung.

§ 119 Verträge mit Pflegeheimen außerhalb des Anwendungsbereichs des Wohn- und Betreuungsvertragsgesetzes

Für den Vertrag zwischen dem Träger einer zugelassenen stationären Pflegeeinrichtung, auf die das Wohn- und Betreuungsvertrags-

gesetz keine Anwendung findet, und dem pflegebedürftigen Bewohner gelten die Vorschriften über die Verträge nach dem Wohn- und Betreuungsvertragsgesetz entsprechend.

§ 120 Pflegevertrag bei häuslicher Pflege

(1) ₁Bei häuslicher Pflege übernimmt der zugelassene Pflegedienst spätestens mit Beginn des ersten Pflegeeinsatzes auch gegenüber dem Pflegebedürftigen die Verpflichtung, diesen nach Art und Schwere seiner Pflegebedürftigkeit, entsprechend den von ihm in Anspruch genommenen Leistungen der häuslichen Pflegehilfe im Sinne des § 36 zu versorgen (Pflegevertrag). ₂Bei jeder wesentlichen Veränderung des Zustandes des Pflegebedürftigen hat der Pflegedienst dies der zuständigen Pflegekasse unverzüglich mitzuteilen.

(2) ₁Der Pflegedienst hat nach Aufforderung der zuständigen Pflegekasse unverzüglich eine Ausfertigung des Pflegevertrages auszuhändigen. ₂Der Pflegevertrag kann von dem Pflegebedürftigen jederzeit ohne Einhaltung einer Frist gekündigt werden.

(3) ₁In dem Pflegevertrag sind mindestens Art, Inhalt und Umfang der Leistungen einschließlich der dafür mit den Kostenträgern nach § 89 vereinbarten Vergütungen für jede Leistung oder jeden Leistungskomplex gesondert zu beschreiben. ₂Der Pflegedienst hat den Pflegebedürftigen vor Vertragsschluss und bei jeder wesentlichen Veränderung in der Regel schriftlich über die voraussichtlichen Kosten zu unterrichten. ₃Bei der Vereinbarung des Pflegevertrages ist zu berücksichtigen, dass der Pflegebedürftige Leistungen von mehreren Leistungserbringern in Anspruch nimmt. ₄Ebenso zu berücksichtigen ist die Bereitstellung der Informationen für eine Nutzung des Umwandlungsanspruchs nach § 45a Absatz 4.

(4) ₁Der Anspruch des Pflegedienstes auf Vergütung seiner Leistungen der häuslichen Pflegehilfe im Sinne des § 36 ist unmittelbar gegen die zuständige Pflegekasse zu richten. ₂Soweit die von dem Pflegebedürftigen abgerufenen Leistungen nach Satz 1 den von der Pflegekasse mit Bescheid festgelegten und von ihr zu zahlenden leistungsrechtlichen

Höchstbetrag überschreiten, darf der Pflegedienst dem Pflegebedürftigen für die zusätzlich abgerufenen Leistungen keine höhere als die nach § 89 vereinbarte Vergütung berechnen.

Zwölftes Kapitel
Bußgeldvorschrift

§ 121 Bußgeldvorschrift

(1) Ordnungswidrig handelt, wer vorsätzlich oder leichtfertig

1. der Verpflichtung zum Abschluß oder zur Aufrechterhaltung des privaten Pflegeversicherungsvertrages nach § 23 Abs. 1 Satz 1 und 2 oder § 23 Abs. 4 oder der Verpflichtung zur Aufrechterhaltung des privaten Pflegeversicherungsvertrages nach § 22 Abs. 1 Satz 2 nicht nachkommt,

2. entgegen § 50 Abs. 1 Satz 1, § 51 Abs. 1 Satz 1 und 2, § 51 Abs. 3 oder entgegen Artikel 42 Abs. 4 Satz 1 oder 2 des Pflege-Versicherungsgesetzes eine Meldung nicht, nicht richtig, nicht vollständig oder nicht rechtzeitig erstattet,

3. entgegen § 50 Abs. 3 Satz 1 Nr. 1 eine Auskunft nicht, nicht richtig, nicht vollständig oder nicht rechtzeitig erteilt oder entgegen § 50 Abs. 3 Satz 1 Nr. 2 eine Änderung nicht, nicht richtig, nicht vollständig oder nicht rechtzeitig mitteilt,

4. entgegen § 50 Abs. 3 Satz 2 die erforderlichen Unterlagen nicht, nicht vollständig oder nicht rechtzeitig vorlegt,

5. entgegen Artikel 42 Abs. 1 Satz 3 des Pflege-Versicherungsgesetzes den Leistungsumfang seines privaten Versicherungsvertrages nicht oder nicht rechtzeitig anpaßt,

6. mit der Entrichtung von sechs Monatsprämien zur privaten Pflegeversicherung in Verzug gerät,

7. entgegen § 128 Absatz 1 Satz 4 die dort genannten Daten nicht, nicht richtig, nicht vollständig oder nicht rechtzeitig übermittelt.

(2) Die Ordnungswidrigkeit kann mit einer Geldbuße bis zu 2500 Euro geahndet werden.

(3) Für die von privaten Versicherungsunternehmen begangenen Ordnungswidrigkeiten nach Absatz 1 Nummer 2 und 7 ist das Bundesversicherungsamt die Verwaltungsbehörde im Sinne des § 36 Abs. 1 Nr. 1 des Gesetzes über Ordnungswidrigkeiten.

(4) ₁Die für die Verfolgung und Ahndung der Ordnungswidrigkeiten nach Absatz 1 Nummer 1 und 6 zuständige Verwaltungsbehörde im Sinne des § 36 Absatz 1 Nummer 2 Buchstabe a oder Absatz 2 des Gesetzes über Ordnungswidrigkeiten kann die zur Ermittlung des Sachverhalts erforderlichen Auskünfte, auch elektronisch und als elektronisches Dokument, bei den nach § 51 Absatz 1 Satz 1 und 2 und Absatz 2 Meldepflichtigen einholen. ₂Diese sollen bei der Ermittlung des Sachverhalts mitwirken. ₃Sie sollen insbesondere ihnen bekannte Tatsachen und Beweismittel angeben. ₄Eine weitergehende Pflicht, bei der Ermittlung des Sachverhalts mitzuwirken, insbesondere eine Pflicht zum persönlichen Erscheinen oder zur Aussage, besteht nur, soweit sie durch Rechtsvorschrift besonders vorgesehen ist.

§ 122 (weggefallen)

Dreizehntes Kapitel
Befristete Modellvorhaben

8

§ 123 Durchführung der Modellvorhaben zur kommunalen Beratung Pflegebedürftiger und ihrer Angehörigen, Verordnungsermächtigung

(1) ₁Die für die Hilfe zur Pflege zuständigen Träger der Sozialhilfe nach dem Zwölften Buch können Modellvorhaben zur Beratung von Pflegebedürftigen und deren Angehörigen für ihren Zuständigkeitsbereich bei der zuständigen obersten Landesbehörde beantragen, sofern dies nach Maßgabe landesrechtlicher Vorschriften vorgesehen ist. ₂Ist als überörtlicher Träger für die Hilfe zur Pflege durch landesrechtliche Vorschriften das Land bestimmt, können die örtlichen Träger der Sozialhilfe, die im Auftrag des Landes die Hilfe zur Pflege durchführen, Modellvorhaben nach Satz 1 beantragen. ₃Sofern sich die Zuständigkeit des jeweiligen Trägers der So-

zialhilfe nach dem Zwölften Buch auf mehrere Kreise erstreckt, soll sich das Modellvorhaben auf einen Kreis oder eine kreisfreie Stadt beschränken. ₄Für Stadtstaaten, die nur aus einer kreisfreien Stadt bestehen, ist das Modellvorhaben auf jeweils einen Stadtbezirk zu beschränken. ₅Die Modellvorhaben umfassen insbesondere die Übernahme folgender Aufgaben durch eigene Beratungsstellen:

1. die Pflegeberatung nach den §§ 7a bis 7c,
2. die Beratung in der eigenen Häuslichkeit nach § 37 Absatz 3 und
3. Pflegekurse nach § 45.

₆Die §§ 7a bis 7c, § 17 Absatz 1a, § 37 Absatz 3 Satz 1, 2, 3, 9, 10 erster Halbsatz und Absatz 4 sowie § 45 gelten entsprechend. ₇In den Modellvorhaben ist eine Zusammenarbeit bei der Beratung nach Satz 5 Nummer 1 und 2 insbesondere mit der Beratung zu Leistungen der Altenhilfe, der Hilfe zur Pflege nach dem Zwölften Buch und der Eingliederungshilfe nach dem Neunten Buch sowie mit der Beratung zu Leistungen des öffentlichen Gesundheitsdienstes, zur rechtlichen Betreuung, zu behindertengerechten Wohnangeboten, zum öffentlichen Nahverkehr und zur Förderung des bürgerschaftlichen Engagements sicherzustellen. ₈Abweichend von Satz 5 Nummer 1 und Absatz 6 Satz 1 kann die Pflegeberatung nach den §§ 7a bis 7c durch die Pflegekassen erfolgen, soweit die Zusammenarbeit in der Beratung für den örtlichen Geltungsbereich des Modellvorhabens in einer gesonderten Vereinbarung nach § 7a Absatz 7 Satz 4 in Verbindung mit einer Vereinbarung nach Absatz 5 gewährleistet ist. ₉Die Landesregierungen werden ermächtigt, Schiedsstellen entsprechend § 7c Absatz 7 Satz 1 bis 5 einzurichten und eine Rechtsverordnung entsprechend § 7c Absatz 7 Satz 6 zu erlassen. ₁₀Absatz 5 Satz 5 bis 7 gilt entsprechend.

(2) ₁Dem Antrag nach Absatz 1 ist ein Konzept beizufügen, wie die Aufgaben durch die Beratungsstellen wahrgenommen werden und mit welchen eigenen sächlichen, personellen und finanziellen Mitteln die Beratungsstellen ausgestattet werden. ₂Eine Zusammenarbeit mit den privaten Versicherungsunternehmen, die die private Pflege-

pflichtversicherung durchführen, ist anzustreben und im Konzept nachzuweisen. ₃Das Nähere, insbesondere zu den Anforderungen an die Beratungsstellen und an die Anträge nach Absatz 1 sowie zum Widerruf einer Genehmigung nach § 124 Absatz 2 Satz 1, ist bis zum 31. Dezember 2018 durch landesrechtliche Vorschriften zu regeln.

(3) ₁Die zuständige oberste Landesbehörde kann höchstens so viele Modellvorhaben genehmigen, wie ihr nach dem Königsteiner Schlüssel, der für das Jahr 2017 im Bundesanzeiger veröffentlicht ist, bei einer Gesamtzahl von insgesamt 60 Modellvorhaben zustehen. ₂Der Antrag kann genehmigt werden, wenn die Anforderungen nach den Absätzen 1 und 2 in Verbindung mit den landesrechtlichen Vorgaben im Sinne des Absatzes 2 Satz 3 erfüllt sind. ₃Den kommunalen Spitzenverbänden auf Landesebene und den Landesverbänden der Pflegekassen ist zu jedem Antrag vor der Genehmigung Gelegenheit zur Stellungnahme zu geben. ₄Die Länder insgesamt sollen bei der Genehmigung sicherstellen, dass die Hälfte aller bewilligten Modellvorhaben durch Antragsteller nach Absatz 1 durchgeführt wird, die keine mehrjährigen Erfahrungen in strukturierter Zusammenarbeit in der Beratung aufweisen. ₅Länder, die innerhalb der in Absatz 2 Satz 3 genannten Frist keine landesrechtlichen Regelungen getroffen haben oder die die ihnen zustehenden Modellvorhaben nicht nutzen wollen, treten die ihnen zustehenden Modellvorhaben an andere Länder ab. ₆Die Verteilung der nicht in Anspruch genommenen Modellvorhaben auf die anderen Länder wird von den Ländern im Einvernehmen mit dem Bundesministerium für Gesundheit bestimmt.

(4) ₁Der Spitzenverband Bund der Pflegekassen beschließt nach Anhörung der kommunalen Spitzenverbände sowie der auf Bundesebene maßgeblichen Organisationen für die Wahrnehmung der Interessen und der Selbsthilfe der pflegebedürftigen und behinderten Menschen und ihrer Angehörigen sowie des Verbands der privaten Krankenversicherung e. V. Empfehlungen über die konkreten Voraussetzungen, Ziele, Inhalte und Durchführung der Modellvorhaben. ₂Die Empfehlungen sind bis zum 30. Juni 2017

vorzulegen und bedürfen der Zustimmung des Bundesministeriums für Gesundheit und der Länder. ₃Das Bundesministerium für Gesundheit trifft seine Entscheidung im Benehmen mit dem Bundesministerium für Familie, Senioren, Frauen und Jugend. ₄Zur Begleitung der Modellvorhaben eines Landes kann die oberste Landesbehörde einen Beirat einrichten, der insbesondere aus den kommunalen Spitzenverbänden auf Landesebene und den Landesverbänden der Pflegekassen besteht. ₅Aufgaben des Beirates sind insbesondere, die oberste Landesbehörde bei der Klärung fachlicher und verfahrensbezogener Fragen zu beraten, sowie der Austausch der Mitglieder untereinander über die Unterstützung der Modellvorhaben in eigener Zuständigkeit.

(5) ₁Ist ein Antrag nach Absatz 3 Satz 2 genehmigt, trifft der Antragsteller mit den Landesverbänden der Pflegekassen gemeinsam und einheitlich eine Vereinbarung

1. zur Zusammenarbeit,

2. zur Einbeziehung bestehender Beratungs- und Kursangebote,

3. zu Nachweis- und Berichtspflichten gegenüber den Landesverbänden der Pflegekassen,

4. zum Übergang der Beratungsaufgaben auf die Beratungsstellen nach Absatz 1 Satz 5,

5. zur Haftung für Schäden, die den Pflegekassen durch fehlerhafte Beratung entstehen, und

6. zur Beteiligung der Pflegekassen mit sächlichen, personellen und finanziellen Mitteln.

₂Der Beitrag der Pflegekassen nach Satz 1 Nummer 6 darf den Aufwand nicht übersteigen, der entstehen würde, wenn sie die Aufgaben anstelle der Antragsteller nach Absatz 1 im selben Umfang selbst erbringen würden. ₃Grundlage hierfür sind die bisherigen Ausgaben der Pflegekassen für die Aufgabenerfüllung nach Absatz 1 Satz 5. ₄Die Landesregierungen werden ermächtigt, Schiedsstellen entsprechend § 7c Absatz 7 Satz 1 bis 5 einzurichten und eine Rechtsverordnung entsprechend § 7c Absatz 7 Satz 6 zu erlassen. ₅Abweichend von Satz 4 können die Parteien der Vereinbarung nach Satz 1

einvernehmlich eine unparteiische Schiedsperson und zwei unparteiische Mitglieder bestellen, die den Inhalt der Vereinbarung nach Satz 1 innerhalb von sechs Wochen nach ihrer Bestellung festlegen. ₆Die Kosten des Schiedsverfahrens tragen die Parteien der Vereinbarung zu gleichen Teilen. ₇Kommt eine Einigung der Landesverbände der Pflegekassen untereinander nicht zustande, erfolgt die Beschlussfassung durch die Mehrheit der in § 52 Absatz 1 Satz 1 genannten Stellen.

(6) ₁Mit dem Inkrafttreten der Vereinbarung nach Absatz 5 Satz 1 geht die Verantwortung für die Pflegeberatung nach den §§ 7a bis 7c und für die Beratung in der eigenen Häuslichkeit nach § 37 Absatz 3 von anspruchsberechtigten Pflegebedürftigen mit Wohnort im Bereich der örtlichen Zuständigkeit der Beratungsstelle und von deren Angehörigen sowie für die Pflegekurse nach § 45 auf den Antragsteller nach Absatz 1 über. ₂Die Antragsteller können sich zur Erfüllung ihrer Aufgaben Dritter bedienen. ₃Die Erfüllung der Aufgaben durch Dritte ist im Konzept nach Absatz 2 darzulegen. ₄Sofern sie sich für die Beratung in der eigenen Häuslichkeit nach § 37 Absatz 3 Dritter bedienen, ist die Leistungserbringung allen in § 37 Absatz 3 Satz 1 und Absatz 8 genannten Einrichtungen zu ermöglichen.

(7) ₁Während der Durchführung des Modellvorhabens weist der Antragsteller gegenüber der obersten Landesbehörde und den am Vertrag beteiligten Landesverbänden der Pflegekassen die Höhe der eingebrachten sächlichen und personellen Mittel je Haushaltsjahr nach. ₂Diese Mittel dürfen die durchschnittlich aufgewendeten Verwaltungsausgaben für die Hilfe zur Pflege und die Eingliederungshilfe bezogen auf den einzelnen Empfänger und für die Altenhilfe bezogen auf alte Menschen im Haushaltsjahr vor Beginn des Modellvorhabens nicht unterschreiten; Ausnahmen hiervon sind bei den sächlichen Mitteln möglich, soweit sich die Abweichung nachweislich aus Einsparungen aufgrund der Zusammenlegung von Beratungsaufgaben ergibt. ₃Die Mittel sind auf der Grundlage der Haushaltsaufstellung im Konzept nach Absatz 2 Satz 1 nachzuweisen.

8

§ 124 Befristung, Widerruf und Begleitung der Modellvorhaben zur kommunalen Beratung; Beirat

(1) ₁Anträge zur Durchführung von Modellvorhaben können bis zum 31. Dezember 2019 gestellt werden. ₂Modellvorhaben nach diesem Kapitel sind auf fünf Jahre zu befristen.

(2) ₁Die Genehmigung zur Durchführung eines Modellvorhabens ist zu widerrufen, wenn die in § 123 Absatz 1 Satz 5 genannten Aufgaben nicht in vollem Umfang erfüllt werden. ₂Die Genehmigung ist auch dann zu widerrufen, wenn die nach § 123 Absatz 5 Satz 1 vereinbarten oder die in § 123 Absatz 5 Satz 2 oder Absatz 7 festgelegten Anforderungen überwiegend nicht erfüllt werden. ₃Eine Klage gegen den Widerruf hat keine aufschiebende Wirkung. ₄Die zuständige oberste Landesbehörde überprüft die Erfüllung der Aufgaben nach § 123 Absatz 1 anhand der wissenschaftlichen Begleitung und Auswertung nach Absatz 3 zum Abschluss des jeweiligen Haushaltsjahres. ₅Sie überprüft die Erfüllung der Anforderungen nach § 123 Absatz 7 anhand der jeweiligen Haushaltspläne.

(3) ₁Der Spitzenverband Bund der Pflegekassen und die für die Modellvorhaben nach § 123 Absatz 1 Satz 1 zuständigen obersten Landesbehörden veranlassen gemeinsam im Einvernehmen mit dem Bundesministerium für Gesundheit und im Benehmen mit den kommunalen Spitzenverbänden eine wissenschaftliche Begleitung und Auswertung aller Modellvorhaben durch unabhängige Sachverständige. ₂Die Auswertung erfolgt nach allgemein anerkannten wissenschaftlichen Standards hinsichtlich der Wirksamkeit, Qualität und Kosten der Beratung im Vergleich zur Beratung vor Beginn des jeweiligen Modellvorhabens und außerhalb der Modellvorhaben. ₃Die Auswertung schließt einen Vergleich mit den Beratungsangeboten der sozialen Pflegeversicherung und der privaten Pflege-Pflichtversicherung jeweils außerhalb der Modellvorhaben ein. ₄Die unabhängigen Sachverständigen haben einen Zwischenbericht und einen Abschlussbericht über die Ergebnisse der Auswertungen zu erstellen. ₅Der Zwischenbericht ist spätestens am 31. Dezember 2023 und ₆er Abschlussbericht spätestens am 31. Juli 2026 zu veröffentlichen. ₆Die Kosten der wissenschaftlichen Begleitung und der Auswertung der Modellvorhaben tragen je zur Hälfte die für diese Modellvorhaben zuständigen obersten Landesbehörden gemeinsam und der Spitzenverband Bund der Pflegekassen, dessen Beitrag aus Mitteln des Ausgleichsfonds nach § 65 zu finanzieren ist.

(4) ₁Die nach Landesrecht zuständigen Stellen begleiten die Modellvorhaben über die gesamte Laufzeit und sorgen für einen bundesweiten Austausch der Modellvorhaben untereinander unter Beteiligung der für die Begleitung und Auswertung nach Absatz 3 zuständigen unabhängigen Sachverständigen sowie des Spitzenverbandes Bund der Pflegekassen und der kommunalen Spitzenverbände. ₂Bei der Organisation und Durchführung des Austausches können sich die nach Landesrecht zuständigen Stellen von den unabhängigen Sachverständigen unterstützen lassen, die die wissenschaftliche Begleitung und Auswertung nach Absatz 3 durchführen.

(5) ₁Der Spitzenverband Bund der Pflegekassen richtet einen Beirat zur Begleitung der Modellvorhaben im Einvernehmen mit dem Bundesministerium für Gesundheit ein. ₂Der Beirat tagt mindestens zweimal jährlich und berät den Sachstand der Modellvorhaben. ₃Ihm gehören Vertreterinnen und Vertreter der kommunalen Spitzenverbände, der Länder, der Pflegekassen, der Wissenschaft, des Bundesministeriums für Gesundheit und des Bundesministeriums für Familie, Senioren, Frauen und Jugend an.

§ 125 (weggefallen)

Vierzehntes Kapitel
Zulagenförderung der privaten Pflegevorsorge

§ 126 Zulageberechtigte

₁Personen, die nach dem Dritten Kapitel in der sozialen oder privaten Pflegeversicherung versichert sind (zulageberechtigte Personen), haben bei Vorliegen einer auf ihren Namen lautenden privaten Pflege-Zusatzversicherung unter den in § 127 Absatz 2 genannten

Voraussetzungen Anspruch auf eine Pflegevorsorgezulage. ₂Davon ausgenommen sind Personen, die das 18. Lebensjahr noch nicht vollendet haben, sowie Personen, die vor Abschluss der privaten Pflege-Zusatzversicherung bereits als Pflegebedürftige Leistungen nach dem Vierten Kapitel oder gleichwertige Vertragsleistungen der privaten Pflege-Pflichtversicherung beziehen oder bezogen haben.

§ 127 Pflegevorsorgezulage; För dervoraussetzungen

(1) ₁Leistet die zulageberechtigte Person mindestens einen Beitrag von monatlich 10 Euro im jeweiligen Beitragsjahr zugunsten einer auf ihren Namen lautenden, gemäß Absatz 2 förderfähigen privaten Pflege-Zusatzversicherung, hat sie Anspruch auf eine Zulage in Höhe von monatlich 5 Euro. ₂Die Zulage wird bei dem Mindestbeitrag nach Satz 1 nicht berücksichtigt. ₃Die Zulage wird je zulageberechtigter Person für jeden Monat nur für einen Versicherungsvertrag gewährt. ₄Der Mindestbeitrag und die Zulage sind für den förderfähigen Tarif zu verwenden.

(2) ₁Eine nach diesem Kapitel förderfähige private Pflege-Zusatzversicherung liegt vor, wenn das Versicherungsunternehmen hierfür

1. die Kalkulation nach Art der Lebensversicherung gemäß § 146 Absatz 1 Nummer 1 und 2 des Versicherungsaufsichtsgesetzes vorsieht,

2. allen in § 126 genannten Personen einen Anspruch auf Versicherung gewährt,

3. auf das ordentliche Kündigungsrecht sowie auf eine Risikoprüfung und die Vereinbarung von Risikozuschlägen und Leistungsausschlüssen verzichtet,

4. bei Vorliegen von Pflegebedürftigkeit im Sinne des § 14 einen vertraglichen Anspruch auf Auszahlung von Geldleistungen für jeden der in § 15 Absatz 3 und 7 aufgeführten Pflegegrade, dabei in Höhe von mindestens 600 Euro für Pflegegrad 5, vorsieht; die tariflich vorgesehenen Geldleistungen dürfen dabei die zum Zeitpunkt des Vertragsabschlusses jeweils geltende Höhe der Leistungen dieses Buches nicht überschreiten, eine Dynamisierung bis zur Höhe der allgemeinen Inflationsrate ist je-

doch zulässig; weitere Leistungen darf der förderfähige Tarif nicht vorsehen,

5. bei der Feststellung des Versicherungsfalles sowie der Festsetzung des Pflegegrades dem Ergebnis des Verfahrens zur Feststellung der Pflegebedürftigkeit gemäß § 18 folgt; bei Versicherten der privaten Pflege-Pflichtversicherung sind die entsprechenden Feststellungen des privaten Versicherungsunternehmens zugrunde zu legen,

6. die Wartezeit auf höchstens fünf Jahre beschränkt,

7. einem Versicherungsnehmer, der hilfebedürftig im Sinne des Zweiten oder Zwölften Buches ist oder allein durch Zahlung des Beitrags hilfebedürftig würde, einen Anspruch gewährt, den Vertrag ohne Aufrechterhaltung des Versicherungsschutzes für eine Dauer von mindestens drei Jahren ruhen zu lassen oder den Vertrag binnen einer Frist von drei Monaten nach Eintritt der Hilfebedürftigkeit rückwirkend zum Zeitpunkt des Eintritts zu kündigen; für den Fall der Ruhendstellung beginnt diese Frist mit dem Ende der Ruhendstellung, wenn Hilfebedürftigkeit weiterhin vorliegt,

8. die Höhe der in Ansatz gebrachten Verwaltungs- und Abschlusskosten begrenzt; das Nähere dazu wird in der Rechtsverordnung nach § 130 geregelt.

₂Der Verband der privaten Krankenversicherung e. V. wird damit beliehen, hierfür brancheneinheitliche Vertragsmuster festzulegen, die von den Versicherungsunternehmen als Teil der Allgemeinen Versicherungsbedingungen förderfähiger Pflege-Zusatzversicherungen zu verwenden sind. ₃Die Beleihung nach Satz 2 umfasst die Befugnis, für Versicherungsunternehmen, die förderfähige private Pflege-Zusatzversicherungen anbieten, einen Ausgleich für Überschäden einzurichten; § 111 Absatz 1 Satz 1 und 2 und Absatz 2 gilt entsprechend. ₄Die Fachaufsicht über den Verband der privaten Krankenversicherung e. V. zu den in den Sätzen 2 und 3 genannten Aufgaben übt das Bundesministerium für Gesundheit aus.

(3) Der Anspruch auf die Zulage entsteht mit Ablauf des Kalenderjahres, für das die Bei-

8

träge zu einer privaten Pflege-Zusatzversicherung gemäß § 127 Absatz 1 geleistet worden sind (Beitragsjahr).

§ 128 Verfahren; Haftung des Versicherungsunternehmens

(1) $_1$Die Zulage gemäß § 127 Absatz 1 wird auf Antrag gewährt. $_2$Die zulageberechtigte Person bevollmächtigt das Versicherungsunternehmen mit dem Abschluss des Vertrags über eine förderfähige private Pflege-Zusatzversicherung, die Zulage für jedes Beitragsjahr zu beantragen. $_3$Sofern eine Zulagenummer oder eine Versicherungsnummer nach § 147 des Sechsten Buches für die zulageberechtigte Person noch nicht vergeben ist, bevollmächtigt sie zugleich ihr Versicherungsunternehmen, eine Zulagenummer bei der zentralen Stelle zu beantragen. $_4$Das Versicherungsunternehmen ist verpflichtet, der zentralen Stelle nach amtlich vorgeschriebenem Datensatz durch amtlich bestimmte Datenfernübertragung zur Feststellung der Anspruchsberechtigung auf Auszahlung der Zulage zugleich mit dem Antrag in dem Zeitraum vom 1. Januar bis zum 31. März des Kalenderjahres, das auf das Beitragsjahr folgt, Folgendes zu übermitteln:

1. die Antragsdaten,
2. die Höhe der für die zulagefähige private Pflege-Zusatzversicherung geleisteten Beiträge,
3. die Vertragsdaten,
4. die Versicherungsnummer nach § 147 des Sechsten Buches, die Zulagenummer der zulageberechtigten Person oder einen Antrag auf Vergabe einer Zulagenummer,
5. weitere zur Auszahlung der Zulage erforderliche Angaben,
6. die Bestätigung, dass der Antragsteller eine zulageberechtigte Person im Sinne des § 126 ist, sowie
7. die Bestätigung, dass der jeweilige Versicherungsvertrag die Voraussetzungen des § 127 Absatz 2 erfüllt.

$_5$Die zulageberechtigte Person ist verpflichtet, dem Versicherungsunternehmen unverzüglich eine Änderung der Verhältnisse mitzuteilen, die zu einem Wegfall des Zulagenanspruchs führt. $_6$Hat für das Beitragsjahr, für das das Versicherungsunternehmen bereits eine Zulage beantragt hat, kein Zulagenanspruch bestanden, hat das Versicherungsunternehmen diesen Antragsdatensatz zu stornieren.

(2) $_1$Die Auszahlung der Zulage erfolgt durch eine zentrale Stelle bei der Deutschen Rentenversicherung Bund; das Nähere, insbesondere die Höhe der Verwaltungskostenerstattung, wird durch Verwaltungsvereinbarung zwischen dem Bundesministerium für Gesundheit und der Deutschen Rentenversicherung Bund geregelt. $_2$Die Zulage wird bei Vorliegen der Voraussetzungen an das Versicherungsunternehmen gezahlt, bei dem der Vertrag über die private Pflege-Zusatzversicherung besteht, für den die Zulage beantragt wurde. $_3$Wird für eine zulageberechtigte Person die Zulage für mehr als einen privaten Pflege-Zusatzversicherungsvertrag beantragt, so wird die Zulage für den jeweiligen Monat nur für den Vertrag gewährt, für den der Antrag zuerst bei der zentralen Stelle eingegangen ist. $_4$Soweit der zuständige Träger der Rentenversicherung keine Versicherungsnummer vergeben hat, vergibt die zentrale Stelle zur Erfüllung der ihr zugewiesenen Aufgaben eine Zulagenummer. $_5$Im Fall eines Antrags nach Absatz 1 Satz 3 teilt die zentrale Stelle dem Versicherungsunternehmen die Zulagenummer mit; von dort wird sie an den Antragsteller weitergeleitet. $_6$Die zentrale Stelle stellt aufgrund der ihr vorliegenden Informationen fest, ob ein Anspruch auf Zulage besteht, und veranlasst die Auszahlung an das Versicherungsunternehmen zugunsten der zulageberechtigten Person. $_7$Ein gesonderter Zulagebescheid ergeht vorbehaltlich des Satzes 9 nicht. $_8$Das Versicherungsunternehmen hat die erhaltenen Zulagen unverzüglich dem begünstigten Vertrag gutzuschreiben. $_9$Eine Festsetzung der Zulage erfolgt nur auf besonderen Antrag der zulageberechtigten Person. $_{10}$Der Antrag ist schriftlich innerhalb eines Jahres nach Übersendung der Information nach Absatz 3 durch das Versicherungsunternehmen vom Antragsteller an die Versicherungsunternehmen zu richten. $_{11}$Das Versicherungsunternehmen leitet den Antrag der zentralen Stelle zur Festsetzung zu. $_{12}$Es hat dem Antrag eine Stellungnahme und die zur

Festsetzung erforderlichen Unterlagen beizufügen. 13Die zentrale Stelle teilt die Festsetzung auch dem Versicherungsunternehmen mit. 14Erkennt die zentrale Stelle nachträglich, dass der Zulageanspruch nicht bestanden hat oder weggefallen ist, so hat sie zu Unrecht gutgeschriebene oder ausgezahlte Zulagen zurückzufordern und dies dem Versicherungsunternehmen durch Datensatz mitzuteilen.

(3) 1Kommt die zentrale Stelle zu dem Ergebnis, dass kein Anspruch auf Zulage besteht oder bestanden hat, teilt sie dies dem Versicherungsunternehmen mit. 2Dieses hat die versicherte Person innerhalb eines Monats nach Eingang des entsprechenden Datensatzes darüber zu informieren.

(4) Das Versicherungsunternehmen haftet im Fall der Auszahlung einer Zulage gegenüber dem Zulageempfänger dafür, dass die in § 127 Absatz 2 genannten Voraussetzungen erfüllt sind.

(5) 1Die von der zentralen Stelle veranlassten Auszahlungen von Pflegevorsorgezulagen sowie die entstehenden Verwaltungskosten werden vom Bundesministerium für Gesundheit getragen. 2Zu den Verwaltungskosten gehören auch die entsprechenden Kosten für den Aufbau der technischen und organisatorischen Infrastruktur. 3Die gesamten Verwaltungskosten werden nach Ablauf eines jeden Beitragsjahres erstattet; dabei sind die Personal- und Sachkostensätze des Bundes entsprechend anzuwenden. 4Ab dem Jahr 2014 werden monatliche Abschläge gezahlt. 5Soweit das Bundesversicherungsamt die Aufsicht über die zentrale Stelle ausübt, untersteht es abweichend von § 94 Absatz 2 Satz 2 des Vierten Buches dem Bundesministerium für Gesundheit.

§ 129 Wartezeit bei förderfähigen Pflege-Zusatzversicherungen

Soweit im Vertrag über eine gemäß § 127 Absatz 2 förderfähige private Pflege-Zusatzversicherung eine Wartezeit vereinbart wird, darf diese abweichend von § 197 Absatz 1 des Versicherungsvertragsgesetzes fünf Jahre nicht überschreiten.

§ 130 Verordnungsermächtigung

Das Bundesministerium für Gesundheit wird ermächtigt, im Einvernehmen mit dem Bun-

desministerium der Finanzen und dem Bundesministerium für Arbeit und Soziales durch Rechtsverordnung ohne Zustimmung des Bundesrates Vorschriften zu erlassen, die Näheres regeln über

1. die zentrale Stelle gemäß § 128 Absatz 2 und ihre Aufgaben,

2. das Verfahren für die Ermittlung, Festsetzung, Auszahlung, Rückzahlung und Rückforderung der Zulage,

3. den Datenaustausch zwischen Versicherungsunternehmen und zentraler Stelle nach § 128 Absatz 1 und 2,

4. die Begrenzung der Höhe der bei förderfähigen Pflege-Zusatzversicherungen in Ansatz gebrachten Verwaltungs- und Abschlusskosten.

Fünfzehntes Kapitel
Bildung eines Pflegevorsorgefonds

§ 131 Pflegevorsorgefonds

In der sozialen Pflegeversicherung wird ein Sondervermögen unter dem Namen „Vorsorgefonds der sozialen Pflegeversicherung" errichtet.

§ 132 Zweck des Vorsorgefonds

1Das Sondervermögen dient der langfristigen Stabilisierung der Beitragsentwicklung in der sozialen Pflegeversicherung. 2Es darf nach Maßgabe des § 136 nur zur Finanzierung der Leistungsaufwendungen der sozialen Pflegeversicherung verwendet werden.

§ 133 Rechtsform und Vertretung in gerichtlichen Verfahren

1Das Sondervermögen ist nicht rechtsfähig. 2Es kann unter seinem Namen im rechtsgeschäftlichen Verkehr handeln, klagen und verklagt werden. 3Die Vertretung des Sondervermögens in gerichtlichen Verfahren erfolgt ab dem 1. Januar 2020 durch das Bundesversicherungsamt. 4Die Entscheidung über die Einleitung eines gerichtlichen Verfahrens trifft das Bundesversicherungsamt im Einvernehmen mit dem in dem § 134 Absatz 2 Satz 3 genannten Anlageausschuss vertretenen Bundesministerium für Gesundheit. 5Dem Bundesversicherungsamt bezüg-

8

lich der Vertretung des Sondervermögens in gerichtlichen Verfahren entstehende Kosten werden aus Mitteln des Pflegevorsorgefonds getragen. ₆Der allgemeine Gerichtsstand des Sondervermögens ist Bonn. ₇Die Vertretung des Sondervermögens in gerichtlichen Verfahren einschließlich der Entscheidung über die Einleitung gerichtlicher Verfahren erfolgt bis zum Ablauf des 31. Dezember 2019 durch das Bundesministerium für Gesundheit. ₈Für bis zum Ablauf des 31. Dezember 2019 anhängig gewordene gerichtliche Verfahren verbleibt die Vertretung bis zum Abschluss der Verfahren beim Bundesministerium für Gesundheit.

§ 134 Verwaltung und Anlage der Mittel

(1) ₁Die Verwaltung und die Anlage der Mittel des Sondervermögens werden der Deutschen Bundesbank übertragen. ₂Für die Verwaltung des Sondervermögens und seiner Mittel werden der Bundesbank entsprechend § 20 Satz 2 des Gesetzes über die Deutsche Bundesbank keine Kosten erstattet.

(2) ₁Die dem Sondervermögen zufließenden Mittel einschließlich der Erträge sind unter sinngemäßer Anwendung der Anlagerichtlinien für die Sondervermögen „Versorgungsrücklage des Bundes", „Versorgungsfonds des Bundes", „Versorgungsfonds der Bundesagentur für Arbeit" und „Vorsorgefonds der sozialen Pflegeversicherung" (Anlagerichtlinien Sondervermögen) zu marktüblichen Bedingungen anzulegen. ₂Dabei ist der in Aktien oder Aktienfonds angelegte Anteil des Sondervermögens ab dem Jahr 2035 über einen Zeitraum von höchstens zehn Jahren abzubauen. ₃Das Bundesministerium für Gesundheit ist im Anlageausschuss nach § 5 der Anlagerichtlinien für die Sondervermögen „Versorgungsrücklage des Bundes", „Versorgungsfonds des Bundes", „Versorgungsfonds der Bundesagentur für Arbeit" und „Vorsorgefonds der sozialen Pflegeversicherung" (Anlagerichtlinien Sondervermögen) vertreten.

§ 135 Zuführung der Mittel

(1) ₁Das Bundesversicherungsamt führt dem Sondervermögen monatlich zum 20. des Monats zu Lasten des Ausgleichsfonds einen Betrag zu, der einem Zwölftel von 0,1 Prozent der beitragspflichtigen Einnahmen der sozia-

len Pflegeversicherung des Vorjahres entspricht. ₂Für die Berechnung des Abführungsbetrags wird der Beitragssatz gemäß § 55 Absatz 1 zugrunde gelegt.

(2) Die Zuführung nach Absatz 1 erfolgt erstmals zum 20. Februar 2015 und endet mit der Zahlung für Dezember 2033.

§ 136 Verwendung des Sondervermögens

₁Ab dem Jahr 2035 kann das Sondervermögen zur Sicherung der Beitragssatzstabilität der sozialen Pflegeversicherung verwendet werden, wenn ohne eine Zuführung von Mitteln an den Ausgleichsfonds eine Beitragssatzanhebung erforderlich würde, die nicht auf über eine allgemeine Dynamisierung der Leistungen hinausgehenden Leistungsverbesserungen beruht. ₂Die Obergrenze der jährlich auf Anforderung des Bundesversicherungsamtes an den Ausgleichsfonds abführbaren Mittel ist der 20. Teil des Realwertes des zum 31. Dezember 2034 vorhandenen Mittelbestandes des Sondervermögens. ₃Erfolgt in einem Jahr kein Abruf, so können die für dieses Jahr vorgesehenen Mittel in den Folgejahren mit abgerufen werden, wenn ohne eine entsprechende Zuführung von Mitteln an den Ausgleichsfonds eine Beitragssatzanhebung erforderlich würde, die nicht auf über eine allgemeine Dynamisierung der Leistungen hinausgehenden Leistungsverbesserungen beruht.

§ 137 Vermögenstrennung

Das Vermögen ist von dem übrigen Vermögen der sozialen Pflegeversicherung sowie von seinen Rechten und Verbindlichkeiten getrennt zu halten.

§ 138 Jahresrechnung

₁Die Deutsche Bundesbank legt dem Bundesministerium für Gesundheit jährlich einen Bericht über die Verwaltung der Mittel des Sondervermögens vor. ₂Darin sind der Bestand des Sondervermögens einschließlich der Forderungen und Verbindlichkeiten sowie die Einnahmen und Ausgaben auszuweisen.

§ 139 Auflösung

Das Sondervermögen gilt nach Auszahlung seines Vermögens als aufgelöst.

Sechzehntes Kapitel
Überleitungs- und Übergangsrecht

Erster Abschnitt
Regelungen zur Rechtsanwendung im Übergangszeitraum, zur Überleitung in die Pflegegrade, zum Besitzstandsschutz für Leistungen der Pflegeversicherung sowie Übergangsregelungen im Begutachtungsverfahren im Rahmen der Einführung des neuen Pflegebedürftigkeitsbegriffs

§ 140 Anzuwendendes Recht und Überleitung in die Pflegegrade

(1) ₁Die Feststellung des Vorliegens von Pflegebedürftigkeit oder einer erheblich eingeschränkten Alltagskompetenz nach § 45a in der am 31. Dezember 2016 geltenden Fassung erfolgt jeweils auf der Grundlage des zum Zeitpunkt der Antragstellung geltenden Rechts. ₂Der Erwerb einer Anspruchsberechtigung auf Leistungen der Pflegeversicherung richtet sich ebenfalls nach dem zum Zeitpunkt der Antragstellung geltenden Recht.

(2) ₁Versicherte der sozialen Pflegeversicherung und der privaten Pflege-Pflichtversicherung,

1. bei denen das Vorliegen einer Pflegestufe im Sinne der §§ 14 und 15 in der am 31. Dezember 2016 geltenden Fassung oder einer erheblich eingeschränkten Alltagskompetenz nach § 45a in der am 31. Dezember 2016 geltenden Fassung festgestellt worden ist und

2. bei denen spätestens am 31. Dezember 2016 alle Voraussetzungen für einen Anspruch auf eine regelmäßig wiederkehrende Leistung der Pflegeversicherung vorliegen,

werden mit Wirkung ab dem 1. Januar 2017 ohne erneute Antragstellung und ohne erneute Begutachtung nach Maßgabe von Satz 3 einem Pflegegrad zugeordnet. ₂Die Zuordnung ist dem Versicherten schriftlich mitzuteilen. ₃Für die Zuordnung gelten die folgenden Kriterien:

1. Versicherte, bei denen eine Pflegestufe nach den §§ 14 und 15 in der am 31. Dezember 2016 geltenden Fassung, aber

nicht zusätzlich eine erheblich eingeschränkte Alltagskompetenz nach § 45a in der am 31. Dezember 2016 geltenden Fassung festgestellt wurde, werden übergeleitet

a) von Pflegestufe I in den Pflegegrad 2,

b) von Pflegestufe II in den Pflegegrad 3,

c) von Pflegestufe III in den Pflegegrad 4 oder

d) von Pflegestufe III in den Pflegegrad 5, soweit die Voraussetzungen für Leistungen nach § 36 Absatz 4 oder § 43 Absatz 3 in der am 31. Dezember 2016 geltenden Fassung festgestellt wurden;

2. Versicherte, bei denen eine erheblich eingeschränkte Alltagskompetenz nach § 45a in der am 31. Dezember 2016 geltenden Fassung festgestellt wurde, werden übergeleitet

a) bei nicht gleichzeitigem Vorliegen einer Pflegestufe nach den §§ 14 und 15 in der am 31. Dezember 2016 geltenden Fassung in den Pflegegrad 2,

b) bei gleichzeitigem Vorliegen der Pflegestufe I nach den §§ 14 und 15 in der am 31. Dezember 2016 geltenden Fassung in den Pflegegrad 3,

c) bei gleichzeitigem Vorliegen der Pflegestufe II nach den §§ 14 und 15 in der am 31. Dezember 2016 geltenden Fassung in den Pflegegrad 4,

d) bei gleichzeitigem Vorliegen der Pflegestufe III nach den §§ 14 und 15 in der am 31. Dezember 2016 geltenden Fassung, auch soweit zusätzlich die Voraussetzungen für Leistungen nach § 36 Absatz 4 oder § 43 Absatz 3 in der am 31. Dezember 2016 geltenden Fassung festgestellt wurden, in den Pflegegrad 5.

(3) ₁Die Zuordnung zu dem Pflegegrad, in den der Versicherte gemäß Absatz 2 übergeleitet worden ist, bleibt auch bei einer Begutachtung nach dem ab dem 1. Januar 2017 geltenden Recht erhalten, es sei denn, die Begutachtung führt zu einer Anhebung des Pflegegrades oder zu der Feststellung, dass keine Pflegebedürftigkeit im Sinne der §§ 14 und 15 in der ab dem 1. Januar 2017 gelten-

8

den Fassung mehr vorliegt. ₂Satz 1 gilt auch bei einem Erlöschen der Mitgliedschaft im Sinne von § 35 ab dem 1. Januar 2017, wenn die neue Mitgliedschaft unmittelbar im Anschluss begründet wird. ₃Die Pflegekasse, bei der die Mitgliedschaft beendet wird, ist verpflichtet, der Pflegekasse, bei der die neue Mitgliedschaft begründet wird, die bisherige Einstufung des Versicherten rechtzeitig schriftlich mitzuteilen. ₄Entsprechendes gilt bei einem Wechsel zwischen privaten Krankenversicherungsunternehmen und einem Wechsel von sozialer zu privater sowie von privater zu sozialer Pflegeversicherung.

(4) ₁Stellt ein Versicherter, bei dem das Vorliegen einer Pflegebedürftigkeit oder einer erheblich eingeschränkten Alltagskompetenz nach § 45a in der am 31. Dezember 2016 geltenden Fassung festgestellt wurde, ab dem 1. Januar 2017 einen erneuten Antrag auf Feststellung von Pflegebedürftigkeit und lagen die tatsächlichen Voraussetzungen für einen höheren als durch die Überleitung erreichten Pflegegrad bereits vor dem 1. Januar 2017 vor, richten sich die ab dem Zeitpunkt der Änderung der tatsächlichen Verhältnisse zu erbringenden Leistungen im Zeitraum vom 1. November 2016 bis 31. Dezember 2016 nach dem ab 1. Januar 2017 geltenden Recht. ₂Entsprechendes gilt für Versicherte bei einem privaten Pflegeversicherungsunternehmen.

§ 141 Besitzstandsschutz und Übergangsrecht zur sozialen Sicherung von Pflegepersonen

(1) ₁Versicherte der sozialen Pflegeversicherung und der privaten Pflege-Pflichtversicherung sowie Pflegepersonen, die am 31. Dezember 2016 Anspruch auf Leistungen der Pflegeversicherung haben, erhalten Besitzstandsschutz auf die ihnen unmittelbar vor dem 1. Januar 2017 zustehenden, regelmäßig wiederkehrenden Leistungen nach den §§ 36, 37, 38, 38a, 40 Absatz 2, den §§ 41, 44a, 45b, 123 und 124 in der am 31. Dezember 2016 geltenden Fassung. ₂Hinsichtlich eines Anspruchs auf den erhöhten Betrag nach § 45b in der am 31. Dezember 2016 geltenden Fassung richtet sich die Gewährung von Besitzstandsschutz abweichend von

Satz 1 nach Absatz 2. ₃Für Versicherte, die am 31. Dezember 2016 Leistungen nach § 43 bezogen haben, richtet sich der Besitzstandsschutz nach Absatz 3. ₄Kurzfristige Unterbrechungen im Leistungsbezug lassen den Besitzstandsschutz jeweils unberührt.

(2) ₁Versicherte,

1. die am 31. Dezember 2016 einen Anspruch auf den erhöhten Betrag nach § 45b Absatz 1 in der am 31. Dezember 2016 geltenden Fassung haben und

2. deren Höchstleistungsansprüche, die ihnen nach den §§ 36, 37 und 41 unter Berücksichtigung des § 140 Absatz 2 und 3 ab dem 1. Januar 2017 zustehen, nicht um jeweils mindestens 83 Euro monatlich höher sind als die entsprechenden Höchstleistungsansprüche, die ihnen nach den §§ 36, 37 und 41 unter Berücksichtigung des § 123 in der am 31. Dezember 2016 geltenden Fassung am 31. Dezember 2016 zustanden,

haben ab dem 1. Januar 2017 Anspruch auf einen Zuschlag auf den Entlastungsbetrag nach § 45b in der ab dem 1. Januar 2017 jeweils geltenden Fassung. ₂Die Höhe des monatlichen Zuschlags ergibt sich aus der Differenz zwischen 208 Euro und dem Leistungsbetrag, der in § 45b Absatz 1 Satz 1 in der ab dem 1. Januar 2017 jeweils geltenden Fassung festgelegt ist. ₃Das Bestehen eines Anspruchs auf diesen Zuschlag ist den Versicherten schriftlich mitzuteilen und zu erläutern. ₄Für den Zuschlag auf den Entlastungsbetrag gilt § 45b Absatz 3 entsprechend. ₅Bei Versicherten, die keinen Anspruch auf einen Zuschlag haben und deren Ansprüche nach § 45b zum 1. Januar 2017 von 208 Euro auf 125 Euro monatlich abgesenkt werden, sind zur Sicherstellung des Besitzstandsschutzes monatlich Leistungen der Pflegeversicherung in Höhe von bis zu 83 Euro nicht auf Fürsorgeleistungen zur Pflege anzurechnen.

(3) ₁Ist bei Pflegebedürftigen der Pflegegrade 2 bis 5 in der vollstationären Pflege der einrichtungseinheitliche Eigenanteil nach § 92e oder nach § 84 Absatz 2 Satz 3 im ersten Monat nach der Einführung des neuen Pflegebedürftigkeitsbegriffs höher als der jeweilige individuelle Eigenanteil im Vormonat,

so ist zum Leistungsbetrag nach § 43 von Amts wegen ein monatlicher Zuschlag in Höhe der Differenz von der Pflegekasse an die Pflegeeinrichtung zu zahlen. ₂In der Vergleichsberechnung nach Satz 1 sind für beide Monate jeweils die vollen Pflegesätze und Leistungsbeträge zugrunde zu legen. ₃Die Sätze 1 und 2 gelten entsprechend, wenn der Leistungsbetrag nach § 43 Absatz 2 Satz 2 die in § 43 Absatz 2 Satz 1 genannten Aufwendungen übersteigt und zur Finanzierung von Aufwendungen für Unterkunft und Verpflegung eingesetzt worden ist. ₄Verringert sich die Differenz zwischen Pflegesatz und Leistungsbetrag in der Folgezeit, ist der Zuschlag entsprechend zu kürzen. ₅Die Pflegekassen teilen die Höhe des monatlichen Zuschlages nach Satz 1 sowie jede Änderung der Zuschlagshöhe den Pflegebedürftigen schriftlich mit. ₆Die Sätze 1 bis 5 gelten entsprechend für Versicherte der privaten Pflege-Pflichtversicherung.

(3a) ₁Für Pflegebedürftige, die am 31. Dezember 2016 Leistungen der Kurzzeitpflege nach § 42 Absatz 1 und 2 in Anspruch nehmen, gilt der am 31. Dezember 2016 gezahlte Pflegesatz für die Dauer der Kurzzeitpflege fort. ₂Nehmen Pflegebedürftige am 31. Dezember 2016 Leistungen der Kurzzeitpflege nach § 42 und nach dem Ende der Kurzzeitpflege ohne Unterbrechung des Heimaufenthalts auch Sachleistungen der vollstationären Pflege nach § 43 in derselben Einrichtung in Anspruch, so ermittelt sich der von der Pflegekasse an die Pflegeeinrichtung nach Absatz 3 Satz 1 von Amts wegen ab dem Zeitpunkt der Inanspruchnahme von vollstationärer Pflege nach § 43 zu zahlende monatliche Zuschlag aus der Differenz zwischen dem einrichtungseinheitlichen Eigenanteil nach § 92e oder nach § 84 Absatz 2 Satz 3 und dem individuellen Eigenanteil, den die Pflegebedürftigen im Monat Dezember 2016 in der Einrichtung zu tragen gehabt hätten. ₃Absatz 3 Satz 4 bis 6 gilt entsprechend.

(3b) ₁Wechseln Pflegebedürftige im Sinne der Absätze 3 und 3a zwischen dem 1. Januar 2017 und dem 31. Dezember 2021 die vollstationäre Pflegeeinrichtung, so ermittelt sich der von der Pflegekasse an die neue Pflegeeinrichtung nach Absatz 3 Satz 1 von Amts wegen ab dem Zeitpunkt des Wechsels zu zahlende monatliche Zuschlag aus der Differenz zwischen dem einrichtungseinheitlichen Eigenanteil nach § 92e oder nach § 84 Absatz 2 Satz 3, den die Pflegebedürftigen im Monat Januar 2017 in der neuen Einrichtung zu tragen haben oder zu tragen gehabt hätten, und dem individuellen Eigenanteil, den die Pflegebedürftigen im Monat Dezember 2016 in der neuen Einrichtung zu tragen gehabt hätten. ₂Bei einem Wechsel in eine neu zugelassene vollstationäre Pflegeeinrichtung, die erstmalig ab 1. Januar 2017 oder später eine Pflegesatzvereinbarung abgeschlossen hat, behalten Pflegebedürftige mit ihrem Wechsel ihren nach Absatz 3 ermittelten monatlichen Zuschlagsbetrag. ₃Absatz 3 Satz 2 bis 6 gilt entsprechend.

(3c) ₁Erhöht sich der einrichtungseinheitliche Eigenanteil nach § 92e oder nach § 84 Absatz 2 Satz 3 für Pflegebedürftige im Sinne der Absätze 3, 3a und 3b im Zeitraum vom 1. Februar 2017 bis 31. Dezember 2017, findet Absatz 3 entsprechende Anwendung, sofern sich die Erhöhung aus der erstmaligen Vereinbarung der neuen Pflegesätze im Rahmen der Überleitung, Einführung und Umsetzung des neuen Pflegebedürftigkeitsbegriffs ergibt. ₂Dies gilt auch für Pflegebedürftige, die im Dezember 2016 in einer vollstationären Pflegeeinrichtung versorgt wurden, und die durch die Erhöhung erstmals einen höheren einrichtungseinheitlichen Eigenanteil zu tragen hätten im Vergleich zum jeweiligen individuellen Eigenanteil im Dezember 2016. ₃Der Vergleichsberechnung ist neben dem Monat Dezember 2016 der Monat im Zeitraum vom 1. Februar 2017 bis 31. Dezember 2017 zugrunde zu legen, in dem der einrichtungseinheitliche Eigenanteil erstmalig höher als der jeweilige individuelle Eigenanteil im Monat Dezember 2016 ist oder in den Fällen des Absatzes 3a gewesen wäre.

(4) ₁Für Personen, die am 31. Dezember 2016 wegen nicht erwerbsmäßiger Pflege rentenversicherungspflichtig waren und Anspruch auf die Zahlung von Beiträgen zur gesetzlichen Rentenversicherung nach § 44 in der am 31. Dezember 2016 geltenden Fassung hatten, besteht die Versicherungspflicht für die Dauer dieser Pflegetätigkeit fort. ₂Die bei-

8

tragspflichtigen Einnahmen ab dem 1. Januar 2017 bestimmen sich in den Fällen des Satzes 1 nach Maßgabe des § 166 Absatz 2 und 3 des Sechsten Buches in der am 31. Dezember 2016 geltenden Fassung, wenn sie höher sind als die beitragspflichtigen Einnahmen, die sich aus dem ab dem 1. Januar 2017 geltenden Recht ergeben.

(4a) ₁In den Fällen des § 140 Absatz 4 richten sich die Versicherungspflicht als Pflegeperson in der Rentenversicherung und die Bestimmung der beitragspflichtigen Einnahmen für Zeiten vor dem 1. Januar 2017 nach den §§ 3 und 166 des Sechsten Buches in der bis zum 31. Dezember 2016 geltenden Fassung. ₂Die dabei anzusetzende Pflegestufe erhöht sich entsprechend dem Anstieg des Pflegegrades gegenüber dem durch die Überleitung erreichten Pflegegrad.

(5) ₁Absatz 4 ist ab dem Zeitpunkt nicht mehr anwendbar, zu dem nach dem ab dem 1. Januar 2017 geltenden Recht festgestellt wird, dass

1. bei der versorgten Person keine Pflegebedürftigkeit im Sinne der §§ 14 und 15 in der ab dem 1. Januar 2017 geltenden Fassung vorliegt oder

2. die pflegende Person keine Pflegeperson im Sinne des § 19 in der ab dem 1. Januar 2017 geltenden Fassung ist.

₂Absatz 4 ist auch nicht mehr anwendbar, wenn sich nach dem 31. Dezember 2016 eine Änderung im Pflegeverhältnisses ergibt, die zu einer Änderung der beitragspflichtigen Einnahmen nach § 166 Absatz 2 des Sechsten Buches in der ab dem 1. Januar 2017 geltenden Fassung führt oder ein Ausschlussgrund nach § 3 Satz 2 oder 3 des Sechsten Buches eintritt.

(6) Für Pflegepersonen im Sinne des § 44 Absatz 2 gelten die Absätze 4, 4a und 5 entsprechend.

(7) ₁Für Personen, die am 31. Dezember 2016 wegen nicht erwerbsmäßiger Pflege in der gesetzlichen Unfallversicherung versicherungspflichtig waren, besteht die Versicherungspflicht für die Dauer dieser Pflegetätigkeit fort. ₂Satz 1 gilt, soweit und solange sich aus dem ab dem 1. Januar 2017 geltenden Recht keine günstigeren Ansprüche ergeben.

₃Satz 1 ist ab dem Zeitpunkt nicht mehr anwendbar, zu dem nach dem ab dem 1. Januar 2017 geltenden Recht festgestellt wird, dass bei der versorgten Person keine Pflegebedürftigkeit im Sinne der §§ 14 und 15 in der ab dem 1. Januar 2017 geltenden Fassung vorliegt.

(8) ₁Pflegebedürftige, die am 31. Dezember 2016 von zugelassenen Pflegeeinrichtungen ohne Vergütungsvereinbarung versorgt werden, haben ab dem 1. Januar 2017 Anspruch auf Erstattung der Kosten für die pflegebedingten Aufwendungen gemäß § 91 Absatz 2 in Höhe des ihnen für den Monat Dezember 2016 zustehenden Leistungsbetrages, wenn dieser höher ist als der ihnen für Januar 2017 zustehende Leistungsbetrag. ₂Dies gilt entsprechend für Versicherte der privaten Pflege-Pflichtversicherung.

§ 142 Übergangsregelungen im Begutachtungsverfahren

(1) ₁Bei Versicherten, die nach § 140 von einer Pflegestufe in einen Pflegegrad übergeleitet wurden, werden bis zum 1. Januar 2019 keine Wiederholungsbegutachtungen nach § 18 Absatz 2 Satz 5 durchgeführt; auch dann nicht, wenn die Wiederholungsbegutachtung vor diesem Zeitpunkt vom Medizinischen Dienst der Krankenversicherung oder anderen unabhängige₁ Gutachtern empfohlen wurde. ₂Abweiche₁d von Satz 1 können Wiederholungsbegutachtungen durchgeführt werden, wenn eine Verbesserung der gesundheitlich bedingten Beeinträchtigungen der Selbständigkeit oder der Fähigkeiten, insbesondere aufgrund von durchgeführten Operationen oder Rehabilitationsmaßnahmen, zu erwarten ist.

(2) ₁Die Frist nach § 18 Absatz 3 Satz 2 ist vom 1. Januar 2017 bis zum 31. Dezember 2017 unbeachtlich. ₂Abweichend davon ist denjenigen, die ab dem 1. Januar 2017 einen Antrag auf Leistungen der Pflegeversicherung stellen und bei denen ein besonders dringlicher Entscheidungsbedarf vorliegt, spätestens 25 Arbeitstage nach Eingang des Antrags bei der zuständigen Pflegekasse die Entscheidung der Pflegekasse schriftlich mitzuteilen. ₃Der Spitzenverband Bund der Pflegekassen entwickelt bundesweit einheitliche

Kriterien für das Vorliegen, die Gewichtung und die Feststellung eines besonders dringlichen Entscheidungsbedarfs. ₄Die Pflegekassen und die privaten Versicherungsunternehmen berichten in der nach § 18 Absatz 3b Satz 4 zu veröffentlichenden Statistik auch über die Anwendung der Kriterien zum Vorliegen und zur Feststellung eines besonders dringlichen Entscheidungsbedarfs.

(3) Abweichend von § 18 Absatz 3a Satz 1 Nummer 2 ist die Pflegekasse vom 1. Januar 2017 bis zum 31. Dezember 2017 nur bei Vorliegen eines besonders dringlichen Entscheidungsbedarfs gemäß Absatz 2 dazu verpflichtet, dem Antragsteller mindestens drei unabhängige Gutachter zur Auswahl zu benennen, wenn innerhalb von 20 Arbeitstagen nach Antragstellung keine Begutachtung erfolgt ist.

§ 143 Sonderanpassungsrecht für die Allgemeinen Versicherungsbedingungen und die technischen Berechnungsgrundlagen privater Pflegeversicherungsverträge

(1) Bei einer Pflegeversicherung, bei der die Prämie nach Art der Lebensversicherung berechnet wird und bei der das ordentliche Kündigungsrecht des Versicherers gesetzlich oder vertraglich ausgeschlossen ist, kann der Versicherer seine Allgemeinen Versicherungsbedingungen auch für bestehende Versicherungsverhältnisse entsprechend den Vorgaben nach § 140 ändern, soweit der Versicherungsfall durch den Pflegebedürftigkeitsbegriff nach den §§ 14 und 15 bestimmt wird.

(2) ₁Der Versicherer ist zudem berechtigt, auch für bestehende Versicherungsverhältnisse die technischen Berechnungsgrundlagen insoweit zu ändern, als die Leistungen an die Pflegegrade nach § 140 Absatz 2 und die Prämien daran angepasst werden. ₂§ 12b Absatz 1 und 1a des Versicherungsaufsichtsgesetzes findet Anwendung.

(3) ₁Dem Versicherungsnehmer sind die geänderten Versicherungsbedingungen nach Absatz 1 und die Neufestsetzung der Prämie nach Absatz 2 unter Kenntlichmachung der Unterschiede sowie unter Hinweis auf die hierfür maßgeblichen Gründe in Textform

mitzuteilen. ₂Anpassungen nach den Absätzen 1 und 2 werden zu Beginn des zweiten Monats wirksam, der auf die Benachrichtigung des Versicherungsnehmers folgt.

(4) Gesetzlich oder vertraglich vorgesehene Sonderkündigungsrechte des Versicherungsnehmers bleiben hiervon unberührt.

Zweiter Abschnitt
Sonstige Überleitungs-, Übergangs- und Besitzstandsschutzregelungen

§ 144 Überleitungs- und Übergangsregelungen, Verordnungsermächtigung

(1) Für Personen, die am 31. Dezember 2014 einen Anspruch auf einen Wohngruppenzuschlag nach § 38a in der am 31. Dezember 2014 geltenden Fassung haben, wird diese Leistung weiter erbracht, wenn sich an den tatsächlichen Verhältnissen nichts geändert hat.

(2) ₁Am 31. Dezember 2016 nach Landesrecht anerkannte niedrigschwellige Betreuungsangebote und niedrigschwellige Entlastungsangebote im Sinne der §§ 45b und 45c in der zu diesem Zeitpunkt geltenden Fassung gelten auch ohne neues Anerkennungsverfahren als nach Landesrecht anerkannte Angebote zur Unterstützung im Alltag im Sinne des § 45a in der ab dem 1. Januar 2017 geltenden Fassung. ₂Die Landesregierungen werden ermächtigt, durch Rechtsverordnung hiervon abweichende Regelungen zu treffen.

(3) ₁Soweit Versicherte im Zeitraum vom 1. Januar 2015 bis zum 31. Dezember 2016 die Anspruchsvoraussetzungen nach § 45b Absatz 1 oder Absatz 1a in der bis zum 31. Dezember 2016 geltenden Fassung erfüllt haben und ab dem 1. Januar 2017 die Anspruchsvoraussetzungen nach § 45b Absatz 1 Satz 1 in der ab dem 1. Januar 2017 geltenden Fassung erfüllen, können sie Leistungsbeträge nach § 45b, die sie in der Zeit vom 1. Januar 2015 bis zum 31. Dezember 2016 nicht zum Bezug von Leistungen nach § 45b Absatz 1 Satz 6 in der bis zum 31. Dezember 2016 geltenden Fassung genutzt haben, bis zum 31. Dezember 2018 zum Bezug von Leistungen nach § 45b Absatz 1 Satz 3 in der ab dem 1. Januar 2017 geltenden Fassung

8

einsetzen. ₂Die in Satz 1 genannten Mittel können ebenfalls zur nachträglichen Kostenerstattung für Leistungen nach § 45b Absatz 1 Satz 6 in der bis zum 31. Dezember 2016 geltenden Fassung genutzt werden, die von den Anspruchsberechtigten in der Zeit vom 1. Januar 2015 bis zum 31. Dezember 2016 bezogen worden sind. ₃Die Kostenerstattung nach Satz 2 ist bis zum Ablauf des 31. Dezember 2018 zu beantragen. ₄Dem Antrag sind entsprechende Belege über entstandene Eigenbelastungen im Zusammenhang mit der Inanspruchnahme der bezogenen Leistungen beizufügen.

(4) Die im Jahr 2015 gemäß § 45c zur Verfügung gestellten Fördermittel, die nach § 45c Absatz 5 Satz 2 in der bis zum 31. Dezember 2016 geltenden Fassung auf das Folgejahr 2016 übertragen und bis zum Ende des Jahres 2016 in den Ländern nicht in Anspruch genommen worden sind, können im Jahr 2017 gemäß § 45c Absatz 6 Satz 3 bis 9 in der ab dem 1. Januar 2017 geltenden Fassung von den Ländern beantragt werden, die im Jahr 2015 mindestens 80 Prozent der auf sie gemäß § 45c Absatz 5 Satz 1 in der bis zum 31. Dezember 2016 geltenden Fassung nach dem Königsteiner Schlüssel entfallenden Mittel ausgeschöpft haben.

(5) ₁In Fällen, in denen am 31. Dezember 2016 der Bezug von Leistungen der Pflegeversicherung mit Leistungen der Eingliederungshilfe für Menschen mit Behinderungen nach dem Zwölften Buch, dem Bundesversorgungsgesetz oder dem Achten Buch bereits zusammentrifft, muss eine Vereinbarung nach § 13 Absatz 4 in der ab dem 1. Januar 2017 geltenden Fassung nur dann abgeschlossen werden, wenn einer der beteiligten Träger oder der Leistungsbezieher dies verlangt. ₂Trifft der Bezug von Leistungen der Pflegeversicherung außerdem mit Leistungen der Hilfe zur Pflege nach dem Zwölften Buch oder dem Bundesversorgungsgesetz zusammen, gilt Satz 1 entsprechend.

§ 145 Besitzstandsschutz für pflegebedürftige Menschen mit Behinderungen in häuslicher Pflege

₁Für pflegebedürftige Menschen mit Behinderungen, die am 1. Januar 2017 Anspruch auf Leistungen der Pflegeversicherung bei häuslicher Pflege haben und in einer Wohnform leben, auf die § 43a in der am 1. Januar 2017 geltenden Fassung keine Anwendung findet, findet § 43a auch in der ab dem 1. Januar 2020 geltenden Fassung keine Anwendung. ₂Wechseln diese pflegebedürftigen Menschen mit Behinderungen nach dem 1. Januar 2017 die Wohnform, findet Satz 1 keine Anwendung, solange sie in einer Wohnform leben, auf die § 43a in der am 1. Januar 2017 geltenden Fassung Anwendung gefunden hätte, wenn sie am 1. Januar 2017 in einer solchen Wohnform gelebt hätten.

§ 146 Übergangs- und Überleitungsregelung zur Beratung nach § 37 Absatz 3

(1) Für die jeweilige beratende Stelle gelten die Vergütungssätze nach § 37 Absatz 3 Satz 5 und 6 in der am 31. Dezember 2018 geltenden Fassung so lange, bis die Vergütung für Beratungseinsätze erstmals für die jeweilige beratende Stelle vereinbart oder durch die Landesverbände der Pflegekassen festgelegt wird.

(2) Zugelassene stationäre Pflegeeinrichtungen im Sinne des § 71 Absatz 2, die Beratungseinsätze nach § 37 Absatz 3 in der bis zum 31. Dezember 2018 geltenden Fassung durchgeführt haben, gelten ab dem 1. Januar 2019 als nach § 37 Absatz 7 anerkannte Beratungsstellen.

Anlage 1
(zu § 15)

Einzelpunkte der Module 1 bis 6; Bildung der Summe der Einzelpunkte in jedem Modul

Modul 1: Einzelpunkte im Bereich der Mobilität

Das Modul umfasst fünf Kriterien, deren Ausprägungen in den folgenden Kategorien mit den nachstehenden Einzelpunkten gewertet werden:

Ziffer	Kriterien	selbständig	überwiegend selbständig	überwiegend unselbständig	unselb-ständig
1.1	Positionswechsel im Bett	0	1	2	3
1.2	Halten einer stabilen Sitzposition	0	1	2	3
1.3	Umsetzen	0	1	2	3
1.4	Fortbewegen innerhalb des Wohnbereichs	0	1	2	3
1.5	Treppensteigen	0	1	2	3

Modul 2: Einzelpunkte im Bereich der kognitiven und kommunikativen Fähigkeiten

Das Modul umfasst elf Kriterien, deren Ausprägungen in den folgenden Kategorien mit den nachstehenden Einzelpunkten gewertet werden:

Ziffer	Kriterien	Fähigkeit vorhanden/ unbeeinträchtigt	Fähigkeit größtenteils vorhanden	Fähigkeit in geringem Maße vorhanden	Fähigkeit nicht vorhanden
2.1	Erkennen von Personen aus dem näheren Umfeld	0	1	2	3
2.2	Örtliche Orientierung	0	1	2	3
2.3	Zeitliche Orientierung	0	1	2	3
2.4	Erinnern an wesentliche Ereignisse oder Beobachtungen	0	1	2	3
2.5	Steuern von mehrschrittigen Alltagshandlungen	0	1	2	3
2.6	Treffen von Entscheidungen im Alltag	0	1	2	3
2.7	Verstehen von Sachverhalten und Informationen	0	1	2	3
2.8	Erkennen von Risiken und Gefahren	0	1	2	3
2.9	Mitteilen von elementaren Bedürfnissen	0	1	2	3

8

Ziffer	Kriterien	Fähigkeit vorhanden/ unbeeinträchtigt	Fähigkeit größtenteils vorhanden	Fähigkeit in geringem Maße vorhanden	Fähigkeit nicht vorhanden
2.10	Verstehen von Aufforderungen	0	1	2	3
2.11	Beteiligen an einem Gespräch	0	1	2	3

Modul 3: Einzelpunkte im Bereich der Verhaltensweisen und psychische Problemlagen

Das Modul umfasst dreizehn Kriterien, deren Häufigkeit des Auftretens in den folgenden Kategorien mit den nachstehenden Einzelpunkten gewertet wird:

Ziffer	Kriterien	nie oder selten	selten (ein- bis dreimal innerhalb von zwei Wochen)	häufig (zweimal bis mehrmals wöchentlich, aber nicht täglich)	täglich
3.1	Motorisch geprägte Verhaltensauffälligkeiten	0	1	3	5
3.2	Nächtliche Unruhe	0	1	3	5
3.3	Selbstschädigendes und autoaggressives Verhalten	0	1	3	5
3.4	Beschädigen von Gegenständen	0	1	3	5
3.5	Physisch aggressives Verhalten gegenüber anderen Personen	0	1	3	5
3.6	Verbale Aggression	0	1	3	5
3.7	Andere pflegerelevante vokale Auffälligkeiten	0	1	3	5
3.8	Abwehr pflegerischer und anderer unterstützender Maßnahmen	0	1	3	5
3.9	Wahnvorstellungen	0	1	3	5
3.10	Ängste	0	1	3	5
3.11	Antriebslosigkeit bei depressiver Stimmungslage	0	1	3	5
3.12	Sozial inadäquate Verhaltensweisen	0	1	3	5
3.13	Sonstige pflegerelevante inadäquate Handlungen	0	1	3	5

8

Modul 4: Einzelpunkte im Bereich der Selbstversorgung

Das Modul umfasst dreizehn Kriterien:

Einzelpunkte für die Kriterien der Ziffern 4.1 bis 4.12

Die Ausprägungen der Kriterien 4.1 bis 4.12 werden in den folgenden Kategorien mit den nachstehenden Punkten gewertet:

Ziffer	Kriterien	selbständig	überwiegend selbständig	überwiegend unselbständig	unselbständig
4.1	Waschen des vorderen Oberkörpers	0	1	2	3
4.2	Körperpflege im Bereich des Kopfes (Kämmen, Zahnpflege/Prothesenreinigung, Rasieren)	0	1	2	3
4.3	Waschen des Intimbereichs	0	1	2	3
4.4	Duschen und Baden einschließlich Waschen der Haare	0	1	2	3
4.5	An- und Auskleiden des Oberkörpers	0	1	2	3
4.6	An- und Auskleiden des Unterkörpers	0	1	2	3
4.7	Mundgerechtes Zubereiten der Nahrung und Eingießen von Getränken	0	1	2	3
4.8	Essen	0	3	6	9
4.9	Trinken	0	2	4	6
4.10	Benutzen einer Toilette oder eines Toilettenstuhls	0	2	4	6
4.11	Bewältigen der Folgen einer Harninkontinenz und Umgang mit Dauerkatheter und Urostoma	0	1	2	3
4.12	Bewältigen der Folgen einer Stuhlinkontinenz und Umgang mit Stoma	0	1	2	3

Die Ausprägungen des Kriteriums der Ziffer 4.8 sowie die Ausprägung der Kriterien der Ziffern 4.9 und 4.10 werden wegen ihrer besonderen Bedeutung für die pflegerische Versorgung stärker gewichtet.

Die Einzelpunkte für die Kriterien der Ziffern 4.11 und 4.12 gehen in die Berechnung nur ein, wenn bei der Begutachtung beim Versicherten darüber hinaus die Feststellung „überwiegend inkontinent" oder „vollständig inkontinent" getroffen wird oder eine künstliche Ableitung von Stuhl oder Harn erfolgt.

Einzelpunkte für das Kriterium der Ziffer 4.13

Die Ausprägungen des Kriteriums der Ziffer 4.13 werden in den folgenden Kategorien mit den nachstehenden Einzelpunkten gewertet:

Ziffer	Kriterium	entfällt	teilweise	vollständig
4.13	Ernährung parental oder über Sonde	0	6	3

Das Kriterium ist mit „entfällt" (0 Punkte) zu bewerten, wenn eine regelmäßige und tägliche parenterale Ernährung oder Sondenernährung auf Dauer, voraussichtlich für mindestens sechs Monate, nicht erforderlich ist. Kann die parenterale Ernährung oder Sondenernährung ohne Hilfe durch andere selbständig durchgeführt werden, werden ebenfalls keine Punkte vergeben.

Das Kriterium ist mit „teilweise" (6 Punkte) zu bewerten, wenn eine parenterale Ernährung oder Sondenernährung zur Vermeidung von Mangelernährung mit Hilfe täglich und zusätzlich zur oralen Aufnahme von Nahrung oder Flüssigkeit erfolgt.

Das Kriterium ist mit „vollständig" (3 Punkte) zu bewerten, wenn die Aufnahme von Nahrung oder Flüssigkeit ausschließlich oder nahezu ausschließlich parenteral oder über eine Sonde erfolgt.

Bei einer vollständigen parenteralen Ernährung oder Sondenernährung werden weniger Punkte vergeben als bei einer teilweisen parenteralen Ernährung oder Sondenernährung, da der oft hohe Aufwand zur Unterstützung bei der oralen Nahrungsaufnahme im Fall ausschließlich parenteraler oder Sondenernährung weitgehend entfällt.

Einzelpunkte für das Kriterium der Ziffer 4.K

Bei Kindern im Alter bis 18 Monate werden die Kriterien der Ziffern 4.1 bis 4.13 durch das Kriterium 4.K ersetzt und wie folgt gewertet:

Ziffer	Kriterium	Einzelpunkte
4.K	Bestehen gravierender Probleme bei der Nahrungsaufnahme bei Kindern bis zu 18 Monaten, die einen außergewöhnlich pflegeintensiven Hilfebedarf auslösen	20

8

Modul 5: Einzelpunkte im Bereich der Bewältigung von und des selbständigen Umgangs mit krankheits- oder therapiebedingten Anforderungen und Belastungen

Das Modul umfasst sechzehn Kriterien.

Einzelpunkte für die Kriterien der Ziffern 5.1 bis 5.7

Die durchschnittliche Häufigkeit der Maßnahmen pro Tag bei den Kriterien der Ziffern 5.1 bis 5.7 wird in den folgenden Kategorien mit den nachstehenden Einzelpunkten gewertet:

Ziffer	Kriterien in Bezug auf	entfällt oderselb-ständig	Anzahl der Maßnahmen pro Tag	Anzahl der Maßnahmen pro Woche	Anzahl der Maßnahmen pro Monat
5.1	Medikation	0			
5.2	Injektionen (subcutan oder in-tramuskulär)	0			
5.3	Versorgung intravenöser Zu-gänge (Port)	0			
5.4	Absaugen und Sauerstoffgabe	0			
5.5	Einreibungen oder Kälte- und Wärmeanwendungen	0			
5.6	Messung und Deutung von Körperzuständen	0			
5.7	Körpernahe Hilfsmittel	0			
Summe der Maßnahmen aus 5.1 bis 5.7		0			
Umrechnung in Maßnahmen pro Tag		0			

Einzelpunkte für die Kriterien der Ziffern 5.1 bis 5.7

Maßnahme pro Tag	keine oder seltener als einmal täglich	mindestens einmal bis maximal dreimal täglich	mehr als dreimal bis maximal achtmal täglich	mehr als achtmal täglich
Einzelpunkte	0	1	2	3

Für jedes der Kriterien 5.1 bis 5.7 wird zunächst die Anzahl der durchschnittlich durchgeführten Maßnahmen, die täglich und auf Dauer, voraussichtlich für mindestens sechs Monate, vorkommen, in der Spalte pro Tag, die Maßnahmen, die wöchentlich und auf Dauer, voraussichtlich für mindestens sechs Monate, vorkommen, in der Spalte pro Woche und die Maßnahmen, die monatlich und auf Dauer, voraussichtlich für mindestens sechs Monate, vorkommen, in der Spalte pro Monat erfasst. Berücksichtigt werden nur Maßnahmen, die vom Versicherten nicht selbständig durchgeführt werden können.

Die Zahl der durchschnittlich durchgeführten täglichen, wöchentlichen und monatlichen Maßnahmen wird für die Kriterien 5.1 bis 5.7 summiert (erfolgt zum Beispiel täglich dreimal eine Medikamentengabe – Kriterium 5.1 – und einmal Blutzuckermessen – Kriterium 5.6 –, entspricht dies vier Maßnahmen pro Tag). Diese Häufigkeit wird umgerechnet in einen Durchschnittswert pro Tag. Für die Umrechnung der Maßnahmen pro Monat in Maßnahmen pro Tag wird die Summe der Maßnahmen pro Monat durch 30 geteilt. Für die Umrechnung der Maßnahmen pro Woche in Maßnahmen pro Tag wird die Summe der Maßnahmen pro Woche durch 7 geteilt.

Einzelpunkte für die Kriterien der Ziffern 5.8 bis 5.11

Die durchschnittliche Häufigkeit der Maßnahmen pro Tag bei den Kriterien der Ziffern 5.8 bis 5.11 wird in den folgenden Kategorien mit den nachstehenden Einzelpunkten gewertet:

Ziffer	Kriterien in Bezug auf	entfällt oder selbständig	Anzahl der Maßnahmen pro Tag	Anzahl der Maßnahmen pro Woche	Anzahl der Maßnahmen pro Monat
5.8	Verbandswechsel und Wundversorgung	0			
5.9	Versorgung mit Stoma	0			
5.10	Regelmäßige Einmalkatheterisierung und Nutzung von Abführmethoden	0			
5.11	Therapiemaßnahmen in häuslicher Umgebung	0			
Summe der Maßnahmen aus 5.8 bis 5.11		0			
Umrechnung in Maßnahmen pro Tag		0			

Einzelpunkte für die Kriterien der Ziffern 5.8 bis 5.11

Maßnahme pro Tag	keine oder seltener als einmal wöchentlich	ein- bis mehrmals wöchentlich	ein- bis unter dreimal täglich	mindestens dreimal täglich
Einzelpunkte	0	1	2	3

Für jedes der Kriterien 5.8 bis 5.11 wird zunächst die Anzahl der durchschnittlich durchgeführten Maßnahmen, die täglich und auf Dauer, voraussichtlich für mindestens sechs Monate, vorkommen, in der Spalte pro Tag, die Maßnahmen, die wöchentlich und auf Dauer, voraussichtlich für mindestens sechs Monate, vorkommen, in der Spalte pro Woche und die Maßnahmen, die monatlich und auf Dauer, voraussichtlich für mindestens sechs Monate, vorkommen, in der Spalte pro Monat erfasst. Berücksichtigt werden nur Maßnahmen, die vom Versicherten nicht selbständig durchgeführt werden können.

Die Zahl der durchschnittlich durchgeführten täglichen, wöchentlichen und monatlichen Maßnahmen wird für die Kriterien 5.8 bis 5.11 summiert. Diese Häufigkeit wird umgerechnet in einen Durchschnittswert pro Tag. Für die Umrechnung der Maßnahmen pro Monat in Maßnahmen pro Tag wird die Summe der Maßnahmen pro Monat durch 30 geteilt. Für die Umrechnung der Maßnahmen pro Woche in Maßnahmen pro Tag wird die Summe der Maßnahmen pro Woche durch 7 geteilt.

Einzelpunkte für die Kriterien der Ziffern 5.12 bis 5.K

Die durchschnittliche wöchentliche oder monatliche Häufigkeit von zeit- und technikintensiven Maßnahmen in häuslicher Umgebung, die auf Dauer, voraussichtlich für mindestens sechs Monate, vorkommen, wird in den folgenden Kategorien mit den nachstehenden Einzelpunkten gewertet:

Ziffer	Kriterium in Bezug auf	entfällt oder selbständig	täglich	wöchentliche Häufigkeit multipliziert mit	monatliche Häufigkeit multipliziert mit
5.12	Zeit- und technikintensive Maßnahmen in häuslicher Umgebung	0	60	8,6	2

Für das Kriterium der Ziffer 5.12 wird zunächst die Anzahl der regelmäßig und mit durchschnittlicher Häufigkeit durchgeführten Maßnahmen, die wöchentlich vorkommen, und die Anzahl der regelmäßig und mit durchschnittlicher Häufigkeit durchgeführten Maßnahmen, die monatlich vorkommen, erfasst. Kommen Maßnahmen regelmäßig täglich vor, werden 60 Punkte vergeben.

Jede regelmäßige wöchentliche Maßnahme wird mit 8,6 Punkten gewertet. Jede regelmäßige monatliche Maßnahme wird mit zwei Punkten gewertet.

Die durchschnittliche wöchentliche oder monatliche Häufigkeit der Kriterien der Ziffern 5.13 bis 5.K wird wie folgt erhoben und mit den nachstehenden Punkten gewertet:

Ziffer	Kriterien	entfällt oder selbständig	wöchentliche Häufigkeit multipliziert mit	monatliche Häufigkeit multipliziert mit
5.13	Arztbesuche	0	4,3	1
5.14	Besuch anderer medizinischer oder therapeutischer Einrichtungen (bis zu drei Stunden)	0	4,3	1
5.15	Zeitlich ausgedehnte Besuche anderer medizinischer oder therapeutischer Einrichtungen (länger als drei Stunden)	0	8,6	2
5.K	Besuche von Einrichtungen zur Frühförderung bei Kindern	0	4,3	1

8

Für jedes der Kriterien der Ziffern 5.13 bis 5.K wird zunächst die Anzahl der regelmäßig und mit durchschnittlicher Häufigkeit durchgeführten Besuche, die wöchentlich und auf Dauer, voraussichtlich für mindestens sechs Monate, vorkommen, und die Anzahl der regelmäßig und mit durchschnittlicher Häufigkeit durchgeführten Besuche, die monatlich und auf Dauer, voraussichtlich für mindestens sechs Monate, vorkommen, erfasst. Jeder regelmäßige monatliche Besuch wird mit einem Punkt gewertet. Jeder regelmäßige wöchentliche Besuch wird mit 4,3 Punkten gewertet. Handelt es sich um zeitlich ausgedehnte Arztbesuche oder Besuche von anderen medizinischen oder therapeutischen Einrichtungen, werden sie doppelt gewertet.

Die Punkte der Kriterien 5.12 bis 5.15 – bei Kindern bis 5.K – werden addiert. Die Kriterien der Ziffern 5.12 bis 5.15 – bei Kindern bis 5.K – werden anhand der Summe der so erreichten Punkte mit den nachstehenden Einzelpunkten gewertet:

Summe	Einzelpunkte
0 bis unter 4,3	0
4,3 bis unter 8,6	1
8,6 bis unter 12,9	2
12,9 bis unter 60	3
60 und mehr	6

Einzelpunkte für das Kriterium der Ziffer 5.16

Die Ausprägungen des Kriteriums der Ziffer 5.16 werden in den folgenden Kategorien mit den nachstehenden Einzelpunkten gewertet:

Ziffer	Kriterien	entfällt oder selbständig	überwiegend selbständig	überwiegend unselbständig	unselb- ständig
5.16	Einhaltung einer Diät und anderer krankheits- oder therapiebedingter Verhaltensvorschriften	0	1	2	3

Modul 6: Einzelpunkte im Bereich der Gestaltung des Alltagslebens und sozialer Kontakte

Das Modul umfasst sechs Kriterien, deren Ausprägungen in den folgenden Kategorien mit den nachstehenden Punkten gewertet werden:

Ziffer	Kriterien	selbständig	überwiegend selbständig	überwiegend unselbständig	unselb- ständig
6.1	Gestaltung des Tagesablaufs und Anpassung an Veränderungen	0	1	2	3
6.2	Ruhen und Schlafen	0	1	2	3
6.3	Sichbeschäftigen	0	1	2	3
6.4	Vornehmen von in die Zukunft gerichteten Planungen	0	1	2	3
6.5	Interaktion mit Personen im direkten Kontakt	0	1	2	3
6.6	Kontaktpflege zu Personen außerhalb des direkten Umfelds	0	1	2	3

8

Anlage 2
(zu § 15)

Bewertungssystematik (Summe der Punkte und gewichtete Punkte)
Schweregrad der Beeinträchtigungen der Selbständigkeit oder der Fähigkeiten im Modul

Module		Gewich-tung	0 Keine	1 Geringe	2 Erhebliche	3 Schwere	4 Schwerste	
1	Mobilität	10 %	0 – 1	2 – 3	4 – 5	6 – 9	10 – 15	Summe der Ein-zelpunkte im Modul 1
			0	**2,5**	**5**	**7,5**	**10**	**Gewichtete Punkte im Modul 1**
2	Kognitive und kommunikative Fähigkeiten	15 %	0 – 1	2 – 5	6 – 10	11 – 16	17 – 33	Summe der Ein-zelpunkte im Modul 2
3	Verhaltensweisen und psychische Problemlagen		0	1 – 2	3 – 4	5 – 6	7 – 65	Summe der Ein-zelpunkte im Modul 3
	Höchster Wert aus Modul 2 oder Modul 3		**0**	**3,75**	**7,5**	**11,25**	**15**	**Gewichtete Punkte für die Module 2 und 3**
4	Selbstversorgung	40 %	0 – 2	3 – 7	8 – 18	19 – 36	37 – 54	Summe der Ein-zelpunkte im Modul 4
			0	**10**	**20**	**30**	**40**	**Gewichtete Punkte im Modul 4**
5	Bewältigung von und selbständiger Umgang mit krankheits- oder therapiebedingten Anforderungen und Belastungen	20 %	0	1	2 –3	4 – 5	6 – 15	Summe der Ein-zelpunkte im Modul 5
			0	**5**	**10**	**15**	**20**	**Gewichtete Punkte im Modul 5**
6	Gestaltung des Alltagslebens und sozialer Kontakte	15 %	0	1 – 3	4 – 6	7 – 11	12 – 18	Summe der Ein-zelpunkte im Modul 6
			0	**3,75**	**7,5**	**11,25**	**15**	**Gewichtete Punkte im Modul 6**
7	Außerhäusliche Aktivitäten		Die Berechnung einer Modulbewertung ist entbehrlich, da die Darstellung der qualitativen Ausprägungen bei den einzelnen Kriterien ausreichend ist, um Anhaltspunkte für eine Versorgungs- und Pflegeplanung ableiten zu können.					
8	Haushaltsführung							

8

Stichwortverzeichnis

Das Stichwortverzeichnis bezieht sich auf die Erläuterungen in Kapitel 1 bis 8.

9

9

9

9

9

9